Bleudy C.

PREMIO DE PERIODISMO

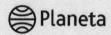

2007

*Nuestro hombre en la* DEA

GERARDO REYES

# *Nuestro hombre en la* DEA

La historia de un fotógrafo que negoció la libertad de
más de un centenar de narcos en Estados Unidos

 Planeta

COLECCIÓN
PREMIO DE PERIODISMO

 Planeta

Cubierta: Carlos Duque.

© Gerardo Reyes, 2007
c/o Guillermo Schavelzon & Asoc., Agencia Literaria
info@schavelzon.com

© Editorial Planeta Colombiana S. A., 2007
Calle 73 No. 7-60, Bogotá

ISBN 13 (rústica): 978-958-42-1770-7
ISBN 10 (rústica): 958-42-1770-4

ISBN 13 (tapa dura): 978-958-42-1779-0
ISBN 10 (tapa dura): 958-42-1779-8

Primera edición: noviembre de 2007

Armada electrónica: Editorial Planeta Colombiana S. A.

Impresión y encuadernación: Quebecor World Bogotá S. A.

# PREFACIO

Un día que entrevisté en Miami al ex alcalde de Bogotá Antanas Mockus me comentó que le causaba una gran curiosidad saber cómo se hace un narcotraficante. Con esa obsesión de escudriñar los males del mundo estudiando la mala educación de la gente, al ex alcalde le brillaban los ojos al expresar su deseo de conocer lo que ocurre en la cabeza de un narco cuando resuelve dedicarse al negocio de las drogas y renunciar a su vida legítima de hombre común y corriente.

No le dije a Mockus que sufría del mismo voyerismo antropológico desde hacía mucho tiempo, pero comprendí perfectamente su ansiedad porque he dedicado una buena parte del oficio del periodismo a fisgonear, desde todos los agujeros tolerados, cómo funciona por dentro esta industria siniestra que ha carcomido a Colombia en los últimos 30 años. Labor sin mayor competencia en un país como Estados Unidos donde los reporteros que cubrimos esta fuente somos una especie en vía de extinción y la cocaína sólo es noticia de primera página cuando ha matado a un artista de Hollywood.

Las cifras de esta economía clandestina son el mejor termómetro para probar que se trata de un fenómeno incontenible con muchos implicados inmunes a la ley. Las ventas anuales de cocaína en Estados Unidos producen ingresos más altos que los de Coca-Cola. Es una conclusión a la que el lector puede llegar a partir del simple cotejo de las estadísticas del portal en Internet de la oficina del zar antidrogas de Estados Unidos y la tabla de las 500 corporaciones más grandes de la revista *Fortune*.

Según el sitio en Internet del zar, el promedio de ventas de cocaína en Estados Unidos entre 1988 y 2000 fue de 49.200 millones de dólares al año. Si la industria de esta droga fuese admitida en las 500 de *Fortune*, superaría a Microsoft que figuró en el 2006 con 44.282 millones de ingresos, a Walt Disney que llegó a los 34.285 y a Coca-Cola que tuvo ingresos de 24.088. El monto de esos ingresos también sobrepasa las exportaciones totales de Colombia en el 2006 y dobla las de Ecopetrol, la empresa más grande del país.

La industria es sostenida por 2,4 millones de consumidores al mes aunque aproximadamente 33,7 millones de estadounidenses de más de 12 años han probado la droga en algún momento de sus vidas.

En medio de este arrollador caudal de utilidades sin impuestos de un negocio que permite a un solo narcotraficante percibir 70 millones de dólares de ingresos mensuales, según la contabilidad del computador incautado a Juan Carlos Ramírez, alias *Chupeta*, hay un país que aún cree que la solución al problema del narcotráfico puede estar en las manos de un presidente, un policía heroico, un fiscal a quien no le tiemble la mano, una alianza con Estados Unidos para fumigar plantaciones, en fin, de alguien.

Este libro ofrece al lector la posibilidad de asomarse a la rutina íntima de una organización que contribuyó a las voluminosas cifras arriba expuestas y que, al final, cuando se vio acosada por la justicia, acudió a un curioso personaje bogotano, fotógrafo de modelos, intermediario de la DEA y comisionista de penas, llamado Baruch Vega, que también creía en la desaparición del flagelo pero a su manera.

Con la fe de un vendedor de enciclopedias, Vega creó en torno a los narcotraficantes colombianos un ambiente de no te dejes confundir, en el que los delitos más complejos, las situaciones más comprometedoras ante los ojos de la justicia de Estados Unidos, tenían una solución parecida a la libertad. "Era un encantador de serpientes" comentó uno de sus clientes. "Nuestro hombre en la DEA".

Por la vía de un extraño pero lucrativo programa de conversión de narcos, Vega se topó con los líderes de la organización en apuros, dos personajes cuyas vidas no necesitan recursos de la ficción literaria para ser narradas. Son ellos Carlos Ramón Zapata, un médico de la Universidad Pontificia Bolivariana de Medellín, y Juan Gabriel

Úsuga, ingeniero mecánico. Unidos por la ambición del dinero fácil del narcotráfico y por el drama de haber perdido cada uno un ojo en forma trágica, los narcotraficantes formaron una sociedad llamada Los Cíclopes que manejó rutas infalibles de envío de droga a Estados Unidos y Europa.

Los Cíclopes no eran narcotraficantes comunes. Estudiaban arte y compraban cuadros costosos para adornar sus oficinas; reinvertían sus ganancias en empresas lícitas de Europa; estaban empeñados en inventar una vacuna contra el sida y sacar adelante un proyecto de cocaína sintética en la antigua Yugoslavia.

El dinero les dio el poder, y el poder la fuerza de gravedad para atraer mujeres hermosas y llevar un tren de vida colmado de celebraciones a todo dar, desde cabalgatas etílicas por haciendas de Medellín hasta viajes suntuosos alrededor del mundo. En su afán por abrir nuevas rutas del trasiego de drogas, Ramón y Úsuga se aliaron a un personaje no menos aventurero, un príncipe de Arabia Saudita que despreciaba a Estados Unidos. Mientras contaban en sueños la fortuna que representaría la nueva alianza, la ley terminó con la fiesta.

A lo largo de horas y horas de entrevistas que sostuve a partir de 2001, Vega me contó su vida, desde la infancia en un barrio de clase media de Bogotá hasta su arresto en Miami y la subsiguiente batalla legal contra el gobierno de Estados Unidos para demostrar que contaba con el respaldo de autoridades federales en su programa de resocialización de narcotraficantes. Me habló de su juventud como empleado de la multinacional ITT y de un frustrado intento para derrocar al presidente chileno Salvador Allende con el respaldo de la CIA. Su doble vida de fotógrafo de modelos famosas, a quienes conquistó con su cámara, y de intermediario no sólo de la DEA sino del FBI y una larga sopa de letras del gobierno federal está reflejada en este libro. Agradezco a Vega que me hubiera facilitado unas memorias que está en proceso de publicar en Estados Unidos.

En cuanto a la vida de Ramón, tuve acceso a centenares de documentos judiciales, a su testimonio en un juicio en Miami y a un fascinante libro inédito que el médico escribió en las celdas de aislamiento de cárceles de Estados Unidos. El manuscrito fue aportado como prueba pública a un expediente de la corte federal de Miami. Úsuga se negó a dar declaraciones para este libro, pero el autor conoció también cientos de documentos que contienen sus testimonios ante autoridades de Estados Unidos.

Como reportero del *El Nuevo Herald* cubrí dos juicios relacionados con las historias aquí contadas y entrevisté a unas 60 personas, desde el narcotraficante Fabio Ochoa, uno de los invitados por Vega a su programa de resocialización de narcos, hasta Ed Kacerosky, un ex agente de Aduanas de Estados Unidos que habla español con acento bogotano y quien denunció el programa que el fotógrafo se inventó, a mediados de los años ochenta, con el apoyo de un veterano agente del FBI.

Vega trabajaba hombro a hombro con dos agentes de la DEA que estaban convencidos de que la Policía de Colombia protegía al Cartel del Norte del Valle. Ambos se vieron involucrados en una investigación interna por sus tratos con el fotógrafo, pero la pesquisa los exoneró de cualquier responsabilidad. Ninguno de los dos quiso hablar con el autor. Tampoco lo hicieron Doris Mangeri, la amante colombiana del príncipe árabe, así como Iván López, socio de Los Cíclopes, a quien el autor pidió una entrevista a través de su abogado en Miami. En una entrevista con La W, López negó cualquier negocio de narcotráfico con Los Cíclopes.

Para aquellos que leen los libros en búsqueda de lo que dejaron de decir, quisiera anticiparles que no van a encontrar algunas acciones violentas en las que seguramente estuvieron involucrados varios de los personajes. No figuran porque este es un libro testimonial y los entrevistados, obviamente, prefirieron omitirlas para no autoincriminarse o revivir viejas rencillas.

Muchos de los diálogos del libro fueron reconstruidos por los entrevistados y otros aparecen transcritos tal y como los captó la DEA o la Policía colombiana en sus operaciones encubiertas. Los demás fueron tomados de las entrevistas y de las audiencias cubiertas por el autor en la corte de Miami. Para no abrumar al lector, obvié las referencias de pie de página sobre cada una de las intervenciones de Ramón y Vega, los personajes principales, pero me aseguré de que aparecieran en todos aquellos señalamientos comprometedores.

Este libro no pretende quedar como un colorido anecdotario de un plan extravagante, casi inverosímil, de rendir a los grandes narcotraficantes de Colombia sin disparar un solo tiro, luego de llevarlos a celebrar en prostíbulos de Panamá con agentes de la DEA. Además de esa sensación de caos y farsa que la llamada guerra contra las drogas deja traslucir en las situaciones aquí descritas, el lector podrá explicarse la encrucijada que vive hoy el país frente al paramilitarismo.

Al fin de cuentas Carlos Castaño, líder de las Autodefensas Unidas de Colombia, creyó alguna vez en el programa de Vega y cometió la ingenuidad de ordenar una entrega masiva de narcotraficantes colombianos, algunos de los cuales financiaban su guerra contra la guerrilla. Los narcos demostraron que no estaban en lo más mínimo dispuestos a cumplir el ultimátum del "loquito" de Castaño de hacer fila frente al Lear Jet de la DEA, renunciar a sus fortunas y declararse culpables en una corte de Estados Unidos de la mano de un fotógrafo de modelos. En esas circunstancias el que sobraba era él.

Esta narración, en fin, es una de esas pocas oportunidades que los periodistas colombianos tenemos de contar la historia subterránea de nuestro país a través de personajes reales afectados por la contagiosa esquizofrenia de una guerra majadera contra un vicio.

# CAPÍTULO 1

*El Loco* Amílcar presentía que una pelea de vida o muerte estaba en ciernes siempre que percibía en el aire un olor a pólvora de Navidad. Esa tarde las primeras oleadas del presagio lo pusieron como a un perro nervioso a husmear la señal de guerra en el aire de una calle de la Quinta Avenida de Manhattan mientras caminaba al lado de su amigo fotógrafo Baruch Vega. "Piérdase, hermano, que viene una balacera", le advirtió Amílcar a Vega quien ya había comprobado en otras ocasiones el extraño tino de la intuición olfativa de su amigo. Baruch aceptó sin chistar y se despidió.

La tarde pasó tranquila. En la noche, cuando el aire que respiraba sólo tenía un ligero olor a guisantal que dejó en su habitación matrimonial la comida china pedida a domicilio por su esposa, Amílcar recibió la llamada de una de sus novias quien le informó que en la discoteca brasilera Cachaça de Manhattan estaba su peor enemigo. Amílcar saltó de la cama, le dio cualquier disculpa a su mujer y citó a toda su cuadrilla de matones en una esquina cercana para salir de allí hacia la discoteca dispuesto a batirse con Álex.

En menos de una hora los sicarios de Amílcar llegaron al lugar y tomaron sus posiciones mientras el jefe se cercioraba de la presencia de Álex. Cuando *El Loco* Amílcar comprobó que, en efecto, su enemigo histórico estaba allí, sentado en una mesa, divirtiéndose, sacó su pistola a una velocidad que Álex superó con la suya y le permitió disparar primero. El Loco tuvo tiempo de agacharse, pero un proyectil penetró en el hombro y le recorrió la espalda como una serpiente de fuego hasta detenerse en el tejido adiposo del trasero. Aún en este estado, Amílcar tuvo fuerzas para dispararle a Álex quien quedó también malherido y fue rematado por Edmundo, el escolta de Amílcar. Edmundo sacó a rastras a su jefe de la discoteca y lo llevó al apartamento de Milli, la amante del capo. A eso de las dos de la madrugada, Vega llegó agotado al apartamento de su propiedad en Forest Hills, cerca al estadio de tenis de Queens, después de una noche de parranda en Studio 54 con varias modelos de su agencia. Al abrir la puerta se encontró con su criada Tiva, una señora de Medellín, quien le dijo sollozando:

—¡Mataron al *Loco* Amílcar!

—¿Cómo va a ser? —respondió Vega.

—Sí, lo tienen donde Milli —explicó ella.

Vega salió de inmediato al apartamento de la amante de Amílcar que quedaba a unos diez minutos de distancia en taxi. El espectáculo que encontró en ese lugar le garantizó que con el tiempo no olvidaría ni el más mínimo de los detalles. Por un capricho decorativo de la mamá de Milli, casi todo era blanco en el apartamento. La alfombra era blanca, las cortinas, los tendidos de la cama, los clósets, las paredes. Pero la blancura estaba invadida esa madrugada de sangre. Había manchas de sangre por todos lados y la combinación de lo blanco y los mapas de rojo intenso de la sangre aceleraba los nervios de los visitantes del apartamento que ya eran como unos 20 cuando Vega llegó.

Uno de ellos le confirmó la noticia:

—El Loco está muerto —dijo— y estamos preparándonos para tirarlo al Hudson.

—¿Cómo? —exclamó Baruch incrédulo.

Los compinches de Amílcar querían enrollarlo en una alfombra y lanzarlo al río.

Baruch se acercó a la cama blanca y vio al Loco con los ojos cerrados. Tenía los labios morados y su rostro muy pálido. Le palpó la muñeca y sintió pulsaciones. Llevaba tres o cuatro horas en agonía, desangrándose por las heridas que le abrió el proyectil.

Alguien entonces gritó desesperado:

"Hay que tirar al Loco ya".

Milli lloraba no sólo por su amante sino porque su mamá estaba a punto de regresar de un viaje y se encontraría con esa escena macabra.

—El Loco está vivo, ustedes no pueden tirarlo al río —les gritó Vega—. Déjenme pensar en alguna vaina.

—No, llévenselo de acá —imploró Milli.

Vega propuso llevarlo al hospital.

—Ni cagando —respondió otro de sus compinches—. Si El Loco revive nos llevan a todos presos.

Amílcar Rodríguez, alias *Rafael León* o *El Loco*, era uno de los hombres más buscados por la policía de Nueva York. Se le acusaba, entre otros delitos, del asesinato de una familia completa en cercanías del Parque Central. Lo más seguro es que a los pocos minutos de ser reportado por los servicios de urgencias del hospital, la policía se presentaría a esposar sus tobillos al travesaño de la cama y no volvería a ver la luz del sol por el resto de su vida. Vega propuso entonces llevar al herido a su casa. Aceptada la idea, le pusieron un sobretodo, lo rociaron con whisky para que pareciera un borracho inconsciente, y salieron por la puerta del edificio como una recua de amanecidos arrastrando al herido. Cuando estaban pasando por Seguridad, la pistola que Amílcar llevaba al cinto hizo un estruendo tremendo al caer al piso del vestíbulo del edificio.

"Qué pena, es que mi amigo se emborrachó", le dijo Baruch al guardia.

Al llegar a su apartamento, Baruch llamó a un amigo médico peruano y le pidió que hiciera lo posible por llegar al lugar de inmediato.

—No, llévenlo a un hospital y allá llego yo —le respondió.

—No, hay que operarlo aquí —exclamó Vega.

—Yo no opero a ese patas en un apartamento —contestó el médico.

—Por favor, ayúdenos, nosotros no podemos llevar a este señor a un hospital porque si se salva se lo llevan por el resto de su vida a una cárcel.

Finalmente el hombre aceptó y le dio a Vega una lista de instrumentos quirúrgicos que debía comprar. Eran como las seis de la mañana. Vega salió con un amigo que trabajaba en un negocio de importación y exportación quien le ayudó a conseguir los instrumentos en un depósito de material hospitalario. Regresaron a las nueve y media de la mañana y Amílcar continuaba con vida. En el apartamento ya estaba el jefe de

El Loco, José *Chepe* Santacruz, quien años después se convertiría en uno de los líderes máximos del Cartel de Cali. Eran como hermanos.

Santacruz y Vega hicieron de enfermeros. Mientras uno sostenía una bolsa de suero, el otro pasaba y recibía pinzas al médico peruano que suturaba las heridas. El proyectil había hecho un recorrido insólito: entró por la espalda, atravesó todo el tronco a nivel subcutáneo para alojarse en el trasero de Amílcar.

Cosido el orificio de entrada y extraída la bala, el médico dejó al enfermo aún inconsciente al cuidado de sus amigos. La operación terminó seis horas después. Amílcar se salvó. Al tercer día de convalecencia abrió por primera vez los ojos y pidió que le dieran un caldo de gallina.

Las imágenes de esos y otros días mejores las proyectaba Vega en la oscuridad de una celda helada de seguridad del Centro de Detención Federal de Miami mientras yacía en el suelo en calzoncillos y esposado como un delincuente peligroso. En pocas horas el FBI radicaría en la corte federal de la ciudad una acusación en contra suya y de su socio, Román Suárez, por lavado de dinero y obstrucción a la justicia. En ese momento, ante los ojos de Estados Unidos, Baruch Vega, no era más que un vulgar estafador que se enriqueció en nombre de la Agencia de Lucha contra las Drogas (DEA) al esquilmar unos 100 millones de dólares a grandes narcotraficantes de Colombia a cambio de acuerdos ilícitos de reducción de cargos y otros beneficios.

Su vida había caído de un porrazo en ese hueco negro de la prisión en la noche del 21 de marzo del 2000, cuando celebraba un éxito más de su larga carrera de fotógrafo profesional de modelos de talla mundial. Su amigo, el ex narcotraficante de Medellín Carlos Alfonso Ramón Zapata, lo había traicionado. Se había presentado el día de la celebración en su penthouse para tender la trampa en la que cayó.

Bautizado como si sus padres supieran que sería espía, Baruch John Jairo Arturo Vega Cubillos fue el segundo de 11 hijos de un trompetista de Bogotá que hacía un dinero extra en una pequeña industria de reparación de instrumentos musicales. Vega nació en Bogotá en diciembre de 1946 y desde niño se acostumbró a ver el mundo con una cámara imaginaria que formaba con el puño de la mano.

La afición por la fotografía se la contagió un amigo vecino que era hijo de un fotógrafo. Sin cobrar, Vega le ayudaba al papá del compañerito a secar las impresiones de las fotografías en el laboratorio. No tenía más de 15 años cuando el señor le regaló la primera cámara. En los paisajes de praderas y neblina de los alrededores de la sabana de Bogotá Vega practicó las técnicas básicas del oficio que marcaría el resto de su vida.

Después de una de esas jornadas de cacería fotográfica quedó definitivamente prendido. Llegó con su amigo al cuarto oscuro a revelar los rollos del día, y ambos descubrieron obnubilados cómo, en medio de la turbidez del ácido y la luz mortecina del estudio fue apareciendo la imagen majestuosa de un ave en pleno vuelo que sujetaba con su pico un pescado medio sumergido en las aguas del lago La Florida. Vega envió su trabajo a las oficinas de Kodak en Colombia donde le sugirieron que la presentara a un concurso. El joven fotógrafo del barrio Santa Isabel ganó el certamen y vendió los derechos de la fotografía a Kodak. Entre el premio y la venta de los derechos, recibió 2.000 dólares, una fortuna para la época y para un muchacho de 15 años de un modesto barrio del sur de Bogotá.

Desde entonces no soltó las cámaras.

En esa época, principio de los sesenta, algunos consideraban que ser fotógrafo en Colombia era un oficio para maricones o estudiantes fracasados. Vega lo sabía pero compensaba el costo social de su afición con un secreto que sólo pueden probar los fotógrafos. Descubrió, dice, la inmensa atracción que casi todas las mujeres de todas las edades sienten por una cámara fotográfica dedicada a ellas.

"Comencé a hacer fotos a mis amigas, quienes luego se convirtieron en mis novias, a sus familiares de quienes luego fui su amante y de una gran cantidad de mujeres bellas de todas las clases sociales que siempre estaban dispuestas a posar para mí".

La otra razón para llevar una cámara colgada del hombro por el resto de su vida se la dio su padre.

"Mi padre acertó al decirme, cuando yo empezaba a crecer, que si yo seguía a las mujeres bellas, ellas me llevarían hacia los hombres de más éxito en el mundo. Por ellas yo he viajado casi por todo el mundo y conocido a los grandes magnates de empresa, millonarios, realeza, políticos, narcotraficantes y otros criminales, por eso, por seguir a las mujeres con un espejo".

# CAPÍTULO 2

Esperaba enfurecido mirando desde los ventanales de la sala de su apartamento las negras columnas de humo que brotaban al norte de Medellín. Por intuición de padre, Alfonso Ramón, tenía pocas dudas de que su hijo Carlos estaba en la corrida de toros de la Plaza de la Macarena donde a esa hora los muertos iban en 20 por una bomba de Pablo Escobar. Le había dicho que ni se le ocurriera por su vida arrimarse a la plaza porque en Medellín se sabía que Escobar estaba esperando una oportunidad como esa para aterrorizar una vez más al país. Pero Carlos Ramón Zapata era un hijo indomable como él.

Sus presentimientos paternales no fallaron. Carlos estaba en la plaza prohibida. La explosión ocurrió al final del espectáculo, cuando el público abandonaba el coso taurino. Carlos buscaba a un primo contra la corriente de la multitud para invitarlo a la celebración del final de corrida en un bar de la ciudad cuando una fuerza invisible, seguida de una fuerte explosión, lo lanzó al piso de la calle y lo hizo rodar unos cuantos metros.

"Todo era confusión y desconcierto, una gran nube de humo, ceniza y polvo cubrió los alrededores de la plaza", recuerda.

Cubierto de polvo y con un par de rasguños en los brazos, el joven estudiante de medicina se puso de pie y se abrió paso entre muertos y heridos hasta llegar al parqueadero donde Martha Úsuga, su novia, lo esperaba. La ciudad era un caos. La pareja demoró dos horas para llegar en el automóvil de Carlos al apartamento de su papá en El Poblado, un barrio de clase alta al sur de la ciudad.

Por intuición de hijo, Carlos sabía que su papá estaba iracundo. Cuando abrió la puerta ese atardecer del sábado 16 de febrero de 1991, vio a su padre al lado de su segunda esposa, mirando por el ventanal las fumarolas de la tragedia mientras de un radio brotaban los sonidos de las sirenas y la voz de un locutor que describía los detalles macabros del atentado.

Alfonso dejó escapar involuntariamente un gesto de alivio al ver que su hijo estaba sano y salvo, pero en cuestión de segundos uno de sus ataques de cólera incontrolable borró de su rostro cualquier gesto de comprensión.

"Te lo dije, maricón, que no fueras, pero, claro, tenés que hacer lo que te da la gana, a toda hora, ya te creés un hombrecito".

Martha, a quien su suegro odiaba, se había deslizado sutilmente hacia el teléfono para llamar a su casa y avisar que estaba a salvo.

—Pero, papá, ¿yo qué iba a saber?, yo no soy adivino, bombas ponen en todas partes. ¿Cómo hacemos para vivir, entonces? —respondió Carlos.

—Podía haber buscado un teléfono público para llamarlo y le hubiera ahorrado dos horas de angustia, el tiempo que había transcurrido entre la explosión y la primera noticia que tenía de él —reviró Alfonso. El muchacho insistió que lo importante era que no le había ocurrido nada grave y estaba allí frente a él. De nada valió la explicación. En su empeño por cobrar a su manera la angustia que le hizo pasar, atacó por un costado que estaba seguro dolería más.

—La culpa de toda esta mierda la tiene esta perra que anda con vos y te tiene medio loco, haceme el favor y sacás a esa sinvergüenza de mi casa inmediatamente —dijo señalando a Martha. El padre de Carlos sabía que el hermano de Martha era entonces uno de los narcotraficantes más prósperos de Medellín.

—Papá, por favor, respetá a Martha que ella no tiene nada qué ver en esto. —La joven de 19 años, amedrentada y con rabia porque le había advertido a Carlos que no quería subir al apartamento, se dirigió a la puerta sin decir una palabra.

—Fuera de mi casa, perra barata —vociferó Alfonso.

Carlos caminó también en dirección a la puerta, y cuando estaba a punto de salir sintió un manotazo de su padre en el cuello mientras le decía: "tú no vas a ninguna parte, mariconcito".

El padre de Carlos sólo tenía un brazo. El otro se lo tragó una máquina de moler caña y una gangrena cuando apenas tenía diez años en la finca de su abuelo. Le decían, por supuesto, El Mocho. En el brazo que le quedó tenía la fuerza de los dos. Luego de que Carlos trató de quitarse de un codazo la manaza de su papá que se posó sobre su nuca, ambos se enredaron en una violenta riña de puños, puntapiés y más insultos que terminó cuando Carlos recibió un golpe como la patada de una mula, recuerda, en el ojo derecho, y cayó frente a la puerta mientras sangraba profusamente por la boca y la nariz.

A duras penas salió de la casa con la vista nublada y sangrando. Su camisa estaba hecha flecos. Con el nivel de conocimiento que dan diez semestres de medicina, creía saber lo que había ocurrido al mirarse en el espejo del interior del automóvil de Martha: posiblemente tenía fracturado el hueso del piso de la órbita derecha del ojo.

Antes de arrancar hacia la casa de Martha, Carlos se sonó para limpiarse la sangre de la nariz y en el esfuerzo su ojo derecho se salió de la cuenca. Como pudo, hizo presión para ponerlo en su lugar y fue entonces cuando una ola de furia lo expulsó del automóvil para regresar al apartamento. Esta vez tumbó la puerta.

Entró como un ciclón gritando: "Ahora sí te voy a matar, maricón, mirá lo que me hiciste".

Al ver el dantesco espectáculo del ojo de Carlos, Alfonso quedó estupefacto, no sabía qué decir. Dio media vuelta y se refugió en su cuarto. Carlos insistió en que saliera.

—Salí como un hombre, maricón —lo conminó, mientras rompía lo que se encontraba a su paso—. Salí que aquí te espero para que nos matemos.

Al otro lado de la puerta nadie respondió.

Carlos quería ser narcotraficante. Su padre lo sabía y buscaba la manera de torcerle ese sueño a toda costa, entre otras razones, porque él mismo conocía de primera mano las entrañas de la azarosa industria. En el pasado había tenido negocios con la organización de los Ochoa, fundadores del Cartel de Medellín. Los legendarios narcotraficantes usaron una empresa de exportación suya en Brasil llamada Café y Cacao, y un velero de su propiedad para camuflar envíos de cocaína a Estados Unidos.

De ciertas actitudes ansiosas de Carlos por la buena vida, Alfonso sacaba conclusiones que lo hacían temer que su hijo caería en cualquier momento en la tentación del negocio de moda de la ciudad. Carlos estudiaba medicina en la Universidad Pontificia Bolivariana de Medellín y parecía entusiasmado con su carrera, pero el fabuloso mundo del narcotráfico que lo rodeaba no dejaba de atraerlo. Su primo de 28 años, Óscar Campuzano, andaba en un Mercedes Benz 190 y tenía varias fincas, y el hermano de su novia, Juan Gabriel Úsuga, uno de los cerebros de las rutas de la droga, era su ídolo. Así que, mientras las fortunas del narcotráfico pasaban frente a las narices de Carlos, él tenía que trasnocharse estudiando y haciendo turnos de internados en los hospitales de guerra de Medellín, sin recibir un peso.

Por ese odio al narcotráfico, Alfonso no permitía que su hijo anduviera con Óscar Campuzano, su primo, y hacía todo lo que estuviera a su alcance para que Martha se separara de él. La despreciaba. Cada vez que se desataba un altercado por este motivo, Carlos sacaba unas cuantas mudas de ropa del apartamento de su papá y pasaba varios días en la casa de los abuelos maternos. Allí también había buscado refugio su mamá desde que él tenía 11 años.

Martha llevó a Carlos a la clínica Soma donde fue atendido como una víctima más del atentado en La Macarena. Que lo hubieran clasificado como víctima fue una equivocación que Carlos aprovechó para ocultar a la familia y a sus amigos lo que había ocurrido realmente esa noche y así librarse de explicar la calamitosa ironía de haber sobrevivido a una bomba terrorista para perder un ojo por un puñetazo de su padre. En ese momento la inflamación no permitió conocer el terrible diagnóstico que un mes después supo de boca de un especialista de la Clínica Barraquer de Bogotá quien le explicó impasiblemente que un fragmento del hueso del piso de la órbita hirió el nervio óptico y que por no tratarse a tiempo, había ocasionado la pérdida irremediable de su vista.

Carlos tomó un taxi y se dirigió al Aeropuerto ElDorado. Antes de tomar el vuelo a Medellín llamó a Martha:

—¿Sabés qué? —le dijo a su novia—. Perdí el ojo, me quedé tuerto por ese mocho hijueputa".

# CAPÍTULO 3

La gran frustración de su vida fue no haber terminado la carrera de ingeniería química en la Universidad Nacional de Bogotá. Cuando sólo le faltaban cuatro semestres para graduarse, Alfonso Ramón, el padre de Carlos, perdió el derecho al dinero que le enviaban sus padres desde Cúcuta. Según una regla de la familia de 12 hijos, varón que se casaba se quedaba sin mesada y a partir de ese momento los gastos comenzaban a correr por su cuenta. Así que a las pocas semanas de anunciar que se había casado con una antioqueña muy hospitalaria, el joven se vio forzado a abandonar su carrera universitaria y dedicarse a administrar una finca de la familia en cercanías de Pamplona, una ciudad paramosa del departamento de Norte de Santander. No tenía más opciones.

En un hospital de Pamplona nació Carlos Ramón Zapata el 12 de abril de 1966. A los seis años, el necio primogénito, y su hermano Juan, de dos años, el segundo hijo, se mudaron con sus padres a Turbo, un pueblo húmedo y ardiente situado a orillas del Golfo de Urabá en donde el padre fue nombrado administrador de la planta Mobil abastecedora de combustible. Carlos fue matriculado en la Escuela Anexa La Playa, un plantel público para los hijos de los pescadores donde era el único alumno que usaba zapatos. A los pocos meses, la familia se transladó a la cercana población de Apartadó, y como no había escuelas para varones, Carlos debió estudiar en la Normal Femenina del barrio Ortiz a escondidas de los inspectores de la Secretaría de Educación.

"Solamente un vecino y yo éramos los únicos hombres en un colegio de 250 mujeres[…]. Cuando había actos culturales teníamos

22

que escondernos en la pieza del aseo para que las supervisoras de la regional no se percataran de nuestra presencia".

En busca de una mejor educación para su hijo, su padre lo envió a la casa de la abuela materna en Medellín donde el niño pasó los mejores años de su infancia. Era una de esas casonas clásicas del centro de la ciudad, recuerda, dotada con siete habitaciones, tres patios y cielos rasos tallados en madera. Se divertía "jugando a escondidas con todos los primos y escondiéndonos tras las cortinas para ver bañar a las tías y sus compañeras de colegio que frecuentemente se quedaban a dormir en ese hotel en que se convierten las casas de los abuelos paisas".

En épocas de vacaciones, iban de paseo a la hacienda Tesalia, propiedad de su abuelo, en un Nissan en el que se acomodaban diez personas. La finca estaba situada en Ituango, un municipio al norte del departamento de Antioquia. "Allí aprendimos, todos los de nuestra generación, a ordeñar una vaca, a capar un novillo, a ensillar un caballo, a caminar de noche por el monte, a temerle a las brujas y los duendes, a pilar maíz, a recoger fríjol, a madrugar a las cinco, a tomar los primeros aguardientes a escondidas, a las guerras de naranjas, a jugar cartas y apreciar la belleza de una luna, acostados en un patio de piedra contando historias de amor y de brujas".

Estudió la primaria en el tradicional Colegio de San José, de los hermanos lasallistas de Medellín, ciudad a la que, después de un tiempo, sus papás se mudaron. Los padres de Carlos se separaron cuando él tenía 11 años. El carácter agresivo de su papá y una novia fueron determinantes en la decisión de su esposa de regresar a vivir a su casa materna con Juan y la hija menor, Paula.

Con El Mocho se quedó viviendo solamente Carlos Ramón.

"Era un tipo inteligente, brillante, culto, pero con un nivel de agresividad y violencia que jamás le conocí a nadie. Él podía estar compartiendo con uno en el momento más relajante y tranquilo, y cualquier mínimo detalle podía detonar en él una furia incontenible que casi siempre se traducía en golpes hacia todo lo que lo rodeaba, especialmente a sus hijos; si de corregir alguna falta se trataba, para él no había diferencia alguna entre un correazo, una patada o lanzar un control de televisión o teléfonos inalámbricos, que fueron mi gran pesadilla cuando salieron al mercado, puesto que no menos de media docena terminaron estrellados en mi espalda".

A los tres meses de separarse, Alfonso llevó a la casa a una nueva acompañante, María Eugenia, con quien Carlos no se entendió. El joven no hizo tampoco mayores esfuerzos por ser entendido. Cuando tenía 15 años fue sorprendido por la madrastra llegando al garaje de su casa al volante de una camioneta Subaru que su papá había estrenado pocos días antes. Llevaba en la mano una botella de whisky y lo acompañaban dos amigas y su gran compinche de adolescencia, Martín.

Previendo la deblacle, el joven empacó su consabida muda de emergencia y se marchó a la casa de sus abuelos tras escuchar por el teléfono los términos de la expulsión de su papá:

"Señor, tiene un minuto para que me desaloje la casa, usted es un delincuente y un peligro social; le pido el favor de que, mientras yo llegue, no se le ocurra acercarse a ella porque voy a llamar a la Policía y acusarlo de robo de vehículo".

A los 17 años Ramón recibió otra tunda por inventar que se iba a una excursión del colegio a Miami, cuando realmente se trataba de un viaje organizado por su primo Óscar Campuzano para visitar a un amigo del alma, Alejandro Bernal Madrigal. Para esa época Bernal recibía cargamentos de cocaína en el sur de la Florida a la familia Ochoa. Carlos la pasó de lo mejor devorándose por primera vez sin restricciones las imágenes de la riqueza expedita y fácil de quienes lo rodeaban.

A pesar de su rebeldía, era muy buen estudiante. En quinto de bachillerato fue nombrado monitor de física, química y cálculo y en sexto se ganó el concurso nacional de matemáticas en representación del colegio. Con un puntaje, el segundo mejor del ICFES, en el San José, fue aceptado sin problemas en la Bolivariana para estudiar medicina, una carrera que escogió por su dificultad y porque le apasionaba "tener el poder y la habilidad para salvar una vida".

Pero el glamour del narcotráfico lo asediaba intensamente por varios flancos. Su amigo Saulón, que lo doblaba en edad, trabajaba como administrador de una finca, al norte de Antioquia, de propiedad de los Ochoa. En los terrenos de la finca funcionaba una de las pistas más congestionadas de los servicios de exportación de cocaína del clan familiar que requería una gran cantidad de mano de obra y suministros.

Saulón se llevó a Carlos a trabajar, sin ningún privilegio, pero con un buen sueldo, en la febril logística de la operación.

Dos vacaciones de fin de año pasó en esas tareas Ramón, unas manejando los tractores que llevaban las tulas con cocaína a los aviones y otras vigilando las caletas donde se escondía la droga. Al grito de ¡avión, avión!, que daban los hombres de los equipos de radio, se ponía en marcha una veloz operación de recepción de las aeronaves ejecutada contra reloj por una legión de hormigas humanas: mientras unos cargaban el aparato con cocaína, otros lo abastecían de combustible y un tercer grupo, conocido como Los Picassos, pintaban en la cola una matrícula falsa. Otros llevaban cajas de pollo asado Kokorico con Coca-Cola litro para la tripulación que cubría rutas a México, Jamaica y Costa Rica.

Un día, recuerda Carlos, se acercó a un avión Turbo Commander 1000 atraído por una curiosa escena. El piloto de la aeronave esperaba las labores de suministro de combustible, carga y pintura, acostado sobre el ala del avión asoleándose en pantaloneta como un pachá. Era un tipo corpulento, bien plantado y sosegado, con quien tendría varios encontronazos en el futuro. Ramón preguntó quién era ese piloto tan fresco y con cara de bacán, y uno de los trabajadores le dijo en voz baja:

"Es el capitán Guillo Ángel, el más teso de los pilotos de los Ochoa".

El capitán Ángel, quien era un piloto independiente en el narcotráfico, sostuvo al autor que esa imagen es producto de la imaginación de Carlos por cuanto los vuelos a los que él se refiere se hacían en las horas de la noche.

Durante las largas horas de tediosa espera del próximo vuelo, acostado en las hamacas de las caletas, Carlos conoció a un ejército de hombres fuertes y fieles que años después volvería a ver en otras circunstancias. Allí estaban Carcasa, Pajarito, Bola de Humo, El Poli, Calígula y Radiador. A este último le pusieron el apodo porque era un negro de espaldas anchas. Al final de estas jornadas regresaba a Medellín a recuperar su papel de estudiante de medicina. A Carlos no lo contagió la seriedad que impone esta carrera en el carácter y la manera de vestirse de sus estudiantes. Era el único de la facultad que se dejaba el pelo largo y llegaba con pantalones rojos al anfiteatro.

"Yo era la versión sicodélica y moderna de un estudiante de medicina diferente".

# CAPÍTULO 4

En 1962 el padre de Baruch Vega se mudó con su familia a Bucaramanga, una ciudad entonces de 100.000 habitantes. Aceptó una oferta de trabajo en una orquesta de la ciudad que le reportaba mayores ingresos para mantener la pesada carga de una familia tan numerosa. Vega fue matriculado en el Instituto Tecnológico Santandereano donde empezó segundo grado de bachillerato. Manejada por los hermanos cristianos, la institución exigía un alto nivel académico.

En un ambiente de fe y solidaridad que promovía este bachillerato técnico con cursillos de formación cristiana y clases de oratoria, Vega descubrió su virtud para hacerse líder.

"Yo tenía cierta facilidad de expresión y sentido de organización, lo cual me había dado la idea de formar el consejo estudiantil del Tecnológico".

Entre cursillo y cursillo, conoció al hermano cristiano Leonardo Fabio, posiblemente el hombre que más influyó en su juventud, un religioso ecuánime a quien no lo escandalizaban los dilemas políticos ni sexuales de la juventud. El hermano dirigía un cursillo especial de formación llamado Palestra que no era más que una fábrica de líderes juveniles. Atraído por la personalidad del religioso, Vega terminó como uno de los miembros activo de Palestra y viajó con ellos a Ecuador y Venezuela, primero como aprendiz y luego como instructor de líderes cristianos inspirados en las encíclicas izquierdizantes de *Paz en la Tierra* de Juan XXIII.

América Latina era entonces un hervidero ideológico. El triunfo de la revolución cubana despertó entre la juventud la negligente convicción de que los modelos teóricos del materialismo histórico eran viables en el trópico. La consigna era luchar con las armas contra el imperialismo yanqui y las dictaduras militares que dominaban el hemisferio.

El departamento de Santander fue el escenario primerizo de esa lucha armada en Colombia. La Brigada Pro-Liberación Antonio Galán, semilla del movimiento guerrillero Ejército de Liberación Nacional, ELN, cuyos primeros cuadros fueron entrenados en Cuba, escogió el departamento como "zona de implantación". Uno de los factores para esa selección fueron "las especiales condiciones revolucionarias" del estudiantado de la Universidad Industrial de Santander. La universidad había sido el kínder político de Víctor Medina Morón —estudiante de ingeniería— y Ricardo Lara Parada, ambos fundadores del ELN.

Por los predios del centro estudiantil pasó también Jaime Arenas, otro de los ideólogos del ELN, y allí se escucharon intervenciones del cura Camilo Torres antes de unirse a la guerrilla. Vega dice que se codeó con ellos o se nutrió de sus mensajes en las instalaciones de la universidad donde resolvió estudiar ingeniería.

Poco antes de que Vega ingresara a la universidad, sus padres regresaron a Bogotá. Ante la perspectiva de volver a una ciudad fría y abandonar el fandango ideológico de Santander, el joven resolvió quedarse en esa ciudad por su cuenta. Vivía en un apartamento que compartía con un profesor estadounidense de la UIS llamado Alan Folkways y pagaba sus gastos con las propinas que recibía como barman sin contrato de la discoteca La Tijuana, la primera que se abrió en la ciudad.

También hacía unos pesos toreando en novilladas de los pueblos santandereanos bajo el mote taurino de Jareño.

La Tijuana, nombrada así en honor al famoso grupo de la época Tijuana Brass, era propiedad de los hermanos Alejandro y Rafael Gómez. Estaba situada cerca al centro de la ciudad y abría sus puertas unos días al público y otros para fiestas privadas. No sólo se la conocía por sus parrandas sino porque en el baño de los hombres había un agujero que apuntaba hacia el de las mujeres. En compensación al trabajo voluntario en el bar y gracias al manejo de las relaciones públicas, los hermanos Gómez reconocieron una participación a Vega en el negocio. Como la diversión en Colombia casi nunca ha respetado ideologías, en la pista de baile de la discoteca se contoneaban guerrilleros principiantes y oligarcas felices de Bucaramanga. Vega los conocía a todos.

Con su cámara al hombro, una Nikon Reflex de 35 milímetros que nunca desamparó, el fotógrafo de 18 años se coló tanto en la sociedad como entre los socialistas de Bucaramanga.

Una madrugada de agosto de 1967 se le abrieron las puertas de entrada al primer gran amor cuando se cerraban las de la discoteca La Tijuana. Varios de los clientes querían seguir de fiesta pero no había un sitio abierto en dónde terminarla. Vega se quedó conversando con un grupo de amigos pasados de licor, entre quienes estaban el médico bohemio Hernando Abril y tres mujeres hermosas de la alta sociedad de Bucaramanga. Una de ellas era Lucila, quien estaba de vacaciones en la ciudad pues en esa época estudiaba en Estados Unidos.

Esa tarde estaba planeado darle una fiesta de bienvenida a Lucila en una finca cercana a la ciudad, así que los clientes de la discoteca resolvieron adelantar la celebración campestre y, sin mayor preparación, arrancaron borrachos a la finca en tres carros. Entre los pasajeros trasnochados iba el comandante de la Policía de Bucaramanga, lo cual supo Vega por el desenlace que tuvo el choque de uno de los automóviles con un bus intermunicipal en medio de una carrera irresponsable. Si no es por el comandante, que arregló con los patrulleros de Tránsito, todos hubieran terminado en la cárcel.

El grupo llegó a la finca a pedir más licor. En el centro de la atención estaba Lucila, la invitada de honor, una mujer alta, de ojos verdes y piernas largas, muy bella, que tenía entonces unos 19 años. Le decían Lucy. Una cámara, y no precisamente la suya, le sirvió a Vega para abordar a la mujer a quien no había podido quitarle la mirada de encima toda la noche en La Tijuana. En medio de la celebración, cuando el sol ya despuntaba, Lucila se presentó con una cámara nueva y al tratar de tomar la primera fotografía no le funcionó. Uno y otro de los invitados, con la mirada de los demás atenta para saber quién sería el ganador del truco, procuró descifrar cómo operaba la cámara, pero ninguno lo logró.

Finalmente Vega pidió humildemente que le permitieran intentar y mientras algunos de los invitados lo miraban escépticos, Vega solucionó el problema. Tenía una cámara de la misma marca, quizás un par de modelos anteriores, pero con las características básicas de la que estaba en sus manos. Por ello no le tomó mucho tiempo descubrir que el problema estaba en la postura del rollo. Con permiso de Lucila abrió la cámara y, en efecto, el filme estaba atascado. Lo puso correctamente, disparó un par de fotos de prueba, y se la entregó triunfante a Lucila quien no ocultó su emoción.

Lucila estaba engomadísima con la fotografía y, al comprobar que Vega era aparentemente un experto, se dedicó a hablar con él. Le contó que acababa de comprar la cámara por recomendación de un fotógrafo norteamericano que usaba el mismo modelo y quien le había tomado unas fotos profesionales en Los Ángeles, donde le habían propuesto ser modelo y actriz.

La belleza de Lucila era irresistible y Vega no quería pasar frente a su mirada sin ganarse su recuerdo. Apartados ambos del grupo de invitados, el fotógrafo aprovechó un silencio para lanzar una nerviosa propuesta: "Me gustaría tomarte unas fotos".

"Ella abrió los ojos de emoción y de inmediato me preguntó cuándo y dónde. Me sentí emocionado, su belleza y simpatía me intimidaban".

Lucila le dio la dirección y el número de teléfono de su casa y lo invitó a que la visitara al día siguiente. En una semana ella debía viajar a Bogotá y de allí regresar a Estados Unidos. Después de haber caminado unas ocho cuadras desde el paradero del bus, Vega llegó a la casa de Lucila. Para los estándares de bogotano del sur, la casa era una mansión. Estaba localizada en uno de los lugares más exclusivos de la ciudad y tenía unos jardines muy bien mantenidos y una amplia piscina.

Vega llevaba en el maletín la cámara y sólo dos rollos de fotografía. Una de las empleadas de servicio le abrió la puerta y lo invitó a entrar. Lo llevó a la zona de la piscina. Después de presentar al fotógrafo a un par de amigas antipáticas que estaban en la zona de la piscina, Lucila llevó a Vega al interior de la casa. Ambos ingresaron a la habitación de la mujer. Ella empezó a sacar ropa, que parecía muy fina, de un clóset. Estaba vestida con un traje de baño blanco de una pieza. Mientras se movía por la habitación, Vega no podía parar de mirarla.

—¿Por qué no tomamos las fotos en traje de baño? —le preguntó Vega.

—Hagamos un par de rollos en trajes de baño y otros con esta ropa —respondió ella señalando unos seis vestidos muy elegantes que había sacado.

La propuesta dejó lívido a Vega. Un par de rollos era todo lo que él tenía. El dinero no le alcanzó para comprar más. En ese momento, como si ella hubiera escuchado sus temores, dijo:

—No te preocupes en comprar película porque he traído mucha de Estados Unidos.

De inmediato abrió una caja y sacó dos paquetes de 24 rollos cada uno que entregó a Vega.

Mientras Lucila organizaba vestidos y zapatos, le contaba a al joven su vida. Al salir los esperaba la tía de Lucila para maquillarla. Vega veía que se acercaba la hora de demostrar destrezas que no tenía. Nunca había tomado fotografías posadas. Era su primera experiencia, y tenía que simular como si fuera una más. Vega dominó la situación. Al principio le sugirió con timidez ciertas poses ingenuas pero poco a poco fue ganando confianza y sin sonar abusivo le pidió más sensualidad en el rostro. "Si no lo logras —le dijo en susurro— trata de recordar tus mejores fantasías sexuales". Y ella, que ya había posado desnuda para su amigo fotógrafo en Estados Unidos, se dejó llevar sin la menor vergüenza.

"Cada clic de la cámara era como una caricia, era un sueño que yo no quería que terminara. Tomamos uno y otro rollo, no me daba casi tiempo de recargar la cámara o cambiar de lente".

En un momento en que suspendió la sesión para cambiar de película, Lucila le dijo a Vega:

—Para un momento por favor, ¡para… para!

Vega pensó que la había ofendido con sus comentarios. Estaba confundido y no sabía qué decir además de ofrecer disculpas.

—No seas tonto, lo contrario —le respondió Lucila—. Me encanta lo que me dices y lo que me haces sentir, no sé qué es, pero esto me excita mucho y no me puedo controlar más. Yo nunca antes lo había sentido…

Lucila no pudo terminar la última frase porque Vega se lanzó a besarla. Ella respondió más apasionadamente.

# CAPÍTULO 5

Con un gran esfuerzo por el exceso de equipaje, el helicóptero levantó vuelo lentamente y cuando ya parecía enfilado hacia el norte de la ciudad hizo un viraje intempestivo que el piloto no pudo controlar. Fue entonces cuando el esquí del aparato se enganchó en un cable del tendido eléctrico que lo hizo perder el control y caer de costado sobre una quebrada llena de rastrojo. Al ver que el mundo se le iba a meter a las malas por la burbuja de la cabina, Carlos Ramón Zapata puso las manos contra la superficie de fibra de vidrio de la burbuja, y lo que siguió sólo lo recuerda porque se lo contaron.

Como consecuencia del impacto del aparato contra la tierra, el timón de comando del copiloto se incrustó en la caja que Ramón llevaba sobre sus piernas lo que hizo estallar su contenido como una bomba de maizena que formó una nube blanca a través de la cual Ramón escasamente pudo observar que el piloto escapaba de los escombros tras sacar un revólver y unos papeles. Ramón quedó semi-inconsciente en el costado de la cabina sobre el que cayó la aeronave con una herida en la frente y sus manos sangrando por las cortaduras que le causaron los filos de fibra de vidrio de la burbuja del helicóptero cuando trataba de protegerse del golpe.

Aturdido y mareado, escasamente escuchaba los gritos de un amigo que lo había contratado para llevar la droga, y que le imploraba que abandonara de inmediato el aparato porque estaba a punto de explotar. El piloto había dejado encendido el rotor principal y las aspas estaban clavadas en la tierra. Finalmente su compañero lo sacó de un tirón de la cabina y apagó el motor.

Fue la primera intersección accidentada de Carlos Ramón Zapata con el narcotráfico. Tenía 20 años y cursaba cuarto semestre de medicina. La caja que explotó en sus piernas era un paquete de cocaína pura, la mínima parte de un cargamento que debía ser enviado horas después a Centroamérica.

Todo había comenzado mal. Un amigo le pidió el extraño favor de que le ayudara a guiar al piloto del helicóptero hacia una pista privada situada en una finca de la zona de Caucasia, al norte de Medellín. Ramón abordaría el helicóptero en el aeropuerto de Medellín, situado en medio de la ciudad, y por mostrarle la pista al piloto y regresar a la capital en un avión de una aerolínea comercial, recibiría 100.000 pesos. En esa época, según las cuentas de Ramón, con 5.000 pesos que reunía entre cuatro amigos llenaban el tanque de gasolina del carro de un compañero, se tomaban dos botellas de aguardiente entre cuatro y les quedaba para el salpicón de frutas en la mañana siguiente para el guayabo.

"O sea que ese favor representaba 20 salidas completas e invitando yo a todo, fantástico", pensó Ramón y de inmediato aceptó el trato.

Tal y como estaba planteada, la idea tenía todos los visos de una diligencia chueca. Empezando porque el helicóptero no tenía los papeles en regla. También parecía muy extraño que su amigo, siendo también piloto, no estuviera en capacidad de guiar al capitán del helicóptero y que, en el peor de los casos, a falta de guía, el piloto no supiera usar el método elemental de ubicación por coordenadas.

El caso es que alrededor de las seis de la mañana del 1.º de mayo de 1986, Día del Trabajo, el amigo recogió a Ramón en su casa. Antes de salir, a Ramón se le ocurrió que podría dedicar parte del vuelo de regreso a estudiar para el examen final de patología del día siguiente, así que decidió llevarse unas 15 hojas de apuntes. En lugar de dirigirse al aeropuerto Olaya Herrera, donde suponía que abordaría el helicóptero, el amigo lo llevó a una casa abandonada con aspecto de castillo situada en el intercambio vial de la Aguacatala, sobre la Avenida El Poblado y que era utilizada por un capo del narcotráfico para interrogatorios y torturas.

Allí el amigo se sinceró y le contó el verdadero propósito de la operación: Ramón tendría que guiar al piloto a una pista clandestina situada en una finca en Caucasia, y allí debía ayudarlo a trasbordar varias tulas con cocaína desde el helicóptero hasta una avioneta en la que su amigo saldría de inmediato a Costa Rica.

Ramón lo miró con cara de asombro y le dijo:

"Si estás pensando que yo me voy a ir en ese helicóptero cargado hasta Caucasia por 100.000 pesos estás loco, me debiste haber dicho la verdad desde el principio así que no cuentes conmigo, me quito del negocio".

El amigo le respondió que no podía hacerle ese desplante justo cuando ya todo estaba coordinado y el helicóptero iba en camino. Fue entonces cuando Ramón subió su tarifa de guía voluntario a un millón de pesos. A su compañero no le quedó otra que aceptar bajo presión, y le entregó un avance de 100.000 en billetes que el estudiante de medicina se embutió feliz en todos los bolsillos de la chaqueta y el pantalón.

El helicóptero, un Hugues 500 de franjas grises y azules, apareció en el horizonte y descendió bajo instrucciones de personal de tierra que se comunicaba con el piloto a través de banda ancha. Ramón se sentó en el puesto del copiloto, y mientras el motor continuaba encendido, varios ayudantes subieron al aparato 400 kilos de cocaína con la leyenda "Suerte J. B", escrita con marcadores rojo y negro en las pacas de plástico. A punto de despegar, el amigo le puso en las piernas a Ramón una caja con cinco kilos de la droga y ante el reclamo del estudiante de medicina, le rogó que le hiciera el favor de llevarla, que era su parte no declarada del cargamento.

Atolondrado por la caída, Ramón salió del helicóptero y sólo pensó en correr, pero su amigo le dijo que antes descargaran la mercancía para tratar de rescatarla. "¿Vos es que estás loco?", le respondió mientras que a menos de cien metros se parqueaba la primera patrullas de la Policía.

Ambos corrieron hacia el automóvil en el que habían llegado, pero como la salida del aparcadero había sido bloqueada por la patrulla, abandonaron esa opción y se encaminaron en sentido contrario a la entrada. Un ataque de paranoia obligó a Ramón a devolverse hacia el helicóptero. Había dejado allí los apuntes de patología escritos con su puño y letra y pensaba que una prueba grafológica sencilla llevaría a cualquier investigador a las primeras pistas de su identificación. Por su mente pasó que si bien en Medellín funcionaban entonces tres facultades de medicina con numerosos alumnos, patología era una materia que se estudiaba en cuarto semestre lo cual reducía la muestra de sospechosos a un número más manejable en caso de una pesquisa judicial. Así que regresó, sacó los apuntes del helicóptero y se metió el fajo de hojas en la pretina del pantalón negro emblanquecido por la cocaína. Luego emprendió una accidentada carrera por las colinas de Medellín junto a su amigo, a quien no se le ocurrió pensar en las cosas que dejó atrás, mucho más comprometedoras que unos apuntes universitarios. El joven piloto olvidó dentro del carro la billetera y el plan del vuelo del avión en el que llevaría la droga a Costa Rica.

Entre tropezones y caídas, Ramón trepó con su compañero jadeante varios cerros y atravesó la vecina cancha de golf del Club Campestre guareciéndose, para tomar aire, en pequeños bosques que la rodeaban. Una hora y media después llegaron a un pequeño establo desierto, sin saber que pertenecía a El Castillo, un museo de arte que funcionaba en una casa construida en 1930 al estilo gótico medieval. Mientras descansaban, el amigo de Ramón sacó la llave del carro y la pasó por una zona del pantalón de Ramón en la que aún se conservaba un parche intacto de cocaína. Se la llevó a la nariz, la esnifó y se lamentó de la pérdida de una mercancía de semejante calidad.

Allí estaban descansando y tomando aire cuando apareció un hombre de aproximadamente 50 años, canoso, regordete, blandiendo un machete. Se presentó como el celador del museo y dijo llamarse Pacho. Ramón se le acercó con cara de amigo y se identificó como uno de los pasajeros del helicóptero que se había accidentado. No tuvo que darle más detalles porque la radio ya lo había informado. El amigo de Ramón observaba escondido entre unos matorrales y cuando vio que la actitud de Pacho era amistosa, se acercó para reforzar el pedido de ayuda.

En ese momento escucharon el ulular de las sirenas de patrullas de la Policía que llegaban al museo. Corrieron despavoridos hacia una caballeriza cercana, pero antes le rogaron al hombre que no los fuera a delatar. Para asegurarse de que así sería, Ramón se sacó algunos billetes de sus honorarios y compró el silencio del vigilante, lo cual probó cuando el gordinflón informó a los policías que no había visto a nadie sospechoso. Por el mismo soborno los fugitivos exigieron que Pacho les facilitara el teléfono del museo, pero el celador les dijo que adentro dormía un agente de la policía. Entonces le dieron dos números telefónicos para que él mismo marcara, el de la novia de su acompañante y el de Martín, el gran amigo de Ramón de infancia y juventud. Ninguno respondió.

Llamar un taxi fue la solución. Mientras lo esperaban, Ramón se limpió en la caballeriza el barro, la sangre y la cocaína, echándose baldados de agua helada. El taxi que los recogió a la entrada del museo pasó por un retén improvisado de la Policía sin ningún inconveniente mientras el conductor explicaba que el despliegue de fuerza pública se debía a la caída de un helicóptero lleno de cocaína a bordo del cual iba don Pablo Escobar. Eran los tiempos en que todo lo estrepitoso y violento que ocurría en Medellín se le achacaba a Escobar.

Llegaron a la casa de la novia del amigo quien le prestó ropa limpia a Ramón y de allí salieron a la de Martín, donde le hicieron las curaciones de las manos mientras veían en televisión las noticias del helicóptero que cayó en pleno corazón de la ciudad con más de 78 kilos de cocaína. Ya no eran 400.

Al día siguiente *El Colombiano* publicaba la noticia: "Un helicóptero cargado de cocaína se estrelló en un céntrico sector del poblado al sur de Medellín, a sólo 150 metros del Club Campestre. En el lugar del accidente, carrera 43 A con calle 12 sur, las autoridades hallaron tres grandes tulas que contenían 78 kilos de cocaína de alta pureza avaluadas en 150 millones de pesos. Según testimonios de residentes del lugar, en el aparato había más cocaína de la recuperada por la Policía. Un vecino dijo que algunas personas se llevaron varios de los paquetes. Y otros vieron a unos caddies de la cancha de golf del Club Campestre y los policías de la primera patrulla que llegó, cargar algunas de las tulas. La Aeronáutica Civil informó que el permiso de vuelo de esa aeronave estaba cancelado por petición del Ministerio de Justicia. El helicóptero de matrícula HK 2704 es de propiedad de la firma Aerofoto Amórtegui y Cía. Ltda. de la ciudad de Medellín"[1].

---

1. "Cae helicóptero con cocaína", *El Colombiano*, viernes 2 de mayo de 1986, sección 1, p. 10.

Los documentos de identidad encontrados en la billetera del amigo de Ramón sirvieron a las autoridades para llegar en poco tiempo a su casa y vincularlo a una investigación penal. A los pocos meses el expediente desapareció de las memorias oficiales, gracias a un pago de varios millones de pesos a un funcionario del DAS a quien le habían asignado la investigación.

Años después, el piloto accidentado y quien logró escapara fue contratado por el Plan Colombia para el transporte aéreo de militares que combaten el narcotráfico.

Después de esta experiencia, Ramón prefirió la modalidad más cómoda del narcotráfico primíparo. Cuando tenía una platica extra, le pedía a su primo Óscar que lo apuntara en uno o dos kilos. Apuntarse, en el lenguaje del narcotráfico, es una modalidad mediante la cual una persona, que no tiene que lidiar directamente con la consecución de la droga ni con su envío, aporta un capital para la compra de determinados kilos de cocaína y luego recibe las ganancias asumiendo sin chistar la probabilidad de una pérdida.

Los ingresos más constantes salían de su propio ingenio y trabajo. En la facultad de medicina, Ramón se hizo popular por la venta de batas médicas confeccionadas especialmente para los estudiantes con las iniciales de la universidad y un pequeño logo de la profesión. Como miembro del comité de fiestas y celebraciones académicas, también percibía unos ingresos. Pero el primer empleo remunerado y con pagos quincenales seguros lo consiguió en la IV Brigada de Medellín examinando bachilleres para el servicio militar. Cursaba octavo semestre.

Con los ingresos de las batas, las ganancias del comité y el sueldo de su nuevo oficio de palpar testículos de adolescentes asustados, Ramón se dio el gusto de marcar cierta distancia presupuestal de su papá para sostener sus gastos de vivienda, alimentación y mantener el flujo de caja del agitado departamento de esparcimiento personal. Las entradas aumentaron aún más al poco tiempo de ingresar a la Brigada gracias a que Ramón y otros dos compañeros de apellido Arroyabe y Serna que también fueron contratados, descubrieron que un teniente adscrito a ese puesto tenía montado el negocio de cobrar jugosas mordidas a los padres de familia para que sus hijos no fueran enrolados en el servicio militar.

A los médicos les extrañaba que el teniente les pidiera con sospechosa frecuencia la firma de certificados de inaptitud para el servicio, pero se tragaban el cuento de que se trataba de un favor para un familiar cercano o un amigo. Un buen día un soldado de apellido Pérez les contó la verdad: el teniente cobraba entre 150.000 y 400.000 pesos por cada certificado que los examinadores firmaban caritativamente.

Ni cortos ni perezosos los estudiantes de medicina organizaron su propia industria de certificados falsos que pronto disparó sus ingresos mensuales. En colegios de niños ricos cobraban hasta 500.000 pesos por cada certificado y en planteles populares recibían desde 20.000. Joven que pagaba, quedaba clasificado como "tomate" en la contabilidad secreta de los practicantes de medicina, un mote que surgió del abultado punto rojo que ponían frente al nombre del estudiante eximido del servicio en la contabilidad secreta de los examinadores.

Gracias a los tomates, Ramón se compró su primer automóvil, un Mazda Coupé, el carro con el que soñaban muchos estudiantes de la época. Pagó 4 millones 700.000 pesos en la agencia Caprimotor de la Avenida El Poblado. Fue el 8 de agosto de 1988, fecha inolvidable no sólo por la adquisición sino por una zurra que le dio su papá después de que le confesó de dónde había sacado gran parte del dinero con el que pagó el carro.

"Esto ya es el colmo, o sea que cualquiera puede venir a decirme en mi cara que mi hijo es un ladrón y yo me tengo que quedar callado porque encima de todo es verdad. Definitivamente vos sos un fracaso", le dijo.

Con el dinero extra, Ramón se costeaba salidas a comer a restaurantes para gente grande de Medellín en los que educó su gusto por la comida y los vinos delicados. En Los Tambos ya los meseros sabían que el joven pedía una botella de Santa Rita Medalla Real y en Frutos del Mar que le encantaban los caracoles al ajillo.

# CAPÍTULO 6

Cuando a los pocos minutos de conocerla, Carlos Ramón le tocó cariñosamente el hombro a la muchacha, sintió una estructura sólida debajo de su blusa. Vencido por su insaciable curiosidad, preguntó qué era aquello, y ella le respondió que todo su tronco estaba enyesado por una operación de escoliosis. No pudo encontrar mejor oportunidad Ramón para lucirse aquella noche en Anclar, el bar de moda de El Poblado, adelantándose a las explicaciones que le daría la muchacha sobre su problema en la columna vertebral.

Contribuyó con su suerte también que el estudiante rotaba ese semestre por el internado de ortopedia y tenía muy frescos los temas de los huesos y sus vicisitudes. No le fue entonces difícil especular con convicción que lo más seguro es que los médicos le hubieran insertado a la joven una barras de Harrington para corregir la deformación de la columna.

—¿Y cómo lo sabes? —preguntó ella asombrada de que hubiera dado con el nombre exacto de las barras. Momento ideal para que Ramón pronunciara la palabra mágica, el nombre de su profesión. Había probado que cuanto más recatada fuese la presentación de su carrera, mejor resultado tenía entre las mujeres. Así que aquella noche sólo le agregó una sonrisa perfectamente modesta y dijo:

—Soy estudiante de medicina.

La conversación inicial giró en torno a la operación de la columna, pero mientras la muchacha le explicaba los detalles de la intervención quirúrgica, Ramón descubrió que, debajo de la coraza de yeso, se escondía un cuerpo delicioso y al final de la columna escoliada sobresalía un

38

soberbio trasero. Por ello se olvidó de Giovanna Pérez, la novia linda con quien había acudido al bar, y se dedicó a su nueva compañía de piel canela y ojos cafés, estudiante de diseño de modas en la Colegiatura Colombiana de Diseño de Medellín.

Así conoció Ramón a Martha Úsuga, la mujer que dejó una huella profunda en su vida. A través de esta relación el estudiante de décimo semestre de medicina accedió al mundo al reino azaroso y prohibido por su padre de la industria subterránea más rentable de la ciudad.

La noche fue de coqueteos mutuos. A las 10 de la mañana del día siguiente, Ramón estaba tocando en la puerta de la casa de los Úsuga en el barrio Laureles para invitar a Martha a salir el viernes y de paso negar falsamente que tuviera algún romance con Giovanna. Aparte de la personalidad, a Ramón lo atrajo el entorno social de Martha. La muchacha, que se vestía con lo mejor y más moderno de las boutiques de ropa de Miami y Medellín, tenía carro propio con rines anchos y en su familia la palabra escasez era un fantasma del pasado. Cuando los Úsuga salían de paseo no tenían que hacer vaca con otras familias para comprar la comida y el licor. Eso de repartir los costos entre los invitados como suele hacerse en otros estratos —vos comprás los chorizos, vos el aguardiente y vos pagás la gasolina— no era cosa de ellos. Allí todo era abundancia y generosidad, todo brotaba en grandes cantidades. Igual importancia tenía para Ramón que los Úsuga no seguían costumbres religiosas ni morales muy estrictas.

A las dos semanas de haberse conocido, Ramón invitó formalmente a Martha a la lujosa finca La Urbana de sus primos Campuzano en Caucasia, que usaban a menudo con sus amigas de turno para acortar la distancia entre el galanteo y la cama. Aunque doña Ligia, la madre de Martha, concedió el permiso, advirtió que el médico que había operado a su hija no recomendaba que hiciera un viaje de cinco horas por tierra, tiempo que se tomaba llegar en carro a la finca de los Campuzano. Sin pensarlo dos veces, Ramón propuso una solución que lo dejó como un príncipe ante la suegra: dijo que pagaría el pasaje aéreo de Martha en aerolíneas Aces a Caucasia y se encargaría de que la paciente no hiciera esfuerzos físicos arriesgados. Lo primero lo cumplió. Lo segundo no se pudo comprobar. Lo cierto es que Ramón y Martha regresaron de novios a Medellín en lo que sería el preludio de una relación intensa, alegre y al mismo tiempo tempestuosa de dos jóvenes con personalidades dominantes.

La amplia casa a la que se mudaron los Úsuga en El Poblado se convirtió en el segundo hogar de Ramón; allí comía, lavaba la ropa y pasaba las noches en las que no lograba cumplir con el toque de queda de las 10 p.m. que impuso su padre en el apartamento. A partir de esa hora, la puerta se cerraba y quien no alcanzaba a llegar dormía por fuera. En cambio las reglas de la familia Úsuga eran tan flexibles que Ramón dormía la siesta en el cuarto de su novia y la suegra pedía silencio en la casa. Esa intrépida rutina de emancipación e indiferencia que Ramón planteó hacia su padre pronto tuvo consecuencias graves. Alfonso agregó a la novia de su hijo a la mira de sus desprecios.

"Su aversión por Martha se hizo progresiva, había aparecido alguien en mi vida que amenazaba con robarle el amor de la suya y el hecho de ver que yo cada vez necesitaba menos de él y más de Martha y su familia lo descompuso".

La riqueza de los Úsuga no se derivaba propiamente del trabajo de modista de doña Ligia. En Medellín se sabía que Juan Gabriel Úsuga, el mayor de los hermanos, era un exitoso narcotraficante que sostenía a toda la familia. Esa posición le dio entre sus tres hermanos un aura paternal de respeto y temor reverencial. El verdadero padre de la familia, un contador público juramentado que llegó a ocupar la gerencia comercial del Banco Popular de Medellín, murió a los 41 años de edad de un cáncer en el pulmón precipitado por su adicción al cigarrillo y al licor. A su muerte, Juan Gabriel asumió su papel de papá emergente.

Graduado de ingeniero mecánico, Úsuga consiguió empleo como asistente del gerente de mantenimiento de una hidroeléctrica de Interconexión Eléctrica S. A. Su sueño era convertirse en un empresario independiente. Con más deseos que plata se embarcó en la compra de Coloidales, una empresa productora de cal en cercanías de Medellín junto con varios amigos. A la hora de pagar su aporte no le alcanzaron los ahorros personales ni los de su abuela que le entregó todo lo que tenía en el banco. Al enterarse de que uno de sus amigos, que hoy es un reconocido empresario antioqueño que se precia de tener un pasado impecable, había logrado cubrir las cuotas con los dividendos de una exitosa incursión en el narcotráfico, Úsuga resolvió nadar en las mismas aguas.

Le faltaban 100.000 dólares para su sueño. A los 24 años Úsuga viajó a Estados Unidos y se unió a una organización de recibo, distribución de droga y acopio de dinero invitado por un familiar suyo que se había enredado en la red en Miami luego de renunciar como empleado de una funeraria de Medellín. El pariente trabajó como jardinero de un patrón atrabiliario de nombre Zenón que resultó ser un narcotraficante colombiano. El patrón vivía en la isla de Key Biscayne, a unos 15 minutos de Miami, y usaba a su jardinero de mensajero y distribuidor de droga. El joven inmigrante aprendió del negocio, especialmente de los canales de distribución y la recaudación de dinero, y cuando no soportó más las humillaciones de su jefe se puso bajo las órdenes de uno más comprensivo conocido con el alias de Cebollita, un colombiano nacionalizado en Estados Unidos que representaba en Miami y Nueva York a peces gordos.

En menos de dos meses de trabajar con la organización Úsuga consiguió la suma que le faltaba para el proyecto empresarial de Colombia. Fue su punto de quiebre. Quedó envenado con un negocio que produce una adicción al dinero y al riesgo tan intensa como la que provoca la droga en el cerebro del adicto, solía decir a sus amigos. Pero lo peor es que se probó a sí mismo y a sus jefes que por su discreción y rigurosidad en las normas de disciplina de la organización servía para el oficio.

Úsuga convenció a su familiar de que se retirara del negocio y a los pocos meses ya manejaba la central de distribución y caletas de acopio en el sur de la Florida, un modelo que replicó luego en Nueva York en los años 1987, 1988 y 1989 con la ayuda en gran parte de más parientes suyos. La red tenía bajo su control dos "bancos" para guardar dinero y cinco depósitos de almacenaje de la droga.

Úsuga llevaba una vida muy tranquila en una casa de lujo al norte de Nueva York dedicado a su principal obsesión, la seguridad. A fuerza de intentos y errores, el ingeniero paisa desarrolló un código de seguridad que exigía a los miembros de su red: no llegar tarde a la casa; no entrar en contacto personal con los colegas sino por medio de beepers o telefónicamente; no tomar café porque la bebida pone muy nerviosa a la gente; no tener otras mujeres aparte de la esposa; usar guantes para actividades delicadas y apagar las luces del automóvil al llegar a la casa porque los gringos son muy chismosos y están asomados a la ventana para ver qué hace el vecino.

Desde Nueva York el dinero de la droga se lavaba a través de La Mina, un negocio que manejaban empresarios judíos de esa ciudad y que fue descubierto por autoridades antinarcóticos en una operación ampliamente difundida por los medios de comunicación de Estados Unidos.

La célula familiar permaneció invicta durante los años que operó en Estados Unidos pero fue desmontada por Úsuga en 1989 luego de que las autoridades incautaron en California un cargamento de droga que había pasado por sus puestos de distribución. A pesar de que fue una decisión dura ponía punto final abruptamente a un estilo de vida sosegado y próspero, Úsuga no quiso poner en riesgo a su familia.

Cuando Úsuga visitaba a su mamá en Medellín, sus hermanos sentían como si allí estuviera el padre temido y admirado. Por ello un día que Martha se enteró de que Juan Gabriel había llegado de Miami y pasaría la tarde en la casa, le avisó a Ramón que no sería conveniente que se apareciera por allí. Más que como un detente, la advertencia funcionó como una provocación para Ramón quien le respondió a Martha que su intención no era visitar a Juan Gabriel sino a ella y decidió aparecerse esa tarde en su casa. Ramón es un hombre de un metro con 60 centímetros de altura, ojos negros y una dentadura muy blanca que hace ostensible con facilidad por su incorregible tendencia a burlarse del mundo. De piel bronceada y un cuerpo robusto que mantiene en la línea fronteriza con la obesidad sometiéndolo a espasmódicas temporadas de ejercicio, Ramón es considerado un tipo entretenido y cordial.

Quien salió a recibir a Ramón fue el propio Juan Gabriel, un hombre de unos 30 años, piel canela, de mediana estatura a quien le faltaba la visión en el ojo izquierdo. La pérdida de la vista produjo cambios en la apariencia de la pupila. Esa visible falla anatómica era un secreto de estado del que nunca se hablaba en la casa de los Úsuga. En el mundo del narcotráfico se le conocía entonces como El Biónico, por la serie de televisión del hombre que tenía un gran poder visual en un ojo reconstruido.

Ramón, que aún tenía sus dos ojos intactos, recuerda que Úsuga entreabrió la puerta y apoyó la mano en el dintel como cerrando el paso al visitante con el brazo. Entonces preguntó qué se le ofrecía. Ramón respondió que visitar a Martha y, sin pedir permiso, pasó por debajo del brazo de Úsuga y continuó hacia el cuarto de su novia. Al señor de la casa no le gustó el desplante y siguió al visitante impertinente hasta la habitación. Ramón se disculpó diciendo que tenía cierta urgencia de hablar con Martha y sin escrúpulos Úsuga inició entonces un interrogatorio sobre la vida y labores del intruso.

—¿Y vos qué hacés o qué? —le preguntó.

De nuevo la palabra mágica produjo un cambio radical.

—Estoy terminando la carrera de medicina en la Universidad Pontificia Bolivariana —respondió Ramón.

A partir de ese día, Úsuga y Ramón se hicieron grandes amigos. El escrutinio desaforado de Ramón de los dominios de Úsuga en asuntos de dinero y poder, agudizó la disyuntiva del estudiante de medicina de definir si su futuro estaba en salvar vidas o envenenarlas. La relación entre el cuñado y el yerno llegó a ser más estable que la de Ramón con Martha. Salían juntos a paseos familiares, conversaban hasta altas horas de la noche de negocios legales y torcidos, y con el tiempo Úsuga se convirtió en un héroe para Ramón; su admiración llegó al punto de que le daba tarjetas el día del padre y en medio de los tragos le confesaba su profundo aprecio.

Las raíces de esa relación se profundizaron mucho más luego de la trágica pérdida del ojo derecho de Ramón la noche de febrero de 1991, al final de una de las corridas de la Feria de la Candelaria de Medellín en la que los diestros Tomás Campuzano, César Rincón y el tremendista colombiano Gitanillo de América dejaron ronco al público de la emoción. Ramón se dirigía al restaurante Los Cristales para celebrar con otros amigos de toros el final de la corrida, pero cayó en la cuenta de que no se lo había advertido a su primo, Óscar Campuzano, cuando ya estaba en el parqueadero cercano a la plaza a punto de salir.

Fue entonces cuando le pidió a Martha que lo esperara en el estacionamiento y salió a buscar a su primo empinándose entre la multitud que abandonaba La Macarena. La guerra de Pablo Escobar contra el mundo estaba en su etapa más cruel. En la ciudad se sabía que el narcotraficante estaba buscando un evento multitudinario para imponer su impronta sangrienta de intimidación al gobierno del presidente César Gaviria en búsqueda de que la extradición fuese eliminada de la legislación colombiana.

La bomba explotó y Ramón se salvó, pero a su papá le cambió su vida de un golpe brutal.

Úsuga se convirtió en el lazarillo de Ramón. Le enseñó a vivir con un solo ojo, a caminar, a manejar automóviles, a medir espacios y convencerse de que debía pensar que el ojo que le quedaba lo llevaba en la mitad de la frente, como un cíclope, para tener un mayor dominio del campo visual. Dado que Ramón debía usar un parche en los primeros meses, Úsuga también decidió ponérselo, sin necesidad, sólo para acompañarlo en el duelo.

Ambos andaban por la ciudad con los ojos emparchados como dos piratas felices. Y en ese ambiente de afinidad profunda que produce tener un bastón como amigo y un amigo de bastón, Úsuga le confesó a Ramón que la pérdida de su vista no ocurrió como se lo había contado su hermana Martha, en un accidente cuando niño, sino de otra manera que Ramón ha preferido guardar como un secreto inexpugnable.

Desde entonces Ramón y Úsuga compartieron esa zona común de privación visual burlándose de su deficiencia, llamándose tuertos el uno al otro y completándose mutuamente el paisaje rebanado de la vida que gozaban sin límites en Medellín y sus haciendas. A raíz de la trágica golpiza, Ramón se fue de su casa y alquiló un apartamento lujoso en la Transversal Superior, a dos cuadras de su papá.

"Quería demostrarle que no lo necesitaba para salir adelante y que, en el futuro, mi vida sería controlada por mí mismo, con todo y sus consecuencias". Pero los días de relativa estabilidad económica llegaron a su fin cuando una comisión de militares que evaluó el trabajo de los médicos examinadores de estudiantes recomendó el despido de los doctores Ramón, Arroyabe y Serna. Con los años, los dos último se convirtieron en personajes del jet set político y médico de la ciudad. Al parecer las intrigas del teniente, a quien le habían montado la incómoda competencia, habían surtido el efecto deseado.

Para pagar los gastos de su agitada vida de fiestas y salidas a restaurantes, que excedieron los ingresos, Ramón se vio obligado a vender la franquicia de batas médicas a un estudiante de cuarto semestre de la facultad y más tarde el carro. Al finalizar el internado, entró en una especie de vacaciones voluntarias en espera de definir el lugar donde realizaría la práctica rural.

Desde la riña en la que perdió el ojo, Ramón habló muy pocas veces con su padre. En un esfuerzo por arreglar la situación, El Mocho organizó la fiesta de graduación de médico en el Club de Ejecutivos de Medellín. Fue un acto excepcional en la vida de un hombre huraño, poco amigo de fiestas y distracciones sociales. Hasta entonces quizás la máxima expresión cálida del padre hacia su hijo había sido llamarlo Carloncho o Cucuso. Al final de la celebración, Ramón quedó sorprendido cuando su papá le pidió que se sentara en sus piernas. Ramón lo hizo y Alfonso bajó la guardia de su ego para dejar salir las únicas frases cariñosas que había pronunciado frente a su hijo en toda su vida:

"Aunque nunca te lo digo estoy muy orgulloso de ti y eres la persona más importante que hay sobre la tierra para mí. El problema es que llevamos la misma sangre caliente en nuestras venas, somos demasiado iguales para vivir bajo el mismo techo pero te quiero y te respeto como hombre".

La fuga sentimental no alcanzó para un perdón por el golpe. Nunca lo pidió.

Carlos Ramón escogió como sede para hacer las prácticas rurales de medicina el pueblo de Apartadó, epicentro de un sangriento campo de batalla entre la guerrilla izquierdista y los ejércitos de las autodefensas civiles que surgieron en forma legal y luego se multiplicaron ilegalmente bajo el patrocinio de productores de banano de la zona. Mientras sus compañeros de curso buscaban municipios más calmosos, Ramón decidió retar sus limitaciones visuales en las salas de cirugía del hospital regional de Urabá, Antonio Roldán Bentacur, que prácticamente era una policlínica de guerra. Al igual que muchos otros centros asistenciales del país, el hospital regional funcionaba como un teatro de sesión continua de esos dramas inéditos de la violencia y la indiferencia sin estadística que ocuren en Colombia.

Allí conoció el caso de uno de los enfermos más esquivados del hospital, un campesino que había perdido la nariz por un cáncer de piel devastador y que debía acudir cada mes para someterse a una limpieza de los gusanos que pululaban dentro de la herida abierta de la cara. El paciente llegaba escupiendo los gusanos por los pasillos del hospital y debía quedarse dos días en espera de que alguno de los médicos, después de tirarse la pelota entre ellos para eludir el infernal procedimiento profiláctico, finalmente se apiadara de él. Entre el personal del hospital se referían al paciente como La Guayaba' por los bichos que emergían de su rostro como en la fruta tropical.

Ramón se dedicó a la obstetricia y se impuso la meta de reducir cada semana el largo tiempo que tomaba practicando una cesárea por sus limitaciones visuales. Comenzó demorándose dos horas y a los diez meses logró reducir la intervención a 45 minutos. Pese a la atmósfera de confrontación militar que rodeaba al pueblo, Ramón conserva los mejores recuerdos de esos meses con sus colegas, hombres y mujeres con quienes formaron un grupo solidario para el deber y el beber.

Fueron tiempos de aprendizaje forzoso y diversión que combinaba con esporádicas visitas a su novia brava en Medellín. Ramón solía referirse a Martha como La Oruga porque parecía enrÓscarse en su mal genio.

# CAPÍTULO 7

Alberto Silva era uno de los clientes más asiduos a las fiestas privadas de la discoteca La Tijuana, donde lo conoció Baruch Vega. Por su manera de gastar dinero y comportarse, cualquiera podría pensar que se trataba de un hijo de papi, ostentoso y pedante. Pero Silva era un importante dirigente del Partido Comunista de Bucaramanga. En esos momentos Vega estaba contagiado por la ansiedad política y de protagonismo de los estudiantes. La rebeldía era el único común denominador de diferentes tendencias políticas de la ciudad. En búsqueda de esa respuesta a los retos de la praxis, Vega participaba en el consejo estudiantil de la universidad y dirigía el Movimiento de Restauración Nacional, un grupo filantrópico de ex estudiantes de los hermanos cristianos que hacían jornadas de solidaridad en las barriadas de Bucaramanga. Al mismo tiempo, el joven fotógrafo asistía a las reuniones de grupos semiclandestinos del Partido Comunista que dirigía Silva y que ya usaban las fórmulas químicas explosivas para avivar el materialismo dialéctico.

No estaba escrito, pero para participar en el grupo era muy importante ejecutar una acción subversiva urbana, así fuese de menor cuantía. Vega presentó como examen un petardo que colocó con un amigo en un negocio de la ciudad y que la única consecuencia que tuvo fue la marca en la puerta de algunos daños mínimos.

"Cuando lo hicimos, nos cercioramos de que fuera tarde en la noche y de que nadie estuviera alrededor. Al otro día la noticia fue grande y se hablaba de los enormes daños materiales y del saqueo del que había sido objeto el local. Una gran mentira. Sólo se había roto un vidrio —yo le tomé fotos— y se había descolgado el aviso de un almacén viejo que quedaba en la calle opuesta".

Un día los miembros del consejo estudiantil recibieron una citación secreta a un lugar en las afueras de Bucaramanga. No se anunció el motivo. Al llegar, Vega comprendió las precauciones. Se trataba de una charla del cura Camilo Torres que ya estaba en la clandestinidad. El cura animó a los estudiantes a iniciar una campaña de "concientización para el cambio" en la universidad con un discurso que se resumía en intentar por las buenas las transformaciones y si esto no funcionaba, la opción estaba en las armas. A Vega le entusiasmaron las palabras del sacerdote, pero él estaba enamorado, y en ese trance no cabe la fuerza ni la brutalidad.

Lucila se puso feliz con los resultados de las fotos. Vega fue el primer sorprendido cuando comprobó que más de la mitad resultaron muy buenas. Las impresiones pasaron de mano en mano. La calidad generó una fiebre de modelaje aficionado entre las mujeres jóvenes y atractivas de la sociedad bumanguesa. Varias de ellas terminaron en la cama con el fotógrafo, lo que daría pie a los problemas de Vega en la ciudad.

El regreso de Lucila a Estados Unidos le dio muy duro a Vega.

"Estábamos enamorados, pero no había manera de que pudiéramos poner nuestros rumbos juntos. Desde entonces no la volví a ver. Recibí varias cartas y un día me mandó por correo una de las fotos de ella desnuda que le había tomado en Bucaramanga. Se veía hermosa. Me decía que extrañaba no estar más conmigo y hacer fotos. Y me confesó que cuando hacía el amor con su novio, con quien se iba a casar, pensaba en las cosas que yo le decía mientras disparaba la cámara".

Para un bogotano que se movía entre mujeres y comunistas en una ciudad pequeña y chismosa como Bucaramanga resultaba muy difícil mantener en secreto tantas relaciones peligrosas. Una noche el comandante de la Policía y amigo de parrandas apareció en el apartamento de Vega y le advirtió:

"Vega, usted está metido en dos grandes líos en este pueblo. Si no lo mata alguno de los maridos de las mujeres con las que se acuesta yo lo voy a tener que meter preso por subversivo".

Vega quedó sorprendido de lo que sabía el militar de su vida. En un tono amistoso, el policía le explicó que estaba al tanto de sus actividades clandestinas con un grupo de estudiantes de la Universidad Industrial.

"Para ser más exacto, me mencionó la reunión que había tenido con Camilo Torres quien después murió en combate. Al parecer el policía quería ayudarme, por solicitud de un par de amigas, y en el fondo sentía por mí un grado de solidaridad gremial porque yo sabía que él tenía un romance con una de las muchachas del grupo a pesar de estar casado".

Vega pensó que si bien el policía estaba en lo cierto al señalar los riesgos que corría de terminar baleado en un clóset ajeno como cualquier amante de chiste verde, en el campo de la política su análisis era injusto pues él ya se había decepcionado de la izquierda.

En varias oportunidades Vega había tocado el tema con su compañero gringo del apartamento, un profesor de la UIS, quien además era su maestro de inglés. Una y otra vez le explicó cómo lamentaba que la izquierda estudiantil se hubiera rendido casi en forma mesiánica a los postulados de procesos revolucionarios ajenos a la realidad del país. Vega parecía creer más en la salida pacífica y "de reconstrucción" del Movimiento de Restauración Social. "Cuando planteamos esa salida los compañeros en la revolución nos decían que éramos restauradores sociales de la 'Línea Merengue'."

Ese desencanto político de Vega era música para los oídos de su curioso amigo y profesor gringo que no estaba en esa ciudad por accidente o por una simple aventura de Tercer Mundo.

# CAPÍTULO 8

A menos de un año de la la golpiza en la que perdió el ojo, Carlos Ramón Zapata viajó a Medellín desde Turbo, en el Urabá antioqueño, para asistir a una fiesta a la que Martha lo había invitado. Aunque la visita a la ciudad coincidió con el Día del Padre, no quiso llamar a su papá. Por una coincidencia, Alfonso se enteró y lo llamó a los pocos días al rural, cuando ya había regresado al hospital. El padre le reclamó que había estado en Medellín y no lo había llamado a saludarlo.

—No, viejo, la verdad que no me nació ir a saludarte —respondió Ramón.

—Ah, bueno —concluyó Alfonso—, sólo quería confirmar que te vieron en Medellín.

Esa fue la última conversación de Ramón con su papá.

El 25 de junio de 1992 su primo Óscar Campuzano lo llamó al hospital de Apartadó para decirle que El Mocho había sufrido un accidente muy grave y que le aconsejaba viajar de inmediato. Una avioneta de un tío de Ramón lo recogió en el aeropuerto de Chigorodó, a 35 minutos de Apartadó, alrededor de la una y media de la tarde. Tras levantar vuelo, el piloto, Tomás, le dio el pésame a lo paisa:

—Viejo, lo siento mucho, el viejo era malgeniado y todo pero no merecía una masacrada tan salvaje.

—¿Qué me estás diciendo? —preguntó Carlos quitándose los audífonos de comunicación interna.

—¿No te dijeron la verdad? —preguntó Tomás quien no tuvo otra opción que confirmar la tragedia.

Alfonso Ramón murió de 37 balazos que le dieron varios sicarios cuando se dirigía a una oficina de Medellín a cumplir con una extraña cita que le puso Guillermo Londoño, su socio, el esposo de una de las hermanas de los Ochoa, el clan del Cartel de Medellín. Al llegar al sitio, Alfonso vio que la oficina de Londoño estaba cerrada. A partir de ese punto un grupo de sicarios le siguió la pista. El padre de Ramón, quien iba con su tercera esposa, Gloria, tomó la Avenida Oriental, pero se regresó en medio de una discusión con Gloria por unos pasajes y bajó por la Avenida Los Huesos.

En el semáforo de La Extinción, un tradicional almacén de extinguidores, fue rodeado por un automóvil Mazda al lado derecho, un Renault al izquierdo y una motocicleta al frente. De los costados salieron varios sicarios, uno de los cuales le tocó el vidrio del automóvil momento en el que Alfonso, con su único brazo, alcanzó a sacar una pistola con la que hirió al gatillero apostado al lado derecho. En ese instante, los demás sicarios descargaron cuatro ráfagas de ametralladora en el cuerpo del hombre de 48 años. Uno de los proyectiles le cruzó el hombro derecho a Gloria que sobrevivió para contar los momentos finales de su esposo. Alfonso quedó desgonzado sobre la cabrilla y con el pie en el acelerador. El carro avanzó sin control y se detuvo al chocar contra un bus. Su maletín, salpicado de sangre, quedó en la mitad del asiento delantero.

Desde un principio Ramón sospechó que los autores intelectuales del homicidio fueron lugartenientes de Pablo Escobar que cumplían órdenes de su patrón. Escobar se había propuesto eliminar a todos aquellos amigos, conocidos y ex socios que se negaran a contribuir a su dispendiosa guerra contra el Gobierno. Y el padre de Ramón no había contribuido.

"Mi papá era un tipo ganadero con plata y Pablo siempre lo había llamado para que le diera plata, para que lo financiara, pero él nunca le salía porque él era amigo de Fabio Ochoa... Pablo le pedía a mi papá un millón de dólares".

La noticia de la muerte de Alfonso lo destruyó. A bordo de la avioneta sintió que el piso se abría y caía a un abismo sin fin.

"Todo pasaba frente a mí como una película y yo no hacía nada por detenerlo. Giré mi cabeza al lado derecho y allí tenía al frente mío ese colchón natural inmenso que formaban las nubes vistas desde esa altura. Estaba aturdido, el mundo se había desplomado frente a mí, me sentía flotar y con la mirada buscaba desesperado que El Mocho hiciera su aparición a través de esas nubes para poderme decir qué iba a hacer con mi vida".

A pesar de todo amaba a su papá. Sentía que había aprendido de él la disciplina que se requiere para empezar y terminar una tarea en una ciudad colmada de distracciones nefastas. Al viejo lo perdonaba porque sabía que cargaba con el peso de una infancia terrible y una juventud frustrada.

La familia de Alfonso en el Norte de Santander se exilió en Venezuela huyendo de la persecución política de los años cuarenta. Cuando tenía diez años, mientras introducía matas de caña en un trapiche de su abuelo y al mismo tiempo arriaba la mula que hacía girar el molino, Alfonso vio impotente y a punto de desfallecer cómo su mano era triturada por el mecanismo sin poder detener la bestia. En lugar de llevarlo al hospital, su abuelo trató de curarlo en la hacienda con naranja agria y otros brebajes campesinos. El brazo comenzó a gangrenarse y cuando los médicos finalmente vieron al joven, debieron amputarle el brazo hasta unos dos centímetros antes del codo. Alfonso estuvo bajo tratamiento de morfina para el dolor durante casi cuatro años, lo que Ramón asegura que alteró su personalidad por el resto de su vida. Luego vendría la frustración de no haber podido terminar su carrera.

Después de enterrar a su padre, Carlos regresó al hospital con la intención de abandonar su profesión y dedicarse a buscar a los asesinos. Renunció al centro asistencial y la última semana de trabajo, consciente de que ésa podría ser la última de su profesión, grabó en video una fiesta de despedida y una cesárea a una mujer herida de bala. La mujer y el bebé se salvaron.

Carlos, que tenía 24 años, viajó a Medellín, y desde ese día, durante un año y tres meses, dice que sólo se vistió con la ropa de su padre y anduvo por todo el país en búsqueda de los asesinos, sin separarse del maletín Mesace ensangrentado que el viejo llevaba el día de su muerte.

Antes de irse de justiciero solucionó un problema del corazón que estaba pendiente en su vida: el matrimonio con la hermana de Juan

Gabriel Úsuga, epílogo natural de una relación que retoñó a raíz de la solidaridad que Martha demostró ante la tragedia de la muerte de su papá. Nunca podrá olvidar que fue la primera en salir a su encuentro en el aeropuerto de Medellín, de regreso de Apartadó, y quien estuvo a su lado durante el duelo. El noviazgo había terminado y ella estaba saliendo con otro amigo, pero las circunstancias crearon un ambiente de reconciliación que desembocó en matrimonio.

La relación alborotó las siempre perentorias formas de querer de Ramón. De regreso a Apartadó, adonde viajó para cancelar la práctica rural, se enteró de que no había cupo para el regreso a Medellín el día planeado. El gerente de Aces en el pueblo le dio con gusto la mala noticia de que había vendido todos los cupos a empresarios bananeros que asistían a una convención. Ramón estaba loco por regresar el fin de semana para ver a Martha y no quería perderse la famosa cabalgata Bolombolo-Venecia. Complicaba más aún la situación de que se caían mutuamente mal con el gerente de la aerolínea.

Con la ayuda de sus amigos médicos y la complicidad de enfermeras y bacteriólogas del hospital, Ramón solucionó el problema: salió el viernes en una ambulancia al aeropuerto de Chigorodó remitido de urgencia a un hospital de Medellín con un diagnóstico de malaria cerebral. Un examen positivo de gota gruesa, firmado por la jefa del laboratorio, acompañaba al enfermo. Escogió esa modalidad de la malaria porque no presenta signos externos. Por ley, los vuelos a esta zona del país deben reservar un puesto para enfermos graves. Al pasar en silla de ruedas frente al gerente de Aces, éste le indicó, extrañado, que no se explicaba cómo la noche anterior lo había visto bueno y sano en Cinco Esquinas, el bar más popular del pueblo, y ahora estaba enfermo de urgencia.

"¿Qué ocurrió, doctor?", le preguntó con preocupación fingida.

Conectado a un frasco de suero, Ramón le respondió que los médicos también se enferman, ante lo cual el gerente tuvo que asignarle una silla en el avión.

En la mañana del 15 de enero de 1993, horas antes de casarse, Ramón visitó la tumba de su padre en Campos de Paz. Llevaba en una mano dos copas y en la otra una botella de coñac Ramy Martin, el trago preferido de su papá. Sirvió las dos copas, una para él y la otra la vertió sobre la tumba mientras decía en voz baja: "No me abandones que lo que sigue es bien duro, tú lo sabes".

Lo duro que seguía era la venganza. Con el dinero que le quedó de la herencia de su padre, tras una despiadada rapiña de las mujeres que vivieron con él después de su mamá, Ramón empezó a planear la persecución de los hombres que ordenaron y ejecutaron la muerte de El Mocho. Otra parte la invirtió en la Clínica de las Américas, que se había fundado en Medellín con planes de convertirse en un punto cardinal de la medicina en Colombia. Al mismo tiempo invirtió en transporte terrestre de cocaína.

En la misión de vengar la muerte de su padre, Ramón tenía una ventaja: su batalla no sería una cruzada individual, sino un aporte más a una guerra irregular, caótica e impune contra Pablo Escobar. Para su suerte, esa guerra contaba con la bendición discreta de los gobiernos de Estados Unidos y de Colombia. En esos momentos se conocían los primeros ataques de la organización paramilitar Los Pepes, Perseguidos por Pablo Escobar, cuya finalidad era presionar y, si era el caso, matar a los empleados, protectores y amigos del capo.

Un hecho sangriento fue determinante para la formación de Los Pepes. El 4 de julio de 1992, Escobar ordenó la ejecución en la cárcel de La Catedral de Fernando Galeano y Gerardo Moncada, narcotraficantes que gozaban del aprecio de los demás miembros del Cartel de Medellín. Otras 16 personas más fueron masacradas. Según el testimonio rendido por el narcotraficante confeso Luis Ramírez, Escobar ejecutó a sus ex socios al enterarse de que habían escondido unos 20 millones de dólares en efectivo para evadir el pago de sus cuotas al capo de Medellín.

"La gente piensa que Pablo Escobar era uno de esos narcos dedicados que se sentaba a planear una ruta, un cargamento, y todo eso", me comentó un ex colaborador de Los Pepes, identificado como Robin. "Pero eso es un mito. Escobar era un zángano que lo que hacía era cobrar, extorsionar, llamar a los narcos para exigir su aporte con una condición que no podían incumplir: o paga o se raja".

Escobar se enteró del alijo de 20 millones que su socio Fernando Galeano tenía escondido por una trágica coincidencia con visos de leyenda urbana de Medellín. Según esta leyenda, Galeano almacenaba grandes cantidades de dinero en efectivo en una casa de Itagüí bajo la vigilancia de un hombre de unos 65 años que vivía con su nieta. El abuelo sacaba a orear al patio de la casona los billetes de dólares de vez en cuando para que no se pudrieran.

Cada fin de semana su nieta, de unos 18 años, se robaba uno, dos o tres billetes y se los daba a su novio para pagar los gastos de diversión. A la tercera vez que el muchacho recibió el dinero de su novia, intrigado le preguntó de dónde los sacaba con tal facilidad y ella le describió el rito de su abuelo. El muchacho resultó ser de la pandilla de Fredy Misterio que junto con los hombres del Tití seguían órdenes de El Chopo, el jefe de sicarios de Pablo Escobar en La Catedral.

El Chopo dio la orden de robarse hasta el último dólar de la caleta, orden que cumplieron sus hombres matando al abuelo y a la nieta. Enterado de la identidad de los autores del robo, Galeano acudió a La Catedral a reclamar a Escobar, y aunque no es muy claro lo que ocurrió allí, se dice que El Chopo perdió los estribos cuando Galeano le pidió que no se metiera en la conversación, y le descargó su arma.

Los Pepes hicieron su aparición en enero de 1993 al atribuirse la explosión de dos carros bomba en tres conjuntos residenciales de Medellín. Una de las bombas explotó cerca a la residencia de la madre de Escobar. Las explosiones afectaron además el edificio en el que residían la esposa del narco, María Victoria Henao, con sus hijos Juan Pablo y Manuela Escobar.

La organización estaba conformada por los enemigos comunes de Escobar: los gobiernos de Estados Unidos y Colombia, la cúpula del Cartel de Cali y los familiares de un reguero de víctimas que dejó el implacable mandato del narcotraficante de matar a quien no diera su contribución. En representación de Estados Unidos estaba el controvertido agente de la DEA Javier F. Peña, quien llegó a ser director de ese organismo en San Francisco, después de salir de Colombia; por parte del Gobierno colombiano, presidido por César Gaviria, el no menos polémico director del DAS, Miguel Maza Márquez, y el sinuoso capitán de la Policía Danilo González; la coordinación dentro del Cartel de Cali corría por cuenta de *Pacho* Herrera y los hermanos Miguel y Gilberto Rodríguez Orejuela.

A la cabeza de Los Pepes estaban Fidel y Carlos Castaño. Los Castaño entraron a la guerra para cobrar venganza por la muerte de sus amigos y socios, los hermanos Moncada y Galeano, y además porque se habían enterado de que Escobar los había citado a ellos a La Catedral para matarlos. Un derrumbe en la carretera de Fredonia impidió el paso del vehículo de los Castaño. Como jefe del sicariato de Los Pepes actuó Adolfo Paz, alias *Don Berna*, fiel ayudante de los Galeano que se convertiría en un hombre clave del paramilitarismo en Colombia, con tal poder que logró paralizar el transporte público de Medellín en mayo de 2007.

Todos ellos estaban apoyados por un ejército de 12 hombres a quienes la Fiscalía indultó. Los llamados "12 del Patíbulo" recibieron en julio de 1993 un perdón por decreto presidencial avalado por el entonces fiscal Gustavo de Greiff. Ellos fueron: Luis Ramírez, Gustavo Tapias Ospina, Eugenio León García Londoño, Benito Mainieri Medina, Guillermo Blandón, Frank Cárdenas, Hernán Emilio Sepúlveda, Luis Guillermo Ángel Restrepo, Luis Giovanni Caicedo Tascón, Gabriel Puerta Parra, Pablo Enrique Agredo Moncada, Armando Muñoz Azcárate.

Con la bandera de Los Pepes se arroparon policías y bandidos, narcotraficantes y agentes antinarcóticos de la DEA, criminales y fiscales. Allí se forjaron amistades que no desaparecieron con la muerte de Escobar sino que se fortalecieron y dieron origen a otras alianzas igual de macabras. Los muertos que dejó esta guerra tampoco han terminado de contarse. Cuando el autor acompañaba al periodista Mark Bowden en sus entrevistas en Colombia para su libro *Killing Pablo*, uno de los jefes de Los Pepes comentó que las víctimas de ambos bandos fueron más de 3.000.

En las raíces de esa organización se puede detectar el genoma del paramilitarismo que años después se infiltró en algunos estamentos del Estado. Varios de Los Pepes de ayer son paras de hoy.

Abarcaría otro libro contar la historia de Los Pepes y especialmente la impune complicidad de Estados Unidos en esa guerra sin ley, pero para la crónica que nos ocupa es importante reseñar la aparición del fenómeno, dado que algunos de sus gestores y combatientes se atravesarán de nuevo en el destino de los personajes de esta historia.

Pues bien, entre quienes habían tomado la justicia por su cuenta para acorralar a Escobar había dos narcos con el mismo nombre y el mismo apellido paterno sin ser familiares. Uno era Julio Correa Valdés, alias *Julio Fierro*, y otro Julio César Correa, alias *José Orejas*. El primero fue un cercano colaborador del capo de Medellín y el segundo un enlace entre los Ochoa y Escobar. El alias de Fierro viene de su papel en la organización de Escobar de proveedor de fierros, como se conoce el armamento en el lenguaje sicarial. Fierro se había unido a Los Pepes para vengar la muerte de su cuñado.

Desde joven se enredó en líos de narcotráfico. Cuando tenía unos 18 años fue arrestado en la recepción de un hotel de California donde había recibido dos kilos de cocaína de manos de un infiltrado de la DEA. Luego de pagar la fianza se escapó hacia Colombia donde buscó la protección de Escobar. De estatura media, corpulento, casi siempre llevaba el pelo con cola de caballo y usaba un arete en la oreja. Era muy apreciado en el mundo del narcotráfico por su prudencia a pesar de su vida bohemia en las discotecas de moda de Medellín y Bogotá.

Fierro cayó en desgracia con Escobar porque se negó a continuar haciendo aportes a su guerra. Al enterarse de la negativa, Escobar le pidió que le enviara a su cuñado para hacer corte de cuentas. Al llegar al lugar el cuñado fue secuestrado y luego descuartizado. En los meses siguientes el capo de Medellín le hizo dos atentados a Correa.

Orejas, que le debía el apodo al tamaño de las mismas, trabajaba como lugarteniente del clan de los Ochoa cuando éstos dejaron en manos de varios hombres de su confianza un voluminoso remanente de droga mientras cumplían prisión en Itagüí por delitos confesados en el marco de su entrega a la justicia colombiana. Bajo la presión de la guerra contra Escobar, Orejas asumió también un papel activo en la persecución de sus colaboradores.

Ramón hizo su contribución a la guerra contra Escobar a través de los Julios. En sus fiestas, conquistas y noviazgos clandestinos, se enteraba del paradero de importantes colaboradores de Escobar y tan pronto lo sabía llamaba a Los Pepes. Éstos se presentaban y le seguían el rastro al personaje. A uno de los lugartenientes de Pablo lo sacaron en calzoncillos de su casa y lo lanzaron vivo desde un helicóptero en las costas del Golfo de Urabá.

En el frente legal, Ramón se asocio con un cuñado y fundaron la clínica estética Derma SPA. En una ciudad donde muchas mujeres compiten por la voluptuosidad seductora de los senos y los traseros, una clínica más no sobraba. "Fue una época dorada en la que comencé a ejercer esa doble vida que caracterizó el resto de mi existencia. Mis funciones en la clínica me exigían una presentación personal impecable, de saco y corbata diariamente, y mis vínculos con mis amigos Fierro y Orejas ya me habían despertado la necesidad de circular con escoltas que disimulaba con el cargo de conductores".

De los 15 meses que colaboró con Los Pepes, Ramón sólo prefiere hablar de los resultados: la mayoría de los autores del crimen de su padre, intelectuales y materiales, fueron dados de baja. El más importante, Escobar, fue abatido por la policía colombiana el 2 de diciembre de 1993 en un barrio residencial de Medellín. Ramón estaba ese día en Bogotá hablando del negocio de transporte de cocaína con su amigo Saulón y uno de sus clientes en la capital que se hacía llamar El Mayor, aunque no tenía ningún rango militar. Los tres iban en un taxi que El Mayor usaba para desplazarse por la ciudad como un taxista más.

"Marica, prendé las noticias para que oigás lo que pasó, se acabó la guerra, güevón, cayó, cayó ese hijueputa, está muerto", le dijo Fierro por un teléfono móvil a Ramón.

Con cierto escepticismo, Ramón pidió a El Mayor que encendiera el radio. Pensaba que esa era otra falsa alarma de las muchas que se escuchaban por esos días, pero quedó convencido cuando en varios noticieros el Gobierno confirmó la noticia. El Mayor se detuvo frente a una tienda de barrio donde ordenó un aguardiente doble para cada uno. Bogotá era una fiesta. Un concierto de pitos se escuchaba por las calles de la ciudad en señal de celebración. Había muerto el enemigo número uno de Colombia, decía la radio. Ramón pensó dos veces tomarse el aguardiente por lo que aún era temprano, pero no quiso aguar la fiesta y se lo zampó sin respirar.

En Cali, el fiel secretario de Miguel Rodríguez Orejuela le anunció a su jefe que tenía una llamada del fiscal general, el doctor De Greiff. Según el contador chileno de Rodríguez, Guillermo Pallomari, el narcotraficante pasó al teléfono y al terminar de escuchar la buena, lloró de alegría[2].

2.    Declaración de Guillermo Pallomari, juicio en Miami contra abogados del Cartel (Operación Cornestone), audiencias de julio de 1997. Corte del Distrito Sur de la Florida.

# CAPÍTULO 9

Una patada en la cara fue el primer golpe que recibió Baruch Vega cuando le dijo al interrogador que no reconocía a ninguna de las personas que aparecían en la fotografía. Estaba sentado sobre una caja de madera de cerveza con las manos esposadas y con el golpe fue a parar al piso de tierra de la habitación oscura. En el suelo, el interrogador continuó la paliza hasta que Vega perdió el conocimiento. Al despertar se percató de que se había orinado y defecado en los pantalones.

"¡Este maricón se cagó!", gritó uno de los custodios a otros cinco que estaban afuera del rancho.

Tan pronto como vio que Vega tuvo fuerzas para abrir los ojos, el hombre se acercó, lo agarró del pelo y le puso al frente una fotografía que parecía diferente a la anterior. Con la visión nublada, Vega trató de concentrarse y tampoco logró reconocer al hombre a quien el interrogador le señalaba con insistencia.

—No sé quién es' —dijo Vega.

—Esto le va a refrescar la memoria —le advirtió el guardia antes de darle una nueva golpiza.

Fueron tantos y tan seguidos los golpes que llegó un momento en que los puñetazos no le dolían más. Cuando se recuperaba, le mostraban las fotos, él decía que no sabía quiénes eran los personajes y otra vez volvían a la carga hasta privarlo. Además de los sospechosos de las fotografías, querían saber de las actividades de uno y otro grupo subversivo y de líderes estudiantiles.

Esa noche Baruch Vega entendió que en Bucaramanga nadie podía darse el lujo de pertenecer a la línea merengue, como clasificaba su ambigüedad política. La pesadilla había comenzado en la mañana. Unos hombres que se identificaron como detectives lo sacaron con engaños de su apartamento. De hecho, Vega estaba de salida. Había tomado en serio el consejo de su amigo policía de dejar de jugar con candela. A sus amigos les dijo que estaba harto de perder clases por culpa de los paros universitarios. Su idea era aceptar una propuesta de Alan, el gringo compañero de residencia, de trabajar en el exterior con un grupo internacional auspiciado por el gobierno de Estados Unidos. La empresa, cuyo nombre Alan no reveló en ese momento, estaba buscando personal capacitado y dispuesto a viajar a cualquier lugar del mundo.

"Si la policía supiera que lo que estamos tratando de hacer es ayudarlos a voltear comunistas", comentó entonces Vega al gringo para describir la paradójica situación que vivía.

Estaba pues empacando el escaso equipaje de un universitario varado cuando tocaron la puerta y se encontró con dos hombres que se identificaron como detectives del SID, la policía secreta de la época. Le dijeron que lo llevarían al paradero de buses. Vega planeaba viajar a Venezuela desde la frontera. En ese momento se tranquilizó porque pensó que los detectives habían sido enviados por el director de la Policía que le aconsejó salir de la ciudad. A la carrera, empacó lo que pudo y se subió a un automóvil. Al preguntar hacia dónde se dirigían, uno de los captores respondió: "Usted se calla".

Media hora más tarde lo tiraron al piso de una habitación oscura de lo que parecía una casa vieja en una zona rural de clima cálido. Vega rezó su primera oración en ese momento. Unas tres horas más tarde la puerta se abrió y vio en contraluz la silueta de por lo menos seis de los captores. Uno de ellos protestó porque Vega no estaba esposado. Un hombre grueso le puso las esposas mientras le advertía que su vida dependía de que dijera la verdad.

"Yo no sé cuánto tiempo permanecí allí. Algunas veces me dolía todo, otras veces sentía sed y otras, hambre. A veces me despertaba porque escuchaba gallos cantar o el rebuznar de unos burros. Me hacían preguntas y más preguntas acerca de actividades y planes de los distintos grupos de izquierda revolucionaria.

Un día cuando trataba de mantenerse sentado con las manos esposadas atrás y los pies amarrados —Vega no había tomado agua durante los días que llevaba en ese lugar y había comido una o dos veces solamente— la puerta se abrió y entraron dos personas.

"Este mierda huele a horrible como si ya se hubiera muerto", dijo uno de los torturadores.

Vega estuvo a punto de decirle que lo mataran.

"Pero pedí a Dios que me diera fuerzas y así lograba mantenerme. Sabía que mentalmente nunca me podrían doblegar".

Uno de los hombres que asistía con frecuencia a los interrogatorios entró en compañía de otro a la habitación y asumió el papel condescendiente del manual de torturas. Su compañero se mantuvo como el intransigente.

"Usted se va a morir muy pronto. Yo le puedo ayudar pero me tiene que decir la verdad. Aquí la gente sabe que usted le ha estado dando información a la Policía y lo van a pelar; dígame lo que sabe y qué les ha dicho y yo lo puedo ayudar", dijo el que jugaba de bueno.

Las palabras del torturador lo dejaron completamente confundido. Hasta ese punto había creído que sus captores eran policías en cacería de subversivos. Ahora, con esa pregunta, se abría una hipótesis más compleja: que sus interrogadores fueran, de hecho, policías, pero simpatizantes de la guerrilla. El hombre que lo interrogaba fue interrumpido repentinamente por varios compinches que entraron agitados. Hablaron en voz baja y salieron con semblante preocupado.

"Todo se puso muy oscuro. Por lo menos esta vez no me golpearon. Empezó un tiroteo que se sentía cerca. Se escucharon gritos y carreras, volvieron a sonar más y más tiros pero más lejos. Finalmente hubo silencio. Yo sentía algo de tranquilidad, un rato más tarde escuché ruido y prendieron la luz de la habitación siguiente. Sentí algo de preocupación cuando abrieron la puerta. No veía bien y me parecía ver a una mujer".

—¿Usted está aquí todavía? —le preguntó una mujer de unos 70 años mientras se acercaba para ayudarlo a ponerse en pie y a desatarle los tobillos.

—Está hecho un cadáver —dijo—, déjeme buscar la llave para soltar esas esposas.

"Yo trataba de pararme pero no podía, no tenía fuerza, finalmente lo logré, quería salir corriendo. Cuando escuché pasos no sabía qué hacer.

Entonces la mujer volvió en compañía de un muchacho de unos 15 años y le dijo: 'quítele las esposas y acompáñelo a la salida; el muchacho me soltó las esposas y me dijo: 'apúrese vamos rápido'."

Era de noche.

"Dele derecho de ahí pa'bajo que el niño Dios le ayude", le dijo el muchacho.

Vega caminó a tumbos por potreros y pedregales de la zona durante horas. A lo lejos escuchó el ladrido de perros. Su piel herida sintió un ligero alivio con las primeras gotas de un aguacero pero la lluvia no le permitió calcular la distancia que lo separaba de un resplandor de luz eléctrica que vislumbró en el horizonte, y debió caminar más de lo que calculó con su mirada. "Corría por mi vida, sentía que empezaba a vivir".

Al amanecer arrancó dos plátanos verdes que se tragó a la carrera. En media hora sintió, en forma de retortijón, el primer aviso de una segura descomposición intestinal. Su estómago vacío durante días había recibido una bomba de plátanos crudos.

Vega se lanzó a una quebrada sin quitarse la ropa y al limpiarse la capa de suciedad que cubría sus brazos notó que tenía vario pinchazos de inyecciones en las venas. Trató de tocarse, pero el dolor de la hinchazón lo hizo retorcerse. Siguió caminando hasta que llegó a la casa de una finca donde lo recibieron los perros mostrándole los colmillos. Unos minutos más tarde un hombre de edad, montado a caballo, espantó los animales y le preguntó asombrado:

—¿Ay jueldiablo qué le pasó a usted, joven!

El hombre se bajó del caballo para socorrer a Vega.

—¿Quién le hizo esa vaina que casi lo matan? —le preguntó.

—Me atracaron, señor —le dijo Vega—, Me tiraron por allá arriba y no tengo ni idea dónde estoy.

Vega convaleció en la casa del hombre que lo socorrió durante tres semanas hasta que todas sus heridas se curaron gracias al cuidado de la familia y especialmente de doña Aliria, la enfermera. Un día de madrugada salió de la casa rumbo a Venezuela con un dinero que le dio el hombre, quien resultó ser el padre de Gabriel Parra, un estudiante de la UIS. Llevaba suficiente para sobrevivir durante un mes, y una bolsa llena de ropa regalada. Se dirigió hacia Cúcuta, donde vivía un buen amigo suyo que había estudiado en el Tecnológico. Era de familia española y se había mudado el año anterior de Bucaramanga a esa ciudad. Aun cuando no sabía su teléfono ni la dirección, Vega recordaba el nombre de la compañía de sus padres.

Llegó a Cúcuta en la tarde. Cuando caminaba alrededor de la estación de buses, buscando un sitio en dónde dormir, pasó frente a una oficina de Telecom y se le ocurrió llamar a Alan.

"Gracias a Dios estás vivo, Ciego", le dijo el gringo.

Al escuchar el apodo universitario, Vega estuvo a punto de llorar.

El gringo le comentó que mucha gente en la universidad lo daba por guerrillero y enseguida le recordó que la oferta de trabajo con sus amigos seguía en pie. Vega respondió que esa era su única tabla de salvación. Entonces el gringo le dio tres teléfonos: el de la Embajada de Estados Unidos en Caracas, el de la Embajada de Estados Unidos en Bogotá y el de un apartamento en Bogotá. En los tres casos sólo tenía que decir que era "el amigo de Alan".

—¿Tienes dinero?

—Lo suficiente —le respondió.

—Ciego, cuídate que tú vales mucho.

# CAPÍTULO 10

**B**aruch Vega llamó al teléfono de la Embajada de Estados Unidos en Caracas siguiendo las instrucciones de Alan y un hombre con acento gringo le respondió que estaba esperando la llamada. Cuando el hombre le preguntó si le era fácil llegar rápido a un punto de encuentro en el centro de Caracas, Vega le informó que estaba a unos 500 kilómetros de distancia, en Cúcuta, Colombia. Después de una espera de cinco minutos anotó un teléfono que le dieron para comunicara en Cúcuta con una persona de confianza que le podría ayudar. Otro individuo con acento venezolano que respondió en ese teléfono, dijo que pasaría a recogerlo en 15 minutos a la oficina de Telecom.

"Finalmente llegó un carro muy nuevo con placas venezolanas y dos personas con lentes oscuros en su interior. Sentía mucho miedo y no sabía si salir corriendo o quedarme allí. El pasajero dijo "súbase" y abrió la puerta de atrás desde adentro. Entré al carro y le pedí a Dios que me ayudara. Con una sonrisa y muy amables los ocupantes se presentaron, y me preguntaron si íbamos al hotel a recoger mi maleta. Les respondí que lo único que tenía lo llevaba conmigo: una bolsa de papel grueso con ropa usada".

El automóvil se dirigió hacia la frontera. El conductor dijo que el punto de destino era San Cristóbal, una ciudad situada a menos de una hora de camino de Cúcuta, en el estado Táchira. A su paso por las garitas de aduanas y seguridad de la carretera los ocupantes se identificaron como funcionarios venezolanos. Ningún guardia pidió la identificación de Vega. Al llegar a San Cristóbal, el automóvil ingresó a un edificio residencial de clase media alta y Vega fue invitado a subir a un apartamento muy bien amoblado y decorado.

"Aquí vas a vivir temporalmente. No vas a salir a ninguna parte hasta que se decida qué hacer", le dijo uno de los acompañantes.

En el apartamento lo atendieron a cuerpo de rey. Antes de salir al mercado le consultaron si quería algún alimento especial o si se le ofrecían cosas de aseo personal. A los diez minutos que el encargado de las compras salió, cuatro caras nuevas y sonrientes aparecieron en el lugar para darle la bienvenida. Hablaban muy bien el español. Después se enteró de que eran de Puerto Rico. El único venezolano estaba en el supermercado haciendo las compras.

Comieron hasta la saciedad, y de postre Vega fue sometido a un intenso pero amistoso interrogatorio sobre el extraño secuestro del que había sido víctima. Fue la primera vez que sumó los días de cautiverio con calendario en mano. En total fueron 12 días. Los gringos no grabaron pero anotaron en libreta cada una de las respuestas del interrogado. Agotado el cuestionario en torno a las circunstancias que rodearon el secuestro, los agentes se adentraron poco a poco en la vida de estudiante de Vega. Querían saber de su familia, de sus gustos, vicios y virtudes.

En un momento uno de ellos sacó unas fotografías, y Vega inconscientemente dio un salto.

—¿Pasa algo malo? —preguntó uno de ellos.

—Sí —le respondió Vega—, la última vez que me mostraron unas fotos para reconocer casi me matan.

Todos celebraron con carcajadas el comentario. Ese día estuvieron hasta casi la media noche. El único que se quedó en el apartamento con Vega fue el venezolano Benjamín Rugeles, con quien hizo una buena amistad. Fue Rugeles quien le comentó que algunos informes de inteligencia indicaban que había una relación muy estrecha entre ciertos grupos de la Policía de Colombia y organizaciones subversivas. Ahora Vega entendía muchas de las preguntas que le hicieron durante el cautiverio.

A los cuatro días de alojado en el apartamento fue invitado por sus protectores a salir de compras por cuenta del Tío Sam. Lo aperaron de ropa, zapatos, maletas y lociones, le hicieron cortar el pelo y le dieron

500 dólares, no sin antes firmar toda clase de papeles. Durante el tiempo —los 14 días que permaneció en San Cristobal— Vega conoció a unos diez norteamericanos contando a los de Puerto Rico, tres panameños y un funcionario de la Embajada de Estados Unidos en Colombia. Nunca se atrevió a preguntar quiénes eran ellos ni para quién trabajaban, pero no fue difícil concluir, según él[3], que se trataba de entusiastas colaboradores de la Central de Inteligencia de Estados Unidos (CIA) en labores de espionaje del enemigo y reclutamiento de enlaces.

El plan de estos hombres era llevar a Caracas a su más reciente recluta.

Un día antes de salir a la capital, los hombres lo llevaron a Vega a una oficina donde le tomaron huellas digitales, fotos y le dieron un pasaporte venezolano. Así de fácil.

Vega cuenta que la CIA quería que se infiltrara en los grupos estudiantiles de izquierda y que estuviera muy atento a cualquier avance continental de la revolución cubana en un país que, por su riqueza petrolera, era un punto trascendental en el mapa de la Guerra Fría.

"Así empezó mi primer trabajo con la Agencia Central de Inteligencia CIA y aun cuando no era considerado un oficial del gobierno de los Estados Unidos, pues no era ciudadano estadounidense, recibía un pago con fondos de ese gobierno"

En esos momentos la Universidad Central de Venezuela era un semillero de grupos revolucionarios que, en nombre de la revolución cubana, promovían la creación de células clandestinas para la lucha armada contra el gobierno local y el imperialismo americano. Las residencias estudiantiles se convirtieran en un centro no sólo de discusión ideológica sino de preparación de jóvenes para la lucha armada.

Vega dominaba los gustos de los jóvenes progresistas y manejaba como segundo idioma el lenguaje coloquial de la izquierda; sabía a quién le debía decir compañero y a quién camarada y dónde se movían

---

3.    La única referencia oficial a los vínculos de Vega con la CIA se encuentra en una denuncia criminal en su contra presentada por el FBI el 22 de marzo del 2000. Allí dice: "Vega ha sido fuente intermitente de información de numerosas entidades federales. Esas entidades incluyen al FBI, el Servicio de Inmigración y Aduanas, la Agencia de Lucha contra las Drogas, DEA y, de acuerdo con Vega, la Central de Inteligencia de Estados Unidos CIA". Affidavit de John C. Jones, p. 2.

los troscos y los mamertos. El problema es que tendría que actuar sin protección y exponerse a las operaciones antisubversivas de la inteligencia venezolana. Su grupo patrocinador solamente intervendría en caso de vida o muerte.

"Yo no sentía odio o rencor contra nadie, pero si antes no había tenido razones personales para tratar de convertir comunistas, esta vez, después de lo que me había ocurrido, tenía todos los motivos del mundo para ayudar a cualquier costo a erradicar a esos criminales comunes".

Vega continuó con la carrera de ingeniería mecánica en las aulas de la Universidad Central de Caracas. No le tomó más de dos semanas conocer a la mayoría de líderes estudiantiles. Eran jóvenes solidarios que trataron infructuosamente de encontrar hospedaje para Vega dentro del complejo habitacional del campus universitario. De la solidaridad se pasó a la complicidad bien calculada a medida que Vega fue aceptando invitaciones a reuniones semiclandestinas.

Los reportes a sus jefes los presentaba personalmente en varios lugares, especialmente en una finca situada cerca al balneario de La Guaira y en la discoteca de Caracas La Lechuga, en el centro comercial de Chacaito. A pesar de que la vida de infiltrado le robaba muchas horas de descanso, Vega no abandonó la fotografía. Con la buena mesada que recibía del gobierno de Estados Unidos compró una nueva cámara y logró convencer a varias de las "chamas" más bonitas de la universidad que se pusieran en la mira. Por estar en el devaneo amoroso, se perdió una gran oportunidad en la otra vida: asistir a una reunión de los estudiantes con Ilich Ramírez *El Chacal*. Se había comprometido tanto con sus compañeros de causa como con la CIA a asistir a la reunión. De ambos lados recibió reprimendas.

"Fue una lección amarga que me enseñó que ya no tenía vida privada y que en operaciones encubiertas no se puede tener familia, amigos ni novias".

Habían pasado ya ocho meses desde la llegada de Vega a Caracas cuando las autoridades locales empezaron a recoger los frutos de una racha de delaciones de miembros de las organizaciones de izquierda. Los organismos de inteligencia desmantelaron varias células guerrilleras.

No había duda de que la ficha de estudiante revoltoso de Vega reposaba en los archivos de la Policía Técnica Judicial de Venezuela

(PTJ). En medio de la ofensiva contrarrevolucionaria, eran altas las posibilidades de que el colombiano fuese arrestado en cualquier momento. Estas circunstancias llevaron a Vega a hacerse a la idea de que el final de su primaria en la CIA estaba cerca. Mientras los bloques urbanos de la guerrilla se desmoronaban, Vega bajó la intensidad de sus compromisos políticos. Se dedicó a estudiar y a salir con una muchacha venezolana que había participado en el concurso de Miss Venezuela quien lo había recomendado como fotógrafo de una campaña publicitaria. Se habían hecho muy buenos amigos.

Un día la muchacha le confesó un secreto que no la dejaba dormir: que un alto oficial de la PTJ, que estaba enamorado de ella, le dijo que la Policía estaba buscando a Vega para arrestarlo. Vega había conocido al oficial en unas fiestas organizadas por el grupo del concurso de Miss Venezuela. Lo único que retrasaba el arresto eran algunas señales confusas de la vida social del sospechoso. Por un lado lo veían departiendo con miembros de la familia Cisneros y otras familias de la alta sociedad de Caracas y por el otro con lo más peligroso de la izquierda armada.

"La Policía no tenía ninguna prueba en contra mía, sabían o tenían conocimiento de mis actividades como posible revolucionario, pero nada específico".

Aún así, la CIA consideró que Vega ya había terminado su misión en este lugar del mundo y querían que se ocupara de otros.

# CAPÍTULO 11

Juan Gabriel Úsuga había llegado a ese lugar de Medellín atendiendo una invitación de uno de los hombres de Pablo Escobar, José Fernando Posada Fierro, que quería hablar de un negocio pendiente de drogas. Al llegar lo encañonaron cordialmente, lo subieron a un Mazda 323, le pusieron una venda en los ojos y de un golpe en el pecho lo lanzaron al baúl del carro desde el asiento trasero que plegaron hacia atrás. Otro secuestro más en la ciudad de Pablo.

Como estaba previsto en un acuerdo de seguridad de la organización de Úsuga, los socios debían reportarse cada hora a un servicio de beepers exclusivo de la oficina. La prolongada ausencia del jefe preocupó a sus socios aunque no tuvieron que elaborar muchas teorías para concluir que lo más seguro era que Escobar lo había secuestrado. Ellos sabían que el gran capo acorralado le seguía los pasos a El Biónico, como le decían a sus espaldas, porque se había negado a colaborar en su guerra.

Ese día de mediados de 1991, Escobar lo mandó secuestrar para forzarlo a pagar su contribución en mora y, de paso, despejar una duda que le daba vueltas a su cabeza. El capo quería saber si Úsuga había tenido algo qué ver con la muerte de su queridísimo primo Gustavo Gaviria, un ex profesor de religión del Instituto de Educación Media (INEM) del municipio de Envigado que se convirtió en la máxima autoridad en narcotráfico del cartel de esa ciudad.

Considerado como el verdadero cerebro mafioso del Cartel de Medellín en el sentido italiano de la expresión, Gaviria manejaba las rutas y la contabilidad de la organización, la infiltración sutil en la

70

política, el sector privado y las fuerzas públicas con una minuciosidad sólo comparable con la impecable caligrafía de sus escritos. Escobar representaba la fuerza bruta, el departamento de sangre y venganza de la organización.

Gaviria fue abatido el sábado 12 de agosto de 1990 por el Bloque de Búsqueda de la Policía en su casa del barrio La Alameda de Medellín. Media hora antes se había reunido con Úsuga y esa coincidencia alborotaba la paranoia de Escobar, quien sospechaba que su primo había sido víctima de una emboscada en la que Úsuga participó.

Esa idea era una locura, según lo contó varias veces El Biónico, pues cuando se despidió de Gaviria ese sábado al mediodía la relación no podía estar en mejores términos. Ambos estuvieron reunidos en una oficina de la Avenida Colombia, propiedad de Úsuga, buscando soluciones para un cargamento de un millón de dólares de cocaína de muy mala calidad que Gaviria tenía varado en California sin poder venderlo. En esa reunión participó también el socio financiero de Úsuga, Luis Carlos Molina Yepes, un narcotraficante y lavador de dólares dueño de casas de cambio en Medellín y muy cercano a Escobar. Molina fue condenado a seis años de prisión acusado de pagar a los sicarios que asesinaron en 1986 a Guillermo Cano, director del diario *El Espectador*, por órdenes de Escobar.

A regañadientes, Úsuga aceptó comprar la droga de Gaviria en California por insistencia de éste, prero cuando la revendió, el comprador protestó porque la mercancía era una basura. Úsuga informó a Gaviria del fiasco y le pidió que botara por la cañería la droga para no crear problemas de seguridad y, lo más importante, le exigió que borrara la deuda que aparecía a su nombre en la contabilidad. "No hay problema", le respondió Gaviria minutos antes de cerrar la conversación de negocio e invitarlo a almorzar a él y a Molina a su casa.

Pero Úsuga se disculpó argumentando que su hijo Mateo estaba de cumpleaños y Molina, que sabía que Gaviria era el hombre más buscado por Los Pepes, también le sacó el cuerpo. Gaviria había tomado sus medidas de seguridad. Andaba por Medellín en un carro modesto con un uniforme de veterinario. Lo que nadie se esperaba era que Los Pepes fueran a buscarlo a su casa. Tocaron a la puerta y lo acribillaron. En ese momento Úsuga se estaba tomando un aguardiente en el restaurante de Iván López, *El Peñasco*, y recibió una llamada de Molina informándole del asesinato.

Convencidos de que Úsuga había sido secuestrado por Escobar, sus socios pidieron ayuda a Molina Yepes, que era muy cercano a El Patrón. Con una llamada, Molina logró la liberación de Úsuga quien sólo estuvo cinco horas y media preso en la misma casa de Los Olivos donde al año siguiente Escobar sería abatido por la Policía. La única comida de rehén que ingirió no la puede olvidar: un plato de albóndigas frías que flotaban en una nata de grasa. De lo que no se liberó fue del pago. Úsuga tuvo que cancelar a Escobar un millón de dólares, un impuesto de guerra que lo dejó ilíquido por un tiempo hasta que La Gorda llegó a su rescate.

Con el nombre de La Gorda fue bautizada una de las rutas más exitosas en la historia del narcotráfico en Colombia. Aunque no debe ser motivo de orgullo para una conocida institución de educación superior de Medellín, en una de las aulas de este centro nació La Gorda. Allí tomaban un máster Úsuga y Carlos Alí Romero Varela, ingeniero de la Universidad Industrial de Santander. Romero trabajaba como gerente comercial de BASF, una enorme multinacional de origen alemán fabricante y distribuidora de productos químicos básicos e industriales.

Durante las primeras conversaciones entre ambos estudiantes, Romero le describió a Úsuga los métodos que BASF usaba para transportar los químicos. La empresa importaba algunos de los productos a Colombia en unos tanques especiales que regresaban vacíos a Estados Unidos, le dijo.

"¡Que desperdicio! ¡Tanques vacíos de regreso a Estados Unidos!", comentó mentalmente Úsuga quien pasaba buena parte de su tiempo libre ingeniándose las formas y vías más seguras y eficientes de exportar cocaína al mundo entero.

Mientras la mayoría de los narcotraficantes insistían en las osadas y aparatosas operaciones aéreas, aterrizajes nocturnos y el bombardeo de droga en el mar, Úsuga exploraba las rutas desconocidas de productos legales y otras vías más demoradas pero tranquilas, muy a tono con su personalidad.

Úsuga es un individuo sereno, paciente, que calcula la vida cotidiana con medidas exactas de ingeniero. La personalidad de este hombre nacido en 1962 en Medellín no encaja en el estereotipo del narcotraficante inculto y agresivo. Se presenta como un individuo pacífico que respeta la vida, como si nunca hubiera transitado por las entrañas de un oficio que ha dejado miles y miles de muertos. De hablar apacible, se alboroza analizando la conducta humana en los más apoteósicos o miserables dramas de la vida con argumentos que refuerza citando pasajes de libros de sicología, historia y economía que devoró en las prisiones de Estados Unidos y en sus tiempos de ocio de narcotraficante activo. Esa distancia en carácter y preparación que siempre marcó con sus pares en el mundo del narcotráfico, le granjeó la antipatía de muchos de ellos que lo veían como un tipo soberbio y farsante.

"Úsuga es un hombre brillante, que se cree el narcotraficante más inteligente de la historia del mundo", dijo el abogado Alan Soven en un juicio en Miami "Él debe haber visto la película *Scarface* 20 veces. Pensaba que era invencible". [4]

Con esa obsesión de reducir la realidad a los números, Úsuga empezó a escribir en prisión y terminó en libertad una tesis de grado para el interrumpido máster de Medellín bajo el título: "Entre gastos y ratones, ¿Qué hace el perro?, notas explicativas del sistema judicial federal de los Estados Unidos y del Proceso Penal en sindicaciones de narcotráfico, lavado de dinero y otros".

Pese al título de fábula, el trabajo es un frío manual de inducción al proceso penal a través de la aplicación de conceptos de ingeniería financiera que reducen la realidad procesal a "un flujo de caja", la sindicación contra el acusado es considerada una "declaratoria de guerra" y la reducción de las penas puede calcularse con la siguiente operación aritmética: $PAS = (11 \times k \times H) + (11 \times \alpha \times S) + TC (X - 1) + (TE \times Y) + (11 \times A)$. PAS significa "Posibles Ayudas Esenciales o Sustanciales", la H es historia, la S la sindicación, la A el ambiente criminal y la T, el testimonio.

El ensayo está dirigido a aquellos narcotraficantes que no saben lo que les espera en Estados Unidos.

---

4. Argumentos de apertura del juicio contra Doris Mangeri Salazar e Iván López Vanegas, 8 de marzo de 2005. Apuntes del autor.

Así que Úsuga no pudo ocultar su interés en los tanques de transporte de los químicos que su amigo Romero describió como contenedores cilíndricos de 5.000 a 6.000 galones de capacidad reforzados con un marco de metal. Son conocidos con el nombre técnico de isotanques. Justamente el nombre de La Gorda surgiría meses después del gran tamaño de la barriga de los tanques, en cuyo interior cabe una persona de pie. Otro dato entusiasmó aún más a Úsuga. En Houston, le dijo Romero, los isotanques son sometidos a un lavado interno para descontaminarlos de gases y residuos, una labor de la que estaba a cargo una firma subcontratada por BASF.

No tomó mucho tiempo a Úsuga ganarse la confianza de Romero para compartir el plan que había ido construyendo mentalmente. Era el método perfecto, pensó, para enviar droga a Estados Unidos sin levantar la menor sospecha. Romero no se hizo de rogar y entre ambos se dedicaron a planear la mejor manera de ganar acceso a los tanques.

En pocas semanas la operación se puso en marcha en tres fases que no fallaron. Primero: montaron una firma para comprar aceite mineral en Colombia a través de BASF y así justificar un ingreso sostenido de isotanques al país; segundo: construyeron cámaras secretas dentro de los tanques para almacenar la droga y, tercero: crearon dos empresas de limpieza de los tanques, una en Bogotá y otra en Houston.

En el esquema concebido por los ingenieros del máster de la escuela superior de Medellín, la empresa de Colombia se encargaría de lavar los isotanques para facilitar la postura de la droga y luego los volvería a contaminar para justificar su limpieza en Houston donde la cocaína era extraída.

# CAPÍTULO 12

El primer envío de prueba de La Gorda fue despachado en 1992 con 120 kilos. Luego se hicieron otros dos con la misma cantidad que llegaron a su destino sin problema. A pesar de que se trataba de pequeños volúmenes de droga, Úsuga y sus socios no tenían liquidez para comprar la mercancía. Eso los forzó a aliarse con El Mayor, un comerciante de Bogotá, con quien Carlos Ramón celebró la muerte de Pablo Escobar[5].

Dueño de numerosos locales en la capital, El Mayor era un hombre muy rico con disponibilidad inmediata de efectivo que invertía en el mercado agrícola y de la cocaína a la vez. En su infancia fue un gamín del Cartucho, un dantesco sector de drogadictos, vendedores de drogas y atracadores del centro de Bogotá, que fue derruido por las autoridades a finales de los noventa. El Mayor se peleó con la pobreza extrema robando limpiaparabrisas, luego carteras en atracos y después automóviles, y con el tiempo llegó a ser chofer de un narcotraficante de Bogotá.

Su salto social más importante lo dio luego de que le salvó la vida a su patrón en una emboscada de una organización enemiga. Abandonado por sus escoltas y con 14 balas en el cuerpo, el narcotraficante fue rescatado por su conductor quien se enfrentó con los enemigos y logró salir ileso para llevar a su patrón al hospital donde le salvaron la vida.

---

5. Este capítulo está basado en declaraciones judiciales, documentos de expedientes federales y testimonios ante autoridades rendidos por narcotraficantes como parte de sus arreglos con el gobierno de Estados Unidos.

En señal de gratitud, el narcotraficante le dio una participación en los despachos de droga. Años después el narco murió en extrañas circunstancias y su chofer heredó los dividendos de la empresa criminal.

Por aportar el dinero semilla de La Gorda, El Mayor se arrogó el derecho al 50% del cupo en todos los envíos que se hicieran a partir de la fecha. Luis Carlos Molina Yepes, el salvador de Úsuga cuando fue secuestrado por Pablo Escobar, también contribuyó con la financiación de los cargamentos de prueba.

En Texas la organización financió el curso de inspectora de tanques de BASF de una mujer colombiana de confianza de El Mayor conocida con el nombre de Montano para que se encargara de seleccionar los tanques "premiados" que deberían ser enviados al proceso de lavado. Esta misteriosa mujer también se hizo multimillonaria con la ruta. A tal punto que un día anunció a la cadena de asociados que estaba cansada de ganar plata, que no sabía dónde meterla, y que necesitaba unas vacaciones. El Mayor aceptó y ella, que era lesbiana, se fue por unas largas vacaciones con su novia a viajar por el mundo.

El círculo feliz lo cerraba el socio de Úsuga y primo de Ramón, Óscar Campuzano, quien se encargó de vender la droga en cualquier parte de Estados Unidos y enviar el dinero de las ventas a Colombia en forma segura. Para ambas cosas era un experto. Campuzano se graduó de una escuela de negocios de Estados Unidos.

La Gorda contaba pues con grandes cualidades para los narcos: sus operarios no tenían que lidiar con autoridades de ninguna especie; no era necesario pagar sobornos, y en la cadena de mando participaban pocas personas, la mayoría de las cuales pensaban que trabajaban para un negocio lícito como es el de la importación de aceites y el envío de contenedores vacíos a Estados Unidos. A eso hay que agregarle que los trámites de importación los hacía inocentemente BASF, no los narcotraficantes, lo mismo que el retorno de los isotanques a Houston.

En Colombia la organización creó la Sociedad de Comercialización Internacional Poseidón S. A.[6] que funcionaba en Sabaneta, Antioquia. Cuando los directivos de BASF preguntaban extrañados por el aumen-

---

6.    Empresa agregada a la Lista Clinton del Departamento del Tesoro de Estados Unidos el 18 de febrero de 2004.

to de las importaciones de la empresa de aceites de Medellín, quien ponía la cara era el propio Romero explicando que se trataba de una pujante empresa industrial que merecía la atención y el apoyo de la multinacional.

La verdad es que la empresa de Sabaneta no sabía qué hacer con tanto aceite y muchas veces tenía que botarlo por la cañería o venderlo a precios mucho más bajos de los que lo había adquirido. Los directivos de BASF no tenían la más mínima idea de cómo los narcotraficantes usaban los tanques de transporte de los materiales importados.

La ruta funcionó impunemente desde 1992 hasta 1997. En ese lapso se hicieron unos 77 envíos. A través de esta ruta se introdujo a Estados Unidos un promedio de 1,000 a 1,500 kilos de cocaína al mes. La efectividad de La Gorda atraía no sólo a narcotraficantes de carrera sino a inversionistas legítimos de Colombia que se apuntaban en los cargamentos y luego recibían su inversión multiplicada.

En algunas oportunidades la ruta fue usada incluso como teletón para sacar de la ruina a narcotraficantes amigos que habían sufrido pérdidas en su negocio. Así se hizo con Cebollita, el ex jefe de Úsuga en Estados Unidos, que después de la incautación de la droga en California desmanteló la organización y se trasladó a Chile donde invirtió parte de su fortuna en varios negocios. Cebollita terminó enredado en un escándalo de altísimo nivel en Santiago que lo obligó a abandonar el país a las carreras. En Chile se había asociado al empresario chileno de origen sirio, Yamal Edgardo Bathich Villarroel, primo de Monzer al Kassar, poderoso y sombrío traficante de armas nacionalizado ilegalmente como argentino por el presidente Carlos Menem. Bathich también era amigo personal de Marco Antonio Pinochet, el hijo del dictador, acusado de lavado de dinero en octubre de 2007.

El 11 de diciembre de 1992, Cebollita salió de Chile con su esposa dejando atrás todo un emporio que había construido gracias al dinero que sacó de las operaciones en Estados Unidos y las influencias de sus socios chilenos. Había perdido casi todo su patrimonio en el país suramericano luego de que las autoridades allanaron la agencia de automóviles de su propiedad en Santiago como parte de una investigación de narcotráfico y lavado de dinero. Aunque estaba seguro de que podía recuperar por vías legales sus propiedades en Chile, el aventurero empresario nacionalizado en Estados Unidos también tenía la certeza de que el Servicio de Rentas Internas de ese país, lo enviaría a la cárcel por no haberlas declarado. Lo más irónico de todo, sostenía Cebollita ante Los Cíclopes, era que la sede de la Embajada de Estados Unidos en Santiago funcionaba en una casa de su propiedad que le había alquilado al gobierno gringo.

Al llegar a Medellín le contó a Ramón que uno de los hijos de Pinochet le había jugado sucio. Ahora necesitaba ayuda de Úsuga, su ex empleado. Con un dinero que Úsuga le guardó desde que era subalterno suyo en Estados Unidos, Cebollita trató de recuperarse. Pero no tuvo suerte. Un buen paquete de droga reservado sin pagar flete en La Gorda, lo perdió por ganarse un poco más del precio del mercado en Estados Unidos. Cebollita contrató a un intermediario argentino para que transportara la cocaína de Houston a Canadá, pero el intermediario se desapareció con la mercancía.

Quebrado y convertido al cristianismo participativo en una iglesia de Miami, Cebollita empezó una nueva vida, esta vez imprimiendo camisetas y lapiceros con motivos religiosos.

Mientras estaba en Miami, Cebollita se enteró de que habían secuestrado a su hermano y acudió de nuevo a Ramón que sentía un gran aprecio por él. Con la ayuda de un general del grupo Gaula de la policía de Medellín y miembros de La Terraza, la temible banda de autodefensa urbana de Don Berna, Ramón dirigió la operación.

Si la misión estaba a cargo de Ramón, no podían faltar los arreglos detectivescos. De manera que se acordó que El Médico se identificaría con la clave "Salmo 51" cada vez que llamara a la familia de Cebollita en Medellín, y una vez pronunciada la consigna el familiar debía responder "Dios esté contigo".

La operación culminó con la liberación incruenta del hermano de Cebollita, a menos de 48 horas de conocerse la noticia del secuestro. Estaba en poder de guerrilleros de las Fuerzas Armadas Revolucionarias de Colombia (FARC). En agradecimiento, y a falta de dinero, Cebollita le obsequió a su amigo Salmo 51 un cuadro original de Dalí y a un pariente de Úsuga, que colaboró con la operación, otro de Joan Miró.

Durante la administración de La Gorda en cabeza de Úsuga nunca fue confiscado ni un solo cargamento de la droga que se puso en su panza, y lo que eso significa en el mundo del narcotráfico son ingresos de millones y millones de dólares. La oficina cobraba 500 dólares por kilo transportado y una comisión del 50% en la venta de cada kilo en Estados Unidos. Pero no había cupo para tanta gente y lograr un espacio en los tanques era un lucrativo privilegio al que pocos accedían. De allí que narcos e inversionistas legales se dedicaron a cortejar a Úsuga y a sus socios con toda clase de atenciones y reverencias, incluyendo mujeres de carnada, para tener un espacio en La Gorda. Era una ruta muy puntual que demostró en la práctica tal nivel de eficiencia que la oficina de Úsuga se daba el gusto de anticipar a los cupohabientes la fecha exacta de arribo de la droga a Estados Unidos.

La Gorda fue víctima de su éxito. Los rumores de su existencia llegaron por varios caminos a los organismos antinarcóticos de Estados Unidos, pero los agentes federales no tenían idea de cómo seguir la pista. En Medellín se hablaba de ella como quien habla de una lotería. Banqueros, hacendados, ejecutivos y profesionales de todos los niveles estaban pendientes de su inversión directa o indirecta en La Gorda.

En 1997 los socios principales se pusieron de acuerdo para dejar enfriar la ruta y suspendieron sus operaciones. Con sus esposas y amigos empezaron a planear un paseo que resultó inolvidable: el Campeonato Mundial de Fútbol de 1998 en Francia. Entre amigos y familiares la manada feliz llegó a 22 personas que viajaron a París para hacerle barra a la Selección Colombia. Con sus billeteras y maletines rebosando de dinero en efectivo, recorrieron Francia en un autobús alquilado

Las compras eran compulsivas. Antojados por el nuevo modelo de Rolex, el Cellini, Los Cíclopes entraron a una tienda con la idea de comprarse uno para cada uno. A la media hora salieron con cinco cada uno, pagados en cash, para regalar a sus amistades. Otro día descubrieron una finísima tienda de calzado a la medida. Empezaron encargando la confección de un par, y cada uno salió con una orden de diez.

Ramón llevaba 50.000 dólares que se gastó al cabo de una semana; Úsuga, que era más medido en los gastos, se quedó también sin dinero un poco después. La salvación fue su hombre en Europa, el ceremonioso financista español José María Clemente, quien viajó desde España y le entregó una valija con 50.000 dólares.

Guiados por Clemente, Úsuga y Ramón salieron en la noche a celebrar el gran partido de Holanda contra Brasil en un bar llamado Two Plus Two. Los Ciclopes se despidieron de sus esposas con el pretexto de una reunión de negocios con Clemente, quien había contratado para la ocasión a una rusa, una alemana y una francesa. A Ramón le llamó la atención que en el centro de la taberna sobresalía una cama *king size* rodeada por un tul en sus cuatro costados.

Los comensales se sentaron intercalados con las extranjeras a tomarse unos tragos y en un momento dado Ramón se percató de que la mujer de la mesa vecina estaba practicándole sexo oral a su acompañante. A los pocos minutos vio que en otra mesa una mujer desnuda hacía el amor con su hombre mientras éste continuaba sentado y así, como un niño recién llegado a una ciudad de hierro, fue descubriendo el objeto social del bar, mientras le comentaba emocionado cada hallazgo a Úsuga. "Mirá aquellos, Juan, mirá, mirá" le decía y Úsuga, que siempre juega a ser imperturbable, no podía ocultar su sorpresa al ver cómo aquel lugar se convertía, poco a poco, en una orgía indiscreta.

Clemente los invitó al sótano del bodegón y allí fueron sorprendidos por un italiano chiquito y barrigón que corría empeloto como un diablillo cogiéndole las nalgas a mujeres desnudas o mordisqueándoles los senos mientras producía unos berridos histéricos. Uno de los clientes de los bajos se quejó del humo del tabaco de Clemente lo que obligó a los seis a subir de nuevo al primer piso donde Ramón, desinhibido por el whisky, le pidió a la rusa que siguiera el ejemplo oral de la vecina. Ella aceptó y se entregó a la tarea, pero Ramón se sentía incómodo porque Clemente, en lugar de dedicarse a su pareja, no quería perderse la escena de la mujer con él.

"Será que Benitín nos salió maricón", le preguntó Ramón a Úsuga en secreto.

En la cama central del bar una pareja hacía el amor. Al terminar, Ramón se animó a continuar el show, y aunque Úsuga le rogó que no le hiciera pasar esa vergüenza, Ramón le respondió que le importaba un carajo porque allí nadie lo conocía, y el bien armado Médico subió desnudo al ruedo erótico con su rusa voluptuosa. A los pocos minutos, al ver que las otras dos mujeres estaban muy ansiosas y sus parejos

—Úsuga y Clemente— ni las tocaban, las invitó a la cama pública. Ellas aceptaron y Ramón cumplió con las tres.

Por esos días Úsuga estaba profundamente enamorado de Mónica, la ex novia de su amigo Óscar Alzate, y en cualquier descuido la llamaba a Colombia desde Francia por su celular. Las llamadas fueron descubiertas por la esposa de Úsuga, Mima, que, al regreso del Mundial puso a funcionar todas las antenas implacables de una mujer engañada hasta que logró pillarlo en compañía de Mónica en una finca de Medellín. Ante el dilema inevitable de escoger entre Mima y la amante, Úsuga se quedó con la segunda.

El Biónico, que siempre había sido un hombre de la casa y de sus hijos, se dedicó durante dos años a recorrer el mundo con Mónica en una carrera loca de gastos que podían llegar a los 10.000 dólares diarios. Una semana se quedaban en el mejor hotel de París, la siguiente la pasaban en un crucero lujoso por el Mediterráneo y completaba con temporadas en mansiones de Marbella y Cannes. Todo lo que Mónica pedía, Úsuga se lo daba.

Al terminar la aventura Úsuga reconstruyó su hogar con Mima y sus hijos.

# CAPÍTULO 13

**P**ara el agente del FBI, Mark Kirby, quien coordinaba la Operación Terror Blanco, el cándido comentario del ex congresista danés Uwe Jensen, en la videocinta grabada secretamente el 22 de febrero de 2002, fue una puntada definitiva que unió de un solo golpe muchos cabos sueltos recolectados por un informante estrella de esa entidad[7].

Sin querer, Jensen delató intimidades de La Gorda que llevaron a la desaparición de la ruta. El ex congresista de 66 años, quien estaba bajo investigación, fue captado por una cámara secreta del FBI cuando relataba cómo un cargamento de cocaína que cayó en poder de las autoridades portuguesas en agosto de 2000, había sido camuflado en tanques especiales que pertenecían a la firma Poseidón Inc. La firma era propiedad de su amigo, un colombiano que vivía en Houston, llamado Carlos Alí Romero Varela, ex ingeniero de BASF, y quien tenía relaciones con los grupos paramilitares de Colombia.

Así comenzó la caída de La Gorda. ¿Pero cómo terminó enredado un ex congresista danés con un colombiano en Houston y qué relación tenía con la ruta de Úsuga y con las Autodefensas Unidas de Colombia (AUC)?

Romero, uno de los padres de La Gorda, se mudó a Texas en 1998. Allí contrató a Jensen como empleado en Poseidón Inc., la empresa que

---

7. Gran parte del relato de este capítulo fue tomado del affidavit H021008M preparado por el agente del FBI Mark Kirby para el caso US vs. Carlos Alí Romero Varela, Uwe Jensen, César López y Comandante Emilio, radicado el 2 de noviembre de 2002, United States District Court, Southern District of Texas

extraía la droga de los isotanques de La Gorda. Texas era entonces una estación más de la vida nómada de Jensen quien fue elegido al congreso en Dinamarca en 1977 por el Partido Progresista. Tras renunciar al congreso Jensen trabajó para Naciones Unidas en la delegación de la Comisión Europea. A pesar de que un amigo lo invitó a quedarse en Dinamarca, prefirió aventurar en el extranjero sin cosechar ningún éxito económico. Participó en la apertura de la oficina de Lufthansa en Hong Kong, administró un hotel en Nigeria, hizo negocios en Guatemala, y en 1982 llegó a Kentucky donde trabajó como "trader" de una compañía de carbón. Allí se casó con una estadounidense aparentemente para obtener la ciudadanía. Después de dos años de matrimonio se separó y conoció en Houston a Victoria, una colombiana con quien se casó y se mudó a Colombia alrededor de 1990[8].

En Colombia Jensen se presentaba como consultor independiente en cuestiones energéticas y soñaba con descubrir un yacimiento de carbón en el norte antioqueño en donde tomó muestras de agua de un río y de tierras aledañas, según Carlos Ramón, quien lo llevó a la zona.

Jensen desarrolló un gran desprecio por la guerrilla colombiana después de que su casa fue asaltada por los rebeldes izquierdistas. Su hermano contó que la mejor manera que encontró para encauzar ese rencor fue ponerse en contacto con la CIA en Colombia para pasar información que obtenía de las AUC. En un esfuerzo por atenuar la condena en el proceso criminal que se le siguió en una corte federal de Houston, su abogado alegó que había sido informante de la CIA. Pero la Fiscalía no pudo comprobarlo.

Al finalizar su estadía en Colombia, Jensen regresó a Houston y trabajó con Romero, que también simpatizaba con las AUC. Cuando el ex congresista danés fue arrestado, sus amigos no lo podían creer. Varios de ellos lo habían escuchado denigrar del narcotráfico y la drogadicción.

La caída de la organización de Romero en Houston comenzó cuando en 2001 un informante del FBI de origen alemán, se ganó la amistad del ex congresista danés. El informante, que se presentó con

---

8. Tomado de *Drug Link Stuns Friends of Frugal Businessman*, por Mark Tolson, The Houston Chronicle, 8 de diciembre de 2002, p. 37.

el nombre de Hans, logró conquistar a Jensen por la familiaridad que ambos tenían con Colombia y en particular porque ambos se habían identificado con el paramilitarismo.

Hans había militado en el bloque de Urabá de las AUC y tuvo contacto directo con Carlos Castaño, líder de esa organización. Después de salir de Colombia, se metió en líos en Europa, no explicados por los documentos federales. A Hans le quedaba muy fácil entonces fingir su aprecio por las AUC durante sus conversaciones con Jensen y Romero.

Desestimando la obsesión antiterrorista que se vivía en Estados Unidos en las postrimerías de septiembre 11, Romero se sintió con suficiente confianza como para conversar con Hans sobre las posibilidades de obtener unos fusiles de fabricación rusa para las AUC, inquietud planteada sin ningún reparo por el ingeniero el 19 de septiembre de 2001, ocho días después de los ataques a las Torres Gemelas de Nueva York, según documentos judiciales. Agregó además un detalle: dijo que estaba dispuesto a pagar las armas con cocaína.

Con ese exquisito plato servido sin hacer mayores esfuerzos —armas, drogas, paramilitares— el FBI organizó una de esas operaciones encubiertas que una vez culminadas se convierten en seminarios de entrenamiento para los principiantes de la entidad. Dos semanas después de conocer la propuesta de Romero, los agentes tenían preparada una presentación en *power point* con fotografías y fichas técnicas de las armas que los paramilitares requerían. Durante una sesión grabada secretamente, Hans presentó el show al colombiano interesado, indicando que las armas estaban almacenadas en cinco contenedores de un puerto no identificado. Impresionado por la presentación, Romero la distribuyó entre varios potenciales clientes de las AUC.

En enero del año siguiente el FBI introdujo en escena un nuevo actor, un policía de origen ucraniano cuyo nombre ficticio era Alexánder y quien posaría como un representante de la mafia rusa que tenía a su disposición todo el armamento que quisieran sus clientes. En una de las primeras reuniones, Romero ofreció a Alexánder 25 millones de dólares por las armas que pagaría tanto en efectivo como con cocaína y abrió la posibilidad de que en un futuro cercano compraría aviones de carga rusos IL 76 para transportar unas 20 toneladas de cocaína en cada viaje.

El agente ucraniano también hizo buenas migas con el ex congresistas danés quien siguió contando secretos de su entorno. Le comentó de la relación de Romero con las AUC al nivel más alto pues éste tenía una cercana amistad con Carlos Hernández, quien se ufanaba de ser el financista de cabecera de Carlos Castaño. A Jensen se le ocurrió contar además que Romero había logrado coronar un cargamento de cocaína en Portugal, pero lo perdió, dijo, porque la policía portuguesa descubrió la droga en unos isotanques que pertenecían a Poseidon Inc. Con ese comentario La Gorda empezó a agonizar.

El negocio de las armas continuó. El agente encubierto Aléxander citó a su cliente en Londres el 28 de marzo. Romero acudió a la cita con una propuesta más concreta que escribió en un papel mientras discutía volúmenes y precios con los informantes: las AUC pagarían 25% del arsenal el día que comprobaran su existencia; otro 25% tan pronto recibieran los conocimientos de embarque hacia Colombia y el resto cuando el cargamento arribara a las costas colombianas. El papelito, que se lo guardó con mucho cuidado el ucraniano, se transformó en una de las pruebas documentales del caso junto a las grabaciones de 50 reuniones y conversaciones. En esa reunión Romero aprovechó la oportunidad para hacer una disertación histórica de las AUC y justificar la participación de los paramilitares en el negocio de la cocaína.

En medio de este ambiente de entendimiento, los negociantes se citaron para un próximo encuentra en Islas Vírgenes, adonde fue transportado un muestrario de armas en venta para su inspección. Se trataba de 20 ametralladoras medianas PKM; 48 rifles AK74; 74 rifles MPKS; 10 AK47, 10 ametralladoras livianas RPK, dos fusiles de francotirador SVD, lanzadores de granadas y 10 pistolas, unas TT33 y otras Makarov. Los negociadores ofrecían además cuatro lanzadores de misiles antiaéreos (SA-7 y SA-16) de hombre y toda clase de munición para las armas.

En abril de 2002, Romero viajó a St. Thomas, en compañía de una mujer llamada Raquel, y después identificada como Cecilia Barrera de Amaris, de 48 años, que se presentó como inspectora de armas de las AUC. A partir de ese momento, la relación tomó la rutina de cualquier negocio lícito demorado. Romero y Aléxander se cruzaban mensajes electrónicos, conversaban personalmente y por teléfono sobre las ofertas de los dos grupos interesados. Uno de los frentes de las AUC, identificado solo como el grupo A, ordenó 200 ametralladoras AK-47, 50.000 granadas y municiones, todo lo cual sumaba 829.000 dólares. El pago se haría en parte en cocaína, calculando cada kilo de la droga en tres mil dólares.

En una nueva reunión, realizada el 22 de agosto en un hotel de Panamá y en la que participaron el ya impaciente agente encubierto Alexánder y Romero, un nuevo emisario de las AUC identificado como César López o Comandante Napo, hizo una petición que disgustó mucho al vendedor encubierto. Napo quería inspeccionar de nuevo las armas porque consideraba insuficiente la que hizo Raquel.

Las negociaciones continuaron y el grupo A de las AUC redujo su solicitud a 725.000 dólares aumentando el número de granadas. ¿Y la forma de pago?, preguntó el informante. Romero ofreció por escrito pagar parte o totalmente la primera orden de armas con la entrega de isotanques vacíos, sin cocaína. La Gorda quedaba descuajada. Cada isotanque costaba 20,000 dólares, pero fueron aceptados por el agente por 10.000.

El grupo B de las AUC también dio señales de vida y presentó una propuesta más ambiciosa a través del comandante Emilio en un mensaje electrónico interceptado por el FBI. El comandante Emilio fue identificado como Édgar Fernando Blanco Puerta, un activo colaborador de las AUC nacido en Medellín en 1946 y conocido en la ciudad por ser el propietario del almacén de motocicletas Moto Blanco, muy codiciadas por los narcotraficantes de la época.

En este punto, el FBI consideró que tenía suficientes evidencias para hundir a los acusados y decidió cerrar la operación con una reunión en Costa Rica en la que fueron arrestados algunos de ellos y luego deportados a Estados Unidos. Ninguno fue a juicio. Todos se declararon culpables. Jensen, Romero, Arroyave y Barrera —la inspectora— fueron condenados en una corte federal de Houston a mediados de 2006. El comandante Emilio fue condenado a cadena perpetua. Los registros electrónicos del expediente no muestran la condena impuesta a Romero, el padre de La Gorda ahora huérfana y moribunda.

# CAPÍTULO 14

$A$ Baruch Vega no le gusta hablar mucho del tema. Los detalles recogidos por el autor en este relato son producto de varias entrevistas con el fotógrafo en las que pacientemente logró componer el escenario de este episodio desconocido en la historia de Chile: un supuesto atentado contra el presidente Salvador Allende patrocinado por la CIA. El autor habló con periodistas, contrató estudiantes chilenos para que revisaran archivos de la época, consultó documentos de investigaciones realizadas por el Congreso de Estados Unidos[9], y no encontró referencia alguna a ese episodio.

Sin embargo, algunas de las fuentes consultadas indicaron que en la época en que ocurrió, 1972, los medios de comunicación de Chile estaban bajo control y en las calles de Santiago ocurrían muchas cosas graves, desde explosiones hasta asesinatos, que no salían en los periódicos. Por ello resulta interesante tener en cuenta esta versión.

La CIA no ha desmentido que Vega colaboró con la agencia, a pesar de que es un tema que ha salido a relucir en documentos judiciales. No es costumbre de la agencia, sin embargo, salir a desmentir o confirmar versiones del personal que ha colaborado con sus operaciones.

---

9    El autor consultó a John Dinges, autor del libro Operación Cóndor; a Steve Yolen, jefe de la oficina de UPI en Santiago, quien me dijo que había llegado en 1973 y no podía confirmar los hechos. También consultó al periodista chileno Rodrigo de Castro, autor del libro *La delgada línea blanca*, quien también dijo que se trataba de un episodio desconocido. La periodista chilena Alejandra Matus opinó lo mismo. Tres estudiantes colaboraron en la frustrada búsqueda de la información.

El autor se enteró de que agentes de la DEA consultaron con la CIA si Vega había sido alguna vez colaborador, y lo negaron.

La International Telephone and Telegraph, Inc, ITT, la empresa estadounidense más influyente en todo el mundo en la década de los setenta, contrató a Vega para prestar asesorías en la presentación de licitaciones públicas ante los gobiernos de América Latina. En otros términos más confidenciales, Vega se comprometió con la CIA a trotar por el mundo como soldado raso de la Guerra Fría lo cual contemplaba la participación en operaciones encubiertas destinadas a impedir, por las vías de la persuasión, la fuerza o el dinero, las incursiones del comunismo en la región.

Cuenta Vega que cuando la situación en Venezuela se hizo insostenible, los amigos de la CIA le ofrecieron un empleo en la ITT. La gigante empresa de telecomunicaciones mantenía una estrecha relación con la CIA. Los lazos de esa relación salieron a relucir a raíz del derrocamiento del presidente de Chile Salvador Allende. De acuerdo con documentos desclasificados, ITT promovió una campaña de desestabilización del gobierno de Allende en un esfuerzo por defender sus intereses en ese país.La ITT controlaba el 70% de la compañía nacional de teléfonos de Chile.

Vega aceptó el ofrecimiento del nuevo empleo y en su condición de ingeniero de la firma recorrió América Latina. De Venezuela fue trasladado a Colombia donde trabajó como ingeniero en la supervisión del montaje de la Estación Rastreadora de Satélites de Chocontá, la primera planta de comunicaciones satelitales del país construida a raíz de la visita del papa Paulo VI a Colombia. De Bogotá fue enviado a Sao Paulo, Brasil, en donde vivió durante un año en el Hotel Hilton. Hizó un máster de sistemas hidráulicos y al mismo tiempo participó en la elaboración de programas de análisis de inteligencia sobre movimientos subversivos y terrorismo en la región, al igual que otros países de América Latina especialmente Colombia.

De Sao Paulo fue trasladado a Argentina a comienzos del año 1971. Allí participó en la elaboración de propuestas para licitaciones internacionales de proyectos de ingeniería en asociación con la empresa Sade (Suramericana de Electrificación, subsidiarios de General Electric). En Argentina sus actividades con la CIA entraron en un proceso de entrenamiento para participar en ciertos operativos mucho más osados de los que hasta ahora había hecho y por tal razón aún más acaparadores de la vida privada de sus participantes.

Estuvo además en el Perú y en el Congo Belga, en una operación encubierta en la que no llegó a participar directamente. La operación demoró tres meses, tiempo suficiente para acabar con sus planes de matrimonio con una brasilera.

"Nunca volví a ver a Débora o hablar con ella. La frustrante historia de mi vida afectiva se repitió a partir de entonces".

Cuando lo enviaron de regreso a Salinas, en Ecuador, no tuvo el valor de llamarla pues "no tenía una explicación que justificara mi desaparición".

Vega estuvo en Salinas una corta temporada trabajando en un proyecto para Cables y Radios del Estado en tendido de líneas de trans-misión. De Salinas fue enviado a La Paz, Bolivia, a mediados de agosto de 1971. Allí estuvo una semana y participó en una operación que no resultó muy exitosa. En Salinas conoció a nuevos agentes y colabora-dores de la CIA. Entre ellos a dos personajes que serían posteriormente trasladados a Chile, y a quienes tuvo que impartir instrucciones básicas de fotografía pues no tenían ni idea.

La misión de estos dos hombres era presentarse en un sitio de Chile, aún no identificado, como reporteros gráficos de una revista internacional. Como parte del mismo plan, Vega debía viajar a Chile en calidad de ingeniero para participar en la presentación de una licitación pública internacional en nombre de ITT, y en esa condición, le daría apoyo y vigilancia a los supuestos reporteros gráficos. Vega se ofreció voluntariamente a hacerse pasar como fotógrafo con la ventaja de que no tendría que improvisar y que contaba con equipo propio.

"Al escuchar mi propuesta, el coordinador de esta operación me dijo con un tono sarcástico y poniendo en evidencia mi ingenuidad: 'El problema es que tus equipos parecen cámaras de fotografía'. Poste-riormente supe que estos personajes tenían la misión de matar a alguien en Chile camuflando las armas en las cámaras".

Finalmente el día de la operación llegó. Se ejecutó en una fecha entre mediados y finales de 1972. Vega no lo recuerda con exactitud. Algunos de los miembros del equipo, Vega incluido, se alojaron en el hotel Sheraton de Santiago. El plan tenía varias alternativas en caso de que no saliera como estaba previsto.

En esos años Washington se había empeñado en precipitar la caída del presidente socialista Salvador Allende, quien resistía el cerco enfrentando una difícil situación económica que provocó un gran deterioro de su imagen y le restó impulso a sus programas sociales. El viraje socialista del gobierno chileno preocupaba profundamente a la ITT puesto que la multinacional estadounidense tenía grandes inversiones en el país y temía que Allende nacionalizara la Compañía Nacional de Teléfonos que en ese tiempo era una filial de ITT.

La CIA había convertido a Chile en su prioridad en el continente. Según la comisión del Senado que investigó las actividades de la agencia, "ocho millones de dólares fueron gastados por agencia, secretamente, en los tres años entre 1970 y el golpe militar en septiembre 1973, con más de tres millones de dólares gastados sólo en el año fiscal 1972".

Vega, quien usaba el nombre de Jaime Beltrán para fines de la operación, fue responsabilizado de la contravigilancia. Este es su relato de los hechos:

"Mi misión consistía en salir del hotel en compañía de un ingeniero de la ITT bastante mayor y llevar nuestra propuesta de licitación a una de las oficinas gubernamentales en donde permaneceríamos aproximadamente una hora. De allí saldríamos en compañía de un funcionario del gobierno chileno que nos llevaría hacia el Palacio de la Moneda y, dependiendo de los resultados, saldríamos del país inmediatamente o regresaríamos al hotel, en donde se nos darían nuevas instrucciones.

"No tenía la menor idea de cuál era el *target* final de la operación, sólo sabía mi papel. Nosotros deberíamos llegar a la Casa de la Moneda dentro de un tiempo específico y salir de allí en un plazo determinado también. En caso de no llegar a la oficina en la hora fijada, se abortaría la operación. La llegada a la oficina en donde estuvimos se llevó más tiempo de lo previsto. Estábamos casi 20 minutos tarde y todo indicaba que la operación sería abortada. Cuando conducíamos hacia el lugar de destino, preparados mentalmente para regresar al hotel porque el tráfico había trastocado todos los tiempos, vimos que frente a nuestro automóvil iba otro carro con nuestros amigos 'reporteros' y dos personas más. En ese momento el chileno, que manejaba nuestro carro, comentó que la operación todavía estaba dentro del tiempo estipulado y estacionó el automóvil.

"Nosotros caminaríamos un par de cuadras después de estacionar muy cerca a la Plaza de la Constitución. El otro automóvil se adelantó unos 20 metros. Habían pasado unos minutos después del comentario del chileno, cuando sentimos como si un látigo de viento hubiese empujado el carro nuestro con una fuerza insólita hacia atrás. Simultáneamente escuchamos el ruido ensordecedor de una gran explosión y frente a nuestros ojos vimos cómo, el vehículo de nuestros compañeros de misión estaba envuelto en llamas de varios metros de altura. Hubo una gran confusión. Aturdidos por la explosión tratábamos de salir de nuestro auto que estaba a punto de incendiarse por el impacto de los escombros del automóvil del frente. La gente corría en todas las direcciones gritando y tratando de salvar sus vidas; otros se quitaban la ropa que había cogido fuego. Todo pasaba muy rápido. Algo había salido mal. Posiblemente el equipo de fotografía de nuestros reporteros había explotado antes de llegar a su destino y en un sitio en el centro de la ciudad por el que pasaba mucha gente en ese momento.

"Hubo una gran cantidad de heridos y no recuerdo cuántos muertos. Dado el poder de la explosión, creo que nunca fue posible la identificación de los cuatro ocupantes del vehículo que prácticamente se desintegró y quedó convertido en chatarra calcinada.

"Salí caminando sin rumbo, no tenía la más mínima idea para dónde iba y me sentía culpable. Policías y soldados empezaron a flanquear todos los costados de la zona y algunos se dedicaron a requisar a los transeúntes y a pedir documentación. Caminé sin saber hacia dónde durante 30 a 45 minutos al cabo de los cuales reflexioné. Tenía que regresar al hotel que estaba localizado muy cerca al lugar en donde habían pasado los hechos. Lo hice, pero a medida que me acercaba percibía que, alrededor de la entrada del hotel había corrillo de policías y curiosos y se escuchaba una sirena de una ambulancia cada vez más cerca. Cuál sería mi sorpresa cuando me asomé por entre el círculo de gente y descubrí que allí, tirado en el piso, estaba el ingeniero de la ITT que minutos antes estaba conmigo en el automóvil.

"Lo acababan de matar. Su nombre era James Henderson, al menos era el que usaba entre nosotros. Cuando me acerqué lo reconocí, su cuerpo estaba tendido en el piso cubierto de sangre. Ahora mi desconcierto fue mayor. Sentía terror. Pensaba que yo sería el próximo. No quise hacer ninguna pregunta o decir que yo lo conocía. Había policía y detectives y parecía que estaban buscando a alguien. Cuando entré al hotel me parecía que todos los policías me miraban. Dos agentes se acercaron y me pidieron documentación, ellos me dijeron algo, no recuerdo qué o quizás no los había escuchado bien pues estaba sordo de la detonación. Me devolvieron mis documentos después de constatar que era huésped del hotel y me dejaron pasar.

"Había un hombre en el vestíbulo del hotel que desde el momento en que llegué me observaba continuamente. Cuando me dirigí hacia el elevador, el hombre me siguió o por lo menos eso me pareció, y en el momento en que me preparaba a entrar, cambié de parecer y exclamé: 'Ay caramba, me olvidé de algo' y me hice a un lado dejándolo pasar. Me devolví, le hice cualquier pregunta a uno de los agentes y me apresuré otra vez al ascensor al que ingresaron dos mujeres. Eran reporteras gráficas. Tenían cámaras y llevaban la credencial de la agencia de noticias United Press International (UPI). Yo me presenté y les dije que también era reportero gráfico y que estaba regresando a recoger mis cámaras. Una de ellas, que tenía una venda en el brazo, me preguntó si tenía rollos de película que les pudiera vender porque se les habían acabado y en ese momento todo el comercio lo estaban cerrando. Las invité a mi habitación y le entregué cuatro o seis rollos que saqué de mi bolsa de fotógrafo en donde tenía mi cámara y tres lentes. Ellas me lo agradecieron. Les dije que si iban a salir otra vez a cubrir algo las acompañaría. Me dijeron que sí, que irían un momento a sus habitaciones y saldrían inmediatamente. Una de ellas me dijo que estaba a dos puertas en el mismo piso, que entonces regresaban en unos minutos.

"Me cambié inmediatamente pues tenía saco y corbata, me puse unos jeans y mi chaqueta de fotógrafo y una gorra un poco vieja con un emblema de Associated Press (AP) que me había regalado uno de los comunistas venezolanos que se la había robado a un periodista en una manifestación en Caracas. Saqué mi identificación de AP y me la puse pues yo también tenía una credencial que usaba con mucha frecuencia. Quería llamar a alguien y establecer contacto inmediato, pero sabía que en esta clase de situaciones no se pueden usar los teléfonos. Tenía que conservar la calma, era lo único que me podía salvar aun cuando esta explosión y la muerte del ingeniero eran un verdadero caos mental y psicológico para mí. Sabía que tendría que salir de Chile a toda costa. Pensaba qué gente había conocido, los sitios adonde había ido y si me podían identificar. Lo más grave es que alguien posiblemente me había visto unas horas antes con el ingeniero y ahora él estaba muerto. Lo que más me tenía nervioso era el hombre que había tratado de entrar al ascensor y la forma como me había mirado y luego la cara que puso cuando me devolví.

"Tocaron la puerta y di un salto salvaje, me asustaron, casi no abro; eran las reporteras que venían a recogerme. Me preguntaron con acento francés si estaba listo. Tomé mi bolso de fotógrafo que alguien me lo había comprado en Alemania. Allí, aparte de mi equipo, puse una camisa, un interior, unas medias, cepillo de dientes y un peine. Tomamos el elevador y cuando salimos trataba de ocultarme entre ellas dos. Un oficial y dos policías se acercaron. Las estaban esperando. Una de ellas me presentó como un colega y les dijo que ya no había necesidad de ir a buscar película porque yo les había solucionado el problema. La entrada al hotel estaba abarrotada de policías. No dejaban entrar ni salir a nadie. Con la ayuda de nuestros escoltas policías nos abrimos paso y salimos. La gente comentaba que se había decretado un toque de queda. Se vivía un ambiente de zozobra y la única gente que se veía en las calles eran todos uniformados. Nos subimos a un carro de la policía y de allí fuimos a un anfiteatro en donde había nueve cadáveres tirados en el piso, uno de ellos era el del ingeniero amigo mío.

"Las fotógrafas empezaron a disparar sus cámaras; yo hice lo mismo pero en un momento me sentí mal, me parecía que me iba a desmayar. Fue entonces cuando sentí las primeras arcadas de una profunda náusea y empecé a vomitar. Otra persona que estaba cerca también, cosa que quizás hizo menos obvia mi reacción. Una de las francesas se acercó y alcanzándome agua y una pastilla de algo, me dijo: 'toma esto que te hará bien'. En el piso estaba el cadáver de alguien a quien había conocido recientemente en Ecuador.

"Allí pasamos unos 30 a 45 minutos; salimos hacia una zona popular de la ciudad en donde había habido varios muertos en medio de disturbios e incendios. La ciudad entera estaba paralizada. Estando allí nos anunciaron que no podíamos regresar al hotel porque aparentemente había un gran operativo de seguridad en esa zona. Tendríamos que pasar la noche en otro lugar. Uno de los oficiales de la policía que había llegado posteriormente y ahora nos acompañaba nos dijo que acababa de llegar de un pueblo cercano en donde nos podían conseguir alojamiento. Salimos hacia Olmué, un pueblo colonial muy bello localizado a unas dos horas de Santiago. Allí nos alojaron en una casona de uno de los terratenientes de la zona, nos dieron de comer y nos atendieron muy bien con unos muy buenos vinos. Durante todo el tiempo desde que salimos del hotel hasta cuando llegamos a la casona, yo había estado inseparable de una de las reporteras. Me hicieron pasar a una habitación y me dijeron: 'Esta es para usted y su señora', en las otras se acomodaron la compañera francesa y una pareja de japoneses que también había llegado acompañada por la policía. Mi supuesta señora no objetó la asignación de cuartos. Era una mujer no muy bonita, de aproximadamente 28 a 30 años de edad, pero con una inmensa sensualidad y ardor femenino.

"Al día siguiente, nos levantamos bastante temprano y desayunamos. No teníamos mayor información de lo que ocurría en la ciudad aparte de la especulación normal de varias bombas que habían estallado en Santiago y el resto del país. Durante el desayuno escuché a la pareja de japoneses hablar de un sitio turístico en el norte de Chile, Toconao, a donde ellos iban a visitar un familiar que se había casado con alguien de esa zona. Ambos hablaban portugués y español. Con la excusa de que, dadas las circunstancias no se podía regresar a Santiago, decidí unirme al paseo de los japoneses. Tenía 1.000 dólares en el bolsillo. Me fui en bus a la frontera con Perú y allí tomé un avión a Venezuela".

# CAPÍTULO 15

Juan Gabriel Úsuga se había pasado de tragos y se dedicó a fastidiar a uno de los invitados a una pelea de gallos en el pueblo de Sopetrán, Antioquia, donde estaba situada una de sus fincas. Úsuga atravesaba el círculo de la gallera, le daba una patada en el trasero a Óscar Campuzano, el primo de Carlos Ramón, y se devolvía al otro extremo celebrando su travesura infantil. Cada vez que recibía el golpe, Campuzano se volteaba y miraba con extrañeza a Úsuga tratando de entender el atrevido jueguito de un hombre maduro y con fama de muy serio a quien había conocido ese mismo día. Tras la segunda patada, Carlos Ramón, que se dio cuenta de que Campuzano estaba perdiendo la paciencia, le dijo que no le prestara atención, que Úsuga se ponía así con el licor. Cauteloso porque sabía que el borracho volvería, Campuzano estuvo atento y cuando vio por el rabillo del ojo que Úsuga se acercaba, se volteó y le respondió con un rodillazo que tiró al narcotraficante al piso.

La escena puso en alerta a los escoltas de Úsuga. El intercambio de palabras entre los ofendidos subió la temperatura del ambiente hasta que Ramón le dijo a Campuzano que sería mejor abandonar la fiesta. El grupo de Ramón y su primo se fue a dormir con sus amigas esa noche a una finca cercana.

Al día siguiente, Úsuga se presentó en la finca y se disculpó. Admitió que se ponía muy pesado con el licor y los invitó a su casa a pasar el día. Con esa patanería infantil se inauguró la alianza de dos expertos del negocio de la cocaína en campos que se atraían y se complementaban. Campuzano, quien entonces ya se había probado como un eficiente distribuidor de cocaína en Estados Unidos y lavador de dólares, llevó a la oficina de Úsuga sus experiencias para que la ruta de La Gorda tuviera epílogos rentables y felices.

Entre tanto Ramón, que había presentado a ambos socios, no encontraba cómo colarse en el carrusel. Sus negocios de clínicas y venta de camisetas no producían las ganancias que esperaba y era consciente de que, de funcionar mejor, jamás llegarían a reportar las utilidades que veía pasar frente a sus narices. Intentaba sin mucho éxito hacer transacciones de droga con su amigo Julio Fierro, pero no eran de gran calado.

"Para el inicio de 1994 ya comenzaba a ver lo duro que era recorrer este camino. El 90% de los negocios se quedan en proyecto y la pérdida de tiempo y de dinero es agotadora cuando no se pertenece a un grupo reconocido, llámalo clan, organización, tribu o familia".

Úsuga se enteró de las incursiones solitarias de su cuñado en las aguas peligrosas del narcotráfico y le dijo a su hermana Martha que le dijera que quería hablar con él.

"Llame a ese pendejo y dígale que venga a hablar conmigo", recuerda Ramón que Úsuga le dijo a su esposa. Cuando Ramón se encontró con Úsuga, éste le advirtió: "Vea, mijo, usted quiere definitivamente traquetear, si lo va a hacer tiene dos opciones: si está solo le va a ir bien o le va a ir mal, si le va bien peligrosísimo porque no le van a pagar y por no pagarle lo matan, y si le va mal peor porque más rápido lo van a matar. Así que solo no va a durar. Métase a la fila con nosotros y ya. Estamos con su primo, arranque conmigo, es mi secretario y lo llevo con el 10% de todo lo que hagamos".

Ramón aceptó lleno de felicidad.

Úsuga lo citó a las siete de la mañana del día siguiente a su oficina, pero Ramón le dijo que a esa hora tenía que asistir a unas clases de administración que estaba tomando y que iría a las 8 y 30, lo cual Úsuga aceptó. Vestido de saco y corbata, con una libreta de apuntes Pymrs, el nuevo secretario llegó puntual a la cita en la oficina constructora de Úsuga, pero el patrón se apareció a las 11 de la mañana, lo saludó, siguió derecho y se encerró en la oficina. Luego salió con unos amigos y fue con él a almorzar para explicarle sus labores, que básicamente consistían en tomar notas como cualquier secretario.

Al final del día, Ramón llegó a la casa bastante desilusionado.

"Esto no es lo que yo pensaba, Martha", le dijo a su esposa. "Parezco un pendejo persiguiendo a Juan por todas las oficinas con una libretica en la mano y nadie me para bolas".

Con el tiempo, Ramón asumió su trabajo como si fuese un curso de aprendizaje y humildad. A partir de ese día se convirtió en la sombra de Úsuga. Tomaba apuntes de sus conversaciones, cargaba el maletín del jefe, coordinaba citas, y por esa vía empezó a familiarizarse con el negocio. A las reuniones más delicadas, con los grandes jefes, Úsuga no le permitía entrar. Lo dejaba horas enteras sentado en la sala de espera luego de decirle, mientras cerraba la puerta del salón de reuniones: "espéranos que no nos demoramos".

Poco a poco Ramón fue compensando la humillación de su papel —un médico trabajando de amanuense de un narco— con el provecho que lograba sacarle a la parafernalia del poder de sus jefes: viajes en avión privado, comidas en los mejores y más costosos restaurantes, automóviles de lujo y fiestas con las modelos más bonitas de Medellín. Y lo más acogedor, esa aura de superioridad intimidante que produce en la gente la imagen del narco en subida.

Como el novicio que se emociona en el Vaticano cuando se roza con los hábitos de los cardenales más venerables de la Iglesia, Ramón se sentía orgulloso de que los capos de moda se acercaran a hablar con él en público. Nunca olvidará su emoción el día en que dos narcotraficantes de las grandes ligas lo saludaron por su nombre al entrar a un restaurante de Medellín.

"Una noche al llegar a la casa le dije a Martha: "Oye ¿sabés a quién conocí hoy?, al turco Nasser, al famoso, el dueño de todas esas cadenas de almacenes de ropa y, ¿sabés que es jovencito?, no es ningún viejo, muy bien vestido con traje italiano y en un BMW 748 blindado, hermoso, llegó a la oficina a hablar con Juan y con los socios y me les logré colar en la reunión y estuve sentado con todos ellos y hasta opiné, y cuando opiné él se quedó mirándome como quien dice ¿y éste de dónde salió?, ¿quién es este mocoso de corbatica? Pero yo creo que mi opinión le gustó porque Juan me miró y me hizo buena cara... Ese mundo se lo va chupando a uno y otro día estoy en un restaurante, con Martha, mi esposa, y entran el señor Builes y el turco Nasser, y pasan por la mesa y me saludan, '¿qué hubo, Ramoncito?', y yo 'ay, me saludaron, ya saben quién soy yo, ya saben quién soy, ¡hijueputa!'.

Úsuga seguía de cerca las actitudes de Ramón y en poco tiempo concluyó que su gran fortaleza estaba en su capacidad de ejecución. "Era un excelente soldado", recuerda. "Todo lo que se le encomendaba lo llevaba a la práctica con gran facilidad y eficiencia". Pero nunca le vio virtudes de administrador organizado y no se sentía a gusto que Ramón quisiera ser como él.

Un día le dijo: "Ramón, yo soy único y tú eres único, no intentes parecerte a mí".

La primera oportunidad que Ramón tuvo para demostrar sus méritos de buen ejecutor se le dio a mediados de 1995 cuando la oficina recibió la notificación de que un cargamento de 250 kilos; despachado a Italia en un velero, no había llegado a su destino.Durante una reunión en la que se analizaba qué hacer con el cargamento, Ramón sorprendió a los socios de la oficina ofreciéndose a solucionar el problema.

"Yo soy capaz, yo soy médico, siempre ando de corbata y bien vestido, no tendré problema en ningún aeropuerto, me defiendo más o menos con el inglés y si voy con la persona adecuada estoy seguro de que podré solucionarlo", aseguró con voz firme Ramón.

En la sala de reuniones se produjo un silencio incómodo que el médico copó con la pregunta envalentonada de si había alguna objeción o qué.

"Que vaya el médico", dijo uno de los socios.

El velero había sido abandonado con la mercancía a bordo por el capitán en el puerto de Bósforo, Turquía. Ramón no tenía idea sobre el motivo de la deserción del capitán. Se enteró al viajar a Alemania en compañía de un amigo colombiano llamado Felipe, experto en comercio exterior, quien a su vez tenía un amigo abogado en Frankfort que se lo presentó a Ramón con el nombre de Hans. El abogado se dedicaba a hacer negocios turbios y tenía contactos en Turquía. Los tres se encontraron en Frankfort donde obtuvieron la visa para viajar a Turquía al día siguiente. En la noche, Ramón se reunió con Marino, el capitán del barco, para que explicara su decisión de abandonar la mercancía.

Marino indicó que decidió fondear en el agitado puerto de Bósforo porque se enteró, antes de llegar a Bari, Italia, de que tres de los hombres que recibirían la droga en ese país habían sido arrestados la víspera. Así se lo contó por teléfono la esposa de uno de los detenidos cuando Marino llamó desde Palma de Mallorca para anunciar su arribo. No sabía el motivo del arresto y tampoco quería saberlo. Así que renunciaba a su cargo porque no quería a arriesgarse a llegar a Italia y ser arrestado por acusaciones que podrían haber suministrados los arrestados. Además, su esposa estaba embarazada y no quería crearle problemas.

Ramón aceptó la explicación y al día siguiente viajó en compañía de Felipe y Hans a Turquía, un país en donde el narcotráfico es castigado con la pena de muerte. Llevaban indicaciones precisas para ubicar a Petuco, uno de los tripulantes del velero, quien sabía dónde estaba la embarcación con el premio incrustado entre los tanques de agua dulce. La meta de Ramón era sacar la mercancía de ese lugar y negociarla a un precio que cubriera al menos los costos de la operación. El problema no era la falta de clientes sino de lenguaje.

El abogado alemán citó a una reunión en un muelle en el Golfo del Bósforo a un representante suyo en Turquía de mucha confianza y a un primo que haría una oferta para comprar la droga. La reunión se convirtió en una pequeña torre de Babel.

"Sentados en una gran mesa lo suficientemente retirados del resto del público para hablar con tranquilidad, formábamos una cadena humana a manera de teléfono roto en la cual yo hablaba con Felipe en español, él le transmitía la idea en inglés a Hans y Hans se la traducía a sus amigos en alemán y finalmente éste al comprador en turco. Era una situación embarazosa y ridícula, pero no había otra opción", explica Ramón.

Una fotografía de la reunión multilingüe fechada en junio de 1994 se conserva en uno de los álbumes de Ramón.

De la cadena salió una propuesta viable: los turcos sacarían la droga hacia Venecia, Italia, donde la comprarían socios italianos en liras. Como garantía, Petuco iría a bordo de la embarcación y en Turquía el contacto del abogado se comprometía a que se cumpliera el acuerdo. A los 17 días Ramón recibió una llamada de Petuco anunciando que la droga estaba en manos de los clientes. El abogado alemán se encargaría de las transacciones en dinero.

"Mi labor había finalizado y con el nuevo precio conseguido se habían pagado todos los costos del percance, comisión para los que ayudaron en su solución y un buen incentivo para mí, sin tocar el capital inicial de la oficina. Ahí aprendí que en este negocio el que parte y reparte se queda con la mejor parte y los intermediarios son los que inflan los negocios. Volví a Colombia como un héroe, había salvado una operación perdida. Finalmente me gané el respeto de mi oficina y mis superiores comenzaron a mirarme de manera diferente, ya mi opinión tenía algo más de peso".

No podía Ramón contar los mismos éxitos en su matrimonio. Al cabo de dos años, la relación con Martha Úsuga se estaba deteriorando por la falta de hijos aunque la pareja los buscaba ansiosamente. Al someterse a un examen, Ramón se enteró de que el problema era de él. Con posterioridad a la pérdida del ojo, El Médico fue sometido a varios tratamientos en los que se usaban grandes dosis de esteroides para desinflamar los tejidos lesionados en el nervio óptico. Los esteroides afectaron la parte de los testículos donde se forma la cola de los espermatozoides que les ayuda a movilizarse y llegar hasta el útero.

"Otra cicatriz del golpe, gracias, Mochito", decía Ramón.

En medio de esa crisis, Ramón se enamoró de Naty, una muchacha de 18 años que, a diferencia de Martha, no tenía ningún reparo en acompañarlo a alguna de sus faenas clandestinas.

# CAPÍTULO 16

Baruch Vega salió de Caracas y renunció a su trabajo con la CIA. Los hechos trágicos de Santiago fueron razón suficiente para tomar la decisión de retirarse. Dice que se sentía solo, confundido y sin ninguna ilusión ni rumbo. Ganaba muy buen dinero, pero se lo gastaba a la velocidad que lo recibía por la presión inconsciente de disfrutar cada momento como si fuera el último. Lo único que tenía era su cámara y ya estaba acostumbrado a la idea de sólo tener romances pasajeros.

A finales de 1972 Vega fue trasladado de Caracas a Nueva York por la ITT. Después de unas dos semanas renunció a la división de las Américas de la multinacional. Quería darle un vuelco a su vida. Quería distanciarse de un trabajo por el que había perdido el respeto y no estaba dispuesto a seguir sacrificando su libertad personal. Liberado de la ITT, se dedicó a disfrutar de Nueva York y a conocer la ciudad, mientras buscaba un empleo en el campo de la ingeniería, que era su profesión.

Después de tachar varias ofertas en los clasificados del periódico, se entrevistó con un ejecutivo italiano que estaba reclutando personal para URS Madigan Praeger, inicialmente conocida como Praeger-Kavanach & Waterbury, una compañía de ingenieros consultores de gran prestigio dentro y fuera de los Estados Unidos, que participó en el diseño del edificio de las Naciones Unidas de Nueva York. Fue contratado como asistente de ingeniero, pero a los pocos meses la empresa lo ascendió al equipo de la división internacional de la compañía que preparaba el presupuesto para licitaciones internacionales. Vega había adquirido una gran experiencia en negociaciones de contratos para trabajos de ingeniería especialmente en lo que se relacionaba con el manejo de las entidades gubernamentales.

"Me sentía feliz. Por primera vez en mi vida no tenía que ocultar nada, no tenía que hablar en clave, no debía salir intempestivamente a otra ciudad ni temer a ninguna cosa de lo que estuviera haciendo. Todo lo hacía con gusto y muchas veces me quedaba trabajando en horas extras que no cobraba a la compañía. La energía me sobraba. Mi vida era nuevamente la de una persona normal".

Como tenía tiempo de sobra, tomó cursos de derecho internacional en el área corporativa e inició un doctorado en ingeniería en New York University. Durante las giras de negocios con la firma de ingenieros por América Latina y Europa, Vega llevaba también su cámara para hacer *casting* a modelos que soñaban con desfilar en Nueva York.

"En mi billetera siempre cargaba dos juegos de tarjetas: unas que me presentaban como presidente de Intramodels y otro como ingeniero de Goodkind & O'dea Inc". En pocos años Vega conformó una impresionante red de modelos en la que estaban registradas y fotografiadas unas 2.000 mujeres de 14 países. Atraídos por el extraordinario alcance de esta cantera visual y de contactos, los directivos de Warner Brothers convencieron a Vega para que les vendiera la firma bajo la cual operaba. La empresa de Vega fue anexada a Wilhemina Models, la hoy famosa multinacional de modelaje fundada por la modelo Wilhemina Cooper en 1967.

La tentación de seguir en el mundo de la intermediación tocó a la puerta del apartamento en York Avenue y la calle 64, Manhattan, donde vivía a mediados de los setenta. Una modelo vecina del edificio con los ojos ahogados en lágrimas le contó que su marido colombiano había sido arrestado por narcotráfico. Como ella sabía que Vega tomaba clases de derecho en la Universidad de Nueva York, pensó que conocía a un abogado que pudiera asesorarla. Vega se sintió inicialmente inútil, pero haciendo un repaso mental de sus compañeros de los cursos de la universidad recordó haber conocido a un ex agente de la CIA que trabajaba para el FBI. En alguna gaveta de su apartamento había guardado la tarjeta de presentación del agente.

Vega encontró la tarjeta y le llevó al funcionario los datos de su vecino preso para que le ayudara a establecer en qué líos se había metido y qué posibilidades tenía de salir libre. A los pocos días, el agente regresó con buenas noticias. Pensaba que el joven saldría en libertad pronto porque no existían pruebas contundentes en su contra. En efecto, el colombiano obtuvo la libertad y enseguida regresó a su país. Lo que Vega no sabía era que sí estaba en el negocio de las drogas y pertenecía a una organización importante de Bogotá. En Colombia el chisme fue pasando de boca en boca; se decía que en Nueva York vivía un fotógrafo colombiano con buenas conexiones en las altas esferas de la justicia que había logrado sacar a un detenido en cuestión de días. Vega no hizo mucho esfuerzo por desmentir el rumor y por su ayuda recibió 20.000 dólares de la organización en diciembre de ese año, 1976.

Nueva York le sonreía. A partir de una carencia generalizada de la industria, Vega encontró un nicho ideal para sus planes en el mundo del modelaje. Se las ingenió para resolver el problema más común de los grandes diseñadores de moda que era el engorroso montaje de sus shows en Nueva York. A Vega se le ocurrió crear una empresa que ofreciera todo bajo el mismo techo. A comienzos de 1976, logró concretar su idea y comenzó a hacer la producción de los desfiles de los diseñadores de moda, desde la planeación inicial hasta la presentación final, pasando por la consecución de fuentes de financiación del espectáculo. Para esto abrió la agencia de modelos Intramodels en el 545 de la Quinta Avenida, una oficina llena de energía y de actividad en donde dieron sus primeras vueltas de pasarela varias de las grandes estrellas del modelaje de la época.

Dado que la empresa necesitaba algunos socios capitalistas, un buen amigo de esa época le presentó a un grupo de inversionistas dispuestos a poner dinero en efectivo en el negocio. Tener a la distancia de una llamada telefónica una colección de mujeres hermosas o era una ventaja que solamente atraía a la industria del modelaje. Poco a poco, Vega se vio rodeado de narcotraficantes que querían saber cómo funcionaba el negocio.

Al enterarse, los narcos se convencieron de que era una inversión de doble beneficio pues por un lado aseguraban el dinero en una empresa lícita y rentable y por el otro contaban con acceso directo a mujeres bellas con sólo marcar el teléfono de Vega. Entre los nuevos inversionistas se coló el venezolano Rafael León Rodríguez, alias *Amílcar* o *El Loco*, el narcotraficante y asesino más buscado de la segunda mitad de la década de los setenta en Estados Unidos y quien decía que tenía el don de oler en el aire el presagio de una balacera.

"Se atravesó en mi vida como un diablo en contravía. El amigo que me lo presentó me dijo: 'Este muchacho es inversionista, está buscando invertir un billetico y le gustan las modelos también'."

El Loco llegó al restaurante donde se citaron con Vega en un Cadillac nuevo. Era un hombre de estatura mediana, tez blanca, cabello negro que llamaba la atención a las mujeres a pesar de que tenía ciertos amaneramientos. Estaba casi siempre trabado con marihuana y con frecuencia aspiraba largas líneas de cocaína que lo volvían extremadamente agresivo y paranoico.

"Yo estoy empezando una serie de inversiones", le dijo Amílcar a Vega en un tono de seriedad postiza. "Quiero invertir y me gusta la idea con las viejas, lo importante es que de vez en cuando me dé una vieja por ahí". Amílcar invirtió 20.000 dólares. Su derecho accionario lo ejercía haciendo visitas esporádicas a Intramodels para preguntar cómo iba el negocio y echar una mirada a las nuevas modelos.

Un día se emborrachó y le contó sin vergüenza la historia de su vida a Vega.

"Mira, yo soy un bandido", le dijo, recuerda Vega, "yo negocio en cocaína, aquí no hay que tapar un carajo, yo mato gente. Aquí al que se atraviesa me lo llevo por delante".

Amílcar relató que salió de su natal Venezuela huyendo de varias acusaciones de homicidios que cometió en asaltos bancarios. En principio lo hacía bajo las órdenes de un grupo de guerrilla urbana de izquierda, pero al darse cuenta de que los líderes de la organización se estaban enriqueciendo con los robos, se independizó con su propia banda. Uno de sus compañeros, que quedó herido en uno de los atracos bancarios, fue arrestado y lo delató a él, lo cual lo obligó a escapar hacia Colombia.

La gran ambición de su vida desde su juventud en Barquisimeto fue cantar, pero ese sueño se lo rompió literalmente su madre el día en que el muchacho intercambió un libro de álgebra por una guitarra. La mamá le partió la guitarra en la cabeza y lo obligó desde entonces a trabajar recogiendo los casquillos de las balas en un club de tiro de la ciudad del cual era dueño su padre. Muy pronto aprendió a disparar como los campeones del polígono y se volvió un experto usando los remanentes de munición que le cedían los clientes.

Tras la fuga de Venezuela conoció en Colombia al poderoso esmeraldero y narcotraficante Alfonso Caballero, quien lo contrató para asuntos de seguridad de su organización. En el bajo mundo se sabía que el narcotraficante escogía a sus hombres de ataque y defensa entre los reos más malos de las cárceles y lograba su libertad para ponerlos al servicio de su organización. Los mejores eran enviados a Estados Unidos como recaudadores de ventas y cobradores armados de cuentas pendientes.

Así llegó Amílcar a Nueva York donde ostentaba el cargo de jefe de la pandilla de cobradores de Caballero, Gilberto Molina y Arturo la Rota. La banda era temible. Uno de sus subalternos en Miami, el marielito Luis García Blanco, mostraba entre las páginas de una Biblia el dedo índice izquierdo de una muchacha de 19 años llamada Maricel Gutiérrez, alias *La Chiquita*, a quien mató en 1981 de dos tiros en la cabeza después de violarla porque se había atrevido a robar a su novia en Hialeah, una ciudad vecina a Miami[10].

En sus ratos libres El Loco era un lector empedernido. Se leía todos los *best-sellers*, las revistas y los periódicos que cayeran en sus manos. Esa misma noche de su destape le contó a Vega que sus principales enemigos eran un tal Álex y el compinche de éste, Richard. Ambos enemigos buscaban la oportunidad para matarse, y esa oportunidad la olió en el aire Amílcar con horas de anticipación el día que caminaba por la Quinta Avenida con Vega.

El Loco estaba profundamente agradecido con el fotógrafo por haberle salvado la vida y se apegó a él, y Vega, que conocía su peligrosidad, no hizo ningún esfuerzo por distanciarse, por el contrario, utilizó la relación para colarse en las organizaciones del narcotráfico de la época.

En una de sus recaídas El Loco viajó a Bogotá para tratar de recuperarse de su adicción a la droga, pero a los pocos meses empezó a usar bazuco y a tomar trago en grandes cantidades.

---

10. "Boast about severed finger lead to arrest in murder", por Marie Betancourt, *The Miami Herald*, 4 de julio de 1984, p. 1D.

"Ya no había quién pudiera controlar sus barbaridades. Mataba por gusto, por locura, por obsesión", recuerda Vega.

Desde Bogotá mandó decirle a Vega que necesitaba hablar personalmente con él en Colombia. Cuando Vega llegó a Bogotá quedó impresionado con las relaciones peligrosas que había forjado. Le presentó a Caballero así como a Antonio José Bermúdez, El Doctor, Hugo Giraldo, Noel Ramírez y otros narcos.

En ese viaje, los socios de Amílcar en Colombia convencieron a Vega para que les ayudara a vender un par de propiedades que tenían en Nueva York. Vega aceptó y eso los animó a pedirle otro favor: recibir un dinero en Nueva York y enviarlo a Colombia junto con la suma que le darían por la venta de las propiedades. Los narcos firmaron unos poderes para la venta de dos apartamentos y la misma semana en que Vega regresó a Nueva York logró vender ambas propiedades. Hizo la transferencia a los bancos que los narcotraficantes le indicaron y todo fue relativamente rápido.

Cuando Amílcar lo llamó desde Colombia para agradecerle las transferencias, le preguntó si ya le habían entregado el otro dinero, a lo cual Vega le respondió extrañado que de qué dinero le estaba hablando si ya todo estaba pagado.

"¡Pero qué les pasa a estos coño de madres!, dijo Amílcar. "Mira, quédate ahí una hora más, y si en una hora no te han llevado nada llama al número de Germán y déjame la razón, de todas maneras yo trataré de llamarte en un par de horas".

Germán era uno de los hombres de confianza de Amílcar en Nueva York. No habían pasado 15 minutos de la conversación con Amílcar, cuando un hombre llamó a Vega y en un tono angustiado le prometió que llegaría en diez minutos a su casa. Diez minutos más tarde se presentó un hombre en el apartamento de Vega acompañado por dos jóvenes, uno de aproximadamente 18 años y el otro de 16, a quienes presentó como sus hijos. Traían tres maletas muy pesadas.

—Señor Vega, ahí van dos mangos —le dijo.

—¿Dos qué? —le respondió, y el señor con rostro impaciente le contestó.

—Dos millones, Vega, dos millones, y en unos minutos regreso con más.

Vega quedó atónito cuando el hombre le mostró los fajos de billetes al interior de la maleta. Media hora más tarde regresaron los mismos personajes con seis maletas más, volvieron una y otra vez. En total llevaron 15 maletas con unos 11 millones y medio de dólares de acuerdo con su contabilidad pues Vega no tenía forma de saber realmente cuánto dinero habían llevado; se limitaba a creer lo que ellos decían y a guardar las maletas en una habitación desocupada de su apartamento en Floral Park, Long Island; que había intercambiado con Amílcar por el suyo en Manhattan. Amílcar no le había informado de cuánto dinero se trataba. Al poco tiempo llamó y le dijo que le confirmara si era cierto lo que decían sus contactos en Nueva York que le habían entregado "un cheque de 11.500 pesos". Vega respondió afirmativamente según la contabilidad de los intermediarios y trató de decirle algo pero Amílcar lo interrumpió advirtiéndole:

"Te tienen que llevar 35 pesos en total, guárdamelos ahí por unos días a ver qué hacemos con eso. Mañana te llamo". Y colgó.

Vega estaba condenado a quedarse en ese apartamento hasta que los compinches de Amílcar recogieran la fortuna. Al día siguiente los hombres de Amílcar comenzaron a subir cajas y más cajas, como si fuera una mudanza, hasta completar un total de 30 millones y medio de dólares. Dentro de las cajas iban las maletas y cada maleta tenía un documento en el que se registraban las cantidades exactas de su contenido.

Los hombres le dieron todas las llaves y los papeles. Vega temía que el fondo del piso del clóset de la habitación que utilizó para arrumar una columna de las cajas millonarias se fuese a desfondar por el peso. Los primeros días no podía dormir, no salía a ninguna parte ni quería ver a nadie, y cuando lo invitaban se excusaba diciendo que no se sentía bien. Las únicas veces que salió fue para hablar con Amílcar, quien le pedía que se comunicara con él a ciertas horas pero no desde el apartamento.

—Loco, ¿en qué lío me has metido? —le dijo Vega.

—Coño, ahora que estás millonario no estás contento —le respondió.

—En serio, Loco, quíteme ese peso de encima —insistió y él contestó:

—Por eso es que a mí no me gusta mucho el dinero, porque cuando lo tengo muy cerca no me deja ni dormir —contestó Amílcar.

Vega estuvo de centinela de la fortuna durante un mes y medio hasta que envió una parte a Colombia y otra la depositó en bancos de Estados Unidos siguiendo instrucciones de los dueños de la fortuna. En esos años no existían leyes contra el lavado de activos. Los narcotraficantes colombianos llegaban a los bancos de Miami con cajas de jabón Fab repletas de dólares y el gerente salía a recibirlos feliz en el segundo piso con una legión de cajeros equipados con máquinas de contar billetes.

En el verano de 1978, Amílcar y Chepe Santacruz tenían las cuentas bancarias a rebosar y se les ocurrió darse un paseo de millonarios a algún lugar exótico del mundo. Consultaron con Vega quien no tuvo que pensar mucho para poner el dedo sobre el mapa de Grecia y proponer que alquilaran un bote para dar un paseo por las islas del Mediterráneo. Aceptada la propuesta, Vega viajó a Mikonos y contrató por 10.000 dólares a la semana un yate de 140 pies con tripulación de sacoleva y guantes. Cuando todo estaba listo llamó a los viajeros, como habían quedado, y ellos iniciaron su viaje a Europa desde Nueva York.

"Entonces llegan a Atenas y en Atenas los va a recoger un helicóptero y los va a traer al yate y el helicóptero llegaba exactamente al yate. Dos helicópteros los recogieron. Eran seis locos y llegan con unas viejas, la vaina más horrible del mundo entero, dominicanas y putas de Cali, de esas chiquitas gordas y unos cancanes horribles, y yo tan elegante que estaba con mi tripulación por dos días y que me trataban superbién y llegan estos borrachos todos, gritando madrazos a diestra y siniestra, yo me quería tirar al mar esa noche".

Avergonzado por el show, Vega los reunió a la mañana siguiente y, consciente de que todos estaban desarmados, los insultó por chabacanos y les dijo que si le hubieran avisado que el paseo era con mujeres, él hubiera llevado unas elegantes y presentables.

Todos tomaron de buena manera el sermoneo y El Loco le pidió a Vega que despachara a las latinas a Nueva York y regresara con sus recomendadas, pero que en caso de que resultaran feas, moriría ahogado en el mar. Vega contactó a una meretriz de Ginebra quien le envió un grupo de siete espigadas europeas de cuerpos espectaculares que cobraban una fortuna por día. Casi todas hablaban italiano, idioma en el que se hicieron entender. La cocaína ayudó también a la mutua comprensión y, a los tres días de paseo, algunos de los visitantes ya daban señales estúpidas de enamoramiento.

"La pinta de estos locos no iba con las viejas, no iba con el yate, no iba con nada y entonces les empecé a dar clases de cómo comer y cómo comportarse. Oiga, íbamos por una semana y nos estuvimos 17 días en ese barco por todas las islas griegas. Y paramos en un puerto y ellos tiraron toda la ropa al mar, compraron las mejores marcas y pida más billetes, se tiraron más de 500.000 dólares en ese viaje. Y entonces ya todos se querían casar con estas viejas porque estaban enamoradísimos".

Vega completó el cuadro feliz de su vida casándose con una actriz de cine, no muy conocida entonces, pero que después saltó a la fama por su participación como protagonista en una popular serie de televisión. El fotógrafo no quiso que el nombre de ella ni el de sus demás ex esposas y sus hijas se publicara en este libro por razones de seguridad. Sin embargo, el autor logró comprobar los nombres y las fechas de los matrimonios en los registros públicos de Estados Unidos.

# CAPÍTULO 17

Por puro remordimiento o por un curioso sentido del altruismo, Juan Gabriel Úsuga y Carlos Ramón Zapata, Los Cíclopes felices, exportadores libres de un veneno llamado cocaína a Estados Unidos y a Europa, compartían la necesidad de invertir dinero en proyectos filantrópicos, en obras de arte y en ayudar a estudiantes de bajos recursos a pagar sus carreras. Uno de esos proyectos fue el de reunir a los mejores especialistas en investigación médica para explorar las posibilidades de fabricar un suero autoinmune contra otro veneno social, el sida. Úsuga fue el impulsor del proyecto para el que fueron contratados científicos que trabajaban en las montañas de Antioquia, siguiendo los pasos del "Proyecto Ángel" de España con el que se pretendía encontrar la fórmula de un suero para el tratamiento del síndrome.

Úsuga asignó unos 50 millones de pesos para empezar el proyecto en el que participaban dos científicos "medio locos" según Ramón, que eran los propietarios originales de la idea, un inmunólogo, un oftalmólogo reconocido de Medellín y una periodista especializada en asuntos científicos.

En 1996, Ramón, Úsuga, otro socio, Eduardo Roldán y cinco médicos fundaron el Centro de Investigaciones y Diagnóstico Médico Avanzado CIDMA S.A. Tenía 13 empleados administrativos y dos secretarias. El proyecto, que se inició en septiembre de 1997, chocó con un gran obstáculo que sólo podían resolver los socios inversionistas: la carencia de animales de laboratorio para hacer las pruebas.

Existe en las selvas amazónicas de Colombia una especie de mico cuyo nombre científico es *Aotus trivirgatus*, o mono aullador, que presenta reacciones muy similares al ser humano ante una variedad de enfermedades, incluyendo la malaria. Estas características naturales han hecho que el mico sea muy perseguido por laboratorios internacionales, por lo que el Gobierno de Colombia ha aprobado una legislación muy estricta para su protección.

Planteada la necesidad en una reunión con los científicos, la misión de conseguir los micos no podía apuntar hacia otro sitio que adonde estaba sentado voluntarioso ejecutor de proyectos imposibles de la oficina, Carlos Ramón Zapata, quien aceptó con gusto y como una fuente más de diversión. Ramón organizó un paseo a la ciudad de Leticia en el avión privado de la oficina con su novia Natalia, la hermana melliza, Catalina, dos amigas de ésta, dos médicos y el piloto del avión. Al día siguiente tomaron un bote de 22 pies con dos motores Yamaha de 115 caballos por el majestuoso río Amazona y al cabo de dos horas desembarcaron en un improvisado muelle. Guiados por dos "manigüeros" locales, caminaron dos horas hasta una pequeña comunidad indígena enclavada en el corazón de la selva.

"Llegamos a un claro hermoso lleno de piedras enormes y árboles gigantescos que proveían una sombra espectacular sobre ese oasis dentro de la selva en un lugar llamado La Isla de los Micos", recuerda Ramón.

El guía explicó a los indígenas en su dialecto lo que buscaban los blancos. Querían por lo menos diez animalitos vivos. Tras ponerle precio a la mercancía (30.000 pesos por cabeza), los indígenas comenzaron un concierto de chillidos como los que emiten los micos y poco a poco los curiosos monos de unos 20 centímetros de altura, se fueron acercando para recibir comida de la mano de los indígenas. A medida que se acercaban iban cayendo atrapados uno a uno. La expedición regresó con los micos al atardecer por el río en una jornada casi mágica que Ramón nunca olvidó.

"Ese río inspira respeto y admiración. Recuerdo que en el viaje de regreso guardamos silencio reverencial admirando el paisaje, Naty y yo nos tomamos de la mano, y, sin decir una palabra, hicimos todo el recorrido apoyando nuestras cabezas la una con la otra. No era necesario hablar. El silencio y el sonido de la noche lo decían todo".

En cambio el paso con los micos por la Aduana del aeropuerto de Leticia fue una experiencia tormentosa. Aunque los tres inspectores del aeropuerto recibieron un peaje de un millón de pesos para permitir la salida, los micos parecían resistirse al viaje. En medio de los trámites de embarque en el aeropuerto, cuando Ramón ya creía que todos los obstáculos se habían superado, los animalitos se alborotaron y las mochilas de colores donde iban apretujados comenzaron a saltar solas por la zona de la Aduana. Dos guardias que no estaban en la planilla de sobornados se acercaron a inspeccionar las mochilas andantes pero antes de que se calmara su curiosidad, uno de los inspectores prepagado le dijo a Ramón que saliera a lo que le dieran las piernas hacia el avión con todo el equipaje sin revisar. Los pasajeros subieron rápido pero cuando ya estaban sentados Pilotico, el comandante del avión, les dio la mala noticia de que tendrían que bajarse porque la aeronave no podía ser tanqueado con pasajeros a bordo.

Los pasajeros se retiraron uno 25 metros y mientras celebraban el episodio de las mochilas, Natalia le dijo a Ramón:

"Mira hacia al avión"

Todos siguieron la orden y sus miradas quedaron clavadas en la puerta del avión donde uno de los micos miraba hacia todos los lados como planeando su fuga. En ese momento el guardia de la puerta que comunicaba el terminal con la plataforma del aeropuerto estaba distraído, pero tan pronto como el mico bajó las escaleras para emprender la escapada, se percató de la situación y llamó a uno de sus compañeros para tratar de detener el avión por contrabando de especies protegidas.

Los pasajeros corrieron hacia la aeronave que ya estaba lista.

"Pilotico, vámonos rápido, marica, que nos van a bajar", exclamó Ramón.

El avión arrancó y por la ventanilla Ramón vio a los dos guardias discutiendo como si el uno culpara al otro del engaño del que habían sido víctimas. Durante el despegue, otro animalito se escapó de la misma mochila del fugitivo creando un escándalo de histeria y alaridos entre las pasajeras. Juan Guillermo, uno de los médicos, le lanzó su chaqueta al mico y cuando fue a cogerlo, el animal lo recibió con un fuerte mordisco en la mano. Finalmente el pasajero rebelde fue dominado y metido en la mochila.

El avión aterrizó en Rionegro y los pasajeros pasaron con su mercancía viviente sin ninguna novedad.

Los efectos del suero nunca fueron probados con protocolos científicos, pero años después le sirvieron a Ramón para mitigar su imagen de narcotraficante ambicioso ante los ojos de la justicia de Estados Unidos. En un memorando de reducción de sentencia presentado por su abogado Daniel Forman ante un juez federal de Miami, el filantrópico Proyecto Ángel fue presentado como un osado avance en la historia de la medicina.

"Aunque CIDMA S. A. no tenía autorización del Comité de Ética de probar la droga en humanos, el grupo y los médicos practicaron las pruebas en 26 pacientes terminales que consintieron en hacerse el tratamiento. De los 26, todos reaccionaron positivamente a la droga, aunque 12 murieron por otras complicaciones. Todos los 26 pacientes con VIH positivo se convirtieron en VIH negativos después de someterse al tratamiento desarrollado por CIDMA S. A."[11].

Quizás la única historia triste de este programa es la de un siquiatra colombiano que, enterado del proyecto, se ofreció para conseguir los fondos de su mantenimiento con la venta de cocaína, y en ese intento fue arrestado en Cuba y condenado a cadena perpetua.

---

11. "The Angel Project", Carlos Ramon's sentencing memorandum, preparado por Daniel Forman, abogado. Caso 99C-CR-71, United States District Court, Southern Disctrict of Florida, p. 4.

# CAPÍTULO 18

A Baruch Vega le costaba mucho trabajo ser fiel en una industria que vive de la seducción. En los primeros años de matrimonio no parecía interesado en buscar aventuras. Luego le ocurría que cuando estaba con su esposa se sentía feliz, pero lejos de ella no perdía oportunidad para enredarse con algunas de las mujeres que se desnudaban frente a su cámara.

"Era una actitud un poco ingrata y desafiante con la vida. Tenía todo, un buen trabajo, ingresos excelentes, una esposa linda y comprensiva, me sobraban los contratos y en lugar de tratar de mantener todas esas fuentes de satisfacción, poco a poco dejaba secar la más cercana".

La relación se heló en la rutina distante de ambos. Cada uno estaba dedicado a lo suyo y los momentos comunes se hicieron cada vez más escasos. Un día Vega descubrió que ella le había sido infiel. Fue un golpe demoledor, inesperado, que recibió a su regreso intempestivo de un viaje a Venezuela.

Vega había perdido en Caracas el vuelo a Los Ángeles, donde su esposa estaba filmando una película con grandes estrellas de Hollywood. Para que no se preocupara, la llamó y le dijo que viajaría al día siguiente, pero en el vestíbulo del hotel de Caracas, el fotógrafo se encontró con su amigo el arquitecto Óscar Carmona, quien, al enterarse de que Vega había perdido el vuelo, lo invitó a viajar en su avión privado, un King Air, en el que saldría esa noche justamente hacia Los Ángeles.

Carmona tenía que llevar el avión a una revisión mecánica rutinaria. A la madrugada del día siguiente, Vega llegó al aeropuerto internacional John Wayne de Orange County y tomó un taxi que lo llevó al Beverly

Hills Hotel and Bungalows. El famoso hotel cuenta con una zona de cabañas donde se hospedaba su esposa durante el rodaje de la película. Vega caminó hacia la cabaña en compañía del botones que llevaba sus maletas. Puso la llave y trató de abrir la puerta, pero tenía la cadena de seguridad.

En ese momento escuchó la voz nerviosa de su mujer:

—*Who's it?* (¿Quién es?) —dijo ella.

—*It's me honey* (soy yo, amor) —respondió Vega.

Aquí hubo un largo silencio. Al pasar unos diez segundos, Vega insistió:

—*Hellooooo.*

Un nuevo silencio.

Pasó un minuto, posiblemente una eternidad, hasta que ella, sin abrir la puerta se asomó por la hendija y le dijo:

—*I'm sorry, Baruch, I'm with someone else.* (Lo siento, Baruch, estoy con alguien).

Estaba con otro hombre que después Vega supo que era el actor Burt Reynolds. "En ese momento sentí que la pata de un monstruo enorme me había aplastado. Yo, frente a una puerta blanca, cerrada en mis narices, y mi mujer adentro acostada con otro hombre a las tres de la madrugada".

Vega tenía dos opciones: una, derribar la puerta a patadas y matar al intruso. Pero no tenía fuerzas de nada. Otra, salir corriendo. Dio media vuelta como un zombi, el maletero lo seguía, tomó un taxi de regreso al aeropuerto, se bajó en el primer terminal, miró el tablero del próximo vuelo a cualquier sitio, podría ser San Pedro Sula o Hong Kong. Escogió Londres. Pagó el pasaje, subió al avión y tan pronto despegó el vuelo se ahogó en su propio llanto, mirando por la ventanilla.

"La infidelidad duele en el corazón, en los huevos, en la cabeza. Te destruye. Me tomó mucho tiempo reponerme, te sientes expulsado de la vida".

Una mujer lo ayudó a volver de esa expulsión. Su amiga Viviane Ventura, quien hizo el inventario sin clemencia de los errores que había cometido con su esposa y con su vida.

"Hasta el día de hoy recuerdo estos consejos y se los agradezco porque fue un momento muy oportuno para comprender la idea del respeto hacia los sentimientos de la mujer y de las relaciones de los demás".

Vega conoció a Viviane en el concurso de Miss Universo en República Dominicana en 1977. Era una hermosa mujer de piel canela, ojos bellos y mirada misteriosa, recuerda. Viviane no sólo ayudó a levantar emocionalmente a Vega sino que cambió su vida social y refinó sus gustos.

"Me coló en el mundo fascinante del jet-set europeo y latinoamericano". A través de ella, Vega conoció personajes rancios de la nobleza europea, financistas, políticos, actrices y nuevas modelos.

Viviane es autora del libro *Guide to Social Climbing* (Guía para escalar socialmente), un manual para mujeres trepadoras con instrucciones sobre el arte del arribismo. El libro describe los tipos de mujeres trepadoras y ofrece a cada una consejos de cómo superar los obstáculos propios de su clase social. En la base de las cinco categorías está la escaladora pobre que, a su vez, se divide en la pobre aburrida y la pobre divertida

"Si usted es pobre divertida, entonces tiene una gran probabilidad de sobrevivir en la competencia", advierte el manual. "La principal ambición inicial de la pobre sobreviviente es la de subir de categoría al estrato rico. Pero recuerda, querida trepadora pobre, que tú tienes la más larga y dura carrera en este juego".

Cuando Vega conoció a Viviane ella tenía unos 24 años. Viviane es hija de un industrial surafricano que se estableció en Colombia. Nació en Inglaterra y creció en Bogotá, donde algunos de sus familiares se quedaron. Estudió en Inglaterra y a la edad de 16 años, 20th Century Fox la contrató para trabajar en Hollywood y convertirse en una estrella de cine. A los 17 años se casó con un productor del cual se separó después de tener su primera hija. En esa época, Viviane trabajó con Anthony Quin en la película *High Wind* filmada en Jamaica, *Promise Her Anything* con Warren Beatty y *Lord Jim* con Peter O'Toole. Hizo 15 películas. En la breve biografía de su guía de arribismo Viviane es descrita como una mujer cuya "vivacidad y belleza, alentadas por una extensa red de amigos ricos e influyentes le han granjeado la reputación de 'International Miss Fix-it'." Su nombre estuvo rondando varios tabloides sensacionalistas de Londres que le contaron, entre su colección de amantes, al poderoso hombre de negocios saudí Adnan Kashogi, el playboy James Mancham, el rey Hussein, Anthony Quin y Ómar Sharif. Se preciaba de su estrecha amistad con el cantante Julio Iglesias.

"En nuestras agendas teníamos los teléfonos personales de Gunter Sack, de los Al Fayed, de los Kashogi y los Pahlavi con quien compartimos en los cocteles del jet set. Y cuando me hacía falta un contacto con un ministro, un banquero o un artista, sólo tenía que llamar a mi querida Viviane, quien en cuestión de horas me tenía al personaje listo, al otro extremo de la línea telefónica. Nunca tuvimos un romance, sólo nos unía nuestro amor por las alturas. Es la mejor relacionista pública del mundo".

Gracias a las referencias de Viviane, Vega vivió en Londres en la mansión de Farahnaz Pahlavi, uno de los descendientes del sha de Irán. La poderosa familia iraní le arrendó la casa a Vega con la única condición de que debía coordinar con los administradores del museo Victoria and Albert la entrega, en calidad de préstamo durante cada fin de semana, de una colección de pinturas famosas que los propietarios tenían colgadas en las paredes de su mansión. Para Vega este engorroso trámite no representaba ningún problema a cambio de disfrutar de su imagen de nuevo rico en la mansión localizada en la parte anterior del museo.

En la casa de los Pahlavi, Vega organizó banquetes con personajes de la alta sociedad británica, la banca y celebridades del mundo entero. Sin embargo la casa no es de grata recordación para Vega pues fue allí donde su socio, el financista y filántropo Edward Roy, de Mount Dora, Florida, a quien invitó a pasar unos días, se apropió de unas acciones de una próspera empresa de energía solar que ambos compartían. Las acciones estaban en una cajilla de seguridad que Vega dejó abierta por un descuido, quizás luego de sacar una de las botellas de vino que había dejado allí la dueña de casa para que lo consumiera sin límites.

De acuerdo con la acusación en una corte federal de Miami, en 1985, Roy traspasó a su nombre las acciones de la empresa T. Bliss & Co. —después conocida como Omni Equities Inc— dejando prácticamente en la quiebra absoluta a Vega. La maniobra de Roy contra Vega apareció en un artículo en *The Wall Street Journal.* Fue otro revés que descarriló la vida del fotógrafo santafereño. Perdió varios millones de dólares y debió empezar de nuevo.

# CAPÍTULO 19

Además de su medalla de confianza por la recuperación del cargamento en Turquía, el siguiente premio de credibilidad ante los ojos de Juan Gabriel Úsuga se lo anotó Carlos Ramón durante las vacaciones colectivas de seis meses que se dieron los socios de la oficina para liberarse del estrés en los negocios de exportación de drogas, industria plástica y construcción.

A bordo del *Independence*, un velero de Úsuga, los estresados narcotraficantes recorrieron con sus esposas el mar Caribe hasta Bahamas acompañados además por Óscar Alzate, un empresario que había hecho buenas migas con Úsuga pensando que el narcotraficante podría ser un buen cliente para comprar algunos de los numerosos edificios que dejaron los Moncada tras su ejecución en manos de Pablo Escobar.

Carlos Ramón tomó en serio su responsabilidad de quedarse a cargo de la oficina y en los seis meses que los socios estuvieron de vacaciones, recuerda, logró demostrar que tenía luz propia para el negocio. Fue en estos meses en que se especializó en una ruta de envío de droga por los dos océanos de Colombia en barcos y veleros de diferentes calados. El secreto del éxito de esta flota de barcos estaba en un pequeño dispositivo en forma de huevo colocado en una antena de la embarcación que enviaba señales a un sistema de GPS instalado en un computador portátil de Ramón.

Aunque nunca ha sido diestro para los computadores, El Médico le encontró una utilidad más lucrativa a una tecnología silenciosa de localización que hasta entonces los Cíclopes vendían a compañías de transporte interurbano de Colombia para evitar que los choferes de flota se dieran escapadas para hacer viajes no planillados.

Entre 1996 y 1997 Ramón llegó a tener cinco buques pesqueros y tres veleros cuya ubicación exacta aparecía en forma de barquitos en la pantalla del computador de su secretario Martín, con un mapa al fondo. Ahí estaban el *Lutjanus*, un barco de pesca holandés, *El Gringo*, *Coopescol 3*, *Coopescol 7*, y el más grande *Juan Chaco*, de 125 pies, que tenía capacidad para transportar unas diez toneladas de cocaína entre los tanques de la gasolina y los de pesca. Le costó un millón y medio de dólares.

Las comunicaciones por radio han sido siempre el talón de Aquiles del transporte marítimo de drogas. A pesar de todos los retruécanos que se han ingeniado los narcos para despistar al enemigo que los escucha, los servicios de guardacostas han aprendido a identificar conversaciones entre barcos nodrizas y sus comandantes de tierra. Con el sistema utilizado por Ramón la comunicación se hacía por data, mensajes de texto que el capitán del barco *Vicente*, El Papi, leía en una pequeña pantalla de fondo verde en el control de mando y Martín en el computador.

Las embarcaciones salían del puerto de Buenaventura sin carga y remontaban hacia el norte hasta fondear a unas 25 millas de Nuquí, una remota población del Chocó en cuyas cercanías selváticas Los Cíclopes tenían grandes depósitos de la droga que bombardeban desde un avión Dormier. Al anochecer, una flotilla de pangas llevaba la droga al barco que una vez cargado regresaba hacia el sur y se rodeaba las islas Galápagos para camuflarse en la febril zona pesquera internacional entre embarcaciones de todas partes del mundo.

De allí tomaba hacia el oeste y luego viraba hacia el norte con dirección a Mazatlán para esperar la llegada de los buques pesqueros de Simbad, El Tigre, el hombre de los mares de Amado Carrillo, el poderoso Señor de los Cielos. Carrillo estaba feliz con Ramón por la eficiencia de su flota de barcos con GPS. Ramón conoció a Carrillo a través de Fabio Ochoa Vasco, alias *Kico Pobre*.

La droga de los barcos no pertenecía a Ramón. El Médico cobraba un millón de dólares por flete sin importar la cantidad transportada y otro medio millón por llevar la droga del sitio de acopio a las caletas y de allí a la embarcación. En cambio la droga transportada en los veleros sí era de la sociedad.

Durante la ausencia de los socios, Ramón logró una "vuelta fiada" que le hizo al turco Nasser de 5,000 kilos en uno de sus barcos y que se la pagó un mes y medio después de coronada poniendo en riesgo su vida ante los proveedores que lo acosaban con el pago.

Al terminar las vacaciones, Ramón le dijo a Úsuga que quería independizarse. Con todo y el gusto que derivaba de su vida de narco principiante, Ramón no estaba contento con las modalidades que su cuñado se había ingeniado para pagarle el porcentaje que le correspondía. En lugar de entregarle su parte en efectivo, Úsuga le decía que lo había invertido en una colección de empresas lícitas, muchas de ellas ruinosas. El portafolio de la oficina contaba con banco de lotes, la firma de telecomunicaciones por satélite, sin licencia, y una fábrica de productos industriales de plástico.

"Yo le decía, mi plata, Juan, el 10%, y él decía: 'el 10% tuyo es un millón, te voy a vender un porcentaje de una compañía mía o una finca, ¿te acuerdas de mi finca, la bonita en Puerto Berrío?, bueno, te la vendo barata'. Y a mí nunca me llegaba la plata. Yo le decía a Martha: 'Martha, tenemos una finca en Puerto Berrío'. '¿Y quién te la dio?', 'no, me la dio Juan', 'y vos sí sos pendejo, ¿para que una finca en Puerto Berrío?', 'Bueno, me pagó con una finca, ¿yo qué hago? Que un apartamento en no sé dónde, una casa aquí, y finalmente tenía una recua de cosas y nunca veía la platica'." Fueron los primeros asomos, según Ramón, del lado oscuro de la personalidad de Úsuga: la mezquindad.

"La mayoría de esas empresas nunca dieron plata. Él te dirá que él era el superindustrial, se creía un magnate como Nicanor Restrepo, pero cada mes había que meterles plata y no salían adelante". Por su parte Úsuga pensaba que Ramón estaba aspirando a un patrimonio que no le pertenecía por cuanto El Médico era un recién llegado cuyos aportes hasta ese punto eran mínimos.

"Ramón es un buen soldado pero un pésimo administrador", solía decir Úsuga quien veía cómo su cuñado gastaba todo lo que tenía y un poco más. A Úsuga no le importaría si ese fuera el problema de un extraño, pero de por medio estaba su hermana Martha.

La discusión al regreso de vacaciones tuvo un desenlace positivo. Úsuga le ofreció a Ramón que se quedara con ellos, ya no como secretario, sino como socio. Ramón aportó a la sociedad dos rutas marítimas a

México y sus nuevas conexiones con Carrillo Fuentes. Lo que siguió fue una época de bonanza, de lujos sin límites, de celebraciones espléndidas y fiestas familiares, todo lo cual Ramón recuerda hoy intensamente al hojear los álbumes de la época en su apartamento de Miami.

"Mira el avión nuestro, un King Air 200", dice.

"Éste era el chef de nosotros. Murió de sida, pobre Nicolás, era gay", agrega.

"Aquí sale Juan Gabriel en el velero que teníamos. Lo coroné cuatro veces en España. Salía de Cartagena, lo cargábamos en Isla Margarita, en Puerto la Cruz, salía por todas las islitas del Caribe, y derecho a Vigo", afirma mostrando un velero en altamar.

"Mirá, esto es Nuquí, en el Chocó, donde teníamos las caletas, ahí no llegaba nadie", indica señalando un cerro selvático.

Otras fotografías muestran cabalgatas etílicas por los campos profundamente verdes y fértiles de fincas paisas en las llanuras que circundan a Medellín; Ramón en su mula, campeona de varios certámenes; Úsuga en la popa del velero abrazado a su mujer Margarita; y de las páginas caen fotos sueltas, que alguna vez fueron secretas, de modelos voluptuosas, moldeadas con silicona, con quien Ramón se acostaba.

"¿No sabés quién es ésta?", dice mostrando una de las atractivas mujeres de su colección de recortes. "Eh, ave María, ¿no sabés quién es?".

Ante la ignorancia del jet set criollo colombiano que demuestra con su silencio el interlocutor, entonces Ramón se responde él mismo, en un tono de voz muy bajo y con una sonrisa socarrona: "¡Pues Fulana, la supermodelo … qué buena que estaba esa hembrita".

Toma en su mano otra foto y comenta: "Esta es la melliza. La Repe [por aquello de que era repetida]. Esa mujer casi me mata. Lo cogen a uno en la hora boba. Siempre hay una que llega, lo coge y le da a uno tres vueltas".

Con una parte de la fortuna que ganaron, Ramón y Úsuga hicieron varias inversiones en negocios lícitos, pero hay una que se transformó en un símbolo de esta época de prosperidad y confianza mutua entre dos hombres unidos por la codicia y por el drama de haber perdido la vista de un ojo. Úsuga y Ramón crearon la compañía Agrícola Los

Cíclopes que fue inscrita en la Cámara de Comercio de Medellín en 1997, para administrar las inversiones en ganadería y agricultura de sus socios.

La bonanza contribuyó al éxito con las mujeres. Ramón no puede negar que la escenografía ostentosa que rodeaba sus incursiones de seductor influía muchísimo en su efectividad. Recuerda que había una modelo de moda espectacular que se negaba sistemáticamente a salir con él. Estaba de novia de un narcotraficante de Bogotá. Ramón insistía y ella lo ignoraba. Un día la llamó de Medellín y le dijo que la invitaba a almorzar y ella finalmente accedió, sólo a almorzar. Ramón llegó con su King Air a Bogotá y la recogió en el apartamento donde ella vivía y volvió a tomar la ruta al aeropuerto. La modelo preguntó "a dónde vamos", "pues a almorzar —respondio Ramón—, pero al restaurante Gladys en Cartagena".

Él jugaba a ser distante. Ella aceptó y fue testigo del ambiente de poder y suficiencia que Ramón trataba de controlar con naturalidad como para no pasar por un pantallero. Cinco escoltas lo esperaban junto a la escalera del avión. Durant el vuelo, la modelo encontró en uno de los asientos del avión unos folletos de la firma Los Cíclopes que promovían la inseminación artificial de ganado.

¿Y qué es un cíclope?, le preguntó a Ramón, que no había declarado su condición de tuerto. La pregunta le permitió a El Médico lucirse con un tema que le apasiona, la mitología griega, y que extendió, como es común en sus conversaciones, hasta después del almuerzo con largas fugas a la historia del arte, otro de sus fuertes.

"Luego del almuerzo, una agradable conversación de arte y mitología griega, dos botellas de vino y una de champaña para el avión, todo se ve de un color diferente", escribió. "Al regreso en la clara noche, la visión de la luna asomándose en el perfil de la cordillera, una rosa sobre el sillón, Francisco Céspedes de fondo musical, el corcho de la champana que vuela, Pilotico que pregunta, '¿plan de vuelo, señor?', 'Medellin, viejo, o tienes algún problema, corazón', pregunto yo en tono bajo besando la frente de la acompañante. 'Niguno' —dice—, vamos al lugar más lejano al que este avión nos lleve, donde nadie nos juzgue, jaja'."

Ramón destapó otra botella de champaña y finalmente su amiga esquiva se rindió y terminó sentada en sus rodillas. El piloto anunció a su jefe que ya estaban aproximándose a Medellín, y Ramón, que no había culminado lo que siempre soñó con la modelo, le dijo que siguiera hasta Pereira y regresara luego a Medellín.

"Uno se siente el rey del mundo, eso no tiene precio. No hay muchachita que se resiste eso, y más si eres decente, hablas bien y las tratas elegantemente, ahí no había quién se salvara".

Meses después Ramón se enteró de que la modelo de 22 años fue asesinada por negarse a salir con un narcotraficante fanfarrón y violento, familiar de Pablo Escobar. Enfurecido porque ella estaba con su novio oficial y se negó a irse con él, el narco se presentó en su casa de Medellín con cinco sicarios en la madrugada. Después de herir a la mamá y al papá de la muchacha, uno de los sicarios la sacó a rastras halándola del pelo, le abrió la boca y le dio un tiro mientras el jefe le gritaba perra inmunda. El narcotraficante y sus cinco secuaces fueron luegos asesinados uno por uno.

Ramón y Úsuga se aficionaron al arte y a los buenos vinos. Compraban cuadros y esculturas a precios exorbitantes en sus viajes por Europa o los recibían en forma de pago de deudores morosos. De hecho, Ramón tomó clases de historia del arte en Madrid durante varios meses. En las paredes de su oficina de forma circular rodeada de grandes ventanales y que ocupaba todo un piso del edificio Sudameris de Medellín, se dio el lujo de colgar el original de *La Choquezuela* de Picasso que se lo compró por 150.000 dólares a otro narcotraficante, hoy preso en España. Tuvo *El Retrato de un Caballero* de Pedro Pablo Rubens, que compró en un millón de dólares, un cuadro de Cano y una fotografía de un cartel de toros de Medellín del pionero fotógrafo antioqueño Melitón Rodríguez (1875-1942).

Entre las sillas de espera ubicó una escultura pequeña de mujeres negras de Emiro Garzón y al fondo de la oficina exhibía un águila de Obregón y una mujer que Cabrera presentó en su primera bienal. Sobre el escritorio mantenía dos pistolas que le vendieron en Francia con la leyenda improbable de que pertenecieron a Napoleón.

Cuatro tomos de *Don Quixote de la Mancha* en castellano antiguo sobresalían en la biblioteca, escoltados de un lado por un tomo del vestuario del medioevo en Italia, pintado a mano, y del otro por la enciclopedia Salvat.

Apoyadas en la biblioteca había dos espadas de la dinastía Ming y al lado de su silla de jefe, la escultura que más admiraba: una imponente figura en bronce de la Justicia ciega y desnuda, lo cual le parecía una rareza, que compró al sur de Francia. La escultura voló en pedazos el día que pusieron una bomba en el edificio cercano del Banco Ganadero.

"Ese era mi santuario, allí atendía desde la mañana todo lo relacionado a mi grupo empresarial, los proyectos pendientes, las reuniones de negocios lícitos, las compras de arte y discusiones de propiedad raíz, las tertulias vespertinas típicas del narcotráfico, algunas horas de lectura privada y en la noche una que otra atención social acompañada de un buen vino tinto Ribera del Duero preferiblemente... No necesitaba más en la vida, tenía todo lo que había querido".

Una de las recámaras de la oficina estaba destinada a los escoltas de Ramón, que aumentaban en número en forma directamente proporcional a la importancia de la organización. Al mando de los guardaespaldas estaba el fiel Montoya, un hombre callado, aparentemente tranquilo pero que no ahorraba en violencia a la hora de cumplir las órdenes de su jefe.

Los Cíclopes sentían que dominaban el mundo. Ramón cubría con su mirada de negociante una mitad y Úsuga con la de visionario la otra, cada uno a su manera y en su estilo, y así se entendieron durante varios años, viviendo como multimillonarios de fiesta en fiesta, de cabalgata a primera comunión y de bautizo a feria de paso fino. Ramón era el impetuoso, quien ponía el pie en el acelerador cuando Úsuga frenaba con el raciocinio, y Úsuga era el pensador paciente y calculador, que estaba todo el tiempo buscando la manera de unir clandestinamente dos puntos en el mapa del mundo con una ruta segura entre Colombia y las narices de Nueva York. No era un azar artístico que su oficina estuviera decorada con mapas de la época del gran expedicionario portugués Fernando de Magallanes.

"Juan era un brillante ingeniero mecánico con un cerebro que no se detenía y con la varita mágica para convertir todos sus proyectos en realidad: dinero a mano y a manos llenas", recuerda Ramón "Era mi ídolo, ese era mi modelo de vida, comencé a verlo como un padre, como a un hermano no como mi jefe".

# CAPÍTULO 20

El club del Hotel Mutiny era un bullicioso abrevadero etílico y de drogas donde se rozaban en las noches de tregua, policías y narcotraficantes del sur de la Florida tras la violencia que ambos bandos protagonizaban a la luz del día en las calles del condado de Dade. El centro de gravedad de este oasis de indulgencia de Coconut Grove —2585 South Bayshore Drive— era un bar que funcionaba como parte del hotel del mismo nombre. Cada una de las 138 habitaciones del hotel estaba decorada con motivos especiales. Como el cuarto azul de las Noches de Arabia o la suite de Los Sueños Lunáticos donde el huésped podía teledirigir una nave espacial desde la cama.

En las habitaciones de US$180 diarios, una tarifa de cinco estrellas a principios de los años ochenta, se organizaban bacanales y orgías financiadas con el dinero del narcotráfico. Tinas rebosantes de champaña, bandejas de cocaína *all you can sniff*, eran parte de la estridente coreografía del lugar. La atracción del hotel, abierto en 1968 no residía solamente en el lujo de sus suites sino en la belleza de las meseras que atendían el club. Cada una de ellas era seleccionada con los criterios de un reinado de belleza. Sumadas las propinas que daban los narcos y los nuevos ricos, el sueldo de las camareras de lujo les permitía cumplir con el estricto requisito del dueño del lugar de vestirse solamente con ropa de diseñador.

"Eran jóvenes extraordinariamente bellas e impresionantemente bien vestidas. Se les exigía además llevar un sombrero internacional.

El dueño tenía una fijación fetiche con eso. La mayoría parecían modelos de página central antes de desvestirse"[12].

Vestido con una chaqueta vistosa, siempre con pañuelos deslenguados de colores en el bolsillo del saco, el propietario del lugar, Burton Goldberg, manejaba milimétricamente la operación diaria. Sus subalternos lo veían con frecuencia apagando algunas luces del lobby y del club para disimular las arrugas de las clientas de edad.

El Mutiny, un nombre que significa motín, rebelión, sedición, era pues el club preferido de los narcos, de la DEA, de los policías del condado que trabajaban en divisiones antinarcóticos, de los abogados de narcotraficantes y de los cubanos que fantaseaban con toda clase de operaciones conspirativas contra Fidel Castro. El logo del carné de los socios no podía ser más elocuente: un pirata con un parche en un ojo.

En poco tiempo, los encantos del Mutiny llegaron a oídos del jet set americano y europeo. Celebridades de todas partes del mundo, desde los encopetados rumberos de Studio 54 hasta veraneantes de St. Moritz, pusieron en su agenda de ocio al Mutiny convirtiéndolo en el hotel de Estados Unidos en el que más champaña Dom Perignon se consumía.

Baruch Vega contribuía con las estadísticas. El Mutiny se convirtió en un punto cardinal de la próxima etapa de su vida. La primera vez que el fotógrafo visitó el lugar fue para cenar con unos clientes de Francia. Vega hizo el tour del hotel en compañía de una de las modelos que lo tenía embobado, pero que había estado muy indiferente ante sus incursiones seductoras durante la producción fotográfica.

Visitaron varias suites hasta que en una de ellas la muchacha se lanzó a la cama y dijo: "De aquí no pienso salir por un par de días".

La amenaza incluyó a Vega.

De ahí en adelante Vega mudó todas sus producciones de fotografía y modelaje a Miami y se hizo huésped asiduo del hotel.

Un día, que había iniciado una producción a las 5:30 de la mañana, mientras tomaba un descanso a la hora del almuerzo en el área de la

---

12. "Cocaine and me", Carlos Suárez de Jesús, Miami New Times, 13 de octubre de 2005.

piscina, vio a dos mujeres muy atractivas almorzando. De inmediato le pidió a uno de sus asistentes que le alcanzara la cámara Nikon y un lente 50:300, para apreciar el rostro de la mujer de cabello negro de unos 25 años. Vega empezó a tomar las fotos desde su ángulo sin que ella lo notara. En un momento la mujer se dio cuenta y muy discretamente dejó caer su larga cabellera de un lado cubriéndose la cara parcialmente. Al descubrir al entrometido se lo comentó a su amiga. La muchacha terminó de almorzar y se marchó sin darle tiempo a Vega de aproximarse. Vega se enteró de que la mujer trabajaba en una de las oficinas administrativas del hotel adonde llegó a los pocos minutos.

Con cara de extraviado, se coló en el lugar y caminó hacia el final donde estaba la mujer. Cuando la tuvo frente a él, pensó que no sería capaz de hablar. Con la lengua enredada trató de explicar que era un asiduo huésped del hotel, productor fotográfico de modelos, y ella muy seria y fría pero muy cordial le aclaró que no tenía el más mínimo interés de continuar hablando. Vega la interrumpió y le dijo que le gustaría tomarle unas fotos.

"No, muchas gracias, no estoy interesada y además estoy demasiado ocupada", le respondió.

Vega lanzó una artillería ininterrumpida de piropos y describió el tipo de fotos que podía lograr con su belleza. En medio de la oda atropellada, ella, muy serenamente se inclinó hacia adelante sobre el escritorio que los separaba y le inquirió:

—¿Cuál parte del no, no entendió?'

Vega la miró fijamente y le respondió:

—Yo no me muevo de aquí hasta que usted no me diga que sí'.

Los empleados administrativos del hotel seguían de reojo la escena. En un momento y casi de una forma un poco frustrada ella dijo;

—Con usted no se puede.

—Tres strikes y tú estás out, y tú no quieres estar out —replicó Vega.

Ella sonrió finalmente moviendo su cabeza. Vega le propuso tomar las fotos en el hotel a las cinco de la tarde para lo cual daría instrucciones a la gente de su equipo técnico.

—¡No! no traigas a nadie más —le pidió ella.

Acordaron que se encontrarían a las cinco en el área de la piscina.

"Salí de esas oficinas con ganas de saltar".

A las cinco en punto de la tarde, la mujer apareció por la misma puerta por la que horas antes Vega la había visto irse.

"Me vio y empezó a caminar hacia mí con una cadencia lenta, rítmica, con su pelo suelto ondeando, unos jeans ceñidos, cómplices de sus curvas, una camisa vaporosa de seda y unas sandalias abiertas de tacones muy altos. En ese momento le hubiera podido disparar un millar de fotos".

Estaba incómoda. Su primer comentario fue que no sabía qué diablos estaba haciendo ahí. Para Vega esa situación era conocida, y ahora se sentía más.

"Ya estaba en mi reino".

Tomó la cámara y empezó a hablarle como susurran los fotógrafos agazapados en su armadura fotográfica para bajar las tensiones iniciales de la presa con frases que no terminan en punto sino en un clic: "ignora la cámara, piensa que no existe, levanta un poco la cara, clic, así, la quijada arriba un poco, perfecto, clic, ahora hacia abajo, bellísima, muy bien, mueve un poco tu hombro hacia delante, clic".

"Como seguía mis instrucciones con gusto, subí un poco más el tono: "Piensa que te están besando en la nuca, que un hombre te rodea con sus brazos fuertes, te protege" —esa es la palabra clave con las mujeres, protección—, y al ver que seguía al pie de la letra mis sugerencias sensuales, que sonreía con picardía, que la veía a través del lente diciéndome con su rostro, mira lo que has hecho, mira lo que me has puesto a hacer sin conocerte, sin saber quién eres, mi corazón empezó a latir al ritmo acelerado del obturador automático de la cámara".

Era el invierno de 1979. Vega vivía en Nueva York convencido de que no había nada que lo hiciera cambiar de ciudad ni de planes de vida. A los pocos días de conocer a la muchacha se mudó a Miami. Rentó un apartamento en la Avenida Collins, en Miami Beach, muy cerca al hotel Fontainebleau mientras se organizaba, y el 27 de enero de 1980 se casó. Tenía 33 años. El matrimonio le ayudó a hacer un corte de cuentas con la vida en el momento más oportuno. El ritmo de juerga y sexo que llevaba en Nueva York, al lado de mujeres de un día y de amigos buenos y siniestros, estaba a punto de estancar su vida. Ahora tenía tranquilidad, facilitada por el dinero que había ahorrado de sus negocios de producción de espectáculos de modelaje, los favores a los narcotraficantes colombianos y, lo más importante, la holgura económica de la familia de su esposa, hija de un empresario americano acaudalado y nieta de multimillonarios.

En el número 4 de Palm Island Avenue, Miami Beach, Vega y su esposa compraron una mansión con 14 habitaciones, 11 baños y piscina, que había sido la residencia de verano de August Bush, propietario de la cervecería Bush. La mansión estaba en mal estado y requería una remodelación. Con un préstamo de US$600.000 de la firma Walter Heller, Vega se dedicó casi de tiempo completo a remodelar la casa convirtiendo las habitaciones en 7 suites con baños espaciosos. Construyó una nueva piscina y una cancha de tenis. Para descansar de la agitada vida social, los Vega se compraron un yate.

A finales de 1980 Vega era el único enlace con el mundo lícito que tenía entonces Amílcar en Miami. Amílcar seguía matando gente, acabando con todos sus amigos. A Vega le costaba trabajo aceptar que las víctimas eran fieles compañeros suyos que le habían ayudado. Ahora los mataba sin ninguna razón. Entonces decidió colaborar con la policía de la ciudad a través de una operación sencilla: dando la localización del teléfono desde el cual Amílcar lo llamaba.

La combinación de esfuerzos de Vega y la policía llevaron al arresto de Amílcar en la primera semana de diciembre de 1980.

La caída de Amílcar fue tan importante que el jefe de la Oficina contra el Crimen Organizado de la Policía del condado de Dade, Arthur Nehrbass, citó el arresto como una de las causas del descenso en el índice de muertos en la ciudad entre 1981 y 1982.

Amílcar fue condenado a cadena perpetua en marzo de 1985 tras declararse culpable de homicidio y de tratar de matar a los policías que lo persiguieron en Coral Gables. Su abogado, Roy Black, un espigado joven penalista que empezaba a ser conocido en la ciudad, dilató lo que más pudo el comienzo del juicio.

Amílcar murió de un infarto cardíaco en una cárcel estatal de Miami a finales de los noventa.

# CAPÍTULO 21

Por lo regular Carlos Ramón Zapata jugaba de imprudente con el consentimiento de Juan Gabriel Úsuga cuando se trataba de disparar preguntas directas, sin rodeos, a un socio potencial para sondear su inclinación por lo prohibido. Si la pregunta caía mal, Úsuga entraba a suavizar el tema y se disculpaba por la impertinencia de Ramón. Ese juego, que no necesitaba señales muy explícitas, sólo un cruce de mirada de Los Cíclopes, funcionó a la perfección por mucho tiempo pero especialmente el día que conocieron a un financista español a quien consideraban el candidato favorito para anclar la organización en Europa.

"¿Y usted nos podría recibir parte de esa platica en *cash* en Europa?", preguntó directamente Ramón.

José María Clemente Marcel, el financista que escuchó la pregunta, se tomó su tiempo para responder. Recuerda Ramón que el banquero comenzó el ritual de escoger un puro, guillotinarlo, calentarlo, encenderlo mientras que Úsuga se servía un vino. Estaban reunidos en un restaurante de Medellín. La intención de Ramón era básicamente saber si el financista estaba o no dispuesto a lavar dinero.

"No es lo que usualmente hago, pero por tratarse de ustedes y ya que vamos a ser como hermanos en esta cruzada, acepto esa pequeña incomodidad. Mis empleados se ocuparán oportunamente de ellos", respondió Clemente.

Úsuga, que ya estaba preparado para sacar la pata de su socio, respiró aliviado y celebró en silencio que el mofletudo y simpático empresario aceptara la propuesta. Así llegó Clemente a la vida de Los

Cíclopes. Úsuga lo conoció a través de uno de sus socios en Multivalores S. A., una intermediaria bursátil de Medellín. A través de esa firma Úsuga encarriló en la economía legal una buena parte de sus dividendos. Gracias al beneplácito de la compañía de corretaje, el Cíclope se hizo accionista secreto de la firma. Era dueño en un 33% pero no aparecía en los papeles. Clemente también tenía intereses en la sociedad. En junio de 2001, Multivalores reportó que Capital Trust poseía el mayor paquete de acciones de la compañía con un 54,21%. Capital Trust es una empresa española con "un amplio conocimiento en el sector financiero", según folletos de Multivalores de la época. Años después la justicia española encontró que Capital Trust era una de varias compañías registradas por Clemente en Barcelona.

Multivalores, que llevaba en el mercado 23 años y administraba cuatro fondos de inversión, fue liquidada por el Gobierno colombiano en febrero de 2004 después de ser intervenida por el uso indebido de dinero de clientes para ocultar pérdidas de 1,64 millones de dólares.

A partir de la reunión en febrero de 1999, Clemente quedó bautizado por Los Cíclopes como Benitín por su parecido al personaje de las tiras cómicas Benitín y Eneas y desde entonces se convirtió en el hombre de confianza de la organización en Europa.

Clemente nació en Barcelona en 1955. Tenía como base de operaciones el diminuto país de Andorra, pero se movía como pez en el agua en los ambientes financieros de España y Suiza. Según declaraciones de Úsuga y de Ramón ante la justicia de Estados Unidos, Clemente se jactaba de tener conexiones con la poderosa fundación San Juan de Dios, en el Vaticano, y mencionaba como si fuera su hermano a un hombre de apellido Carames, que tenían tan buenas conexiones con el Ministerio de Relaciones Exteriores de España que estaba en capacidad de obtener ilegalmente la ciudadanía española para los dos narcotraficantes colombianos, como lo había hecho con varios del mismo oficio. Clemente les presentó a Luis Lago, quien no ocultó que estuvo involucrado en un escándalo de narcotráfico y lavado de dinero conocido como la Operación Nécora. El escándalo estalló en septiembre de 1997 al ser incautadas cinco toneladas de cocaína en playas asturianas.

El financista español se ufanaba también de su relación con los gobernantes de Madagascar y con los dueños de la franquicia de Coca-

Cola en un país europeo. Desde Andorra manejaba grandes cantidades de efectivo que reportaba la venta de tabaco de contrabando y el flujo de caja de estaciones de gasolina.

Una larga colección de empresas, casi todas en Barcelona, conformaban su portafolio de inversiones. Además de Capital Trust, contaba con Gorlovka (Melilla), Alta 88, Corporación Sol , Inmodopa, Rodopa Products, Kerka Holdings, Flinders, Promociones Bremen y Financial Trust. El astuto empresario gozaba de la amistad de autoridades y familias muy respetables de España e inspiraba tanta confianza que fue invitado por la Guardia Civil española a impartir conferencias para prevenir el lavado de dinero.

De acuerdo con Enrique Zárate Saro, hijo de una galerista de Barcelona amiga de Clemente, el financista español tenía muy buenas relaciones con el coronel de la Guardia Civil José *Pepe* Mates, un veterano luchador antinarcóticos que fue delegado de la Guardia en Andorra durante mucho tiempo[13]. Fue justamente Mates quien le presentó a Clemente a la madre de Zárate, Helena Saro, galerista barcelonesa. En esa oportunidad el coronel Mates aseguró que Clemente era un respetable comisionista e intermediario financiero que podría ser de gran ayuda al momento de conseguir clientes para la venta de sus obras de arte.

Un día, agregó Zárate, su madre comprobó que Clemente no estaba mintiendo sobre sus relaciones con las altas esferas del poder al ser testigo presencial de un efusivo saludo que se dieron el banquero y el entonces ministro de Relaciones Exteriores José Piqué.

De acuerdo con la revista *Interviú* en 2004, la Audiencia Nacional lo acusó de asesorar a José Rodríguez Dean, un gallego preso por tráfico de cocaína, "para blanquear ese dinero [el de los colombianos]". Clemente habría invertido el dinero sucio en seis hoteles de Barcelona, "antiguos, familiares y urbanos", que pasaban por momentos de crisis. "Los compra, mantiene la estructura y salva la empresa. Al frente de ellos deja a los antiguos dueños, que se convierten en sus testaferros. En realidad, los hoteles están controlados por sociedades de Holanda,

---

13. Entrevista con el autor.

controladas a su vez por otras en paraísos fiscales, de las que los colombianos tienen acciones", explican fuentes de la investigación[14].

El proyecto que Úsuga tenía más a la mano para estrenar su relación con Clemente apuntaba a formar una alianza estratégica con un grupo empresarial español llamado Tri Star, que manejaba una cadena de almacenes en Andorra y del cual Clemente era socio. Úsuga quería invertir en la empresa y para ello tendría que vender el 33% que poseía en Multivalores. En el encuentro en Medellín, minutos antes de la pregunta imprudente de Ramón, Clemente advirtió que si Úsuga y Ramón querían participar en Tri Star, tendrían que invertir unos 20 millones de dólares en dos contados. Los Cíclopes no tenían esa cantidad pero no lo dieron a entender, por el contrario, se comprometieron a conseguirla dándole la impresión a Benitín de que para ellos no representaba un gran problema.

A raíz de la respuesta de Clemente aceptando con fingida reticencia la posibilidad de recibir efectivo sin preguntar de dónde venía, Ramón se sintió en confianza y propuso poner a prueba la palabra del banquero. Un contacto de la organización entregaría en Europa al asesor de Clemente, Luis Lago, unos dos millones de dólares en efectivo producto de una exportación de cocaína que Ramón había hecho a Vigo, y Clemente los debería devolver en cheques como demostración de sus capacidades de bancarizar los dividendos de la droga. Úsuga estuvo de acuerdo y en abril de 1998 Ramón viajó con su novia Naty, La Melliza, a España. Fue un viaje que solidificó la relación con ella y la amistad con el banquero gordinflón que lo impresionaba por la manera de usar los pantalones hasta el pecho.

Después de una tediosa gira de cuatro días por los reinos financieros de Clemente en Barcelona, —Clemente estaba empeñado en demostrar que no era ningún pintado en la pared— Ramón recibió del financista español dos millones de dólares en 35 cheques del Barkley's Bank, Banco Santander y Banco Central de España[15]. Fue una maniobra que dejó impresionados a Los Cíclopes. Para sacar del país los cheques,

---

14. *"José María Clemente, 'La Lavadora', está en España"* por Luis Rendueles y Alberto Gallo, revista Interviú, 18 de julio de 2005.

15. Carlos Ramón relató esta operación a las autoridades federales de Estados Unidos como parte de su arreglo de cooperación y entregó un manuscrito de sus vi-

Ramón los escondió en las páginas de una revista *Hola* que selló con pegante en las páginas donde iban los cheques. Disfrutó de Madrid unos días con su novia y regresó triunfante a Medellín el 29 de abril con la revista debajo del brazo y el reporte a los socios de que Benitín era un tipo serio y cumplidor.

Despejado el camino, Clemente abrió su baraja de inversiones, invitando a Úsuga a adquirir acciones de la famosa firma diseñadora Hermes y otras multinacionales. Úsuga llegó a controlar una cadena de hoteles de España. El saldo admitido de sus cuentas en Europa en el año 2000 sobrepasaba los diez millones de dólares[16]. También soñaba con montar una tostadora de café en Estados Unidos y comprar bienes raíces en este país. Adquirió además una villa de recreo con dos casas campestres, en Casa de Campo, La Romana, República Dominicana.

Años después, en un juicio en Miami, un abogado le preguntó a Úsuga:

—¿El dinero que Clemente invertía a su nombre era de la droga totalmente?

Úsuga respondió:

—Clemente era un lavador de dólares. Por orden mía se le dio en variadas ocasiones dinero en efectivo. Se lo entregaban personas que representaban la narcoactividad en Europa. En el año 2000, Clemente tenía diez millones y probablemente más de nuestra propiedad[17].

---

vencias en el cual describe detalladamente las relaciones personales y de negocios con José María Clemente.

16. Testimonio de Juan Gabriel Úsuga en la Corte Federal del Distrito Sur de la Florida, 22 de marzo de 2005, Estados Unidos *vs*. Doris Mangeri Salazar, Iván López, etc.

17. Testimonio de Úsuga, 22 de marzo de 2005.

# CAPÍTULO 22

Divorciado de su segunda mujer por cansancio mutuo, con las cuentas bancarias en rojo, Baruch Vega desempolvó la cámara y convirtió la mansión de Miami Beach prácticamente en un estudio de modelos internacionales que usaban la casa para vivir, modelar y rumbear. Al llegar de viaje, él mismo se sorprendía de la vitalidad y el caos de aquella casona, viendo salir de las habitaciones a mujeres esplendorosas a quienes no conocía. Pero no le disgustaba. Su vida era de por sí un desbarajuste continuo.

"Mi problema radicaba ahora en que no tenía una solvencia económica, aun teniendo varias propiedades de una gran importancia, no tenía la liquidez necesaria para subvencionar todos mis gastos y además esta vida con tanta mujer bella alrededor era muy costosa".

En un intento por darle brillo a su nombre internacionalmente, Vega se las ingenió para que su casa fuese escogida como sede de la cena de gala del concurso de Miss Universo que se celebraba ese año (1984) en Miami en el mes de julio. Se esperaba la asistencia de unas 1.200 personas.

Al lado de su entrañable amiga Viviane Ventura, que había llegado de Londres y era huésped suyo, Vega emprendió la faraónica tarea de convertir su casa en un club de una noche. La Filarmónica aceptó presentarse en el evento motivada por la idea de Vega de cobrar 500 dólares a cada uno de los 500 comensales.

Ochenta candidatas, cada una con una chaperona y un delegado del país de representación; alrededor de 50 miembros del certamen y 50 dignatarios y políticos y finalmente unas 40 celebridades del mundo entero conformaban la lista de los invitados especiales. A esto habría que sumarle el personal de soporte, seguridad y la prensa y televisión que cubrirían el evento. Del bolsillo de Vega salió el pago de pasajes y del hospedaje de las personalidades invitadas. Vega conserva el borrador del programa que elaboró para la gala que incluía el desfile de modas de diseñadores famosos, "concierto especial de Chuck Mangione, Olga Gillot y Tom Jones".

La fiesta se haría en el enorme patio de la casa donde Vega ya había hecho otras elegantes celebraciones multitudinarias, pero no con un público tan numeroso. Para ello se puso un piso provisional sobre una sección del jardín, se entoldaron todas las áreas exteriores y se instalaron equipos de iluminación, sonido, aire acondicionado, servicios sanitarios y cocinas portátiles y generadores eléctricos. Los puestos se vendieron todos y las celebridades invitadas confirmaron su asistencia a la gran gala.

Faltando dos días para el evento, Vega recibió una llamada de su abogado, Armando Gutiérrez, con una noticia demoledora. Gutiérrez, quien estaba sentado en la misma mesa con el presidente del Miss Universo, Harold Glaser, escuchó decir que la gala en la "mansión de Vega" se cancelaría y se haría en el restaurante de Key Biscayne, Rusty Pelican, porque César Odio, el cubano-americano administrador de la ciudad de Miami, había hecho una investigación que apuntaba a que Vega tenía un "récord criminal por narcotráfico" y se encontraba en medio de una "investigación penal".

Al día siguiente, muy temprano, Vega y su abogado empezaron una maratónica consulta en las entidades gubernamentales para establecer el origen del rumor.

"La respuesta de todas las agencias de gobierno a nivel nacional fue que no existía nada en mi contra", recuerda Vega quien recibió una certificación firmada por el capitán Álex Kubick, director de la División de Narcóticos de la Policía de Miami, certificando que no existía ningún récord criminal local o nacionalmente, y de no tener conocimiento de ninguna investigación penal de la cual Vega fuera objeto.

Ese mismo día los colaboradores de Vega recibieron una notificación telefónica del comité organizador del certamen de la cancelación de la gala indicando que la organización nunca autorizaba eventos en residencias privadas. Una comitiva de la orquesta, los abogados y Vega se presentaron en las oficinas del certamen de belleza con la certificación de la Policía, pero Glaser no quería dar la cara. Otros directivos del concurso no sabían qué decir.

Sin reinas ni orquesta, Vega hizo su propia fiesta que resultó mucho más animada que la del Rusty Pelican. Había un verdadero caos a la entrada de Palm Island, la calle donde estaba situada la mansión. "A mucha gente que era invitada al Rusty Pelican, los mismos organizadores de Miss Universo les daban la dirección de mi casa y mucha de la gente que llegaba a mi casa, al enterarse de la cancelación se iban al Rusty Pelican y de allí los devolvían".

La fiesta privada empezó con un retardo de más de dos horas. Abrió el concierto de Chuck Mangione y Olga Guillot y no se dejó de presentar el desfile de moda que contó con los mejores diseñadores del mundo. Socialmente fue un éxito; financieramente fue un gran desastre. Los gastos del evento, que pagó Vega de su bolsillo, llegaron cerca a los cien mil dólares. Vega demandó al concurso de Miss Universo y a la ciudad de Miami por 11 millones de dólares. La demanda no prosperó. Lo que sí prosperó un año después fue el embargo a la casa de Vega por incumplimiento en el pago de dos hipotecas de más de un millón de dólares. Antes de caer en mora, Vega había vendido la propiedad en US$2,9 millones a la firma United Fidelity Corp. Ni Vega ni la compañía cumplieron con los pagos, y la casa fue subastada por una corte.

César Odio, quien entonces ganó puntos en la ciudad por su gesto moralizante de no permitir que el certamen de belleza fuese empañado por un colombiano sospechoso, fue enviado a la cárcel en 1996 al declararse culpable de obstrucción a la justicia en la investigación de un sonado escándalo de pago de sobornos (Operación Greenpalm).

Su hermano Javier Álvaro fue arrestado en Miami Beach en 1995 y acusado de posesión de cocaína. La evidencia la encontró un agente de la policía de esa ciudad, al mirar el rostro del conductor que había sido detenido porque avanzaba zigzagueando por la calle en forma peligrosa. El sargento que lo detuvo, Jerry Millican, se dio cuenta de que "había un polvillo blanco justo debajo de la nariz de Odio"[18].

---

18. "Miami City Manager's Brother arrested" por Elaine del Valle, *The Miami Herald*, 21 de octubre de 1995, p. 3 B.

# CAPÍTULO 23

En medio de su quiebra económica y moral, Baruch Vega conoció en 1985 a un agente del FBI que cambió su vida: Robert Levinson[19]. Las agencias federales de Estados Unidos competían en esa época por el suculento presupuesto central de la guerra contra las drogas. De la abultada piñata presupuestal, el FBI sacó una buena partida para crear la oficina antinarcóticos de la entidad que le fue encomendada a Levinson. El agente tenía experiencia en la mafia rusa, pero no sabía casi nada de las organizaciones del narcotráfico en Colombia. Su primer curso de inducción en el mundo del Cartel de Medellín lo hizo leyendo el recién publicado libro *Los jinetes de la cocaína* del periodista colombiano Fabio Castillo.

Y para llevar a la práctica el sueño de todo agente federal de esa época —atrapar a Escobar, a un Ochoa, a Gustavo Gaviria o a El Mexicano— conoció a la persona indicada, un hombre para quien todo parecía fácil, el colombiano Baruch Vega. Se lo presentó Boby Fernández, el director de Centac 26. Desde la primera reunión, Levinson planteó que quería hacer muchas actividades de inteligencia. Vega aceptó con la condición de que jamás fuera llamado a declarar en una corte, lo que el agente admitió. Conscientes de las fallas del pasado en la concepción de la guerra contra los narcotraficantes y de que cada uno de ellos tenía una pieza del rompecabezas, Levinson y Vega se entendieron a la perfección y desarrollaron lo que ellos piensan, hasta el

---

19. El agente Levinson reconoció a los investigadores de la DEA su relación con Baruch Vega y el diseño del programa de resocialización de narcotraficantes.

día de hoy, fue el arma más poderosa que ha tenido el sistema judicial de este país para penetrar las organizaciones de narcotráfico.

Su idea era llevar a los cabecillas del negocio a desistir de sus actividades delictivas y lograr no sólo su sometimiento voluntario al sistema judicial, sino también un compromiso de ayuda incondicional a la erradicación del narcotráfico en todas las áreas donde tenían incidencia directa. Había nacido el Baruch Vega de hoy. Ese trabajo que había estado haciendo por su cuenta y riesgo y en forma esporádica, entre trago y trago en el Mutiny, se convirtió en un oficio de tiempo completo, sistemático, bien remunerado y con la bendición del gobierno federal.

Vega se transformó en un comisionista de penas. Se hizo experto en el laberinto de las leyes de colaboración de la justicia estadounidense y se ingenió un menú de esperanzas para todos los narcotraficantes. El plan fue inicialmente bautizado en el FBI como Operation Gambit (Operación Gambeta) pero en español se conocía más como el Programa de Resocialización del Narcotraficante Colombiano. Ofrecía libertad, reducción de sentencias, avisos previos de encausamiento y otros beneficios a cambio de comisiones altísimas que a los narcos les parecían mucho menos caras que su tranquilidad.

Con la fe de un vendedor de enciclopedias, el fotógrafo creaba en torno a los narcotraficantes un ambiente de no-te-dejes-abrumar en el que los delitos más complejos, las situaciones más comprometedoras, tenían una solución parecida a la libertad.

"Era un encantador de serpientes", comentó un narcotraficante que lo conoció. "Para él todo era fácil, todo era posible, me parece verlo ahí diciendo 'no te preocupes, mi señor, yo te arreglo eso'." Entre la primera y la segunda entrevista, Vega rompía todo el esquema de prevención del narco. Los narcotraficantes más duros quedaban fríos cuando comprobaban que sabía con exactitud los cargos que tenían pendientes en Estados Unidos y los antecedentes criminales registrados por la DEA en una base de datos de uso exclusivo del organismo.

En medio de las frustraciones de guerra contra las drogas de Washington en Colombia, Vega se transformó en un personaje tan importante que, en un momento dado —segunda mitad de la década de los noventa—, prácticamente manejó uno de los frentes más importantes de esa guerra como era el de la infiltración de las organizaciones del narcotráfico por la vía desarmada.

En Colombia no parecía haber un capo del narcotráfico que no consultara con Vega su futuro. Y eran pocos los fiscales con casos de drogas en el sur de la Florida que no tuvieran el teléfono del Dr. B, como se le conocía en la jerigonza abreviada de la DEA. El plan tenía ese elemento clandestino fundamental para garantizar su éxito, y Levinson lo supo desde un comienzo, según lo declaró en una investigación interna de la DEA: el acercamiento inicial al narcotraficante potencialmente converso se hacía explicándole que su entrega sería posible gracias a la intervención de funcionarios corruptos del gobierno de Estados Unidos que recibían dinero para autorizarla.

"Si uno llegaba mostrando chapas del FBI y diciendo que todo estaba de acuerdo con la ley, los narcos jamás se tragarían el cuento, por el contrario, lo matarían a uno porque creían que uno los iba a entregar", asegura Vega. "Al narco había que ganárselo con el cuento que ellos saben, el de la corrupción, y ya cuando mordía el anzuelo se enteraba de que estaba del lado correcto. No se pueden conocer de las operaciones internas de una organización a control remoto, se necesita estar dentro de esas mismas organizaciones para realmente poderlas conocer".

Con el permiso del FBI, Vega se dedicó a pasar la voz de que él era el puente más corto entre Bogotá y Miami. La campaña llegó a oídos de los grandes del Cartel de Medellín y del Cartel de Cali, que terminaron creyendo todo lo que Vega les decía.

# CAPÍTULO 24

Juan Gabriel Úsuga no podía ocultar su dinero porque era mucho, ni su importancia porque le sobraba. Por ello estaba acostumbrado a que se le acercaran a proponerle toda clase de negocios. A mediados de 1998, su amigo Iván López Vanegas se sentó en la mesa del bar Cinco Puertas en el Parque Lleras, una especie de Mutiny de Medellín, donde Úsuga se tomaba un trago. Si las paredes de este bar hablaran se podría llenar una enciclopedia con la historia clandestina de la ciudad. Sobre las mesas de metal del popular estadero, que tenían en su superficie coloridos grabados de propagandas de cervezas y aguardiente, se cuadraron grandes negocios de narcotráfico y lavado de dinero y allí mismo, entre puja de precios por kilo y angustias de un viaje que no llegaba a su destino, los narcotraficantes arreglaban otra clase de polvos, los del fin de semana, con las mujeres hermosas que mariposeaban por el lugar.

Como una historia más para las paredes del bar, López le comentó a Úsuga que quería presentarle a un personaje muy importante con quien podrían hacer grandes negocios. Úsuga no le prestó mayor atención aunque sabía que López lo hacía por interés personal y como un gesto de agradecimiento por las recientes intervenciones de Úsuga para salvar su pellejo. En esos días López, quien nació en Colombia el 28 de septiembre de 1955, pero tiene pasaporte estadounidense, era un empresario conocido en el mundo del narcotráfico tanto por su "buena pinta" como por su implacable capacidad para conquistar mujeres. Su centro de relaciones públicas era la discoteca San Miguel, de su propiedad.

Sus amigos se divertían mucho con él. López inmortalizó entre ellos una graciosa pantomima de despedida de los bares que consistía en pasarse la mano por el rostro, luego por la boca, para finalmente lanzar la mano hacia el vacío, como quien tira una granada, mientras exclamaba con una voz impostada de grandilocuencia: "Vámonos, como bombas de fueeeeego". Con otra mímica simulaba que unas palabras de deseo que salían de su boca se materializaban en su mano y con esa mano hacía el ademán de lanzar una soga en dirección al cuello de la mujer que quería atrapar esa noche.

En ese campo se encontró varias veces con la soga que ya había lanzado a la misma mujer Carlos Ramón, otro experto en seducción. López y Ramón no se entendían. Ambos tuvieron épocas de amistad incondicional, especialmente en los meses en que Ramón ayudó a rescatar a Sebastián, un hijo de López, de una banda de secuestradores. Pero después se produjeron algunos incidentes que los distanciaron. Complicó más la situación que un tío de Ramón, que debía trasbordar un cargamento de cocaína a un velero desde una lancha rápida, frente a Jamaica, se distrajo con otra vuelta no autorizada, y no pudo llegar a la cita. El tío, que manejaba mercancía de Ramón y de López, llegó tarde al trasbordo en altamar por estar recogiendo un cargamento de cocaína en Haití por su cuenta, y el velero arribó sin la mercancía a la Florida. Tanto Ramón como López estaban furiosos con el tío, pero en un momento de acaloramiento en la oficina de Ramón, López fue más lejos y dio a entender que mataría a su tío, al menos así lo entendió Ramón. Ante semejante provocación, Ramón, que ya estaba envenenado por la rivalidad en terrenos femeninos, dejo salir un berrinche congénito, recuerdo de El Mocho:

"Oíme, oíme, está bien que es un hijueputa irresponsable, pero es familia, si lo vas a matar arrancá conmigo", le dijo. "Ese día lo bravié, arranque, malparido, y salga de esta oficina y en dos horas donde nos veamos a ver quién queda vivo".

Ramón había adquirido un extraordinario poder en Medellín por una alianza estratégica que fraguó con Elkin Sánchez Mena, alias *El Negro* o *El Socio*, un asesino profesional que comandaba la temible pandilla de sicarios y cobradores de Medellín llamada La Terraza. Entre otros servicios, Ramón usaba a Elkin para intercambiar pistas que facilitaran el rescate de secuestrados, la recuperación de carros robados y diligencias de cobro. López creía que Ramón realmente quería matarlo pero Úsuga le garantizó que eso nunca ocurriría, que él tenía control de Ramón. Úsuga ayudó a López además a salir bien librado de una discusión por una deuda con narcotraficantes de Bogotá acudiendo a la intermediación del diestro componedor de riñas de narcos, el "doctor" Gabriel Puerta.

A las pocas semanas de la conversación en Cinco Puertas, López insistió a Úsuga que concretaran el encuentro con el personaje que quería presentarle. Úsuga entonces se enteró de que se trataba de un príncipe de Arabia Saudita cuyo nombre casi no podía pronunciar, Bin Fawaz Nayef Al-Shaalan.

Como era común en estos casos, Úsuga citó a su oficina a Ramón y a Óscar Campuzano y les comentó la propuesta de López, cada uno con una copa de Blue Label 25 años en la mano.

"Me visitó nuestro amigo común, Iván López, con una propuesta un tanto inusual", afirmó Úsuga.

López, según Úsuga, quería presentar al grupo un personaje de la familia real de Arabia Saudita a quien había conocido a través de Doris Mangeri Salazar, una amiga que vivía en Miami y que tenía un romance con el príncipe desde años atrás.

"La propuesta es que este personaje quiere reunirse con nosotros para plantear un posible negocio", agregó Úsuga.

—¿Qué tipo de negocio? —interrumpió Ramón.

—Debe ser algo de lavado o drogas, no lo sé con claridad, pero sí sé que es algo ilícito —respondió Úsuga.

—¿Y por qué una persona de esa categoría estaría interesada en hacer negocios de ese tipo y más con un grupo de colombianos? No creo que si ese tipo realmente existiera tuviera embolatado el desayuno de mañana —afirmó Campuzano en tono de broma.

Según López —explico Úsuga—, la relación que este tipo tiene con Doris es más que amistad y data de muchos años atrás, y al parecer no es la primera vez que este tipo tiene nexos con carteles colombianos. En el pasado hubo algún tipo de nexo con la gente de Pablo Escobar, pero por razones de seguridad y falta de contabilidad el vínculo se rompió. El tipo siempre maneja sus enredos a espaldas de su familia, así es el poder.

—No sé qué pensar —dijo Campuzano— eso suena muy de película.

—Yo tampoco sé qué pensar —agregó Ramón—, sigo sin entender por qué un personaje de esa categoría buscaría un grupo de colombianos como nosotros, eso parece más bien Interpol.

—Iván nos asegura —interrumpió Úsuga— que el tipo es bueno, que él ya lo conoce, que se reunió con él en Italia y que él nos acompaña a cualquier lugar del mundo donde sea la reunión.

—¿Pero por qué no viene acá a Colombia? —preguntó Óscar Campuzano.

—La única condición que pone es que acá no viene, primero porque no tendría cómo justificar el motivo de su visita y segundo porque le da miedo, al parecer no ha tenido las mejores experiencias acá —respondió Úsuga.

A Úsuga se le ocurrió entonces una solución salomónica: pedirle a su banquero en España, José María Clemente, que investigara al personaje.

Una semana después Úsuga regresó a dar la buena noticia de que López no estaba cañando. Clemente estableció que el prospecto de socio era realmente un príncipe, tenía un banco en Suiza y contaba con vías directas de acceso a la corona.

—Si este tipo resulta ser sólo el 10% de lo que pensamos, tenemos una mina en nuestras manos —comentó Úsuga al terminar de dar el reporte de Clemente.

"No voy a negar que un escalofrío recorrió todo mi cuerpo y me sentí flotando como en las nubes. La imaginación humana no tiene límites y en sólo segundos se montan y desmontan imperios ante sólo una posibilidad que realmente ya no era tan lejana", recuerda Ramón. "Los tres [Úsuga, Campuzano y Ramón] nos mirábamos con algo de incredulidad, pero a la vez cada uno en nuestro interior multiplicaba y aplicaba todos esos petrodólares a narcodólares —no sabría cuál era más adecuado— a nuestro nuevo estatus de narcotraficantes de las grandes ligas", recuerda Ramón.

A la vuelta de unas semanas, la oficina de Úsuga organizó todos los preparativos del viaje de los socios para conocer al príncipe árabe en Marbella, España. A petición de Úsuga, Clemente alquiló una suntuosa villa frente a la Costa del Sol con piscina, playa privada, bar exterior, sala de masajes y un refinado equipo de sirvientes, chef, ama de llaves, masajista y meseros. Hasta ese momento no se habían precisado los temas que se tratarían con el príncipe, pero flotaba en el ambiente que estarían orientados al sector financiero. Úsuga llegó el 9 de septiembre de 1998 a Madrid donde se encontró con Clemente y de allí ambos viajaron a Puerto Banus, zona en la que estaba situada la villa. Dos días después llegaron Ramón y Óscar Campuzano con cuatro amigas de Miami. Por otra vía lo hicieron López y Mangeri que se hospedaron en el Hotel Puente Romano, a unos tres kilómetros de Puerto Banus.

El siempre cordial Clemente *Benitín'*, recibió a los colombianos en un Mercedes Benz 500 y con un programa de atenciones que los dejaron impresionados.

"Realmente quedamos asombrados. Todo era de la mejor calidad y dentro de los parámetros del mejor gusto", recuerda Ramón. "Fueron unas maravillosas atenciones y lujos desmedidos, suaves cócteles en la piscina, masaje en la tarde, shopping en puerto, en la noche cena en cualquier restaurante mediterráneo, chistes, cuentos, que terminaba en algunas de las discotecas locales repletas de rusas, elegantemente vestidas, que finalmente resultaban ser, nada más y nada menos que damas de compañía prepagadas".

Finalmente, a los cinco días, el príncipe hizo su aparición en la villa alquilada manejando un Mercedes Benz convertible rojo. Tenía entonces 44 años. Llevaba un elegante vestido blanco de diseñador italiano y lucía un anillo de ónix en el dedo meñique de su mano derecha, símbolo de su vínculo real. Hablaba perfectamente el español. Se presentó sonriente con su nombre completo Bin Fawaz Nayef Al-Shaalan.

Nacido el 10 de enero de 1954, Al-Shaalan pertenece a una ancestral familia de beduinos originarios de Siria en la época en que Siria y Jordania formaban un solo país. Logró su privilegiada posición no sólo por sus antepasados sino por su entronque directo, por la vía del matrimonio con la familia que ha regido el país desde la creación del reino en 1932.

Nayef está casado con una sobrina del rey de Arabia Saudita. A eso se agrega que la esposa de su hermano mayor es hija del rey. Nayef tiene otro hermano gemelo idéntico, lllamado Saud, y tan parecido a él que quienes los conocen dicen que se necesita por lo menos una semana para no confundirlos. Se compenetran de tal manera que cuando están juntos, hay momentos en el que ambos coinciden exacta y simultáneamente en lo que dicen. Pues bien, Saud está casado con una hermana de la esposa de Nayef. Es decir los príncipes gemelos contrajeron matrimonio con dos hermanas que son hijas del viceministro de Defensa y Aviación, hermano del rey Abdullah bin Abdul Aziz Al Saud. Otro de los tíos de la esposa de Nayef es el príncipe Bandar quien fue embajador durante dos décadas en Washington y muy cercano a la familia Bush. Bandar es uno de los más influyentes miembros de la casa de Al Saud, la familia real fundadora del reino. La familia real está compuesta por unos 25.000 miembros de los cuales unos 200 son príncipes.

Al-Shaalan vivió en Estados Unidos en su juventud y allí se vio envuelto en un caso de drogas y armas del que se conoce muy poco. Vivía en Miami y compartía casa y aventuras con su hermano gemelo, ambos aficionados a los carros y a la velocidad. En junio de 1976, Saud debió pagar una fianza de 250 dólares por conducir en forma negligente e irresponsable[20]. En 1980 los mellizos compraron el apartamento D-1507 de la fase II del condominio Brickell Place sobre la Avenida Brickell, una de las zonas más costosas en esa época. Y en otro edificio de la misma avenida, The Palace, mucho más lujoso que el anterior, los hermanos adquirieron el penthouse A400. Con una espectacular vista a la bahía, el apartamento de siete habitaciones y cuatro baños con ascensor privado y 2.500 pies cuadrados de área, fue refaccionado por Nayef con vistosas decoraciones arquitectónica de su país.

Nayef tomó varios cursos de ingeniería civil y arquitectura en la Universidad de Miami aunque no terminó ninguna carrera. Su nombre figura por última vez en los registros académicos de esa universidad en el año 1979. Al-Shaalan relató a un periódico árabe, en agosto de 2003, que llegó a Estados Unidos a mediados de los años setenta para terminar sus estudios universitarios. Obtuvo certificados de máster y doctorado en estudios estratégicos avanzados, pero no indicó en qué universidad.

De lo que sí quedaron recuerdos fehacientes fue de su romance con una de las estudiantes de la misma universidad llamada Doris María

---

20. Archivos de la oficina del secretario del Condado de Miami Dade.

Salazar García, una colombiana tímida, discreta y bonita, de cabello negro y sonrisa dulce que tomaba clases de administración de negocios. Doris nació en Colombia el 7 de noviembre de 1957. Llegó al sur de la Florida a principio de la década de los ochenta, separada y con dos hijos de su primer matrimonio. Sacó adelante su familia vendiendo propiedades y trabajando fuertemente en otros negocios comerciales.

La vida de Al-Shaalan dio un giro inesperado en 1982 cuando estudiaba aviación en el sur de la Florida. Según un encausamiento criminal, autoridades federales del condado de Harrisson, Mississsippi, detectaron en esta área una operación ilegal de una avioneta Cessna de matrícula N761KC que llevaba dos tripulantes a bordo identificados como Horace Pieger y Nayef Shaalan, alias *John Serrorchi*. Entre los días 2 y 5 de noviembre de 1982, la avioneta había sido utilizada para introducir al condado de Lamar, Mississippi, un cargamento de cocaína proveniente de Colombia, según la acusación.

El mismo documento asegura que ambos acusados pretendían sacar ilegalmente de Estados Unidos 115.448 dólares desde el condado de Harrison y además planeaban llevar a Colombia, sin ningún trámite de declaración ni exportación, una pistola Heckler & Koch de 9 mm, dos rifles calibre 22 de North American Arms y una buena cantidad de municiones para armas de calibre 22 y 38.

Pieger y Nayef fueron sindicados de confabularse para importar cocaína, omitir el reporte del dinero en efectivo y exportar ilegalmente armas, de acuerdo con un *indictment* de un gran jurado del Distrito Sur de Mississippi cuya fecha de radicación es imposible de leer en la única copia que existe de la acusación.

Los detalles del caso son todo un misterio judicial pues el expediente está desaparecido. La fiscalía federal del sur de Miami sostiene que solo recibió las tres hojas del pliego de cargos de la fiscalía de Mississippi y que el único documento adicional es un registro de ingreso del acusado al Metropolitan Correccional Center (MCC). El registro del MCC muestra claramente las diez huellas de los dedos de Nayef Al-Shaalan y en la casilla de "Fecha de arresto o de recibo" se lee "3-7-84" (marzo 7 de 1984), El documento dice que el detenido nació el 10 de enero aunque el año no se alcanza a leer. Que mide 5,8 pies, tiene el cabello negro y los ojos marrones.

A través de personas allegadas a él, Al-Shaalan ha explicado que en este caso fue una víctima inocente de las circunstancias. El príncipe sostiene que el incidente ocurrió cuando hacía un viaje de larga distancia *crossscountry* como requisito del curso de aviación.

Al-Shaalan debió abandonar Estados Unidos después de la acusación criminal en circunstancias que las autoridades federales no han revelado. No se sabe si violó un acuerdo de libertad condicional o si fue deportado. Lo cierto es que nunca regresó al país.

Tres años después del encausamiento de Al-Shaalan en Mississippi, Doris, su novia, se casó en terceras nupcias con José Pablo Mangeri, un ciudadano argentino que había sido arrestado en Nueva York en noviembre de 1977 por cargos de confabulación para distribuir 432 kilos de base de cocaína. José Pablo, quien entonces tenía 29 años, fue vinculado a una operación que batió el récord de incautaciones de esa droga en la época, según la DEA[21]. Doris se separó de su esposo en 1989, pero siguió usando su apellido.

De su relación con Mangeri en los siete años siguientes (1982-1989) no hay información pública. No es claro si ella continuó viéndose con Al-Shaalan en el exterior. Ya después, en la década de los noventa, Mangeri viajaba por todo el mundo para verse con él, viajes de los cuales quedaron testimonios fotográficos en 40 álbumes que ella guardaba celosamente en su casa de Coral Gables y que hoy deben estar acumulando polvo en algún archivo de la rama judicial de Estados Unidos. El intenso amor del príncipe se extendía a los hijos de Mangeri. Según documentos de la fiscalía federal de Miami, Mangeri recibía unos 100.000 dólares anuales de Al-Shaalan como contribución para sus hijos. El príncipe fue para ellos como un padre.

Una fuente consultada por el autor sostuvo que cuando Al-Shaalan cayó en desgracia por el encausamiento en Mississippi, el gobierno de Estados Unidos le ofreció un arreglo en virtud del cual los cargos serían retirados si se comprometía a participar en el envío de armas a los combatientes contras de Nicaragua, y que, al rechazar la propuesta, debió abandonar el país. En una entrevista con *Le Figaro* en 2006,

---

21. The Associated Press, 29 de noviembre de 1977.

el príncipe afirmó que una de las razones por las que el gobierno de Estados Unidos lo persigue es por haberse negado a trabajar con la CIA, pero no ofreció más detalles. ¿De dónde habría salido la propuesta que se le habría hecho a Al-Shaalan para que colaborase con el puente aéreo que patrocinó la CIA a fin de llevar armas a los combatientes contras de Nicaragua?

La conexión CIA-Drogas-Contras (Guns for Drugs) ha sido documentada en diferentes oportunidades, una de ellas en un histórico debate en el Congreso en Washington promovido por el senador John Kerry en 1988. La teoría de que Al-Shaalan habría recibido una oferta en ese sentido se podría explicar por el hecho de que el tío de su esposa, el príncipe Bandar Bin Sultan, fue un protagonista importante del escándalo conocido como Irán-Contras, preámbulo del caso de Armas por Drogas.

Durante más de dos décadas Bandar fue embajador en Estados Unidos y en esa posición se las ingenió para hacerse querer del presidente Ronald Reagan y de la familia Bush. Las investigaciones del escándalo del dinero de venta de armas a Irán para los contras señalaron a Bandar como intermediario en el desvío de 32 millones de dólares hacia los combatientes nicaragüenses que buscaban sacar del poder a los sandinistas.

Para explicar la cálida cercanía de Bandar con los Bush, la periodista Elsa Walsh describió una emotiva reunión del embajador con el presidente George Bush, padre, y su esposa Bárbara, en Arabia Saudita el Día de Acción de Gracias de 1990. Bandar se presentó en las habitaciones privadas del palacio real donde los Bush se hospedaban y encontró al presidente llorando, afirma la reportera en un una excelente semblanza del embajador saudita publicada en la revista *The New Yorker*.

"Bush tenía lágrimas en sus ojos", escribió Walsh "y Bandar preguntó qué pasaba. Bush explicó que Dorothy, su hija que se había divorciado recientemente, estaba sola en la Casa Blanca con sus hijos. Ellos (los Bush) llamaron a su hija desde el avión y se enteraron de que la esposa de Bandar, Haifa, había invitado a Dorothy y a sus hijos a pasar el Thanksgiving con ella"[22]. Era un gesto que los había emocionado hasta

---

22. "The Prince: How the Saudi Ambassador became Washington's indispensable operator", por Elsa Walsh, revista. *The New Yorker*, marzo 24 de 2003, p. 48.

las lágrimas y se lo contaban a Bandar entre suspiros. Haifa le explicó a la reportera que había invitado a Dorothy en agradecimiento con los Bush que se habían convertido para ella como sus padres.

"Los Bush son como mi madre y mi padre. Sé que si necesito algo puedo acudir a ellos", dijo.

Pero la relación de Bandar con los presidentes Bush y Reagan no era sólo del corazón. Una fuente no identificada le contó a la misma periodista que unos meses después de los ataques a las Torres Gemelas, Bandar viajó a Aspen, Suiza, donde tiene una mansión de 32 habitaciones "a descansar, pero también a hacer un poco de limpieza". Bandar "llevaba consigo 16 de unos 30 maletines bajo llave que mantenía en Estados Unidos y que contenían "evidencias de las operaciones encubiertas y acuerdos secretos que Bandar coordinó en nombre del rey Fahd y los Estados Unidos, en su mayoría durante la era Reagan, tales como documentos de una cuenta de un banco suizo que Bandar abrió personalmente para la Contra nicaragüense".

Hasta aquí la especulación. De lo que no queda duda, al leer una de las pocas entrevistas en las que Al-Shaalan se ha referido a su pasado en Estados Unidos, es de que se trata de un príncipe de alma aguerrida con posturas de musulmán radical. El príncipe se precia de haber creado en sus años universitarios en Miami, con la ayuda de otros estudiantes musulmanes, el primer consejo musulmán con el objetivo de unir estudiantes árabes y negros.

"Teníamos actividades proselitistas; organizábamos conferencias para respaldar los casos de la nación árabe, especialmente el de los jihad afganos contra los rusos, la crisis de la Palestina ocupada y la ocupación del sur del Líbano. Entonces fuimos objeto de amenazas y conspiraciones de otros hasta que terminé mis estudios en 1984. Tuve entonces que dejar a Estados Unidos sin retorno"[23].

Al-Shaalan afirmó que regresó a su país y asesoró al gobierno en "casos de interés estratégicos" que no describió. En 1991 viajó a Afganistán en una comisión especial "para detener el derramamiento de sangre entre musulmanes". Y agregó: "Yo restauré la relación entre líderes musulmanes para prevenir falta de seguridad que podría causar

---

23. "I'm a victim of a conspiracy…", *Ashrq Al-Awsat*, 22 de agosto de 2002.

fanatismo y terrorismo. Era la época en que algunos otros estaban en proceso de crear el grupo Talibán".

El príncipe habla seis idiomas, no fuma ni bebe, sus aficiones mundanas son conducir automóviles de lujo y el amor por los caballos.

Nayef no es el único de la familia que se ha enredado en problemas internacionales. Su hermano Nawaf se vio involucrado en 1995 en un escándalo de trasiego de miles de fusiles semiautomáticos AK-47 y una gran cantidad de munición desde Sudáfrica al mercado negro del Medio Oriente. Después de ocho meses de investigación, una comisión judicial del gobierno de Sudáfrica, presidida por Edwin Cameron, magistrado de la Corte Constitucional, elaboró un reporte de 6.000 páginas sobre la forma como la empresa Armscor, una fábrica estatal con un oscuro historial de tráfico ilegal de armas, alcanzó a enviar una parte de los fusiles a la república de Yemen, destino prohibido para este tipo de armamento por cuanto este país de la península arábiga estaba bajo embargo. Una cruenta guerra secesionista entre el norte y el sur estaba a punto de estallar. El sur estaba apoyado por Arabia Saudita que amenazó con financiar una oposición armada. Finalmente la amenaza no se materializó.

El príncipe Anwar fue identificado como el comprador de los fusiles.

El reporte de la investigación definió así el papel del príncipe Anwar:

"El príncipe Anwar Bin Fawaz Bin Nawaf Al-Shaalan surgió como el verdadero comprador. Es un príncipe del Reino de Arabia Saudita relacionado a través de múltiples conexiones con la familia real saudita. Tiene pasaporte diplomático de su país. Fue descrito en documentos presentados a la Comisión como un especulador de *commodities* (servicios) con especial interés en el comercio de azúcar [...] se opuso fuertemente a los esfuerzos de que lo implicaran en cualquier irregularidad en relación con la transacción de los AK-47"[24].

---

24. Capítulo IV, "Determination of Facts: individual accountability, Commission of Inquiry Into Alleged Arms Transactions Between Armscor and One Eli Wazan and Other Related Matters", presentado por "Mr Justice E Cameron, Chairperson Advocate I V Maleka Mr L N Nathan, 15 de junio de 1995 http://www.polity.org.za/polity/govdocs/commissions/cameron.html

La investigación no tuvo consecuencias penales para el príncipe Anwar.

Como estaba planeado, la conversación con Al-Shaalan se realizó frente a una mesa del jardín de la villa de Marbella alrededor de la piscina y con la vista del Mediterráneo al fondo. Nadie pidió licor. Se sirvieron jugos naturales y agua Evian y San Peregrino con limón. Ramón recuerda que después de conversaciones banales sobre la belleza de la villa, cada vez que Úsuga intentaba abordar el tema central, el príncipe lo eludía. Con el tiempo se enteraron de que Al-Shaalan estaba muy nervioso con Clemente de quien sospechaba que era informante de los servicios de inteligencia británicos. También era evidente que lo ponía nervioso la presencia de tanta gente.

"Así que aprovechamos la oportuna llamada de Anita, la masajista, Benitín se retiró y Óscar y yo coincidimos que lo mejor era pasar al bar para preparar algún licor, para dejar únicamente a Juan con los visitantes. Desde el bar percibimos el cambio de tónica del príncipe, quien ya se mostró más abierto y conversador".

Originalmente el plan de Úsuga consistía en tratar de convencer al príncipe de que prestara su infraestructura bancaria para lavar dinero, sin entrar en detalles sobre su origen, pero pagando una buena comisión. "Hablamos de la posibilidad de tomar dinero de la calle y una vez lo tuviese el príncipe, meterlo en el sistema bancario", recordó Úsuga. "El príncipe estaba al lado mío y hablamos de introducir el dinero después de cobrar una comisión. Él se comprometía a entregar dinero en cualquier parte del mundo y en cualquier parte podía tomarlo"[25].

En junio de ese año, Al-Shaalan había inaugurado en Ginebra el Banque Kanz —también conocido como Kanz Bank— con la idea de atender las necesidades de inversionistas del mundo árabe, según él mismo lo anunció en una rueda de prensa.

"Los inversionistas árabes no quieren que otros sepan cuánto tienen y por ello invierten enormes sumas en bancos del exterior", afirmó Al-Shaalan en un discurso salpicado de continuos llamados a la integración de los países árabes. "Pero es importante —agregó— buscar la forma transparente de motivarlos para que retornen el dinero a sus países en

---

25. Declaración de Juan Gabriel Úsuga en el juicio, marzo de 2005.

beneficio de la región. No podemos regresar el dinero forzadamente", advirtió[26]. El banco abrió sus puertas con un capital de 100 millones de francos suizos. En la ceremonia de inauguración Al-Shaalan, quien fue presentado como presidente de la institución financiera, destacó que Kanz era el primer banco ciento por ciento árabe que recibía licencia de funcionamiento en Suiza. Algunas versiones de prensa atribuyeron la totalidad de la propiedad del banco al príncipe y otros artículos decían que estaba controlado por varios inversionistas individuales de los Estados de la Liga Árabe. Lo cierto es que la junta directiva del banco era de lujo. Entre los miembros externos de la junta estaban Jean Zwahlen, ex gerente general del Swiss National Bank, Kurt Gasteifer, ex presidente de World Trade Organization, Maurice Aubert, ex vicepresidente de la Cruz Roja Internacional, y Paul Caron, ex gerente general de la filial de J. P. Morgan's en Suiza.

En una entrevista con *Gulf Daily News*, Al-Shaalan enfatizó que se identificaba con el surgimiento en el mundo financiero de los fondos "verdes" o éticos "que se abstienen de ser invertidos en alcohol y otras actividades que causan daño al individuo y a la sociedad".

A medida que la conversación avanzó en el espectacular ambiente de la casa de recreo de Marbella, el príncipe mencionó la posibilidad de captar dinero en Nueva York, lo que a Úsuga le pareció "interesante". Causó impresión a los colombianos que Al-Shaalan, sin mayores alardes, explicó que tenía una posición influyente en la empresa estatal saudita Aramco, la mayor exportadora de crudo en el mundo que controla casi toda la industria de hidrocarburos del reino. No se habló una palabra de narcotráfico durante la hora y cuarto que demoró la reunión. Como un gesto de confianza, el príncipe invitó a Úsuga a visitar el banco en Ginebra. Quedaron de cenar esa noche en Marbella.

Al día siguiente Mangeri, López, el príncipe y Úsuga cenaron en un restaurante del hotel en el que se hospedaban los dos primeros. De acuerdo con Úsuga, el príncipe finalmente se abrió: ofreció sus influencias en Aramco para poner en marcha una nueva versión de la ruta La Gorda. Los isotanques serían enviados desde Venezuela,

---

26. "Kanz Bank chief calls for steps to lure Arab investments abroad", Middle East Newsfile, 14 de mayo de 2001.

con papelería de la estatal petrolera PDVSA a Ryad, la capital de Arabia Saudita, y de Ryad a Nueva York con el sello de Aramco. En Nueva York se crearía una empresa de limpieza de los tanques para extraer la droga. Colombia no aparecería en ninguna parte de la operación y se haría todo lo posible para que la oficina de Nueva York no tuviese contactos con Ryad ni Caracas. La ruta se pondría a prueba inicialmente con 2,000 kilos.

Durante la reunión Úsuga le preguntó al príncipe por qué estaba corriendo semejante riesgo en este negocio siendo una persona acaudalada y colmada de privilegios en uno de los países con mayores reservas petroleras del mundo. Según Úsuga, el príncipe le respondió que la carrera por el poder entre los miembros de la monarquía para escalar y mantener su estatus se mide en millones de dólares.

"Además, un tipo de este nivel debe sostener una infraestructura gigantesca y algunos de sus proyectos 'privados' no pueden ser solventados con dineros oficiales, así que no cae nada mal, ni siquiera para un príncipe árabe, una caja menor con 100 o 200 millones que no son escrutables", afirmó Ramón.

De acuerdo con las declaraciones judiciales de Los Cíclopes, Al-Shaalan quería introducir en Estados Unidos, a través de los tanques, un promedio de 20 toneladas por cada viaje, una cantidad exorbitante que, según los cálculos de los narcos colombianos, dejaría ganancias netas de 100 millones por viaje.

En un informe de la DEA, la oferta de Al-Shaalan fue resumida así:

"Nayef afirmó que estaba en capacidad de recoger, transportar y enviar cocaína a cualquier sitio del mundo bajo la coartada diplomática que Úsuga quisiera. Nayef declaró que podía transportar de cinco a diez toneladas de cocaína para Úsuga cuando quisiera y adonde quisiera. Úsuga le dijo a Nayef que inicialmente sólo mandaría 2,000 kilogramos si usaba los servicios de Nayef. Úsuga le dijo a Nayef que lo analizaría con sus socios y le avisaría"[27].

---

27. Memorando: Declasification of Secret DEA 6 for Paris Country Office, 26 de junio de 2000.

Las cifras con las que soñaba el príncipe eran factibles si se usaban los isotanques.

"Con todas estas cifras astronómicas en nuestras cabezas salimos del hotel sin saber si todo era real o ficción. Esa noche no dormí. Sólo le daba vueltas y vueltas a esas cifras y a pensar que todo eso iba a cambiar nuestras vidas", dice Ramón.

# CAPÍTULO 25

Mientras corría con el equipo fotográfico a cuestas por los corredores del Aeropuerto de Miami, atrasado para tomar un vuelo a Nueva York, Vega no pudo quitar su mirada de los traseros de dos mujeres altas y muy atractivas que también trotaban delante de él. Ya lo habían impresionado con su belleza, pero las había visto de espaldas, en la fila de inspección de equipaje, y quedó con las ganas de ver sus caras. Una era morena, la otra rubia. La morena tenía una minifalda y la rubia unos pantalones cortos que le dejaban ver unas pantorrillas muy sensuales, recuerda Vega. En medio de la carrera, hizo fuerza mental para que las dos mujeres viajaran en su mismo vuelo, pero en un momento dado se desviaron hacia otra salida.

"So long", las despidió mentalmente Vega, frustrado por no haber podido ver sus rostros y perder la oportunidad de conversar con ellas. Cuando llegó al mostrador de abordaje, el encargado le informó que su vuelo a Nueva York ya estaba cerrado. La fecha no la puede olvidar Vega porque ese día su vida sentimental también perdió otro vuelo. Fue el 22 de mayo de 1986.

Vega debería tomar en Nueva York un avión a Milán en donde se encontraría con su prometida para organizar los preparativos de su boda en Montecarlo. Sería la tercera esposa en menos de diez años. Vega tenía planes para casarse el 30 de mayo parcialmente enamorado. "Aun cuando estaba feliz porque iba a iniciar una nueva vida matrimonial y me iba a casar con una de las mujeres de mucho prestigio a nivel mundial, y ella me llenaba por su elegancia y su gran clase, extrañamente no me sentía tan enamorado como lo había estado anteriormente con mis otras mujeres".

Una vez arreglado un nuevo vuelo a Nueva York en las próximas dos horas, aunque perdía la conexión de ese día, Vega se dirigió a un teléfono público para avisar a su novia que había perdido el avión. La mujer, que estaba en Montecarlo, dijo que no había problema y colgó, pero Vega se quedó simulando que continuaba en la conversación porque en ese momento vio que las dos espectaculares muchachas que perseguía estaban a su lado hablando por teléfono. Una de ellas le decía a su madre que había perdido el vuelo que la llevaría a Orlando, Florida. Cuando la muchacha colgó, Vega, que ya tenía un olfato desarrollado para reconocer modelos, les preguntó, pretencioso y sobrado:

—¿Quién es tu agente?

Un poco seria, una de ellas respondió:

—L'Agence ¿por qué?

—Oh, estas con Mark, Senya y toda la pandilla.

—Ah sí, ¿y por qué los conoces?

—Porque soy su cliente.

—¿Su cliente? y ¿cuál es su nombre?

—Me llamo Baruch Vega.

La rubia no se lo creyó.

—¡Yo no creo, yo conozco a Baruch Vega!

En una reacción muy colombiana, Vega sacó su licencia de conducir y otro documento y se identificó. La modelo quedó impresionada. Vega era un fotógrafo reconocido en ese mundo. Con apenas los primeros nombres de las modelos en su memoria, el fotógrafo se lanzó a proponerles un osado plan B para conocerlas un poco más, advirtiéndoles que era una idea loca que se le acababa de ocurrir. Les dijo que lo disculparan, que no era por entrometido, pero que había alcanzado a escuchar que ellas también habían perdido el vuelo, y que como suponía que no tenían planes inmediatos las invitaba a ambas a que lo acompañaran a Nueva York mientras él conseguía un vuelo de conexión con Milán. "¿Cómo les parece?".

Ambas se miraron, tartamudearon, una dio a entender que le parecía buena la idea en sus primeras palabras y la otra explicó que no y en lo único que estuvieron de acuerdo fue en una carcajada que ambas soltaron al unísono para celebrar la contradicción.

—¿Y cuáles serían los arreglos para dormir esta noche? —preguntó una de ellas.

—Muy simple —explicó Vega—, tomaremos una habitación con una cama muy grande y ustedes se acuestan en las dos orillas y yo en el centro y así no tendré problema en caerme de la cama.

Sonrieron y simultáneamente una dijo que "sí" y la otra "no", y volvieron a celebrar con carcajadas. Para concretar su propuesta Vega les explicó que les compraría los pasajes de avión a ambas de ida y regreso, les daría dinero en efectivo para el taxi y les pagaría una habitación aparte.

"Si les parece bien mi compañía nos quedamos el tiempo que quieran o si no se regresan mañana".

Los rostros de las muchachas parecían reflejar que habían cedido a la propuesta y Vega comprendió que habían aceptado cuando explicaron que, como planeaban quedarse por un largo tiempo en Miami, no tenían ropa suficiente para viajar.

"No se preocupen que yo me encargo de eso, mañana cuando nos levantemos iremos de compras". Entonces aceptaron entre nerviosas y felices. Vega compró los pasajes, el de ellas de ida y regreso y, aparte, les dio dinero en efectivo. A las 11 de la noche el avión aterrizó en el aeropuerto LaGuardia de Nueva York y de allí se dirigieron al hotel Plaza adonde Vega había reservado dos habitaciones. Vega durmió en la suya y las muchachas en la otra.

"Las dos chicas eran unas modelos bellísimas con unos cuerpos y piernas espectaculares y me encantaban las dos. Yo he tenido cierta preferencia por las rubias y esta rubia me fascinaba, pero su amiga era un monumento de mujer. Si me hubieran permitido me hubiera enamorado de las dos. Ahora tenía el dilema más grande de mi vida, estas dos mujeres, que no habían tenido nada conmigo, me hacían sentir casi enamorado y tenía una mujer que estaba esperando por mí para casarnos. Eso me hacía sentir mal".

De todas maneras, no tenía mucho tiempo para decidir entre una y otra. Su vuelo a Milán saldría a las cinco de la tarde. A la mañana siguiente las modelos lo despertaron alrededor de las 8:30, para desayunar juntos. "Las esperé en el restaurante del hotel y en un momento vi que toda la gente que estaba allí presente miraba en una dirección.

Cuando me di cuenta eran estas dos megamonumentos de mujeres, se veían espectacularmente bellas y tenían a todo mundo mirando en nuestra dirección. Allí me di finalmente cuenta de que si me casaba con la mujer que estaba esperando por mí en Europa no sería feliz y me propuse cancelar la boda. Iba a ser un fiasco social esta cancelación, pero también era mejor esto a ser dos seres infelices. Estas chicas me acababan, sin saberlo, de salvar de un error que iba a cometer. Me sentía libre y, por qué no decirlo, me hubiera podido casar con cualquiera de las dos en ese momento y me hubiera sentido perfectamente bien y feliz".

Finalmente el corazón del fotógrafo se inclinó por la rubia, Gina, de 18 años, y al tercer día de paseos por Nueva York, la morena, que comprendió la elección, decidió regresar a la Florida. Vega convenció a Gina para que lo acompañara a Milán. En el mostrador del hotel Príncipe Di Savoia, el fotógrafo pidió una sola habitación con cama tamaño king. Ella corrigió. "Puede ser una habitación —dijo— pero con dos camas, no importa el tamaño". Pero el problema ya no dependía de los deseos de ella. El empleado del hotel dijo que sólo tenía una habitación con una sola cama, tamaño king. A ella no le gustó pero lo aceptó y se sintió un poco mejor cuando, al entrar a la habitación, vio que había allí un sofá donde ella o Vega podían dormir. Propuso incluso sortearlo.

Después del desayuno la muchacha se acostó a dormir y Vega se recostó en el sofá donde no podía conciliar el sueño. Miraba a la cama y veía dormida a una mujer bella, a quien tenía que desear en silencio y a distancia. Las ocupaciones en Milán los tres días siguientes le ayudaron a bajar la ansiedad. Terminadas sus actividades le propuso a la modelo dos planes: uno, regresar a Miami y pasar unos días en la ciudad; el segundo, pasear por Italia en automóvil. Ella no tuvo que pensarlo y ambos salieron hacia el sur de Italia. Mientras Vega manejaba, la muchacha se acercó, le dio un beso y le agradeció la experiencia tan hermosa en la que la había embarcado.

Viajaron todo el día y después de visitar las fábricas de Ferrari y Lamburgini llegaron a un hotel en San Giovanni. Cuando el recepcionista preguntó cuántas habitaciones, Vega, pidió dos y su acompañante lo corrigió:

"No, señor, sólo una y con una cama king".

"El hombre que nos estaba atendiendo vio mi cara de sorpresa y con una sonrisa, sin mencionar una sola palabra, me dio a entender 'qué suerte la tuya'. Esa noche empezaba para mí otro de esos capítulos inmensamente bellos de mi vida, allí empezaría una de las relaciones más lindas y largas que yo haya tenido en mi vida, empezaría otro sueño del que nunca quería despertar. Yo no la conocía, ella tampoco a mí, ahora éramos dos seres solos y juntados por Dios y por esas extrañas circunstancias de la vida. Ese día empezamos a vivir e iniciamos ese bello núcleo familiar. Ella fue mi tercera esposa".

Vega se casó en Miami con Gina el 15 de diciembre. Tenía 40 años. Vivieron felices casi ocho años. Tuvieron tres hijas.

# CAPÍTULO 26

Al regreso de su viaje otoñal de enamorado, Vega encontró en Miami una larga lista de temas pendientes relacionados con su oficio de intermediario del FBI. En Milán, no todos los negocios fueron del corazón. Allí se reunió con José *Chepe* Santacruz, el cabecilla del Cartel de Cali que había conocido en Nueva York. Primero en un hotel y luego mientras esperaba un vuelo en el aeropuerto de Milán para México donde el narcotraficante asistiría a la Copa Mundial de Fútbol 1986, Santacruz le pidió a Vega que buscara un canal de comunicación con las autoridades de Estados Unidos para hablar de una solución al ya prolongado arresto en España de Gilberto Rodríguez Orejuela, jefe del Cartel de Cali.

Rodríguez Orejuela y Jorge Luis Ochoa, líder del Cartel de Medellín, estaban presos en ese país desde noviembre de 1984, acusados de narcotráfico. Los narcos movían cielo y tierra para ser extraditados a Colombia y no a Estados Unidos.

Vega se despidió de Santacruz prometiéndole un viaje a Colombia al final del Mundial de Fútbol.

Entre tanto, se reunió en Colombia con el narcotraficante de Bogotá Alfonso Caballero, quien le indicó que Gonzalo Rodríguez Gacha, el temido jefe del Cartel de Medellín, necesitaba urgentemente hablar con él. Rodríguez Gacha, *El Mexicano*, era entonces un poderoso y multimillonario narcotraficante que financiaba un movimiento de autodefensa campesina en el Magdalena Medio para exterminar todo lo que oliera a izquierda. Con el apoyo de asociaciones de ganaderos de la zona y la simpatía de los militares a cargo de la región, el movimiento sembró el terror en la zona asesinando y desapareciendo a presuntos simpatizantes de la guerrilla y activistas del movimiento de izquierda Unión Patriótica (UP).

Con cualquier excusa, Vega se disculpó de no poder asistir de inmediato a la reunión. La verdad es que no tenía autorización para semejante entrevista tan importante. A finales de 1987 la logró. En compañía de un abogado viajó cuatro horas por carretera desde Bogotá y después de cambiar varios carros y pasar por varios puntos de control llegó a las dos de la madrugada a una de las fincas del narcotraficante. En medio de un ejército de escoltas armados hizo su aparición el gran jefe narco en compañía de Pedro Ortegón Ortegón, un conocido narco de Zipaquirá. Después de saludar, El Mexicano le preguntó a Vega por qué no había querido visitarlo antes.

"No es fácil", respondió Vega. "Si de casualidad llega la Policía mientras estamos reunidos, ustedes van a creer que yo los traje, y si ustedes se alcanzan a escapar y yo no tengo a dónde correr, entonces la Policía me arresta y ellos van a creer que yo soy socio de ustedes, como ven, tengo todas las posibilidades de perder y no puedo tomar esos riesgos sin tomar medidas".

Rodríguez y Ortegón celebraron la ocurrencia y pasaron al tema de fondo. El ambiente era de fiesta, pues ese día se celebraba el cumpleaños de Rodríguez Gacha. Vega explicó en qué consistía su papel de intermediación y en voz de complicidad les dijo que su hombre en el FBI era un agente corrupto que recibía dinero a cambio de arreglar la situación a los narcos. Aparentemente convencido de sus buenos oficios, El Mexicano le dijo a Vega que una gente suya había caído en Los Ángeles, y entre ellos una persona muy especial para él. No dijo qué la hacía especial, pero Vega luego estableció que era un primo muy querido. A su regreso Vega hizo un recuento detallado de su conversación con el gran capo a Bob Levinson, su jefe en el FBI, y recibió autorización para continuar negociando y reunirse en Estados Unidos con los abogados de los detenidos.

En consecuencia, viajó de nuevo a Bogotá y de allí a la más famosa finca de Rodríguez Gacha, La Chiguagua. Esta vez al narcotraficante lo acompañaban dos personas que a todas luces eran extranjeros. Para esta época, Rodríguez Gacha estaba en conversación con asesores israelíes y británicos para el entrenamiento de grupos paramilitares que combatían a las guerrillas.

A la cabeza de los asesores estaba el legendario mercenario israelí Yahir Klein. Vega no recuerda los nombres ni los rostros de los incómodos invitados. Lo que sí recuerda es que los extranjeros escucharon su mensaje con cara de desconfiados. Vega buscaba simplemente una autorización para que los abogados de los detenidos en Estados Unidos empezaran a hablar con los fiscales del caso a fin de coordinar los arreglos para la liberación de los hombres de Rodríguez Gacha.

"Los personajes extranjeros empezaron a hacer todo tipo de preguntas, que aquello parecía más un interrogatorio que una reunión de negocios; expresaban mucha desconfianza y por sus preguntas se veía que tenían experiencia en asuntos de investigación a nivel legal", recuerda Vega.

Uno de ellos, con acento británico, le preguntó:

—¿Cómo podemos saber que usted realmente tiene los contactos que dice tener y está negociando con personas de alto nivel en el gobierno que nos puedan garantizar que si hacemos un negocio con usted, ellos y usted nos van a cumplir.

Yo les contesté que tenían que confiar en mí pues era la única forma de trabajar y que si no existía plena confianza era imposible hacer algo. Además les dije: "Como ustedes saben, en este negocio al igual que en el de ustedes la única manera de garantizar esto es con la propia cabeza de cada uno. De la misma manera que yo tengo que confiar en que ustedes me paguen por mi trabajo, ustedes tienen que confiar que yo haga mi trabajo también. Sin embargo la única cosa que yo puedo hacer para que ustedes sientan algo de confianza puede ser si yo llamo al FBI de Miami, a la oficina de uno de mis contactos grandes y que ustedes escuchen lo que yo hable y así ustedes puedan evaluar cuál es mi relación con esta persona".

Los asesores, que hablaban con la implícita autorización de Rodríguez Gacha, preguntaron cuándo se haría la llamada, a lo que Vega respondió que de inmediato.

Allí mismo se hicieron los arreglos técnicos para hacer una llamada a Miami directamente a las oficinas del FBI. Vega les dio el número y un tercer extranjero verificó que se trataba del conmutador del FBI en Miami. Los hombres de Rodríguez Gacha marcaron desde una derivación del teléfono por el cual Vega hablaría.

La voz de la operadora del FBI de Miami respondió mecánicamente con la fórmula de siempre, identificando la oficina de Miami ("FBI, Miami field division, may I help you") y preguntó en qué puede ayudar.

—¿Por favor me puede comunicar con la oficina del señor Bob Levinson? —dice Vega en su inglés bogotano.

—Sí, un momento por favor.

El teléfono vuelve a timbrar y la voz de otra operadora dice:

—Oficina del señor Levinson a la orden.

—Sí, muchas gracias, ¿pudiera hablar con el señor Levinson?

—¿Sí, pudiera saber quién lo llama?

—Sí, este es Baruch Vega, estoy llamando desde Colombia.

—Oh, sí, señor Vega, un momento por favor.

—Gracias.

Pasan unos segundos y se escucha otra voz.

—Sí, es Robert.

—Hola, Bob, ¿cómo estás? Es Vega, te estoy llamando desde la finca del amigo del sombrero.

—Sí, hola, cómo te va, ¿cómo están por allá?

—El amigo aquí quería tener algo de confirmación de que se pueda hacer el proyecto que él nos ha propuesto y ellos quieren que tú les des algún tipo de confirmación.

—Oh, sí, dile que no se preocupe que con suerte todo va a salir bien, lo único es que esto no es inmediato, nos va a tomar cierto tiempo… Los abogados de su amigo saben cómo es el proceso y ellos les pueden explicar bien los pormenores del tiempo que esto se puede llevar, pero diles que por nuestra parte las cosas sí se van a poder hacer y todos vamos a estar muy contentos. Dale un saludo muy especial de mi parte.

—Gracias, señor, yo voy a estar aquí un par de días y lo llamo en cuanto llegue a Miami.

Después de colgar, la expresión de todos era de asombro. No podían creer lo que acababan de escuchar. La persona que hablaba inglés con acento británico exclamó: "¡Sí, definitivamente era el FBI en la otra línea!, este hombre está diciendo la verdad".

Vega recuerda que todos hablaban casi al mismo tiempo en señal de celebración y decían una y otra cosa.

Finalmente se callaron para que hablara El Mexicano quien, con un tono de macho de corrido, afirmó: "Señores, yo nunca creí que iba a tener el FBI en mi bolsillo".

La historia aquí relatada fue confirmada al autor del libro por un ex agente del FBI que participó en la operación de acercamiento a Rodríguez Gacha. Años después, cuando la DEA realizó una investigación interna de los arreglos de Vega, Levinson y otros agentes del FBI describieron esta reunión. El resumen de la entrevista Levinson dice así:

"El 20 de julio de 2000, el retirado agente del FBI Levinson fue entrevistado y reportó que contrató a Vega como fuente confidencial para el FBI en Miami en 1985 y él actuó como su agente supervisor hasta 1990. El señor Levinson afirmó que utilizó a Vega para recaudar inteligencia en relación con los principales narcotraficantes colombianos y desarrolló un ardid en el que Vega les decía a los traficantes que tenía 'un contacto dentro de una fuerza de la ley que les podía ayudar a ellos. El señor Levinson afirmó que el señor Vega utilizó exitosamente el ardid y con frecuencia recibió dinero de los traficantes para llegar hasta el señor Levinson, quien posaba como un agente corrupto del FBI. El señor Levinson afirmó que no restringió los pagos al señor Vega y que él mantenía una contabilidad de los pagos que recibía el señor Vega. El señor Levinson considera que Vega es una extraordinaria fuente confidencial".

La reunión de Vega con Rodríguez Gacha inauguró por todo lo alto un método de encantamiento de narcotraficantes que no tenía antecedentes en la guerra contra las drogas. No le tomó a Vega más de diez semanas llegar hasta la cumbre del narcotraficante más poderoso de Colombia y convertirse en un hombre de su entera confianza. Con la intervención de la fiscalía federal y una dosis de suerte, que se encontró en el camino de la liberación del primo de Rodríguez Gacha, pues el acusado no estaba comprometido directamente en el cargamento de 900 kilos de cocaína incautado sino que había aparecido en el lugar errado a la hora equivocada, Vega logró cumplir con lo prometido. El joven fue absuelto en una corte de California y enviado a Colombia.

Para dejar bien cimentadas las bases del programa de intermediación con los narcotraficantes, Vega sólo le pidió a Rodríguez Gacha como compensación por su intervención que, cuando le preguntaran sobre los costos de la intermediación para el feliz desenlace, dijera que había pagado una suma alta, como unos dos millones de dólares, y que sin el pago de esa importante cantidad de dinero no se hubieran logrado los resultados. Por su cuenta, y como gesto de agradecimiento, Rodríguez Gacha le regaló a Vega dos Jaguares del año en Miami, uno para su esposa y otro para él, y 50.000 dólares[28]. El Mexicano adelantó que pondría en manos del fotógrafo unos cuarenta casos de gente que tenía arrestada en Estados Unidos.

No tardó en llegarle al otro gran capo del Cartel de Medellín, Pablo Escobar, la noticia del "abogado colombiano" que solucionaba casos en Estados Unidos en forma expedita. Según documentos recaudados por la DEA en su investigación interna, Escobar le pidió a Vega que intercediera por un colaborador suyo, Luis Javier Castaño Ochoa, que había caído preso en Miami por cargos de lavado de dinero y narcotráfico. Vega recibió 15,000 dólares de Escobar por haber logrado la reducción de la pena y la posterior liberación del condenado. Castaño fue elegido representante a la Cámara por Antioquia y en 2001 el Consejo de Estado lo despojó por haber sido condenado en Estados Unidos en 1986 por el delito de lavado de dinero.

Vega no era consciente de que la relación con una organización del narcotráfico implica asimilar como propias las fidelidades y las rivalidades de sus jefes. Por ello ayudaba con la misma energía tanto a Pablo Escobar como a cabecillas del Cartel de Cali, como *Chepe* Santacruz, a quien le colaboró en la liberación de un acusado en Nueva York. Esa cándida posición de ser intermediario democrático se terminó el día que dos conocidos suyos se le acercaron en el aeropuerto Eldorado de Bogotá y le informaron que Escobar quería hablar por teléfono con él.

"En todo momento yo creía que se trataba de *Chepe* Santacruz quien era una de las muy pocas personas que sabían que yo llegaba esa noche. Cuando ellos hicieron la llamada después de esperar unos minutos, uno de estos personajes me dijo: "Doctor, venga que el patrón está en la línea".

—Hola, mi señor, ¿como estás? —le dijo Vega.

---

28. Informe de investigación de la Oficina de Responsabilidad Profesional de la DEA.

—Doctor, bienvenido y discúlpenos el inconveniente pero es necesario que yo le hablara primero que todo para evitar malos entendidos en un futuro. A mí me gusta hablar las cosas claras.

Mientras esta persona hablaba Vega trataba de reconocer la voz y aunque no lo logró, sí quedó convencido de que no era Santacruz.

—Doctor, también quiero darle gracias por lo que hizo con el muchacho de Los Ángeles, sabíamos que era casi imposible que saliera libre, pero la sentencia fue muy favorable y este tiempo se pasa rápidamente.

En ese momento Vega cayó en la cuenta de que estaba hablando con Pablo Escobar.

—Con mucho gusto, mi señor, esa era mi obligación y lamento que no lo pudimos sacar —explicó Vega.

—Sí, doctor, nosotros entendemos todo esto y usted va a tener mucho trabajo con nosotros —interrumpió Escobar, y agregó—: De todas formas lo que le quiero decir es que usted le está haciendo un trabajo a esos señores de Cali y como usted sabe esos señores y yo estamos en una guerra y ellos son mis enemigos, y los amigos de ellos son mis enemigos también, y no quiero enemistades con usted y quiero que usted trabaje exclusivamente para mí y yo le voy a dar muchos trabajos y va a ganar muchos millones conmigo y mi organización. Por lo tanto no quiero que vuelva a hablar más con esos señores de Cali y si usted quiere, yo le presto el dinero para que usted les devuelva lo que le han pagado. Los muchachos míos que están con usted lo van a llevar al hotel y le van a dar una lista de mi gente que necesito que empiece a trabajar de inmediato en estos casos. Además ellos le van a dar unos números para que me llame directamente cuando me necesite o se quiera contactar con mi gente de inmediato. Empiece con esos casos que, lo que cuesten, yo se los pago y espero que venga por acá a visitarme pues hay una serie de cosas que yo quiero que hablemos personalmente.

Vega no tuvo otra alternativa que responder que sí a todo lo que planteaba Escobar, pero seguro de que no volvería a verlo.

—Muy bien, mi señor, entiendo todo muy bien y no se preocupe que seguiré sus instrucciones.

# CAPÍTULO 27

Cuando se presentó ante el narcotraficante Gonzalo Rodríguez Gacha, *El Mexicano*, a reportar que las autoridades gringas le habían confiscado un millón de dólares en efectivo, producto de la venta de drogas, Román Suárez López sabía que estaba poniendo su vida a disposición del capo. Tuvo el valor de hacerlo, comenta, porque así acortaba la zozobra de buscar refugios en cualquier parte del mundo donde Rodríguez lo encontraría de todas maneras y además evitaría el espectáculo de ser asesinado delante de su familia.

Fue por el año 1983. Suárez fue mantenido bajo custodia de los hombres de Rodríguez Gacha en una de sus fincas de Cundinamarca durante 12 días. En una de las primeras entrevistas que sostuvo con el autor relató que El Mexicano ordenó a sus empleados que enterraran al responsable de la pérdida del dinero verticalmente en un agujero en la tierra y lo dejaran vivo, con la cabeza por fuera, para que muriera lentamente de inanición.

Años después, Suárez corrigió la versión y me dijo que Rodríguez no lo enterró pero al perdonarle la vida le dijo:

"Este carajo es como la yuca, que si uno no lo siembra, no produce".

Lo cierto es que desde entonces Suárez llevó el despiadado apodo de La Yuca. Suárez fue liberado gracias a la intervención de un amigo del narcotraficante que creyó en la sinceridad de sus súplicas de que le diera otra oportunidad para recuperar el dinero con nuevas operaciones de lavado, su especialidad.

Aunque tenía la posibilidad de entregarse al gobierno de Estados Unidos y delatar a Rodríguez Gacha, el bogotano se dedicó a recuperar el dinero en nuevas operaciones de lavado en Estados Unidos. Meses después del asesinato del ex ministro de Justicia Rodrigo Lara Bonilla, que produjo una estampida de narcos, Suárez logró llegar hasta la madriguera donde se escondía Rodríguez Gacha y le pagó la deuda.

Rodríguez lo felicitó y le pidió que trabajara con él.

Suárez se compró un avión Sabre 40 que recogía dinero de la droga en Miami, Nueva York, Los Ángeles y Houston, y volaba a El Salvador. Cobraba 7% de comisión por "bajar" la plata. De El Salvador se hacía trasbordo del dinero a un avión Barón de un político de ultraderecha con estatus de diplomático de ese país que lo llevaba a Panamá donde era depositado en bancos, previo pago de un peaje de 1% del monto de los fondos al general Manuel Antonio Noriega.

Una racha de golpes acabó con la lavandería aérea de Suárez.

En una operación federal en Texas, el Sabre fue confiscado con nueve millones de dólares. El dinero pertenecía en gran parte al narcotraficante Pablo Correa. Suárez se comprometió a recuperarlo, y estaba en esas cuando la gente de Noriega en Panamá les robó cinco millones en efectivo que su gente llevaba a depositar en un banco del istmo. Los acreedores del botín, entre quienes se encontraba Pablo Escobar y los Galeano se reunieron para coordinar el asesinato de Suárez, pero a la reunión llegó Rodríguez Gacha y dijo que ni se les ocurriera tocarlo, que ese muchacho podía recuperar el dinero.

En vista del monto de la deuda, Suárez se dedicó también al narcotráfico.

Quizás por la ansiedad y desesperación de reunir el dinero, Suárez no se cuidó lo suficiente y su nombre empezó a aparecer en los radares de las autoridades antinarcóticos con el apodo de El Tío. Según el perfil criminal del sistema federal, se sabía que le gustaba moverse en el mundo de los caballos de paso fino.

Por esa época, Baruch Vega había montado en el condado de Lake County, al norte de la Florida, una hacienda de caballos de paso como fachada para atraer a narcotraficantes en una operación que tenía el respaldo de la oficina del sheriff de ese condado, el FBI y el Servicio de Rentas Internas (IRS).

Vega sabía que Román era un *target* prioritario del gobierno. Un día, unos intermediarios de compraventa de caballos se presentaron en el rancho interesados en una yegua de Vega. También querían que uno de los empleados de Vega entrenara sus caballos. Hablaban en nombre de una persona que parecía muy importante. Bajo la sospecha de que se trataba de El Tío, Vega les pidió que se lo presentaran y a los pocos días apareció en su rancho Suárez, quien vivía en Tallahasse, la capital de la Florida. El Tío es un hombre afable, de estatura baja y barriga pronunciada.

Después de reconocerse su acento, Vega y Suárez comenzaron a husmearse su pasado. Intercambiaron unos cuantos nombres de conocidos que resultaron ser amigos mutuos, y a medida que se ganaban confianza, trepándose el uno en el árbol genealógico del otro, llegaron a un punto en el que resultaron parientes.

—¿Ala, tu papá no era un trompetista? —le pregunto Suárez a Vega.

—Claro —le dijo Vega sonriendo—. Tú eres el amigo de mi tío Luis Alberto.

Total, los paisanos descubrieron que la hermana del esposo de una tía de Vega era la mujer de Suárez. Aunque Vega se abstuvo de contarle a su medio pariente que la ley lo estaba buscando, le pidió encarecidamente que se cuidara mucho.

"Si te pasa cualquier cosa, dile a los agentes que quieres cooperar con ellos. Él se abrió y dijo a qué se dedicaba. Cuídate, le dije, si pasa esto dile a la gente que vas a cooperar [...] yo le dije que le ayudaría, pero él no me dijo que estaba traficando sino que estaba tratando de salirse. Dios quiera que no, pero llámame inmediatamente, diles que te den 24 horas".

Suárez cayó en manos de la justicia federal en mayo de 1991. Fue arrestado bajo cargos de narcotráfico radicados en una corte del distrito sur de Texas. Las autoridades del Servicio de Aduanas de Estados Unidos, que manejaron el caso, le confiscaron todo lo que tenía en su casa: muebles, electrodomésticos, joyas y hasta las sortijas de matrimonio. Sólo le dejaron los colchones. Su esposa, una estadounidense con acento rolo, se vio obligada a vender helados en las calles de Houston para sobrevivir.

Con la ayuda de Vega y después de un pago de honorarios a su pariente, Suárez se declaró culpable y salió libre en 1993.

Así empezó lo que se transformaría con el tiempo en el binomio dinámico del programa de salvación de narcotraficantes en apuros. Suárez se convirtió en el escudero fiel de Vega en el programa. Con un inglés bogotanizado, el ex empleado de Rodríguez Gacha demostró que conocía el sistema judicial de Estados Unidos a la perfección por experiencia propia.

Ante la mirada de los agentes federales antinarcóticos, el dúo no podía ser más pintoresco. Vega, un hombre de 1.75 metros de altura, tez morena, siempre vestido de pantalones negros o grises y camisetas de algodón del mismo color ajustadas a su cuerpo semiatlético, al lado del menudo socio, de saco y corbata y con la camisa metida al descuido en el pantalón. Por un problema de déficit de sueño, Suárez se quedaba profundamente dormido en medio de las conversaciones largas y pausadas de Vega con los aspirantes a sus programas y roncaba a todo pulmón. De pronto, Vega le hacía una pregunta, se despertaba de un brinco, sacudía la cabeza, y respondía como si hubiera seguido el hilo de la conversación entre los sueños. Al instante volvía a caer en profundo y continuaba roncando.

Pasaron tanto tiempo juntos que terminaron hablando con un tono de voz similar y usando las mismas expresiones coloquiales. Ambos echan mano con exagerada frecuencia al adverbio "inmensamente" ("inmensamente rico", "inmensamente importante") y al "100 por ciento" cuando quieren enfatizar la certeza de una afirmación. ("100 por ciento verdad", "100 por ciento narcotraficante").

El primer caso que trabajaron Suárez y Vega juntos tuvo que ver con el esposo de una sobrina de Suárez que fue arrestado en Suiza cuando se preparaba para recibir el pago de un cargamento de cocaína que había introducido a Estados Unidos a bordo de un velero. Jesús Eliécer Ruiz, alias *Cheo*, cayó en la trampa del informante del gobierno de Estados Unidos, Mark White, un ex socio suyo a quien le tenía tal confianza que lo había nombrado padrino de uno de sus hijos.

Desde Suiza Cheo fue extraditado a Nueva York el 24 de enero de 1994 en medio de un despliegue inusitado de la prensa de esta ciudad, como si se tratara de un gran capo del narcotráfico cuando en realidad era un eslabón más de una cadena que manejaba un colombiano a quien las autoridades identificaban como el mayor vendedor de cocaína en Nueva York: Hernán Prada.

La esposa de Cheo, María Fernanda, buscó a su tío Román Suárez para que le ayudara con el caso, que no estaba en la esfera federal sino en la estatal. Vega logró que el FBI y la DEA se interesaran por Cheo, pero la policía de Nueva York no quería dejar salir a la calle al acusado para que trabajara como informante por temor a que los medios se enteraran de que había sido liberado el hombre que, meses antes habían presentado como un gran narcotraficante.

La obstinación de la policía llegó a un punto en que Vega perdió la paciencia y en una discusión acalorada por teléfono, le dijo a gritos al fiscal estatal del caso que si insistía en su negativa lo acusaría de obstrucción a la justicia.

Tras el grito Vega pensó que el fiscal había colgado, y preguntó: "¿Sigue ahí?"

El fiscal le respondió que sí, y poco a poco fue cediendo a las súplicas de Vega hasta que finalmente aceptó el arreglo con Cheo. ¿Recibieron Vega y Suárez dinero de Cheo por su intervención? Vega asegura que no y Cheo afirma que sí y una buena cantidad. La relación de Vega y Cheo quedó muy maltrecha por el asunto del dinero y señalamientos mutuos.

A través de María Fernanda, la sobrina de Suárez, Vega conoció a Arturo Piza, un narcotraficante que abrió las compuertas de un torrente de nuevos aspirantes al Programa de Resocialización. Piza, quien había sido el primer marido de María Fernanda, contaba con una muy buena plataforma de difusión de la labor del encantador de serpientes: era dueño de la galería de arte de Medellín "Sojo Arte y Prestigio", cuyos mejores clientes eran narcotraficantes que compraban al por mayor pinturas y esculturas ya fuese con fines decorativos, de ostentación o lavado de activos.

No había obra con la que estuviera encaprichado un narcotraficante que Piza no pudiera conseguir. También vendía muebles. Con la intervención de Vega, Piza arregló su caso, y una vez convencido de las bondades del sistema puso a disposición de Vega su galería, situada en el barrio Guayabal, para que la usara como oficina de reclutamiento de narcotraficantes.

"Arturo Piza nos abre las puertas en Colombia con la credibilidad más grande que se pueda tener", afirma Vega. "Ese es medio capítulo de nuestra vida. Arturo Piza pagaba de su bolsillo a sus amigos que no tenían con qué pagar todos los gastos. Había que contratar un abogado aquí en Estados Unidos porque aquí ellos no podían llegar sin abogados y él ayudaba. Si se necesitaba hablar con los fiscales, rentar un avión, ahí estaba Arturo".

Uno de los primeros en merodear alrededor del programa con el aval de Piza fue Julio Correa, mencionado en el capítulo de Los Pepes (Perseguidos por Pablo Escobar). Mejor conocido como Julio Fierro por su eficiente aprovisionamiento de armas a Pablo Escobar, luego combatiente contra la organización del capo, y siempre narcotraficante de carrera, Correa fue acusado en octubre de 1995 en Estados Unidos de cargos de narcotráfico como resultado de una operación del FBI. Un año después de la acusación, se reunió con Vega quien le cobró, por gestionar un acuerdo con el gobierno, unos $6 millones con la condición, además, de que contratara en Estados Unidos al abogado cubano-americano Joaquín Pérez. Según documentos de la DEA, Correa reconoció que pagó una cuota inicial de 1,2 millones de dólares en efectivo y propiedades a Vega. Pérez asumió como abogado de Correa y desde entonces fue considerado como parte del equipo de arreglos de Vega.

El nombre de Joaquín Pérez está en la agenda de docenas de narcotraficantes de Colombia de la vieja y la nueva guardia. Este abogado, que siempre está impecablemente vestido con trajes sin arrugas, camisas almidonadas y su cabello negro brillante de gomina, sonriente y amable, encontró en Colombia una inagotable fuente de financiación de su profesión. Su más rentable virtud es arreglar, negociar, cuadrar, acomodar casos y eludir los engorrosos y agotadores juicios criminales que, en un 90%, terminan con una condena del narcotraficante.

En inglés de pasillo judicial, eso de convencer a narcos de que colaboren con la justicia se conoce con el verbo "to flip", que en español se traduciría como "voltear" a alguien, o como se diría en el spanglish de las cárceles federales "flipear". Pues bien, Pérez fue un pionero del "flipeo". Cuando los abogados preferían batallar por la inocencia de sus clientes en las cortes, a finales de los años ochenta, Pérez ya era un experto en el arte de convencer a los suyos de que no valía la pena ir a juicio.

Graduado de la Universidad de Massachusetts y de Boston College Law School, trabajó inicialmente como abogado de oficio en Rhode Island y en la década de los ochenta se trasladó a Miami donde fue nombrado fiscal estatal adjunto. Luego, en práctica privada, se dedicó a representar casos de drogas. Habla español en forma fluida con acento cubano y tiene la costumbre de registrar en una agenda los detalles básicos de todas sus conversaciones de negocios.

Sus oficinas están situadas en una zona atípica para abogados de Miami, Coral Way y la avenida 67. Hablar con Pérez en la época de oro de su cliente, Carlos Castaño, resultaba una experiencia periodística muy provechosa pues a través de sus preguntas desprevenidas, uno se podía enterar de los planes del líder todopoderoso de las Autodefensas Unidas de Colombia (AUC). Pérez y Castaño tenían línea directa. Cada vez que *El Nuevo Herald* publicaba el pronunciamiento de algún funcionario del gobierno de Estados Unidos sobre paramilitarismo en Colombia, Pérez llamaba a preguntar cómo podía tener acceso al funcionario para transmitirle el sueño de Castaño: negociar con Estados Unidos.

Castaño fue encausado por narcotráfico en 2002 y al año siguiente las AUC fueron designadas como terroristas, dos golpes seguidos de los que jamás pudo recuperarse y que contribuyeron a su desequilibrio emocional. Para un personaje que se había desgañitado toda su vida pública insistiendo que no era narcotraficante sino un combatiente neto de la subversión, encabezar un pliego de cargos como un vulgar traqueto y compartir listado de terroristas con Bin Laden, tenía todos los visos de un desenlace fatídico.

El nivel de compenetración de Pérez y su cliente lo ilustró una crónica del reportero Steve Dudley, escrita para el semanario *New Times* de Miami. El reportaje describe a Pérez llegando al campamento de Castaño en las alturas del Nudo de Paramillo con bolsas de la famosa cadena de almacenes Burdine's de Miami, llenas de regalos para la esposa del paramilitar y la hija.

Castaño no ocultaba su admiración por el abogado. "He conocido un hombre de integridad", le dijo Castaño al periodista refiriéndose a Pérez. "Un hombre que quiere luchar contra el narcotráfico, llevar este país a la normalidad, cuyo interés va más allá de la simple ley. Quiere contribuir a terminar estos problemas y evitar la violencia. Desde entonces, tenemos relaciones permanentes vía Internet o teléfono"[29].

Pérez le dijo al autor en 2002 que él no era parte de ningún equipo de Vega[30].

Con la ayuda de Pérez, Vega vinculó a la cadena de la felicidad a Correa. A raíz de su ingreso al programa, y como ocurrió con casi todos los aspirantes, los expedientes de Correa fueron puestos bajo reserva a pesar de que la ley de Estados Unidos exige la publicidad de los mismos. Por tal razón los términos de su arreglo con el gobierno de este país nunca se conocieron. Lo que sí se supo es que el narcotraficante contrito se daba el gusto de viajar entre Estados Unidos y Colombia con una visa estadounidense bajo el falso nombre de Juan Andrés Mejía Uribe y que se ufanaba de su amistad personal con el agente de la DEA en Bogotá, Javier Peña, desde la guerra contra Escobar.

Correa estaba entonces casado con la famosa modelo colombiana Natalia París, quien negó hasta el final de los días de su esposo que él tuviera alguna relación con el narcotráfico. De acuerdo con un extenso y laborioso memorial presentado en una corte de Miami, buena parte de la cooperación de Fierro consistía en "hacer positivos" poniéndose de acuerdo con narcotraficantes en Colombia que enviaban droga de pésima calidad a sabiendas de que sería incautada. Las autoridades se enteraban de la ubicación del cargamento porque los narcotraficantes le pasaban el dato a Fierro quien denunciaba el alijo para que el agente a cargo de su caso se lo anotara como indulgencia.

De manera que el bordado de la organización ya tenía su primer encaje: de Suárez a Cheo, de Cheo a Piza, de Piza a Correa y de Correa a Carlos Castaño. Y todo con abogado.

29. *Heavy Traffic: Miami attorney Joaquin Perez helps drug kingpins get minimum jail time, maximum profits, by cooperating with the feds,* por Steven Dudley, Miami *New Times,* 11 de diciembre de 2003.
30. Entrevista telefónica con el autor, 13 de diciembre de 2002.

# CAPÍTULO 28

*Quienes de alguna manera consideramos tener deudas con los Estados Unidos, sentimos los ojos de los gringos encima en todo momento, y aunque quisiéramos que fuera sólo paranoia, los hechos y la presión gringa comienzan a estrangular a narcos, guerrillas y autodefensas: Terroristas nos llaman a los tres,*

CARLOS CASTAÑO mensaje a las AUC

Cuando Carlos Castaño, el gran jefe del paramilitarismo en Colombia, se tomaba unos tragos, solía caer en un deplorable estado de depresión que transformaba al hombre fuerte e invencible de las entrevistas de televisión y las leyendas de su heroísmo, en un borrachín melancólico de cantina. Una noche se le escuchaba gritar, ahogado en llanto, por la ausencia de los hijos que estaban escondidos en Europa; otra lo abrumaba el recuerdo de su padre, Jesús María Castaño, secuestrado y luego asesinado por el Frente IV de las Fuerzas Armadas Revolucionarias de Colombia (FARC); o bien podría ser el motivo de su vocinglería el remordimiento por haber matado a alguien por mala información o en uno de sus arranques de locura asesina.

"Una situación extraña. Un comandante temido por sus hombres y sus enemigos llorando a moco tendido", recordó un ex colaborador suyo que fue testigo de estas escenas. En el menos dramático de los episodios nocturnos, Castaño leía en voz alta y comentaba con el acompañante de turno fragmentos de un diario que empezó a escribir a los 21 años y que hoy se busca como una joya precolombina. Del diario se encargaba el jefe de seguridad de su caleta en la finca El 50.

En varios de esos trances etílicos de Castaño, estuvo presente Juan Nicholas Bergonzoli, un oportunista y sagaz aventurero del narcotráfico que, al igual que varios de los escasos sobrevivientes de los últimos 20 años de las guerras de los carteles, no tuvo otra opción que arrimarse a la sombra inquieta del más poderoso. Bergonzoli recorrió indemne el circuito de la conveniencia y la fortuna: empezó con el Cartel de Medellín, luego se alió al de Cali, enarboló la bandera de Los Pepes, pasó al Cartel del Norte y finalmente terminó acolitando las borracheras a Castaño. Ahora vive feliz en Estados Unidos.

Los pedazos de vidrio de un vaso con leche reventaron en los pies de Bergonzoli la noche que Castaño, en uno de sus explosiones, lo lanzó al piso como desenlace emocional de la entrevista que horas antes le concedió a la periodista Claudia Gurisatti del canal RCN. Transmitida el 8 de agosto de 2000, el reportaje elevó a Castaño a la categoría del personaje más popular del país. Unos 3.000 mensajes de aprecio, la mayoría de mujeres, atiborraron el buzón electrónico público del líder paramilitar al día siguiente de la entrevista.

Bergonzoli, un arquitecto del departamento de Córdoba, descendiente de inmigrantes italianos, era realmente cercano a Castaño. "De los pocos que se acercaron a él como amigo", le comentó al autor un operario personal del jefe de las autodefensas. Era dueño de una finca a orillas del Sinú, muy estratégica para Castaño porque desde allí los radioperadores anunciaban la entrada a su zona. Estaba ubicada en el corregimiento de El Volador y desde sus predios se cruzaba el río en un ferry privado propiedad de las AUC, para llegar directamente a Las Tangas. Luego el visitante pasaba a la finca El 50, donde generalmente estaba Castaño.

"Tenía más espíritu antisubversivo que comandantes de las AUC y cierta clase impropia de los narcos, definitivamente más inteligente que muchos de los paras y esto le inspiraba respeto a Castaño", agregó la fuente.

Bergonzoli trabajó con la organización de Pablo Escobar hasta que el gran capo se convirtió en el hombre más perseguido de Colombia. Atemorizado por la facilidad con que Los Pepes estaban matando a colaboradores de Escobar, decidió viajar a Canadá para "enfriarse", desde allí hizo contacto con José Santacruz Londoño, cabecilla del Cartel de Cali, quien lo invitó a trabajar con esta organización y luego saltó al Cartel del Norte. Bergonzoli se reunió en Cali en septiembre de 1993 con los cabecillas de Cali quienes le confiaron parte de las operaciones de envío de drogas por avión a México con destino a Nueva York y a las Bahamas con destino a la Florida.

Su hermano Sergio fue secuestrado en 1994 por el Ejército de Liberación Nacional bajo la presunción de que Nicolás había quedado con millones de dólares de la fortuna de Escobar. El cadáver de su hermano fue encontrado dos años después en Támesis, Antioquia. Bergonzoli continuó trabajando con el Cartel del Norte del Valle hasta que decidió entregarse a Estados Unidos, seguro de que su primo Diego Narváez Bergonzoli, quien había sido arrestado, lo había involucrado en un cargamento de 1.250 kilos de cocaína[31].

Aficionado a los cigarros Montecristo y a la lectura, Bergonzoli no tenía competencia en el entorno de Castaño para representarlo en cualquier iniciativa oficial o clandestina que facilitara un canal de comunicación con los gringos. Castaño presentía, y estaba en lo cierto, que las autoridades de Estados Unidos someterían a las autodefensas a un implacable escrutinio para desenmascarar su complicidad con el narcotráfico. La CIA tenía pruebas de que los Castaño —Carlos y su hermano Fidel— estaban involucrados en el trasiego de drogas desde 1996.

De allí el interés de Carlos en complacer en todo a Washington. Castaño mantuvo siempre una relación de respeto y temor reverencial hacia Estados Unidos y hasta el final hizo todo lo que estuvo a su alcance para complacer a los gringos. En tiempos de Navidad el jefe ideológico de las autodefensas le enviaba mensajes electrónicos a la embajadora estadounidense en Bogotá, Anne Patterson, deseándole felices fiestas y un próspero año; estaba empeñado en ponerse en contacto con el Departamento de Estado luego de escuchar que uno de los altos funcionarios de esa dependencia, Phil Chicola, dijo que tarde o temprano el gobierno de Colombia tenía que conversar con los paramilitares, y desde sus editoriales del portal internet de las AUC condenó los atentados del 11 de septiembre.

---

31. Afidavit de Nicolás Bergonzoli en un juicio civil de confiscación de un avión de Luis Guillermo Ángel, septiembre 3 de 2002, United States District Court of Arizona, caso CIV 02-6763, US vs 1985 Gulfstream Commander 1000.

En un mensaje electrónico al autor, Castaño escribió al respecto:
"Desprecio el narcotráfico por corruptor, por rastrero, por trai-
cionero, he dicho 'los narcos sólo se unen para matar o traicionar a un
amigo suyo'. Esta animadversión obedece a que, cuando nacimos las
Autodefensas en el nordeste antioqueño y pasamos a Puerto Boyacá, y
éramos antisubversivos por convicción, llegó Rodríguez Gacha con su
lastre narco y destruyó todo lo que habíamos construido con ingentes
esfuerzos durante cinco años [...] Por ésta razón no acepto que nadie,
absolutamente nadie, sin argumentos valederos y hechos sustentables me
tilde de ser tolerante con el narcotráfico y mucho menos narcotraficante,
simplemente porque jamás he comulgado con éste despreciable flagelo.
Mi lucha más tenaz es para impedir que el narcotráfico penetre a las ACCU,
aunque las AUC no han estado exentas de ser penetradas por los narcos [...]
He dicho y lo reitero, mi disposición de presentarme ante cualquier Institución Judicial Norteamericana, si se conoce de alguna participación mía
en actividades del narcotráfico. Lo digo categóricamente porque tengo
autoridad moral para hacerlo"[32].

Castaño soñaba con el día en que pudiera sentarse con funcionarios
de Estados Unidos a planificar una entrega masiva de narcotraficantes a
quienes se sentía capaz de convencer "a las buenas o a las malas" de que
se rindieran ante la justicia de Estados Unidos. En su lógica criminal, la
idea de negociar con Washington no era descabellada pues creía, y esa
fue su gran equivocación, que Estados Unidos estaba agradecido con
él por su contribución definitiva a la persecución y muerte de Pablo
Escobar, hombre a hombro con agentes de la policía de Colombia y
de la DEA.

En el mismo mensaje electrónico, Castaño confirmó que estaba
empeñado en la entrega de los narcotraficantes:
"Respecto al sometimiento de narcotraficantes colombianos a la
justicia norteamericana debo aclararle que no es un proyecto mío ni la intención es buscar impunidad para estos individuos. En Colombia sabemos
que el narcotráfico sostiene el conflicto colombiano, y las AUC quisimos
presionar a estos narcotraficantes para que se sometieran a la justicia de
Estados Unidos pues la colombiana está penetrada por ellos".

---

32. Mensaje electronico de Carlos Castaño al autor, 20 de septiembre de 2000.

Años después quedaría claro que esa misma justicia no podía estar más penetrada por las AUC. Castaño contaba, sin embargo, con la ventaja de que en esta época la DEA, y específicamente el Grupo 43, consideraba que el gran jefe natural del paramilitarismo tenía suficiente poder de intimidación y convocatoria como para lograr el desmantelamiento de las organizaciones del narcotráfico en Colombia y la rendición de sus jefes ante el gobierno de Estados Unidos. Apostar a Castaño ahorraba un largo camino, según la ilusión del supervisor del grupo 43 de la DEA, David Tinsley, para quien trabajaban Larry Castillo y Baruch Vega.

Tinsley es un veterano agente de la DEA, especializado en el Cartel de Cali y del Norte. Aunque no habla español en forma fluida, utiliza frases coloquiales con acento paisa que hacen pensar que ha vivido en las calles de Envigado. "Quiubo pues hombe" es su saludo. Bajo su supervisión se inició en diciembre de 1996 una operación llamada Cali-Man cuyo objetivo era atrapar a narcotraficantes de la organización de Cali, especialmente del Norte del Valle. Para ese fin, el Grupo 43 contrató a Baruch Vega y a Ramón Suárez, dos años después, como fuentes confidenciales.

Como Bergonzoli representaba pues el camino más corto a Castaño, su ingreso al club de Vega era más que bienvenido. En ese momento el lugarteniente de Castaño afrontaba un cargo de importación de cocaína en el distrito de Connecticut que se remontaba a 1995. Nada grave para los estándares de los demás clientes del club. Para Estados Unidos Bergonzoli en sí no tenía mayor importancia. Lo relevante sería su papel de emisario y conejillo de Indias de Castaño quien estaba empeñado en comprobar personalmente la seriedad del programa de Vega.

Bergonzoli se entregó a las autoridades de Estados Unidos en diciembre de 1998. Fue llevado en el avión privado de Vega a Fort Lauderdale, Florida, después de que Vega le cobró ocho millones de dólares para arreglar su caso. El emisario de Castaño no pagó nunca esa suma. Sólo entregó una cuota inicial de 200.000 dólares y luego otros 200.000 para los honorarios del abogado. En una reunión con los agentes de la DEA, Bergonzoli dijo que tenía el aval de Carlos Castaño y que, a través de él, se podía conseguir que muchos de los narcos se entregaran.

Representado por Joaquín Pérez, Bergonzoli compareció a una corte federal cerrada al público en Miami y recibió libertad bajo fianza mientras se confeccionaba un acuerdo de culpabilidad. En febrero de 2001, se declaró culpable. Los procedimientos de su caso, como ocurrió con los demás, fueron puestos bajo la más absoluta e insólita reserva.

"¿Quién autorizó eso?, yo nunca he escuchado una cosa así", exclamó en 2004 la jueza Rosemary Barkett al conocer el tratamiento excepcionalmente confidencial que se le dio al expediente de Bergonzoli. Emily M. Smachetti, fiscal asistente que estaba presente en esa audiencia de apelación, se limitó a explicar que los fiscales habían pedido que se mantuvieran en "supersecreto" los documentos, un estatus muy extraño en un sistema en el que se supone que el proceso es público y que, aún en el caso de que se ordene la reserva de los documentos, no es legal borrar los registros de las actividades de los archivos electrónicos.

Al regresar Bergonzoli a Colombia con la buena noticia de que el plan de Vega no era un fraude, Castaño organizó una fiesta con paramilitares y narcotraficantes que estaban ansiosos de escuchar las noticias del enviado especial, siempre con la sospecha de que aquello podría ser una astuta celada del gobierno norteamericano.

En esa parranda, Bergonzoli dijo que había pagado por su ingreso al programa diez millones de dólares. Años después esa respuesta de Bergonzoli, inflando los honorarios de intermediación de Vega con la supuesta intención de quedarse con una comisión si otros se entregaban, sería citada como el germen de destrucción del programa de resocialización. Los críticos de Bergonzoli, como son hoy Ramón y Vega, sostienen que el enviado de Castaño sabía que en ese río revuelto podía pescar grandes ganancias personales y, al mismo tiempo, quedar bien con su protector.

La felicidad de Bergonzoli por la manera como su vida cambió, gracias al programa de Vega y la DEA, quedó registrada en una conversación que sostuvo con Jorge Luis Ochoa y su esposa María Lía en Colombia en enero de 2000. Como parte de sus obligaciones con la escuelita de Vega, Bergonzoli se unió al coro de emisarios que querían convencer a Fabio Ochoa de cooperar con el gobierno de Estados Unidos. Sus palabras podrían servir fácilmente para un comercial de televisión del programa de resocialización:

"Que el día de mañana nos recojan a todos, no sé. Pero yo llevo, en mis 36 años de edad, donde yo traquetié 12 años, llevo el año más feliz de mi vida. Jorge te lo dice, te lo dice tu amigo Nicolás Bergonzoli. Hombre, que me tocó gastarme billete, me lo gasté [...] Me van a tramitar mi residencia. Pero están cumpliendo, viejo"[33].

Más adelante insiste: "Yo llevé a Rasguño, y hasta el hijo de puta quiere cuadrar, ¿por qué no cuadra este loquito, coño, y acabamos con esta mierda? Él paga uno, dos, cinco años, no sé cuánto paga y se nos arregla la vida a todos, hermano, ¿qué diferencia hay entre cinco años y el resto de la vida?".

Jorge Luis responde que "ahí está la diferencia" y Bergonzoli agrega:

"La diferencia es este señor [Joaquín Pérez] y la diferencia es Baruch, así de sencillo. Doctor ¿estoy orientado o no estoy orientado?".

Pérez por supuesto responde: "Yo creo que sí, pero [...]".

En un esfuerzo muy realista por explicar a Jorge Luis que la deuda de los Ochoa con la justicia de Estados Unidos no estaba saldada, Bergonzoli le dice:

—Es que el problema del narcotráfico es con el gobierno americano, no con el gobierno colombiano. Ustedes arreglaron el problema aquí.

—Sí —responde Jorge Luis.

—No allá —agrega Bergonzoli.

—Sí, y a los tres años de haber salido Fabio ya nos fallaron aquí —señala Jorge Luis.

—Pero, viejo —agrega Bergonzoli—, nosotros somos colonia. Ellos son imperio, y el problema del narcotráfico termina allá.

Con acceso privilegiado e inmediato a Castaño, la DEA empezó a programar una reunión personal con el jefe de las Autodefensas en algún lugar limítrofe de Colombia con Panamá y bajo la mayor reserva. En una entrevista con el autor, Castaño admitió que los preparativos

---

33. Conversación de Jorge Luis Ochoa, Nicolás Bergonzoli, Joaquín Pérez (abogado) y María Lía de Ochoa en Fredonia, 29 de enero de 2000, prueba número 33 del recurso para solicitar la nulidad del encausamiento, la supresión de evidencias y otros en el caso de USA vs Fabio Ochoa Vásquez, No. 99-6153, United States District Court Southern District of Florida, casete No. 18, p. 17.

de la reunión estaban bien adelantados y que contaría con la presencia de otros funcionarios estadounidenses. Vega asegura que serían altos funcionarios de la CIA y las Fuerzas Militares. Castaño desmintió en esa ocasión las versiones que circulaban en Colombia de que las AUC habrían recibido armas de Estados Unidos como parte de un acuerdo para combatir a la guerrilla[34].

Vega sostiene que Bergonzoli "ofreció como garantía para llevar la comitiva del gobierno americano que él se quedaba en poder de los gringos en Panamá amarrado si era posible", pero el gobierno no lo aceptó.

Bergonzoli tendió entonces el puente entre la DEA y Castaño, pero sus obligaciones de narco arrepentido, que se había comprometido a producir "positivos" y a pescar narcos, dejaban mucho qué desear. Al principio Tinsley y Castillo lo trataron con paciencia, pero las cosas llegaron a un punto en que tuvieron que llamarlo a rendir cuentas.

---

34   Entrevista telefónica con Carlos Castaño, 19 de agosto de 2000. Algunos de los detalles de esta entrevista fueron publicados por el autor en el artículo "La Dea se acercó a jefe paramilitar" en *El Nuevo Herald* el día siguiente, p. 1a.

# CAPÍTULO 29

*"Yo socios gringos no tuve porque desde el principio les tenía pereza por sapos. Sí. Los gringos al principio eran así de sapos como los colombianos de ahora. Antes si se caía un colombiano que estaba entregando o recogiendo una mercancía, uno tenía que cambiarse de casa y moverse, pero nada más. En cambio el gringo tenía la llave y la sigue teniendo para salir de la cárcel. Un narcotraficante gringo dice trabajo y trabajo y traqueteo hasta que me cojan, y el día que me cojan no me quedo callado para salir sino que digo esto era de fulano, eso de los Ochoa, eso era de los Escobar o de los Rodríguez y va pa' fuera. Hoy también es así con los colombianos. Un colombiano trabaja y trabaja y sabe que si lo cogen o que si le van a montar un arreglo va y hace un arreglo, y venga y yo le entrego a unos diez o te sapeo"*
(Fabio Ochoa, entrevista con el autor, cárcel La Picota)[35].

Desde la primera vez que hablaron a finales de 1996, cuando Fabio Ochoa estrenaba libertad después de cinco años y nueve meses de prisión en Colombia, Baruch Vega le dijo que, a pesar de que estuviera convencido de que ya había pagado sus deudas con la sociedad, el gobierno de Estados Unidos jamás se olvidaría de él.

—Y yo vengo a proponerte que colabores con Estados Unidos y aquí no tendrás problemas con los gringos —le dijo Vega en un salón del hotel Intercontinental de Medellín, según recuerda Ochoa.

—Pero ¿qué problema tengo yo con ellos? —le preguntó Fabio Ochoa.

---

35. Entrevista con el autor grabada en el pabellón de alta seguridad de La Picota, Bogotá, 5 de julio de 2000.

184

—Es para tu futuro, para que puedas salir de Colombia, para que tus hijos puedan tener visa —le respondió Vega.

—No, no —le dijo Ochoa—, yo no pienso salir del país. Pienso quedarme en Colombia y además yo me sometí a la justicia.

—Eso no te sirve de nada con los gringos —afirmó Vega.

—Pero ¿entonces por qué los gringos enviaron como 14 *indictments* a Colombia con las pruebas de ellos, y a mí me juzgaron aquí en Colombia con las pruebas de ellos? —preguntó Ochoa. Se refería a las acusaciones que el gobierno de Estados Unidos suministró al de Colombia para el proceso de sometimiento de los hermanos Ochoa en 1990. Fabio se entregó el 18 de diciembre de ese año.

—Pero eso le vale culo a Estados Unidos —respondió Vega—. Es mejor que arregles con ellos y tus hermanos también[36].

Con mucho tacto, Ochoa declinó la oferta, pero le comentó al intermediario que le gustaría hablar con sus hermanos sobre el tema.

Fabio se reunió con Juan David Ochoa, el segundo varón de la familia, quien había conocido a Vega en la década de los ochenta. Se lo había presentado Iván Traverzo, el piloto de Pan American que traficaba con ellos. En esa oportunidad el fotógrafo le propuso ayudar al gobierno de Estados Unidos a capturar a Pablo Escobar. Los Ochoa se negaron.

Los hermanos le recomendaron que por nada del mundo aceptara algún acuerdo con Vega y así se lo transmitió Fabio al fotógrafo.

"Vega me dijo 'hombre, no desperdicies esa oportunidad, a ustedes los americanos nunca los van a dejar quietos'", indicó Ochoa, quien no resistió la curiosidad por saber qué tipo de arreglos implicaba un acuerdo con las autoridades de Estados Unidos.

Fue entonces cuando Vega abrió su cartilla mental del programa de cooperación y le hizo una breve presentación.

—¿Cómo voy a entregar a los amigos si yo cuando me sometí a la justicia le dije a la fiscal "mire, yo vine a confesar mis delitos y no quiero involucrar a nadie más porque a mí nadie me obligó". Y ahora menos que ya estoy juzgado —le dijo Ochoa a Vega.

---

36. Entrevista con Ochoa, julio de 2000.

—Es que no tienes que denunciar a nadie. Como eres una persona de confianza en el narcotráfico, puedes abrir negocios con los mexicanos y entregar a unos mexicanos —le explicó.

—A mí no me importa entregar un mexicano y a un mexicano no le importará el día de mañana entregarme a mí. Yo no hago eso —replicó Ochoa.

Entonces Vega explicó que el acuerdo podría ser, por ejemplo, colaborar en un buen golpe a la mafia rusa.

—Estados Unidos está muy interesado en desvertebrar y conocer de la mafia rusa, y como tú eres una persona de credibilidad buscaríamos unos contactos rusos para que seas la persona que vamos a presentar. A vos te paran bolas y te creen.

—Yo, que estoy aquí, sin problemas, ve cómo ando —porque él era aterrado porque yo andaba sin escoltas ni nada—, mira cómo ando, ¿para volver a empezar a narcotraficar? No, hermano —le dije.

En realidad, Fabio le estaba sacando jugo a su libertad. Se había dedicado a montar en bicicleta, al *jogging* —corrió la media maratón de Medellín— y a la buena vida. Compró un cayo en islas del Rosario, cerca de Cartagena, y quería disfrutar más tiempo con su esposa y sus tres hijos. El problema más urgente era liquidez. Tenía muchas tierras, buenas tierras, caballos, ganado y otras propiedades, pero le faltaba dinero contante y sonante para financiar sus nuevos caprichos. Por ser Ochoa no le resultaba muy fácil vender propiedades de la noche a la mañana y los pocos que se mostraban interesados, y despreocupados, eran los narcos activos.

Recuerda Ochoa que otra forma de colaboración que le ofreció Vega era "hacer positivos".

—Tú entregas unos positivos. Esos positivos es que la DEA sabe que en este momento hay un embarque que está saliendo de Venezuela hacia Miami, por decir algo, y entonces te dicen que en el barco Lufthansa o en el barco La Niña va un contenedor con droga; ellos te dan los positivos y tú los presentas como colaboración tuya.

Nada. Vega no logró convencer a Fabio, pero el narcotraficante le dijo que estaba dispuesto a presentarle a una persona que lo podía ayudar en sus planes: Helmer *Pacho* Herrera, cabecilla del cartel de Cali.

—¿Puedes salir mañana hacia Cali? —le preguntó Fabio a Vega.

—En cualquier momento —respondió Vega.

Al día siguiente, Vega viajó con el abogado Enrique Mancera a Cali y de allí se dirigieron en taxi a la cárcel de Palmira, a unos 30 kilómetros al norte de la ciudad. A la entrada del centro de detención, Mancera le confirmó a Vega que la persona a quien iban a visitar era Helmer *Pacho* Herrera, uno de los máximos jefes del cartel de Cali. Herrera se entregó a la justicia colombiana el 2 de septiembre de 1996.

La vida del legendario narcotraficante de 47 años, que financió y dirigió la guerra contra Pablo Escobar, corría peligro. Además de los enemigos de esa guerra y de los que se ganó por acusarlos de narcotráfico para reducir su pena, Herrera estaba en medio de una sangrienta ofensiva que no respetaba familia ni propiedades contra cabecillas del cartel del Norte, una organización a la que se refería como el cartel de los Diablos. Su peor enemigo en ese cartel era Wilber Varela, un antiguo policía que se hizo millonario cobrando altísimas comisiones a deudores morosos del narcotráfico.

Por esa época, el Grupo 43 de la DEA, para el que colaboraba Vega, había aprobado la Operación Cali-Man, dirigida a desmantelar el cartel del Norte. Esta organización se fortaleció gracias a que el gobierno colombiano concentró todos sus esfuerzos en la persecución y muerte de los líderes del cartel de Cali. Para el Grupo 43, ese no era un simple descuido sino una estrategia deliberada de la Policía Nacional de Colombia para favorecer a narcotraficantes del cartel del Norte, que en su mayoría habían sido oficiales de esa entidad. De allí que Vega se sintió seguro y autorizado para incluir en su repertorio de preguntas a los narcotraficantes interesados en entregarse si sabían de movidas chuecas del general Rosso José Serrano, director de la Policía, o de cualquier otro oficial de la Policía. Ochoa recuerda que Vega indagó el tema con él.

"Yo hablé unas cinco veces con Vega", dijo Ochoa. "No sé si en la segunda o en la tercera, él sí me habló de que estaban muy interesados, los americanos, de conocer las vainas de corrupción de Serrano. Yo le dije que había oído algo pero no tenía argumentos sino chismes".

El entonces coronel Óscar Naranjo, hablando en nombre de Serrano, calificó de "lunática" y "ridícula" la versión de Vega publicada por el autor en el periódico *El Nuevo Herald*. En entrevistas con medios colombianos, Serrano atribuyó la campaña de Vega en su contra al hecho de que el general había sido uno de los primeros en denunciar al fotógrafo ante el gobierno de Estados Unidos por poner en riesgo la Operación Milenio con sus extraños arreglos. No es claro si fue uno de los primeros pero el entonces director de la DEA en Bogotá, Leo Arreguin, le confirmó al autor de este libro que Serrano, en efecto, se quejó de la intromisión de Vega.

Serrano amenazó con demandar a *El Nuevo Herald* a raíz de la publicación en la que se afirmaba que la DEA estaba detrás de él, pero nunca lo hizo. El Grupo 43 de la DEA tampoco reveló si tenía o no pruebas contundentes contra Serrano.

Entre las deudas pendientes con la justicia estadounidense, Pacho Herrera tenía dos acusaciones en el distrito sur de Nueva York y otra en Miami, esta última desde 1995. De lograrse su salto a Estados Unidos en son de paz y colaboración, la DEA podría celebrar uno de sus mejores golpes de inteligencia. Una racha de muertes de amigos y personas inocentes postró a Herrera en un estado de profunda decepción. Entonces estaba fresca la noticia del asesinato de su socio José *Chepe* Santacruz, otro de los cabecillas de Cali, quien se había escapado de la cárcel en enero de 1996 para librar la batalla contra los nuevos enemigos.

Para completar, William Rodríguez, el hijo de Miguel Rodríguez Orejuela, había sufrido en Cali un atentado que lo dejó al borde de la muerte durante varios meses. Recibió sendos disparos en la garganta, en un brazo y en una pierna.

A raíz del atentado, Herrera le comentó frustrado por teléfono a Miguel:

"Sí, estamos acabados; a ver yo le digo, lo mejor que hay en la vida es la paz". Más adelante agregó: "La verdad es que yo no quiero morir, ni quiero que me maten a mi familia. Mucho menos a gente que no tiene nada que ver con esto. Pero pues esto es muy grave, lo que ha pasado es una cosa que descojona a cualquiera"[37].

En esa tónica estaba Herrera, cuando el encantador de serpientes y siempre afable Baruch Vega se presentó en su celda en compañía de Mancera. Vega llegó con carta blanca de la DEA para negociar cualquier

---

37. *Historia del cartel de Cali*, Camilo Chaparro, Intermedio, 2005, p. 307.

acuerdo que permitiera la salida del narcotraficante hacia Estados Unidos. A Herrera no le gustaba hablar en su habitación porque sospechaba que grababan todas sus conversaciones, así que le pidió a Vega que lo acompañara a caminar por los patios de la cárcel.

"Estoy 100% interesado en cooperar con los gringos", recuerda Vega que le dijo Herrera. "Llevo cooperando con los gringos desde cuando matamos a Pablo Escobar, y para eso puse 30 millones, eso me costó la guerra contra Escobar".

No hubo más preámbulos. Herrera se sintió en confianza con Vega para comentarle que su vida pendía de un hilo.

"Me tienen en la mira. Los enemigos son Los Diablos", le dijo.

De unas cinco conversaciones que mantuvieron desde entonces, Vega salió convencido, y hasta hoy lo mantiene, de que existía una alianza siniestra entre oficiales de la Policía, narcotraficantes del cartel del Norte y funcionarios de la embajada de Estados Unidos. El relato insistente de Herrera encajaba en las sospechas que Vega y su grupo de la DEA habían tejido con otros testigos.

"Pacho Herrera me empezó a contar todo lo que es el cartel de los Diablos y me dijo que parte del cartel de los Diablos estaba en la embajada americana", recuerda Vega.

Aunque Herrera conocía en detalle la identidad de los miembros del cartel, nunca ofreció indicios de quiénes eran los funcionarios infiltrados en la embajada. Lo que sí tenía claro era que la única manera de resquebrajar la estructura del cartel de los Diablos, que en la práctica era el mismo del Norte, era "volteando" a Hernando Gómez Bustamante, alias Rasguño, posiblemente el más poderoso de ese cartel. Así se lograría poner del lado de la ley también a Danilo González, un astuto ex policía que conocía los pecados de generales de la Policía, el Ejército, políticos y funcionarios colombianos.

En uno de los encuentros, Herrera relató a Vega que Danilo González, a quien identificó como el jefe de Los Diablos, empezó a "llenarle la cabeza" a Carlos Castaño, jefe de las Autodefensas Unidas de Colombia, con chismes de que Santacruz estaba negociando con la guerrilla y que se había aliado con ellos para luchar contra los paramilitares. Castaño mandó matar al narcotrafcante, pero días después Castaño le envió un mensaje a Vega disculpándose porque había sido un error. Su gente comprobó que Santacruz no estaba aliado con la guerrilla. Vega sostiene que Santacruz tenía escondidos unos 200 millones de dólares en varias caletas y que antes de matarlo lo torturaron para quitarle el dinero.

"Fueron Los Diablos. No sé entre quiénes se distribuyó el dinero. Pacho Herrera dijo que se lo repartieron Los Diablos", afirma Vega.

Las conversaciones entre Vega y Herrera alentaron más a la DEA para sacar al narcotraficante de Colombia. En los días siguientes se planeó que Tinsley y otros agentes se presentarían como médicos gringos contratados para un diagnóstico del capo, quien realmente tenía el virus del sida. Una pequeña casa abandonada dentro del complejo carcelario sería refaccionada para hospedar a los médicos falsos y así facilitar los encuentros y diseñar un plan de fuga, según Vega. Una de las primeras soluciones que la DEA contempló para sacar a Herrera de la cárcel fue presionar a la Fiscalía colombiana para que le concediera la libertad por tiempo cumplido. Una vez libre, Herrera, quien pagaba una condena de 176 meses, viajaría a Brasil y de allí a Estados Unidos. Si el plan no tenía éxito, se pensaría en una fuga a Brasil.

En cualquiera de los casos, Herrera sería hospedado en Miami, en un apartamento que Tinsley había alquilado para facilitar su recital, afirma Vega. El narcotraficante ya había demostrado que no tenía contemplación con nadie a la hora de cantar. Para reducir su sentencia denunció a unas 20 personas, entre ellas parientes suyos.

Pero alguien conoció el plan. Alguien calculó por adelantado el cataclismo que implicaba para los intereses de muchos que un hombre con esos conocimientos de la historia clandestina de Colombia, se entregara para delatarlos. A menos de tres semanas de su viaje a Estados Unidos, Herrera fue asesinado. Jugaba un partido de fútbol en la cancha de la cárcel de Palmira cuando un individuo que logró acceso al centro penitenciario de alta seguridad con credenciales de abogado, le disparó a quemarropa. Fue el 5 de noviembre de 1998.

A la entrada del penal, el hombre se identificó como Rafael Ángel Uribe Serna, de 32 años. Debía presentarse en la oficina jurídica para registrarse como abogado, pero antes de llegar allí se desvió hacia la cancha de fútbol, donde le disparó a Herrera seis balazos en el rostro y la cabeza con una nueve milímetros.

Vega estaba en Miami preparándose para un nuevo viaje a Colombia. Su teléfono del apartamento sonó. Era Mancera, que le pedía que cancelara el viaje.

"Mataron a Pacho", dijo.

Vega colgó y pensó casi en voz alta: "Ganaron otra vez los *fucking* Diablos".

# CAPÍTULO 30

Como parte de sus sueños, Ramón se compró una mansión en la urbanización San Juan de la Peña, situada en una de las colinas occidentales de Medellín. Pagó dos millones de dólares en 1994 por una ostentosa casa pintada toda de blanco, de techos altos y columnas jónicas, que tenía siete cuartos, incluyendo uno para los escoltas, piscina, cancha de tenis, gimnasio, sauna, jacuzzi, y un túnel de emergencia de unos 200 metros que llevaba a una zona verde y frondosa, localizada frente a la urbanización. Al túnel se accedía a través de un falso clóset de la habitación principal, desde el cual se descendía al sótano por unas escalerillas y de allí, a través de otra compuerta falsa, se llegaba a la boca de la galería, que tenía un diámetro suficiente para que una persona se deslizara bien agachada en la oscuridad total.

La casa había sido construida por un coleccionista de diamantes primo de los Ochoa, jefes del cartel de Medellín. Por el amplio patio de la mansión corría un riachuelo natural que arrullaba el sueño de la familia de El Médico y del cual se extraía agua para procesarla en una planta privada de purificación. Construida en medio de la crisis de los apagones del gobierno del presidente César Gaviria, la mansión contaba además con una planta eléctrica con potencia suficiente para alumbrar un pueblo entero. El jardín de la casa aparece como telón de fondo de muchas fotografías de fiestas, asados, bautizos y cumpleaños de una época de abundancia y boato que Ramón financiaba con dinero del narcotráfico y de negocios lícitos.

Entre los vecinos de Ramón, quien se presentaba como un médico exitoso, dueño de una moderna clínica de la ciudad, estaban el presi-

192

dente de gaseosas Postobón, los dueños de la fábrica de implementos de cocina Umco, un capitán de Avianca —famoso por haber sido el primer piloto de Boeing 747— y una diseñadora de vestidos de baño. En el multigaraje de la casa parqueaba tres Toyotas burbuja blindadas, un Audi A4, un BMW 325, un Mercedes Benz SL420, un Subaru, una camioneta F150 y una berlina Mercedes Benz G320, que le regaló a su esposa un día de la madre.

Martha Úsuga parecía tan desprendida de esos lujos, que la mañana en que Ramón la despertó para entregarle la llave del automóvil en un cofre, la miró, dio las gracias y la puso sobre la mesita de noche diciendo "Ah, es un carro", y dos días después se asomó al garaje y conoció el regalo sin celebrar. Esa actitud de indiferencia y de falta de entusiasmo por esos detalles ponía a Ramón de mal humor.

Para quien sí guardaba una sorpresa el carro fue para el propio Ramón.

A los dos días de comprado, recibió una llamada de un amigo de la concesionaria avisándole que el Mercedes tenía una falla muy grave y que los mecánicos especializados estaban en camino para repararla. Extrañado con la diligencia del servicio, Ramón esperó en su casa a los mecánicos, que fueron directo al interior del automóvil, removieron el panel de control con un equipo especial y extrajeron de allí un grueso paquete de medio metro de longitud y unos 10 centímetros de diámetro envuelto en cinta aislante. Su amigo le admitió que allí había varios miles de dólares en efectivo, enviados desde Estados Unidos al dueño de la agencia de carros quien, además de vender automóviles lujosos, se dedicaba al más lucrativo negocio del lavado de dinero.

A pesar de las grandes comodidades, Ramón no quedó con buenos recuerdos de la mansión de San Juan de la Peña, pues allí pasó el peor susto de su vida: estuvo a punto de ser asesinado por un sicario enviado por su peor enemigo, el poderoso narcotraficante Leonidas Vargas, alias Patas de Alicate. Esa tarde de 1997, Ramón venía de dejar unos rollos de fotografía en una sucursal de Foto Japón en compañía de sus ocho escoltas. En la empinada calle que lleva a la Loma del Tesoro, donde estaba situada su casa, vio a dos hombres con uniformes de las Empresas Públicas de Medellín que reparaban un poste de la luz de la urbanización. Los hombres le inspiraron desconfianza. Fiel a sus presentimientos, Ramón llamó a Montoya, su jefe de escoltas, que se había quedado esperando la entrega de las impresiones fotográficas, y le advirtió que no le gustaba para nada la presencia de los operarios a esas horas del día. Cuando hizo la llamada, uno de los trabajadores ya estaba trepado en la parte más alta del poste. Como era su rutina diaria, Ramón entró a la casa, dejó el saco en la habitación, tomó un jugo de la nevera y se dirigió al patio para acostarse en la hamaca, donde pasaba el resto de la tarde hablando por teléfono.

No había recorrido unos tres metros del patio cuando escuchó varios disparos. Al instante, dos de sus escoltas se lanzaron sobre él para cubrirlo y lo llevaron de inmediato a una de las camionetas blindadas para que saliera a toda velocidad. Desde el piso del asiento de atrás de la camioneta donde lo tiraron sus escoltas como procedimiento de seguridad, Ramón alcanzó a ver al sicario muerto, con la cabeza desgonzada, su cuerpo guindado todavía del arnés en la punta del poste, y con un fusil colgado a un costado. Los guardaespaldas le habían disparado en el momento en que apuntaba hacia el patio de la mansión de Ramón. Más nunca regresó Ramón a esa casa. La intercambió por un apartamento de hormigón blindado con el narcotraficante Juan Raúl Castro, alias Jimmy Aloja.

Ramón terminó enredado en una guerra ajena entre Leonidas Vargas y el esmeraldero Víctor Carranza por una de esas coincidencias fatales del narcotráfico. Vargas y Carranza, que alguna vez fueron socios y muy amigos, se pelearon a muerte por unos terrenos que rodeaban el Castillo de Marroquín, al norte de Bogotá. Contrario a lo que la gente piensa, el centro de la disputa no era el castillo, sino los valiosos lotes que lo circundan. Uno de los hombres más importantes de Carranza, llamado Ángel Gaitán Mahecha, logró acceso a documentos de contabilidad de Vargas en los que descubrió que aparecía varias veces El Médico, aportando generosas partidas a la organización enemiga. Gaitán supuso que El Médico era un financista de Vargas, y lo puso en su lista de objetivos militares.

El Médico era en efecto Ramón, pero el motivo de su presencia en la contabilidad no tenía nada que ver con contribuciones de solidaridad sino con negocios de drogas. Ajeno a la enconada disputa entre los dos grandes señores, Ramón exportaba droga de propiedad de Vargas y sus pagos quedaban registrados en la contabilidad luego de descontar lo que cobraba por la ruta.

Gaitán Mahecha se dedicó a buscar sin descanso a Ramón para matarlo. Un día que El Médico se encontraba en Bogotá y acababa de salir de visitar a Vargas en la cárcel de La Picota para hablar de negocios, los hombres de Gaitán lo persiguieron en una camioneta. En medio de la persecución, Ramón pidió ayuda a Gabriel Puerta, el sereno componedor de entuertos entre narcos, quien le dijo que se fuera de inmediato para su oficina, que allí había gente que podía salir para protegerlo. Amigos y ayudantes de Puerta cerraron la calle del norte de Bogotá donde funcionaban las oficinas de Puerta y esperaron a Ramón. La camioneta que lo perseguía tomó un desvío y desapareció.

Ya en las oficinas del doctor Puerta, Ramón se enteró de la guerra sin tregua que libraban Carranza y Vargas. Al final de la tarde regresó a la habitación del hotel Cosmos, donde estaba hospedado, y en la noche salió por el garaje del hotel hacia un pequeño apartamento de su propiedad en la calle 102, que había comprado para darle rienda suelta a una relación inconfesable.

Al regresar por la mañana a recoger sus cosas a la habitación del Cosmos, vio que en el corredor de su pasillo había movimiento de policías y personal del hotel. Se acercó un poco más y descubrió estupefacto que habían tumbado la puerta de su habitación. Aterrorizado, llamó de nuevo al doctor Puerta y le contó lo que había ocurrido. Puerta le recomendó viajar en el próximo vuelo a Montería y de allí dirigirse a La Gallera, el punto de reuniones de Carlos Castaño, donde en esos años se resolvían casi todas las guerras y las treguas de Colombia.

Ramón, que conocía el camino, se reunió en La Gallera con Vicente Castaño, alias El Profe, hermano de Carlos, y le explicó lo que estaba ocurriendo. Vicente marcó el celular de Gaitán y le dijo que estaba con un amigo que tenía la impresión de que la gente de Carranza lo quería matar. Le dicen El Médico, explicó.

"Sí, señor, ese hijueputa se salvó de que lo matara ayer, se me escapó del hotel Cosmos; ese médico es el ala financiera del hijueputa de Leonidas", respondió Gaitán.

Vicente entonces le explicó que Ramón militaba con las AUC y financiaba un frente importante en el Urabá antioqueño, y que lo mejor sería que conversaran y se vieran personalmente para aclarar todos los malentendidos. Gaitán asintió y al día siguiente, en la tarde, aterrizó en un helicóptero en la finca junto con Carranza.

Sentados todos en la misma mesa, Ramón explicó que su nombre aparecía en la contabilidad de Leonidas porque él era un rutero y le ayudaba a meter droga a Estados Unidos, a venderla en Chicago y a llevar el dinero producto de las ventas a Colombia, en operaciones de uno, dos y hasta cinco millones de dólares, pero que hasta ahí llegaba su participación. Enfurecido, Gaitán lo acusó de financiar de esa manera la guerrilla por cuanto gran parte de ese dinero iba a parar a los bolsillos de las Fuerzas Armadas Revolucionarias de Colombia (FARC), archienemigos de la causa paramilitar. Gaitán le propuso a Ramón que trabajara con ellos.

Ante semejante encrucijada, Ramón respondió que para conservar su neutralidad dejaría de trabajar con Vargas y no quería saber nada de Carranza. Esa solución no le gustó nada a Vicente, a juzgar por la cara de puño que le mostró tan pronto como terminó de presentar lo que él creía que era una salida salomónica. Gaitán insistió una vez más a Ramón en que trabajara para ellos y que les entregara un cargamento de droga de Vargas que El Médico estaba a punto de despachar. Envalentonado, Ramón dijo que eso era un robo que no estaba dispuesto a hacer y se despidió.

Carranza y Gaitán salieron en su helicóptero y Ramón tomó el camino de regreso a Montería, muy preocupado, pensando en que había llegado a La Gallera a quitarse enemigos de encima y terminó ganándose uno más, el imprevisible y sinuoso Vicente Castaño. Cuando sus hombres abrían el segundo de los 13 portillos del camino de regreso, Ramón no aguantó más la incertidumbre y regresó al cuartel general de las AUC.

"Mijo, yo sabía que usted iba a volver", le dijo Vicente recostado en una hamaca sonriendo.

Allí Vicente le explicó que Carranza era un hombre muy importante para las AUC como para hacerle un desplante de esa naturaleza, y a Ramón no le quedó otra alternativa que responderle:

"Profe, yo lo he pensado, y quiero que le quede bien claro que yo estoy del lado del que usted esté".

Vicente volvió a sonreír y despidió a Ramón con un gesto de ahora sí nos entendemos.

Gaitán se ganó finalmente a Ramón haciéndolo pensar que Vargas había enviado a tres sicarios a Medellín para matarlo. Ramón se tragó la carnada y llamó a Vargas para advertirle que contara con un enemigo más. A partir de ese momento, Ramón fue testigo directo de las operaciones de Gaitán para eliminar a Vargas. Una de ellas fue en la Penitenciaría Nacional de La Picota, en Bogotá, donde Vargas cumplía una pena por narcotráfico.

Gaitán se las ingenió para que las esposas de dos colaboradores suyos que estaban en la cárcel introdujeran al pabellón de alta seguridad, donde estaba recluido Vargas, explosivos C4, cables y estopines en condones que se metieron en la vagina. Con el apoyo de un experto en explosivos, los hombres armaron el mecanismo, instalando el C4 en un carrito de control remoto que uno de ellos mantenía en la prisión para cuando su hijo lo visitaba. El pequeño Ferrari rojo de franjas amarillas era muy popular en el pabellón, pues lo usaban los reclusos para distraerse y constantemente estaba zigzagueando por entre las piernas de los presos.

Leonidas se levantaba temprano a hacer llamadas desde un teléfono público del pabellón. El día del atentado, a principios de 1997, cumplió con su rutina. Los reclusos que operaban el carrito lo dirigieron hasta unos centímetros de los pies de Vargas y obturaron el control de los explosivos, pero no funcionó. Más tarde, cuando el hombre desayunaba, lo acercaron a su asiento y tampoco lograron activar el mecanismo. Otro intento más, en la sala del billar, fracasó. Los reclusos, que tenían comunicación con Gaitán a través de uno de varios teléfonos celulares que circulaban clandestinamente en la prisión, reportaron las fallas que se habían presentado y Gaitán los puso en contacto con el experto, que los guió por el teléfono para revisar el mecanismo. Ambos reclusos siguieron las instrucciones mientras se encontraban en una de las habitaciones de paredes de concreto del pabellón de tres pisos. Durante la revisión del carrito, los reclusos descubrieron que uno de los cables se había desprendido.

Aunque el experto les advirtió que antes de conectar de nuevo el cable desactivaran el mecanismo de obturación por cuanto la orden estaba pendiente, algo salió mal, y uno de ellos hizo el contacto que detonó el explosivo y causó la muerte de ambos. El cuerpo del hombre que revisaba el carro en cuclillas sobre el piso se partió en dos. Una de las paredes de la habitación se derrumbó y cayó sobre la cama de Luis Carlos Molina Yepes, el financista de Los Cíclopes, que estaba sentado frente a su escritorio y que minutos antes se había salvado cuando jugaba un chico de billar con Vargas. Molina salió ileso de la explosión de la celda vecina.

Aunque los medios de comunicación atribuyeron la explosión a un plan de fuga del enigmático Hugo Antonio Toro Restrepo, alias Bochica, cabecilla de un movimiento insurreccional independiente que había secuestrado al hermano del presidente Gaviria, Vargas comprendió que el objetivo del atentado era él y logró que las autoridades carcelarias lo trasladaran a la Cárcel Modelo de Bogotá, donde se construyó un búnker debajo de una escalera.

Allí fue víctima de otro atentado. Alguien puso una sobredosis de potasio en un suero vitamínico que el recluso se inyectaba, ocasionándole un paro cardiaco que le dejó el corazón a media máquina. Vargas, quien fue condenado a 19 años de prisión por narcotráfico y a 26 años por homicidio, porte ilegal de armas y enriquecimiento ilícito, logró salir de la cárcel y fue detenido frente a un hotel de Madrid en julio de 2006. Portaba un pasaporte falso venezolano.

Su gran enemigo, Gaitán Mahecha, fue asesinado por un guerrillero de las FARC conocido como alias Robinson en la cárcel La Picota en septiembre de 2001. Gaitán fue acusado del asesinato de tres escoltas de Vargas en prisión. Su esposa, Beatriz Mateus Pardo, fue también asesinada en la población de Chía, al norte de Bogotá, en noviembre de 2004. Las mujeres de los reclusos que introdujeron los explosivos también fueron eliminadas.

Carranza fue encarcelado en 1998 por paramilitarismo y liberado cuatro años más tarde. No oculta su preocupación de que las autoridades antinarcóticos de Estados Unidos le tengan preparado un encausamiento secreto.

Jimmy Aloja, el ilusionado comprador de la mansión de Ramón, tampoco la pudo disfrutar por largo tiempo. Fue asesinado el 12 de agosto de 1999, días después de haber negociado su entrega a las autoridades de Estados Unidos a través de Baruch Vega. Un paisa pintoresco que hablaba con la dentadura cerrada, como un ventrílocuo, Aloja se había transformado en un importante distribuidor de droga en el sur de la Florida. Sin embargo, en los últimos meses estaba ahogado en deudas por cuenta de una racha de confiscaciones de varios cargamentos suyos en Estados Unidos, por lo que decidió contactar a Vega para cambiar de vida. Vega sabía la razón de la debacle económica de Castro: algunos informantes del gobierno de Estados Unidos, a quienes él conocía, habían denunciado sus rutas para ganar puntos.

A las pocas semanas de que Castro empezó a colaborar con el FBI, algunos narcos que se enteraron de la conversión temieron que los acusara en Estados Unidos y decidieron eliminarlo de un disparo en la cabeza a la salida de la discoteca Templo Antonio, el día de su inauguración. Fue un disparo gremial en nombre de todos aquellos que pensaban que sus negocios podrían irse al traste si Aloja hablaba. Vega estaba en el aeropuerto de Bogotá. Acababa de llegar de Miami y allí recibió una llamada de un amigo que, enterado del asesinato, le advirtió que mejor regresara a Estados Unidos porque él también podría "llevar del bulto".

# CAPÍTULO 31

La reunión en Marbella con el príncipe árabe dejó a Los Cíclopes flotando en una nube invisible de felicidad. Quedaban muy pocas dudas para celebrar la llegada de una nueva y próspera época de su empresa, con el respaldo de la monarquía de uno de los países petroleros más ricos del mundo. Óscar Campuzano viajó a Puerto Rico y Carlos Ramón a Miami, donde había comprado un lujoso *penthouse* en el edificio Portofino Tower, al extremo sur de Miami Beach, con la idea de instalarse en esa ciudad y empezar una nueva vida en el mundo de la legalidad.

Juan Gabriel Úsuga se quedó en Europa para cumplir la cita con el príncipe y visitar su banco en Ginebra. A mediados de septiembre de 1998, junto con José María Clemente y el intermediario en la importante operación, e Iván López, Úsuga finalmente conoció la sede del banco y sus proyectos. A su regreso de Ginebra, los socios quedaron convencidos no sólo de que Kanz Bank existía —tenía la elegante sede principal en la rue du Rhône 65 de Ginebra— sino que el príncipe era el dueño del banco. En ese viaje, Nayef Al-Shaalan había despejado sus dudas en torno a Clemente y ahora se entendían como si se conocieran desde la infancia.

"Nos reunimos con un ejecutivo o gerente de la institución. Básicamente, él hizo una exposición del tipo de banco, el capital, la junta que dirigía el banco y el príncipe me dijo 'ésta es la institución que me pertenece'. Le dije que me parecía muy bueno y yo pensé 'Es un banco, existe'", declaró Úsuga en una corte de Miami. "El príncipe me invitó a Arabia Saudita. Quería conocerme más y ver qué seguíamos planeando.

200

Baruch Vega (cortesía Baruch Vega).

Avión Boeing 707 que Baruch Vega compró a mediados de
los 80 con su esposa millonaria (cortesía Baruch Vega).

Baruch Vega y la modelo Iva Baretich (cortesía Baruch Vega).

Baruch Vega, Sandrina Bencomo y otra modelo
no identificada (cortesía Baruch Vega).

Mansión de Vega y su esposa en el número 4 de Palm Island Avenue,
Miami Beach (cortesía Baruch Vega).

De izquierda a derecha Román Suárez; Zarela Castaño; el
narcotraficante convicto Orlando Sánchez Cristancho, acusado
de la muerte de La Mona Retrechera; Baruch Vega; Bill Gómez,
policía del condado de Miami Dade que servía de intérprete, y
los agentes de la DEA Bill McKlin y Larry Castillo, con ocasión
de la despedida de Sánchez. Esa noche del 8 de diciembre
de 1999, el narcotraficante viajaría a Fort Lauderdale para
entregarse a las autoridades federales (cortesía Baruch Vega).

Horas antes de la salida del vuelo privado que llevaría a
Orlando Sánchez Cristancho a Florida aparecen el agente
de la DEA Larry Castillo, Sánchez Cristancho, su amiga
Zarela Castaño y el socio de Baruch Vega en el programa
de resocialización, Román Suárez (cortesía Baruch Vega).

La modelo Diana
Bogdanova, del
portafolio de Baruch
Vega (cortesía
Baruch Vega).

La abogada Lee Stapleton Milford, ex directora de la División Antinarcóticos del Departamento de Justicia, quien fue brevemente detenida por la Policía de Colombia durante un allanamiento a varias habitaciones del hotel Intercontinental de Cali en octubre de 2003. Stapleton, esposa del ex director de la DEA, James Milford, estaba reunida con su cliente, el narcotraficante Juan Carlos Ramírez Abadía, alias Chupeta (cortesía Policía Nacional de Colombia).

Carlos Ramón Zapata celebra con familiares, amigos y escoltas el triunfo de una de sus mulas en una competencia equina en Medellín (cortesía Ramón Zapata).

Apartamento de Nayef Al-Shaalan en el edificio Brickell Place de la avenida Brickell, Miami, a finales de los años 80. Al-Shaalan decoró el *penthouse* a su gusto (cortesía portal en Internet de la firma de bienes raíces de Doris Mangeri Salazar).

Avión de propiedad de Carlos Ramón Zapata (cortesía Ramón Zapata).

Caletas para guardar cocaína en Nuquí, Chocó, de la organización de Ramón Zapata (cortesía Ramón Zapata).

Doris Mangeri Salazar, en tiempos en que promovía sus servicios de agente inmobiliaria en Miami (página web de Mangeri).

Cabaña en los suburbios de París donde se halló la cocaína enviada por Los Cíclopes, en asocio con el príncipe Al-Shaalan (foto de un expediente judicial).

Izquierda: pintura original de Francisco José de Goya, *El ataque a la encomienda* (1793). Derecha: *Busto de una joven mujer* (1924), de Tsuguharo Foujita. Ambas obras las confiscó el gobierno de Estados Unidos luego de que Los Cíclopes declararon que el financista Clemente las envió para reintegrarles algunos depósitos. El cuadro de Goya está avaluado en ocho millones de dólares y el de Foujita, en dos millones (foto de un expediente judicial).

Martha Úsuga, hoy ex esposa de Carlos Ramón, junto al financista español José María Clemente en Sitges, España (cortesía de Ramón Zapata).

Una novia de Ramón despliega un mensaje de amor para él en una calle situada frente al Centro Correccional Federal de Miami donde el narcotraficante estaba detenido (cortesía Ramón Zapata).

Juan Gabriel Úsuga en la Florida a los pocos meses de su liberación (cortesía amigo de Úsuga).

El príncipe Al-Shaalan, Juan Gabriel Úsuga e Iván López Vanegas, durante su visita a Arabia Saudita (foto de un expediente judicial).

Doris Mangeri, Iván López y José María Clemente en Arabia Saudita (foto de un expediente judicial).

Doris Mangeri, Juan Gabriel Úsuga, Iván López y José María Clemente, durante el paseo a un desierto de Arabia Saudita en el que Úsuga concretó el negocio del envío de drogas con el príncipe Al-Shaalan, según la acusación de Estados Unidos (foto de un expediente judicial).

El príncipe Al-Shaalan, quien al principio desconfiaba de José María Clemente (derecha), finalmente se hizo buen amigo del financista español (foto de un expediente judicial).

Baruch Vega (derecha), junto a Patrick Marie e Irene Marie, dueños de la agencia de modelaje Irene Marie (cortesía Baruch Vega).

Carlos Ramón Zapata con un chivito en La Guajira, durante una inspección de pistas de aterrizaje de aviones con droga (cortesía Ramón Zapata).

Carlos Ramón Zapata en un evento estudiantil en la Universidad Pontificia Bolivariana, donde estudiaba medicina y era miembro del comité de fiestas y celebraciones (cortesía Ramón Zapata).

Este avión ejecutivo era el que utilizaba Baruch Vega para llevar narcotraficantes a Estados Unidos (cortesía Baruch Vega).

Bin Fawaz Nayef Al-Shaalan, príncipe de Arabia Saudita, casado con una hija del viceministro de Defensa, sobrina del rey. Uno de sus hermanos es el esposo de una hija del rey (foto de un expediente judicial).

Fabio Ochoa (foto de *El Tiempo*).

Carlos Ramón Zapata con su hija (cortesía Ramón Zapata).

Carlos Ramón con su papá, en el apartamento en Medellín donde sufrió la golpiza en la que perdió la vista de un ojo.

Yo le dije que cuando quisiera podíamos ir y que fuéramos haciendo los arreglos. Era una plataforma única en el mundo para una persona que estuviera en el lavado de dinero. Para nosotros ya era suficiente que lo que estaba ofreciendo fuera real"[38].

Los detalles del encuentro en Suiza los compartió días después Úsuga con sus amigos como preámbulo de la sesión de contabilidad del nuevo proyecto. Así los describe Ramón: "En la primera mañana, reunidos en la sala del apartamento 2203 del Portofino Tower, después de desayunar, en bóxer y pijama, estructuramos los porcentajes, responsabilidades, funciones y todo lo que tenía que ver con la nueva sociedad", relató Ramón. "Ese día Juan arbitrariamente, y como siempre, con mi apoyo incondicional, dijo que nos cobraría un millón de dólares a cada uno de nosotros por hacernos partícipes del proyecto que él consideraba ya como propio. Con esas cifras astronómicas en el papel, no nos importó mucho el pequeño *tax* que Juan nos imponía, ya que iba en pro de la unión y beneficio del grupo".

En los restaurantes Don Shula y The Forge de Miami, Los Cíclopes y Campuzano se reunieron con Mangeri y Clemente, quien viajó desde Europa. En esos días se asignaron responsabilidades y se calcularon las utilidades futuras en la operación con el príncipe. López no acudió a estos encuentros porque su relación con Ramón continuaba en malos términos. Entre una y otra reunión, Úsuga conoció a José Gugliatti, un empresario cubano del puerto de Miami, que ofrecía uno de los muelles del terminal de carga para cualquier operación con drogas. Según Úsuga, Gugliatti fue presentado a la organización por López como una persona con quien se podría contar para importar desde Brasil un cargamento de zapatos en los que se camuflarían mil kilos de cocaína.

"Gugliatti dijo que estaba dispuesto a recibirlo en el puerto de Miami porque estaba en control de uno de los muelles. Hablamos de costos y me parecieron razonables", recordó Úsuga en el juicio. Mientras se definía el negocio de Brasil, Gugliatti se interesó también en participar en el proyecto de Al-Shaalan, para lo cual obtuvo una autorización unánime por parte de ambos grupos, el del príncipe y el de Úsuga.

---

38. Declaración de Úsuga, marzo de 2005, Corte del Distrito Sur de la Florida.

El siguiente encuentro con Al-Shaalan en su reino se realizó en diciembre de ese año. De Bogotá a París viajaron Iván López López y Juan Gabriel Úsuga. Llegaron el 5 de diciembre. Clemente partió de España y Mangeri, quien viajó desde Miami, se encargó de tramitar los pasaportes ante el consulado saudita en la capital francesa. Formalmente, se trataba de empresarios colombianos que viajarían a Arabia Saudita para estudiar oportunidades de negocios, en particular un proyecto de fabricación de tubos plásticos. En palabras del hermano gemelo de Nayef, el proyecto, al que se refería como PET, consistía en montar una fábrica de tubos de plástico libres de residuos cancerígenos en Yanbu, una de dos ciudades que la Comisión Real para Jubail y Yanbu, promueve como polo de desarrollo ecológico industrial y energético del país. Yanbu está situada a dos horas y media de vuelo de la capital[39].

A Úsuga le seguían dando vueltas en la cabeza los verdaderos motivos del príncipe en la operación. "Le manifesté a López mi preocupación sobre por qué el príncipe tenía que involucrarse con nosotros. También le dije que la habilidad de él no era sólo para mover uno o dos millones de dólares. Era un hombre que podía mover muchas unidades de cocaína, tener acceso a millones de dólares. Le dije lo mismo a Salazar y ella me dijo que se lo podía preguntar a él mismo cuando llegáramos a Arabia Saudita"[40].

Los invitados fueron atendidos como grandes inversionistas en Riad. Un Rolls-Royce del príncipe recogió a la comitiva en el aeropuerto y la llevó al Holiday Inn de la capital. Al día siguiente Nayef y su hermano gemelo, Saud, los acompañaron a un tour por la ciudad. En lugar de viajar hasta Yanbu, según Saud, los inversionistas colombianos y Clemente participaron en una videoconferencia proyectada en una pantalla gigante, en la que ejecutivos de la ciudadela industrial mostraron los terrenos donde se construiría la fábrica de tubos plásticos y una planta de purificación de agua salina.

"Clemente estaba impresionado por la infraestructura", afirmó Saud en la Corte.

---

39. Declaración de Saud Al-Shaalan, Corte del Distrito Sur de Miami, juicio E.U. vs. Doris Mangeria, Iván López, 18 de abril de 2005.
40. Declaración de Úsuga, *op. cit.*

Saud explicó que él y su hermano gemelo son muy unidos. Los hijos de Saud le dicen "papá" a Nayef por el inmenso cariño que éste profesa por ellos. Nayef no ha tenido hijos varones. En la noche, los invitados acudieron a una cena espectacular en el palacete de Nayef, en la que se ofrecían unos 40 platos de la gastronomía local.

En horas de la mañana, salieron en una caravana de Hummers hacia un campamento en el desierto de tiendas amplias y sólidas, amobladas por dentro y con aire acondicionado y servicio eléctrico. "Son palacios sobre ruedas", comentó Saud en la Corte de Miami, aunque recordó que, al llegar al campamento, los visitantes occidentales preguntaron dónde estaban los baños y los ayudantes árabes les mostraron el inmenso desierto. Para la posteridad, López, Úsuga y Clemente posaron sonrientes en varias fotos en el desierto vestidos con turbantes y túnicas. Se veían dichosos.

"Después de la cena hubo una discusión privada donde dije 'vamos a hablar del asunto', recuerda Úsuga. "Fue entre Clemente, el príncipe y yo. El príncipe sugirió que lo dejáramos para el día siguiente. A las 11 nos recogió. Llegamos como a las dos o dos y media al campamento. Después de cenar dije que ya era hora de tocar el tema. Yo dije 'esto es muy cómodo y placentero pero quiero definir el propósito de la visita'. Ella [Doris Mangeri] me dijo 'habla directamente con él'. En la cena se acordó que el príncipe me buscaría a las 7 a.m. Nos montamos en un coche hacia las montañas. Pasamos por un lugar en donde se podía ver el campamento. Le dije: '¿Cuál es el potencial de lo que estás ofreciendo? Tú podrías no sólo tener dinero en efectivo, con tu estructura eres capaz de conseguir cualquier cantidad de droga'. El príncipe dijo: 'Yo puedo buscar un avión real tipo Jumbo y acercarme a un país cerca de Colombia con alguna excusa diplomática o de negocios, para recoger de 10 a 20 toneladas'. 'Perfecto, es lo que yo quiero que hagas', le dije. Yo propuse una cantidad más pequeña. Él ofrecía demasiado. Le dije 'vamos despacio. Empecemos con dos toneladas'. Mi preferencia era Nueva York. Fue todo en español. Le hice un resumen de la propuesta a Doris. Se acordó que era 50 y 50. Yo iba a poner las unidades y su tarea [del príncipe] sería el transporte"[41].

---

41. *Ibid.*

Fue en esta ocasión cuando, según Úsuga, comprendió una faceta de la personalidad de Al-Shaalan que revolvió más su intriga en torno a los planes verdaderos del príncipe. Aunque nunca dudó de que la inteligencia de Al-Shaalan era superior a lo normal, Úsuga notó que parecía subyugada a una convicción mesiánica. La manera como hablaba el príncipe daba a entender que tenía una misión específica de Alá en la Tierra y gracias a esa conexión protectora se consideraba inmune al hambre, al dolor y a la ley.

Más confiado por la conversación anterior, en la que finalmente Al-Shaalan habló del envío de droga, Úsuga insistió en conocer el interés del privilegiado príncipe en un negocio de esas características azarosas, cuando a su disposición tenía todo un reino legítimo.

"Nayef respondió que Dios lo había autorizado para vender drogas", según reportó Úsuga a la DEA[42]. Algún día, le habría dicho el príncipe a Úsuga, se enteraría de su verdadera intención, pero por ahora prefería no comentar más sobre el asunto.

En medio de la conversación entre Úsuga y Al-Shaalan por el desierto, unos ayudantes del príncipe se acercaron con rostros nerviosos y comentaron a su jefe que estaban procupados porque Clemente no regresaba al campamento después de varias horas de haber salido conduciendo uno de los Hummers del convoy del príncipe. Podría estar perdido, especularon, pero querían que Al-Shaalan lo supiera. Al atardecer un comando de búsqueda, que llevaba varias horas siguiendo el rastro de Clemente por el desierto, encontró finalmente al banquero cuando caminaba sin rumbo, cubierto de arena de la cabeza a los pies. Al preguntarle qué le había ocurrido, sollozando como un niño, Benitín explicó que estuvo a punto de perder la vida. El automóvil cayó en una zanja del desierto y fue sepultado por una avalancha de arena con él en su interior. Después de muchos intentos, agregó, logró salir y estar a salvo. Úsuga tuvo que hacer grandes esfuerzos para no soltar una carcajada en la cara de Clemente, por la situación tragicómica del empresario sollozando infantilmente, mientras explicaba el percance quitándose la arena de su cabeza calva.

---

42. Memorando: Declassification of Secret DEA 6 for Paris Country Office, 26 de junio de 2000.

En Arabia se acordó una nueva reunión, posiblemente en el Caribe, para seguir fortaleciendo la confianza entre ambos grupos.

Por esos días, el departamento de proyectos imposibles de Úsuga y Ramón estaba dedicado a finalizar un estudio cuyo extraño propósito era desmantelar el narcotráfico en Colombia y, de ser posible, en el mundo entero. No parecía incomodar a Los Cíclopes las incomprensibles fronteras de su moral, pues al mismo tiempo que celebraban el haber conocido a un socio de los quilates de Al-Shaalan para inundar el mundo de cocaína, estaban comprometidos en proponer fórmulas para destruir su propio negocio. Con ese plan en mente, Úsuga y Ramón contrataron a expertos para que elaboraran un estudio que se concretó en un libro tamaño oficio de pasta azul, de cien páginas y de circulación restringida, publicado con el título *Narcotráfico como problemática mundial: fundamentos de una propuesta para la paz en Colombia*. El índice del manual académico del suicidio del narcotráfico contenía títulos sugestivos como "Las exportaciones invisibles y la metamorfosis del dinero de la droga", o "Ando volando alto", sobre la alianza de los carteles de la droga de Colombia y México. Con una bandera de Colombia pintada a mano en la pasta, en el libro se planteaba "un pare en el camino para poner freno a la narcoactividad" con medidas como el desmonte de la infraestructura global del narcotráfico, la entrega de laboratorios y pistas clandestinas, la confiscación de aeronaves, la erradicación de las zonas de cultivo y "la desactivación de las acciones violentas urbanas".

Ramón y Úsuga estaban orgullosos de su propuesta y como estudiantes aplicados se presentaron con el libraco azul en los campamentos de Carlos Castaño en las montañas de Córdoba, a principios de 1999, para recibir la bendición del líder de las Autodefensas. Castaño venía insistiéndoles a los narcotraficantes, con amenazas perentorias, que debían entregarse al gobierno de Estados Unidos.

Cuando Ramón y Úsuga llegaron a la finca de Castaño, el palo no estaba para cucharas. La cruenta guerra sucia entre los cabecillas del cartel del Norte y los del cartel de Cali había estallado en las narices de Castaño, sin que él pudiera hacer mayor cosa; una demostración más de que el jefe paramilitar perdía terreno y que sus días de carismático catalizador del crimen organizado en el país estaban contados. El mensaje de

Castaño a los gestores del libro fue que, en medio de las balaceras, sería ridículo y absurdo que alguien se atravesara en el medio del campo de batalla blandiendo un estudio que planteaba la rendición de la industria que justamente sufragaba esa guerra. La verdad es que el "libro azul" fue un intento de Úsuga y Ramón por hacer algo que ellos pensaban que tendría una trascendencia histórica, como la famosa propuesta de pagar la deuda externa de Colombia que hicieron los narcotraficantes colombianos en Panamá en 1984, y lo que resultó fue una iniciativa tan cándida como inoportuna. Era además una propuesta esquizofrénica porque los ojos de Los Cíclopes estaban en ese momento puestos en Aruba, la próxima escala del acuerdo con el príncipe Al-Shaalan para exportar a Europa y Estados Unidos el mismo producto que querían que desapareciera de la faz de la Tierra, al menos en el papel.

A Ramón lo enfureció el desdén de Castaño ante la gran propuesta y le dijo a Úsuga: "Guarde ese hijueputa libro y vamos a traquetear". Así lo hicieron. Traquetear en esos momentos tenía dos sinónimos para la empresa: el proyecto Príncipe y otro, más audaz, que llevaba el sello visionario y magallánico de sus gestores: la producción de cocaína sintética.

Úsuga pagó el viaje de Mangeri y Clemente a Aruba para el encuentro con el príncipe, al que también asistieron Iván López y José Gugliatti, el hombre del puerto de Miami. Los visitantes se instalaron en el hotel Marriott del 24 al 27 de febrero. De nuevo al aire libre, en unas mesas del hotel, se acordaron los detalles del negocio, según el testimonio de Úsuga. El príncipe se comprometió a llevar dos toneladas de cocaína a Europa en su avión. Úsuga prefería Nueva York, pero Al-Shaalan insistió en que el cargamento de prueba debería llevarse a Europa.

"Acordamos el lugar a donde podría llegar con un avión privado a recolectar estas dos toneladas... Él sugirió que la ciudad más adecuada era Caracas, pues él podía estar allá en una visita oficial para justificar su presencia en el país con sus ayudantes", declaró Úsuga. "Allí [en Caracas] entraría en contacto con una persona de nuestra organización... que le podía indicar cómo recoger las maletas de las cuales se sacaría el contenido original. Estuvimos de acuerdo en que la persona más indicada sería Carlos Ramón, pues él es médico y era más justificable la visita de un médico" al lugar donde se hospedaría el príncipe.[43]

En la reunión se habló también del precio de la mercancía puesta en Caracas, ventas y distribución de utilidades. El costo de producción y transporte de la droga sería de tres mil dólares por unidad, que Úsuga propuso que se repartiera por partes iguales. Sin embargo, Al-Shaalan reclamó que él tendría más gastos, por lo cual se hizo un ajuste especial. Los cálculos de ingresos brutos eran del orden de 30 a 40 millones de dólares una vez que se terminara la etapa de venta, una cifra impresionante para tratarse de la inauguración de una nueva ruta.

---

43. Declaración de Úsuga, *op. cit.*

# CAPÍTULO 32

Larry Castillo y David Tinsley no estaban muy contentos con el trabajo de Nicolás Bergonzoli, su más reciente adquisición para el programa de resocialización. Se quejaban de la exigua colaboración del emisario de las AUC con las investigaciones de la DEA y de que siempre estaba postergando los resultados prometidos en sus misiones y al final no resultaba con nada. A mediados de 1999, los agentes lo citaron a Costa Rica para apretarle las clavijas, y terminaron pillándolo en un par de mentiras que los molestó aún más.

Recuerda Vega que en la reunión en el hotel Marriott de San José, los agentes preguntaron a Bergonzoli si conocía a Danilo González, un ex policía enlace de las AUC con el Estado colombiano, y Bergonzoli lo negó. Luego le hicieron la misma pregunta respecto a Diego Fernando Murillo, alias Don Berna, el ex Pepe, jefe de la oficina de cobros a narcos más eficiente de Medellín, gran amigo entonces de Carlos Castaño, y tampoco reconoció el nombre. Entonces sacaron una serie de fotos donde aparecían estos y otros personajes. Bergonzoli negó conocer a Danilo pero "se timbró", según Vega, al ver la cara de Don Berna, aunque disimuló diciendo que le parecía un poquito familiar.

Los agentes pasaron otras fotos y finalmente sacaron el as de la vergüenza: una fotografía en la que aparecía el mismísimo Bergonzoli junto a Don Berna y Danilo, personajes que minutos antes había negado conocer

"Fue como si hubiera visto al diablo", recuerda Vega. "Se puso muy rojo y no sabía qué decir".

En ese momento los agentes le dieron el ultimátum advirtiéndole que, si no jugaba limpio, estaban resueltos a suprimir los arreglos y tendría que irse a la cárcel a cumplir con la pena completa por cargos de narcotráfico. A las pocas semanas de semejante fiasco, Bergonzoli sorprendió a los agentes con un hallazgo que, según palabras de Vega, provocó uno de los mayores escándalos internos del gobierno de Estados Unidos que haya jamás presenciado en sus más de 20 años de merodear los pasillos secretos de la burocracia de ese país.

Bergonzoli entregó a los agentes unos 150 documentos originales preparados por la CIA sobre los miembros del cartel de la costa atlántica de Colombia, papeles que contenían los perfiles, organigramas, movimientos, rutas y otras informaciones ultrasecretas de la organización de esa región del país.

"¡No eran ni siquiera copias, eran originales!", exclama Vega cuando revive ese momento.

Con la entrega de los documentos, Bergonzoli pretendía demostrar el insolente nivel de infiltración de las mafias en la embajada de Estados Unidos, un bocado de cardenal para un grupo de agentes de la DEA que venían insistiendo justamente en ese problema. El informante explicó que pagó a Danilo González un millón de dólares por los documentos sacados de la sede diplomática. Román Suárez, el socio de Vega, le comentó al autor que Bergonzoli no pagó esa cifra sino 150.000 dólares a uno o varios oficiales del Servicio de Inteligencia de la Armada Nacional de Colombia que obtuvieron esa información de parte de la embajada de Estados Unidos en Bogotá.

En el momento en el que Vega relató la historia del informe de la CIA al autor de este libro, resultaba prácticamente imposible que algún funcionario del gobierno admitiera su ocurrencia. Sin embargo, años después, fue el propio agente de la DEA Larry Castillo quien ofreció algunos adelantos de la magnitud de la infiltración y bajo la gravedad del juramento.

Su declaración se conoció gracias a que el sistema judicial de Estados Unidos, bajo la presión y los reclamos de los abogados, levantó el velo de la reserva sumarial que se había tendido sobre la transcripción de la audiencia de sentencia de Bergonzoli en una corte del Distrito Sur de la Florida. Castillo describió la explosiva contribución de Bergonzoli en una audiencia del 10 de febrero de 2000, ante el juez Edward B. Davids. El agente empezó su intervención con un agradecimiento al trabajo de Bergonzoli en beneficio de Estados Unidos.

"La razón por la que yo quiero dirigirme a usted esta mañana", le dijo Castillo al juez, "es porque, desde un punto de vista de manejo gerencial dentro de la Agencia de Lucha contra las Drogas (DEA), hemos encontrado la buena fortuna de la cooperación actual del señor Bergonzoli... Estoy aquí para decirle, bajo juramento, que el señor Bergonzoli ha presentado extraordinarios resultados para nosotros en el tiempo que ha cooperado. Hasta la fecha ha suministrado documentos muy delicados sobre temas de corrupción e infiltración de gobiernos extranjeros que son de gran utilidad para Estados Unidos en lo que se refiere al narcotráfico y el lavado de dinero"[44].

Castillo reveló más adelante las gravísimas características de la infiltración denunciada por Bergonzoli al afirmar que la embajada de Estados Unidos fue objeto de un saqueo de información secreta por parte de narcotraficantes y guerrilleros. Sus palabras textuales fueron:

"Él [Bergonzoli] nos ha suministrado mucha información relacionada, como dije antes, con filtraciones de la embajada de Estados Unidos en Colombia donde la información es pasada a facciones guerrilleras, facciones comunistas, así como facciones del narcotráfico. Material muy importante, altamente delicado, lo que se ha reportado ante los más altos niveles de nuestra entidad".

Sobre esta fuga de información de la embajada en Bogotá no se conoce ninguna medida del gobierno de Estados Unidos. Vega comentó que en los días siguientes a la revelación del *dossier* comprado por Bergonzoli, numerosos funcionarios llegaron desde Washington a las oficinas de la DEA de Miami para analizar el daño de la infiltración y abrir investigaciones en varios frentes. En enero de 2006, el boletín de internet *Narconews* completó el paisaje de la crisis en la embajada al revelar un memorando escrito por el abogado del Departamento de Justicia, Thomas Kent, en el que éste denunció, sin dar nombres, la participación de un agente de la DEA en Bogotá en operaciones de

---

44. Declaración del agente de la DEA Larry Castillo, US vs. Nicolás Bergonzoli, caso 99-00196, 10 de febrero de 2000.

lavado de dinero de las AUC y la muerte de varios informantes de la DEA inmediatamente después de que otro agente corrupto de ese organismo en Bogotá solicitaba sus identidades. [45] Al filtrarse el memo, el gobierno de Estados Unidos dio versiones contradictorias. Voceros de la DEA en Washington le dijeron al autor para una nota publicada en *The Miami Herald* que el organismo realizaría una investigación exhaustiva —cuyos resultados no se han dado a conocer—, pero el Departamento de Justicia declaró a la agencia AP que los cuestionamientos de Kent no resultaron en el descubrimiento de ninguna conducta ilegal.

Aunque la imagen de Bergonzoli mejoró ostensiblemente entre los agentes de la DEA, a largo plazo su aporte no contribuyó a la solución de los problemas de Carlos Castaño. En septiembre de 2002, en medio de una visita del presidente Álvaro Uribe a Washington, el propio secretario de Justicia de Estados Unidos, John Ashcroft, citó a una rueda de prensa para anunciar la solicitud de extradición y el encausamiento por cargos de narcotráfico de Castaño, Salvatore Mancuso y Juan Carlos Sierra Ramírez, alias El Tuso.

Quizás el suceso que colmó la paciencia de Washington con las AUC, y en particular de la DEA, fue el asesinato el 9 de octubre del 2001 de tres oficiales de la Policía de Colombia que investigaban una facción de las AUC por el trasiego de cocaína en la costa norte de Colombia bajo el mando de Francisco *Pacho* Musso, un lugarteniente de Hernán Giraldo, jefe del Frente Resistencia Tayrona. Los tres oficiales asesinados eran muy allegados a un grupo de la DEA en Colombia. Los hechos ocurrieron frente al Mendihuaca Caribbean Resort, complejo turístico al norte de Santa Marta. Más de una docena de escoltas de Musso, armados con fusiles AK 47, descargaron buena parte de sus provisiones en la camioneta de los policías vestidos de civil que investigaban a Humberto Meneses Sepúlveda y José Ortiz Miranda, ambos presos hoy en Estados Unidos. Dos turistas que habían sido testigos de la balacera y que se arrastraban por el piso tratando de escapar, fueron ejecutados, lo mismo que un celador que presenció el ataque. Los sicarios pusieron en la camioneta

---

45. "Leaked Memo: Corrupt DEA Agents in Colombia Help Narcos and Paramilitaries, Bill Conroy", especial para el boletín *Narconews*, http://www.narconews.com/Issue40/article1543.html.

los cuerpos de las víctimas y, a pocos kilómetros de allí, les dieron un tiro de gracia a cada uno. Los cuerpos fueron hallados al día siguiente en la ribera de un río cercano. Nueve familiares de otro testigo del ataque que sobrevivió, incluyendo sus padres, su abuela, hermanos y primos, fueron descuartizados meses después. Las AUC sospechaban que el testigo había hablado con la Policía.

Al enterarse de semejante descalabro, Castaño ordenó la remoción de Giraldo como jefe del Frente Resistencia Tayrona y supervisor de Musso, y en su lugar le dio poderes a Jorge Tovar Pupo, alias Jorge 40, para que tomara el control de la zona. Jorge 40 rindió a las tropas de Giraldo en combates en la Sierra Nevada y se consolidó como el gran jefe del Bloque Norte de las AUC con los mismos métodos de extorsión y muerte de su antecesor.

Perseguido por las AUC y la Policía, Musso huyó en enero hacia Venezuela con maletas llenas de dinero. Pero cayó en una celada de una operación en junio del 2003 en la ciudad de Cagua, del estado Aragua, Venezuela, y fue deportado a Colombia y luego extraditado a Estados Unidos.

Agentes de la DEA que trabajaban hombro con hombro con los oficiales ejecutados entregaron dinero y equipos que le permitieron a la Policía colombiana asestar duros golpes al Bloque Tayrona de las AUC. La operación terminó por convencer a la DEA de que las AUC estaban involucradas hasta el cuello en el narcotráfico. El Frente Tayrona contaba con una flota de lanchas rápidas de 30 pies de eslora, que salían cargadas de cocaína al anochecer de las desembocaduras de varios ríos en el mar Caribe y 14 horas más tarde arribaban a las costas de Jamaica. En cada embarcación, cubierta con una lona azul para hacer más difícil su ubicación desde el aire, los narcoparamilitares despachaban una tonelada de cocaína pura, que tenía un valor de unos ocho millones de dólares en puerto jamaiquino. Desde esa isla del Caribe, los intermediarios enviaban la droga a México y de allí a Estados Unidos.

Otro hecho acabó de enfurecer al gobierno estadounidense. A mediados de 2001, Julio Correa, alias Julio Fierro, el informante estrella del FBI, a quien Vega había reclutado, desapareció en medio de circunstancias que hicieron sospechar a ese organismo que fueron propiciadas por líderes de las AUC. Aunque el cadáver nunca apareció, las versiones que se conocieron apuntan a que Correa fue asesinado durante una visita que hizo a Colombia para acompañar a su esposa Natalia al relanzamiento de su carrera de modelo en el marco de Colombiamoda en Medellín. El cuerpo de Correa no ha aparecido, pero hay versiones en el mundo del narcotráfico de que fue torturado y descuartizado con motosierra y que los restos fueron lanzados al río Cauca. Sobre los móviles del crimen hay muchas versiones. Se dijo que fue una venganza del cabecilla del cartel del Norte del Valle, Iván Urdinola, al enterarse, desde la prisión, de que Correa se estaba acostando con su novia. Pero la mayoría de las otras teorías señalan que fue por sus vínculos con el cartel de los Sapos, como ya se conocía entonces al club de pupilos de Vega.

Castaño, que sabía de las graves implicaciones que tendría en el gobierno de Estados Unidos el asesinato de Correa, negó rotundamente cualquier participación en un mensaje electrónico que envió a su hermano Vicente, pero dejó abierta la posibilidad de que los autores intelectuales estuvieran en sus filas. En una copia del mensaje que recibió el autor de este libro en 2001, Castaño dice: "Apreciado hermano. Hay algunas confusiones que acaban de enterarme. Veamos el orden: asesinan a Julio Fierro. Le pregunto 3 veces en 2 días a Adolfo [Don Berna], si sabe algo, y 3 veces niega saber algo. Desde el mismo momento de la supuesta muerte de Fierro, los responsables hicieron todo lo posible para responsabilizarme a mí. Yo sé de las consecuencias de esto y jamás permitiría que me lo carguen a mí. Cuando me entero de los responsables, primero le pido a Adolfo que reivindique la acción y se niega. Obligadamente le escribo a Nicolás [Bergonzoli], quien ya me había cuestionado, y le digo: 'Yo no fui, fue Macaco, Cuco y Adolfo y me lo quieren echar a mí, y ni pa'l putas, yo no soy tan imbécil para casar una guerra contra los Gringos'. Le dije a Nicolás que mi aclaración podía mostrársela a todo el que me sindicara del asesinato de Fierro. Es así de transparente que actúo y prefiero mil veces guerriar contra narcos que contra Gringos. Consideré conveniente que conozca mi pensamiento. Va copia a Adolfo, Macaco, Cuco"[46] (Cuco es Ramiro Vanoy, narcotraficante prófugo de la justicia

---

46. Mensaje electrónico de Carlos a Vicente Castaño, asunto: "Mi obligación", 30 de agosto de 2001.

de Estados Unidos, que se vinculó a las AUC, y Macaco es Carlos Mario Jiménez, jefe del bloque Central Bolívar de las AUC).

Las conversaciones con Castaño habían llegado a un punto en el que los agentes David Tinsley y Larry Castillo comenzaron a hacer los trámites para una reunión secreta entre Castaño y altos funcionarios del gobierno federal en un remoto paraje de la frontera de Colombia y Panamá. Entre los asistentes estarían representantes de los departamentos de Estado, Justicia, el FBI y la CIA. Castaño envió tres cartas a Castillo analizando la posibilidad del encuentro. En una de las cartas afirmó que la lucha contra las guerrillas no puede hacerse exitosamente sin la ayuda de Washington. Consultado por el autor en agosto del 2000, Castaño reconoció que la reunión con los altos funcionarios de Estados Unidos sí estaba planeada, pero no pudo concretarse porque Vega convirtió su intermediación en "un negocio mezquino" y lo que hizo fue "empantanar un proceso histórico"[47].

Sin embargo, los "Gringos" a los que aludía Castaño con mayúscula en el mensaje electrónico a su hermano perdieron la paciencia: la muerte de un informante del nivel de Correa y la masacre de los policías en menos de tres meses fueron hechos lo suficientemente graves como para cerrar cualquier posibilidad de entrega negociada con Estados Unidos. En ese momento, Castaño quedó solo y atrapado entre dos fuegos: el de la extradición y el acoso cada vez más agresivo de su entorno. Varios de los líderes "auténticos" de las AUC, incluido su hermano Vicente, nadaban en mares de dólares del narcotráfico. Otros, recién llegados, no eran más que narcotraficantes de carrera que se pusieron el uniforme de las AUC y compraron frentes enteros de la organización para negociar su futuro con el gobierno.

La situación de Castaño no podía ser más esquizofrénica. El líder de las AUC mandó matar en 1990 al candidato presidencial de la izquierdista Unión Patriótica, Carlos Pizarro Leongómez, porque estaba convencido de que se trataba de una ficha del narcotraficante Pablo Escobar.

---

47. "La DEA se acercó a jefe paramilitar", por Gerardo Reyes, *El Nuevo Herald*, 10 de agosto de 2000, p. 1A.

"Para mí, aquella fue una verdadera acción patriótica", comentó Castaño a su biógrafo Mauricio Aranguren. "Cómo se hubiera enrarecido Colombia con un presidente de Escobar. Esto amenazaba con desaparecer el orden institucional"[48].

Ahora, 14 años más tarde, narcotraficantes con fortunas mucho más grandes que las que amasó Escobar rodeaban a Castaño en la finca El 50 para hablar del futuro de las AUC frente a los ofrecimientos de paz y justicia que les hacía el nuevo gobierno. Dueños de grandes extensiones de tierras, los señores de la guerra se las ingeniaron para quedarse con varios contratos del Estado, controlar regalías petroleras, sectores del sistema de salud, al igual que de la recaudación de impuestos y de la mafia de los juegos de azar, como el chance. Con influencia en algunos miembros del Congreso de la República, no estaban en lo más mínimo dispuestos a seguir las órdenes del "loquito" de Castaño de hacer fila frente al Learjet de la DEA, renunciar a sus fortunas y declararse culpables en una corte de Estados Unidos de la mano de un fotógrafo de modelos. En esas circunstancias, el que sobraba era él. Castaño desapareció el 15 abril del 2004. Tenía 38 años. Una semana antes de su muerte, se había reunido con varios de los líderes narcoparamilitares de su organización en la hacienda El 15 para reducir tensiones jugando cartas, dados y dominó al calor de unos tragos. En medio de la fiesta y afectado por el licor, pero sin que mediara ninguna provocación, según testigos, Castaño le dio un golpe fuerte a una mesa mientras advertía que se entregaría a Estados Unidos y que todos los demás estaban obligados a seguir su ejemplo sin chistar. "Yo los hice a todos ustedes", les dijo. "Y si esto se acaba, todos nos acabamos".

Castaño atravesaba al mismo tiempo por una crisis personal. Su hija, Rosa María, que tuvo con su segunda esposa, Kenia Gómez, había nacido con una extraña enfermedad conocida como el maullido del gato por el sonido que hace el niño afectado al llorar. La enfermedad es un desorden cromosomático que provoca retraso mental.

"Carlos Castaño está ausente. Sumido en su problema personal, el tiempo se le iba en contactar médicos a través de Internet en cualquier

---

48. *Mi confesión*, Mauricio Aranguren, Editorial Oveja Negra, 2001.

parte del país y del mundo, que le dieran una luz sobre la enfermeda",
escribió la biógrafa de Mancuso, Glenda Martínez Osorio[49]. Según
la autora, Castaño se había puesto como meta asistir con su esposa y
su hija a un congreso anual de familias con niños con el síndrome del
maullido del gato en Filadelfia. En mayo del 2002, Castaño renunció
a la dirección de las AUC.

Al día siguiente de su puñetazo a la mesa advirtiendo que los narcotraficantes se debían entregar, los asistentes a la fiesta se reunieron con
Macaco, quien no había acudido a la reunión, para comentar la explosiva
reacción de Castaño, pero no a manera de chisme pasajero, sino preocupados por la inestabilidad mental de su antiguo jefe y las consecuencias que
la amenaza podría tener para ellos. Varios repetían que Castaño estaba
loco. Mancuso ordenó interceptar las comunicaciones de Castaño,
incluyendo correos electrónicos y celulares entre éste y su escolta más
cercano, John Henao. En una reunión del estado mayor de las AUC el 15
de abril, se concluyó que Castaño debía ser eliminado y que la coartada
más efectiva para matarlo sería a través de su hermano. Vicente aceptó
y se prestó para la maniobra. En presencia de Macaco, Vicente acordó por teléfono con su hermano una cita a las dos de la tarde del día
siguiente en una tienda de abastos llamada Rancho al Hombro, donde
Castaño se conectaba a Internet. "Internet es mi frente de guerra más
importante", solía decir Castaño. Durante la conversación para acordar
la cita, Carlos le adelantó a Vicente que allí estaría también su esposa
Kenia para que la saludara, pues llevaban mucho tiempo sin verse.
Lo que eso significaba era que los sicarios tendrían que matar a Kenia.
Sin embargo, la joven esposa del líder de las AUC llegó una hora antes
al lugar porque su hija tenía una cita médica en Montería, a unos 15
kilómetros.

Carlos tenía inmovilizado un brazo por un golpe que se había dado
en el codo al tratar de subir a una lancha en un río. Un escuadrón de
unos 30 hombres de las AUC, al mando de Roldán, alias Monoleche, fue
despachado al lugar para matarlo. Como era costumbre, los hombres
de Castaño formaron un anillo de seguridad alrededor de la tienda,

---

49. *Salvatore Mancuso: "Es como si hubiera vivido 100 años", su vida,* por Glenda
Martínez, Grupo Editorial Norma, colección Historias no Contadas, 2004, p. 134.

pero ese día estaban más alertas por la obsesión de su jefe de que en cualquier momento podría ser emboscado. Los escoltas de Carlos vieron acercarse al escuadrón de las AUC y se lo hicieron saber a su patrón, quien autorizó el paso al enterarse de que Roldán, hombre de confianza de su hermano, comandaba el grupo. En este punto las versiones de lo que ocurrió difieren: los testigos de la Fiscalía aseguran que Castaño fue eliminado en el lugar del ataque. Otras fuentes sostienen que escapó con dos escoltas y que a unos 200 metros de la tienda cayó herido por un disparo en el brazo que lo dejó desarmado. Los asaltantes lo ataron de pies y manos y lo llevaron a un centro de entrenamiento de las Autodefensas conocido como CECAS, habilitado con calabozos y un centro de tortura. Dos de sus escoltas, de apodos La Vaca y El Tigre, simularon que estaban muertos y hoy son testigos de la Fiscalía. Allí fue sometido a torturas atroces. Se dice que le cortaron los dedos de las manos y un brazo para que confesara el lugar donde tenía escondido un manuscrito con anotaciones sobre los vínculos de los líderes de las AUC con el narcotráfico, que podía convertirse prácticamente en una denuncia criminal contra ellos. De acuerdo con estas fuentes, Castaño fue decapitado y descuartizado, y su restos fueron lanzados al río Sinú. Alguna vez Carlitos Seas, como le decía el papá a Castaño, confesó a su biógrafo que, a pesar de los intensos entrenamientos que recibió en Israel, nunca pudo superar el miedo a la muerte. "Era y sigo siendo muy miedoso, me aterra de manera notoria la muerte. Como expresó el ex presidente Misael Pastrana alguna vez: 'Lo duro es la morida'".

# CAPÍTULO 33

Una mañana de 1998, el amigo Saulón llegó sin cita a la oficina de Ramón con un rollo de planos y una parafernalia de pipetas, balones de cristal, tubos de ensayo y condensadores. Ramón le preguntó extrañado para dónde iba con ese laboratorio ambulante, y el tío le respondió que a hacerse rico.

"'Esto es lo que nos va a sacar de pobres', me respondió mientras soltaba una sonora risotada y me echaba en la cara el humo del tabaco cubano", recuerda Ramón.

Saulón entonces le explicó que su amigo químico, Jaime, un extraño personaje que tenía la casa llena de rocas ígneas y salchichones colgados en la cocina, llevaba cuatro años trabajando en una fórmula para fabricar cocaína sintética que no necesita hoja de coca, es totalmente hecha en laboratorio y se puede fabricar en cualquier parte del mundo. Jaime, el químico, necesitaba dinero para continuar con su plan y estaba dispuesto a compartir las ganancias de la paternidad del invento con quien financiara sus ensayos.

Con un poco de escepticismo, pero con la ventana siempre abierta a las ideas aventuradas, Ramón visitó con su amigo al excéntrico químico en su casa de Medellín. Entre mordiscos de salchichón cervecero, Jaime describió el origen de su aventura. Dijo que había avanzado bastante en compañía de un amigo con quien fabricó 20 kilos de la cocaína sintética, pero una disputa de su socio con otros interrumpió el proyecto. Su socio viajó a Nueva York y le dejó la guía del procedimiento a medias. Ahora necesitaba una larga lista de equipos para pasar a la siguiente etapa.

"Don Jaime sacó su navaja del bolsillo, caminó hacia la cocina, y tras cortar un pedazo de salchichón, se sentó frente a nosotros a devorarlo airadamente mientras me daba una lista de implementos en alemán que nunca supe si tenía al derecho o al revés", afirma Ramón. Al regresar a la oficina, Ramón le pidió a la secretaria que llamara a un laboratorio alemán para que le cotizaran la lista. Pocos días después le comentó a un amigo sobre la reunión con Jaime, quien le contó que había un grupo de químicos en Bogotá que estaban trabajando en lo mismo.

A la semana siguiente, Ramón se sentó en su oficina con Jaime y tres químicos de Bogotá para hacer un inventario de lo que cada parte había avanzado y llegó a la conclusión de que ambas iniciativas estaban en un punto ideal para integrar sus procesos.

"Los dos grupos usaban básicamente los mismos elementos químicos, pero el grupo de Bogotá tenía su propio equipo criollo para llegar a la base. Don Jaime no tenía equipo pero dominaba totalmente la cristalización, proceso en el cual el grupo de Bogotá quemaba una gran parte de la mercancía".

Un cáustico reactivo de pura química humana separaba a los pioneros: los celos. Ninguno de los grupos quería trabajar junto al otro por desconfianza de que se robara la fórmula.

"Mejor dicho", concluyó Ramón, "estamos jodidos porque ninguno afloja".

Ramón entonces ofreció una finca con suficiente seguridad y tranquilidad para que el grupo de Bogotá hiciera su parte y luego, cuando ya se hubieran llevado sus equipos, entraría Jaime con su proceso de cristalización y de esa manera se evitaba la copialina. Todos aceptaron. El proceso se cumplió como lo propuso Ramón en una finca de Guarne, municipio cercano a Medellín. Durante tres meses los químicos intentaron sacar el producto y no lo lograron. Culparon al clima frío y a la humedad de la zona. Hasta que un día, Ramón recibió una llamada de uno de ellos.

"Señor, ya tenemos listo el coso, lo tengo en mis manos".

Una hora y media después, Ramón tenía en sus manos 600 gramos "de sustancia blanca, cristalina, escamosa, con el olor característico del éter de la cocaína". Ramón extrajo una chispita con la punta de una navaja y se la puso en la lengua.

"Tras sentir esa anestesia que produce el perico en la boca, exclamé: 'Hijo de puta, esto es igualito'".

Ramón llamó a sus escoltas para que repartieran el producto entre sus amigos viciosos y envió tres muestras a "cocineros" o procesadores de cocaína de su organización para que dieran su opinión.

"Todos los informes fueron positivos… yo no lo podía creer".

El próximo paso fue seleccionar un país para fabricar a gran escala el producto sintético. México fue descartado, no porque las autoridades fastidiaran mucho, sino porque los narcotraficantes colombianos estaban convencidos de que los mexicanos se robarían la fórmula y los matarían a todos para quedarse con el negocio. Madagascar surgió también como alternativa luego de que el representante en Europa de Los Cíclopes, José María Clemente, le comentó a Ramón que tenía contactos con el primer ministro de la enorme isla africana. Para conocer el terreno malgache, Ramón se vacunó contra la fiebre amarilla, pero a última hora a los químicos les pareció demasiado lejos e ignoto ese país.

"No señor, pa'allá no vamos, eso es una selva, es un país de salvajes, de allá no salimos nunca", le dijo uno de los químicos.

Un socio de Ramón le comentó que el caos que se vivía entonces en Yugoslavia, por la cruenta confrontación étnica que amenazaba con la desintegración del país, era el ambiente ideal para montar el laboratorio. A los pocos meses los químicos fueron enviados a Pristina, capital de Kosovo, donde quedaron al mando de un socio de la oficina de Medellín en esa ciudad llamado Gary. Entre los ingenieros químicos se encontraba Gustavo Guarín Gonfrier, un bogotano de 38 años, quizás el más cercano a Ramón.

El laboratorio fue montado en las enormes caballerizas de un hipódromo de Pristina que fue refaccionado para albergar a los químicos colombianos. Allí trabajaban, comían y dormían, y sus salidas al exterior estaban muy restringidas. Relata Ramón que los socios yugoslavos se comprometieron a suministrar materia prima, seguridad y transporte de la producción hasta el norte de Italia a través de Hungría y Eslovenia, cobrando por estos servicios el 30% de las ventas. El grupo de trabajo recibiría 30% y los inversionistas 40%, lo que les reportaba una gran utilidad dado que el costo de producción de un kilogramo no era más de tres mil dólares y el precio de venta en Italia oscilaba entre los 25 mil y los 30 mil dólares. Los inversionistas responderían por la clientela en Italia y por el blanqueo del dinero a través de Clemente. Por este servicio, Clemente cobraría 8%.

"A finales del 98, el laboratorio estaba listo y el grupo de trabajo instalado".

Como Ramón quería verlo con sus propios ojos, organizó un viaje a Belgrado:

"Entramos al inmenso complejo deportivo con pista y partidor para caballos que albergaba nuestra planta de producción. Era impresionante: tres bloques de caballerizas, con capacidad para alojar a casi 400 caballos, el área de laboratorio impecablemente organizada; en el bloque central, cinco personas únicamente laborando, dormitorios con todas las comodidades, atenciones en abundancia y la producción en sus últimas fases para ser empacada y transportada a las manos de nuestros clientes italianos".

La situación del país era muy tensa. La OTAN planeaba el ingreso al territorio en conflicto y los serbios habían advertido a Macedonia que tomarían represalias si permitía el paso de las tropas de la fuerza internacional. Sin embargo, Ramón regresó a Colombia confiado en que la alquimia de la cocaína sintética le ganaría la carrera a la invasión bélica o al menos surgiría en medio de los escombros de la confrontación, y se dedicó a preparar su próximo viaje a Venezuela.

Tal y como se había acordado, el médico sería el responsable de llevar de Colombia a Caracas el cargamento de dos toneladas de cocaína para entregárselo al príncipe Al-Shaalan. La fecha del encuentro, que no había sido establecida en Aruba, fue fijada por el príncipe en forma intempestiva, dando muy poco margen de preparación. Al-Shaalan anunció que viajaría a Caracas el 11 de mayo con el pretexto de reunirse con representantes del presidente Hugo Chávez —o con el propio presidente— para analizar las tendencias del mercado mundial del petróleo, y que esperaba recoger la mercancía para salir dos días después a Francia.

La oficina de Medellín encendió sus alarmas de apuro y se puso en marcha la búsqueda del dinero para comprar las dos toneladas de droga. En una muestra más de su eficiencia, Clemente logró transferir en ocho días los cuatro millones de dólares que se requerían para adquirir la mercancía. Entre tanto, Ramón coordinó la compra de un camión con un cargamento de papa y lenteja en el que se camuflaron los paquetes de cocaína. Como avanzada, envió a dos hombres de su confianza de "vacaciones" a la isla venezolana de Margarita para que ayudaran con la entrega de la droga en Caracas.

El 24 de marzo se iniciaron los ataques aéreos a Kosovo. Ramón quedó boquiabierto al ver las imágenes por televisión mientras cenaba en la Taberna del Alabardero, en Madrid. Las imágenes mostraban el hipódromo de Pristina totalmente destruido por las bombas. Ramón sostiene que la razón por la cual los aviones de la OTAN atacaron el desconocido y abandonado centro hípico fue porque las tomas satelitales del área indicaban que allí se estaban fabricando armas químicas para la guerra cuando realmente se trataba de toneladas de materia prima, pipetas, condensadores de los ingenieros en trance de preparar la droga sintética. Totalmente incomunicado con sus socios kosovares, Ramón entendió que el ingenieron químico de su confianza había quedado sin empleo. Luego de localizarlo, le pidió que se instalara en Francia, y que esperara instrucciones para recibir un cargamento importante de droga. Guarín aceptó.

# CAPÍTULO 34

A finales de los 90, Ramón vivía entonces más tiempo en Miami que en Medellín. La complicada relación con el narcotraficante Leonidas Vargas lo obligó a buscar refugio en esta ciudad, que por demás, disfrutaba a sus anchas. En Miami nació su segunda hija. Allí tenía su lujoso apartamento, el 2203 de Portofino Tower, y andaba por las calles de la ciudad en un Porsche Boxter modelo 1998. Como parte de su plan de echar raíces en Miami fundó en marzo de 1999 la compañía de telecomunicaciones Comcel Inc. para comercializar teléfonos celulares en América Latina. Sus socias en este y otros negocios lícitos eran las colombianas Carmenza Londoño y María Mercedes Cerón. Ambas amigas lo convencieron de que recibiera por unos minutos a un conocido de ellas que le quería proponer un negocio que sonaba interesante.

"Más droga a la vista", pensó Ramón, sin equivocarse, pero a esas alturas, mayo de 1999, su mente estaba concentrada en el proyecto del príncipe y no les prestó mucha atención. Viajó a Medellín y se reunió con Úsuga y Campuzano para acordar la compra de los 2.000 kilos.

A principios de mayo el camión con papas, lentejas y paquetes de cocaína salió desde Medellín rumbo a Caracas, ciudad situada a unos 1.200 kilómetros, y en el ínterin Ramón viajó con Natalia a Cúcuta para recibir papeles falsos con los que cruzaría la frontera venezolana. Una tía le entregó una billetera completa con los documentos de identidad fraudulentos de venezolano y él le dio a ella a guardar la suya con la identidad legal de Colombia. La pareja salió hacia San Antonio, ciu-

223

dad limítrofe de Venezuela, a unos 20 minutos de Cúcuta, y cada uno pasó en forma independiente por la aduana para tomar el vuelo hacia Caracas.

Al-Shaalan había llegado a la capital venezolana con una nutrida comitiva el 11 de mayo. Se hospedó en la suite presidencial 966 del hotel Intercontinental. Ramón se quedó con Natalia en el hotel Tamanaco, donde recibió llamada del príncipe, quien lo citó a las 8 p.m. del día siguiente en la suite presidencial.

La mercancía llegó a tiempo a Caracas pero Ramón fue notificado de un problema que podría atrasar la operación. El camión no cabía en la bodega de verduras de la zona industrial en donde debería ser descargada la droga. Al presentarse en el congestionado lugar, Ramón se encontró con el espectáculo de numerosos peatones espontáneos que se habían arremolinado alrededor del camión para competir por la solución más práctica de cómo introducir el camión al depósito. Salió ganadora la de desinflar las llantas traseras. A las cinco de la tarde la mercancía había sido descargada e inventariada.

Como estaba acordado, Ramón se presentó en el Intercontinental y se identificó con sus papeles falsos, en los que aparecía como Rodolfo García Peña. Dijo que era médico y que tenía una cita para saludar al príncipe. Subió a la suite y en la sala de la habitación esperó unos 20 minutos a que Al-Shaalan despachara a unos banqueros venezolanos.

—¿Estamos listos con todo? —preguntó el príncipe

—Sí —le respondió Ramón—, ya tengo todo organizado, lo único que necesito saber es cuándo te vas y tus maletas para organizarlas.

—OK —le respondió Al-Shaalan—, yo parto mañana a las 4 p.m., te estoy entregando todas las maletas con la disculpa de que me vas a ayudar a llevar a mi secretario a hacer algunas compras y luego a llevar el equipaje hasta el aeropuerto de Maiquetía —respondió Al-Shaalan.

—Yo creo que lo de los regalos está bien, pero de ahí a meter un conductor colombiano en tu comitiva, hasta el aeropuerto, rodeado de cuerpos de seguridad de Chávez, es un riesgo muy alto que no debemos tomar; lo mejor es que yo vaya a comprar los regalos, te devuelva el camión con las maletas organizadas y un conductor tuyo o del gobierno venezolano que conduzca el camión hasta el aeropuerto —señaló Ramón.

—Bueno, mañana veremos cómo acabamos de solucionar ese punto; por lo pronto, llévate esa maleta —le dijo el príncipe mostrándole una samsonite gris de pasta dura y rodachinas cuya clave de seguridad era 1-2-3.

Ramón salió con la maleta por entre los escoltas del pasillo del hotel que lo miraban desprevenidamente. Al día siguiente se despidió de Natalia, advirtiéndole que saldría para una misión difícil, que si no se reportaba en más de dos horas no dudara en viajar a Medellín y llamar a Óscar Campuzano. En Caracas, Ramón compró en efectivo un camioncito usado Mazda T-Turbo que Óscar, uno de sus hombres, llevó hasta el hotel para recoger las maletas de la comitiva del príncipe.

Al volante de un Mercedes Benz, El Médico siguió al camión hasta el hotel donde Buba, el escolta personal del príncipe, estaba listo para empezar una operación que por ser tan aparatosa posiblemente no despertaba sospechas de nadie, pero aun así tenía nervioso a Ramón. Debían montar unas 126 maletas a la furgoneta, a la vista de toda la gente que entraba y salía del hotel.

"Fue una labor maratónica", afirma Ramón. "Parecía que nunca se iban a acabar las maletas, y todo turista que pasaba se detenía a mirar el extraño espectáculo de decenas de maletas en fila, esperando para ser montadas al camión".

Terminada la labor, el camión salió del hotel en dirección a la bodega donde estaba la droga, en medio de un operativo de seguridad de la organización. Al timón del camión iba León con un radio Motorola portátil de comunicación punto a punto, con el que se hablaba de carro a carro con el patrón y con el gerente de la importadora de papa y arveja que esperaba en la bodega. Otro hombre daba vueltas a la manzana del depósito y Ramón seguía el camión desde el Mercedes rentado en compañía de Buba. Despejada cualquier sospecha, Óscar y Elkin entraron al depósito y se dedicaron a una engorrosa labor. Debieron sacar de las maletas unas cajas de agua Evian que habían sido empacadas en su interior para no despertar sospechas en las aduanas de un equipaje vacío y en su reemplazo acomodar paquetes de 20 a 25 kilogramos de cocaína.

Los paquetes tenían como distintivo un dibujo de la torre Eiffel y un cerdito, marcas de ocasión de dos de las mejores "cocinas" —laboratorios— de cocaína de la zona de Caucasia. A menos de una hora de comenzar la tarea, Ramón se dio cuenta de que dos hombres no podrían terminar en el tiempo que les quedaba, por lo que se sumó al grupo uno más.

"El celular no dejaba de repicar constantemente cada media hora, unas veces Naty, otras el príncipe pidiéndome explicaciones por el inusitado retraso. Para mí esto demoró un siglo".

Finalmente, el camión llegó al hotel con la mercancía empacada. Cuando subió a la suite del príncipe para entregar las llaves del camión, Ramón pensaba que era su última labor, pero el príncipe le dijo que no tenía un conductor que supiera manejar en la ciudad, y tendría que poner a uno de sus hombres. A Ramón no le gustó mucho la idea.

—Sólo te pido que si pasa algo, saques a mis muchachos del problema; tú te encargas de su seguridad —le dijo Ramón.

—No hay ningún problema —le respondió el príncipe mientras escribía algo en una hoja de esas libretas de apuntes que los hoteles ponen junto al teléfono de las habitaciones. Al terminar de escribir arrancó la hoja, y al dársela a Ramón le dijo—: "Este es el teléfono de Mustafá en París, con él tienes que coordinar el próximo encuentro. Él coordina todo lo relacionado con mis movimientos en París y te informará la hora de llegada al aeropuerto militar.

Mustafá Djaoudi era el conductor personal, secretario de confianza y escolta de Mawad Al-Shaalan, hermano de Nayef. Tenía, entre otras funciones, el cuidado de una mansión de Mawad en Divonne les Bains, en Francia, por la que pagó 40 millones de francos. Nacido en 1964, Djaoudi trabajó para la familia desde 1989 por un sueldo de 2.000 francos al mes. Aparentemente, Nayef utilizaba también sus servicios cuando viajaba a Suiza y Francia.

Ramón le dio la mala noticia a su ayudante de que debía manejar con la droga hasta el aeropuerto de Maiquetía, situado a una hora de camino de Caracas, lo que no estaba previsto, pero lo consoló diciendo que él iría detrás en el Mercedes.

—Señor, ¿me llevo el radio? —le preguntó a Ramón.

—Claro —le respondió Ramón—. Si quiere le voy contando chistes para que no se aburra.

La caravana llegó al aeropuerto de Maiquetía, donde ya había aterrizado el avión privado del príncipe, un Boeing 727-100 de matrícula VP-BNA.

En el manuscrito de Ramón, archivado en un proceso judicial en Miami como prueba, el médico describió así la salida del avión, que identificó como un Jumbo:

"Una hora después la comitiva entraría por una puerta lateral a la pista del aeropuerto internacional de Maiquetía y se estacionaría al lado del 747 de color blanco que, imponente, se destacaba en los hangares privados. Nacho, Naty y yo nos estacionamos en un extremo de la pista y a través de la reja, sentados en la trompa del carro, éramos testigos mudos de cómo la Guardia Nacional venezolana personalmente montaba las 150 maletas, de las cuales 92 llevaban 2.000 kilogramos de cocaína rumbo a París".

Ramón tomó el teléfono y llamo a Óscar Campuzano.

—Se fueron los familiares, viejo; hasta ahora, todo va 100% —dijo.

—¿Seguro? —insistió Campuzano.

—Pues claro, huevón, yo mismo los despedí en el avión, y los estoy viendo volar, ¿qué más querés?

# CAPÍTULO 35

En Francia, los preparativos para recibir el avión del príncipe no parecían funcionar como se había previsto. La cadena de mando era larga. Carlos Ramón viajó a Madrid para reunirse con un hombre apodado El Cuñado, quien sería el enlace con el grupo de Francia. De allí volaron juntos a París. El Cuñado se encargaría de ponerse en contacto con François Tixador, jefe de los franceses, para que éste a su vez se comunicara con Mustafá, el hombre de confianza del príncipe.

Mustafá parecía muy tranquilo. Cuando Tixador lo llamó para conocer los últimos detalles de la operación, le dijo que estaba en una reunión en la embajada de Arabia Saudita y que hablaría sobre el transporte de las maletas cuando se desocupara. Mejor dicho, cuando le diera la gana.

"Casi me da un infarto de la furia por la actitud de ese señor, pero no había nada más que hacer, dependíamos única y exclusivamente de él, sólo podíamos tener paciencia", comentó Ramón.

Entre tanto, los demás hombres de la operación estaban en sus puestos, listos para recibir la mercancía. Gustavo Guarín Gonfrier, el ingeniero químico que vio romperse el sueño de la cocaína sintética en Pristina, esperaba nervioso la noticia del arribo de la droga en París. A solicitud de Ramón, Guarín había viajado a Madrid el 1° de mayo con la misión de representar a la organización en el conteo y la entrega de la cocaína a los distribuidores. Guarín se trasladó a Barcelona donde se reunió con Jiménez, quien había aceptado el papel de cabeza del grupo en Europa, pero se negó a asumir la responsabilidad de toda la operación. Por ese cambio de última hora debieron contratar a Tixador, quien cobró el doble de lo que habría costado el trabajo de Jiménez, aunque ofreció sus influencias para lograr el acceso libre a las zonas vetadas a particulares en el aeropuerto donde aterrizaría el avión del príncipe.

Los franceses hospedaron a Guarín en el hotel Le Terrass y luego lo trasladaron a un apartamento. Por el lado francés, la organización contaba además de François con Rayeh Cheriff, Édgar Gutiérrez y Jean Claude Didier Dubrecq, alias Lobo Blanco, un asaltante de camiones de transporte de valores.

Nayef dio instrucciones telefónicas al asistente de los hermanos Al-Shaalan en Francia y Suiza, Mustafá Djaoudi, de presentarse en el aeropuerto para recoger a la familia. "Me dijo: 'Tú recoges los tres Audis, más el minibús Volkswagen con los choferes en París, llegamos en la mañana a las seis horas al aeropuerto de Le Bourget'. Le pregunté cómo hacía con las maletas y me dijo que él iba a estar en contacto para que alguien fuera con dos furgones para cargar las maletas. Luego me dio el número de teléfono de la embajada o del consulado o de la oficina militar saudita en París, para que yo me viera con un tal Said para poder entrar a la zona del aeropuerto, ya que ahí no se puede entrar sin autorización"[50]. Said era un funcionario de la embajada de Arabia Saudita en París.

Los hombres del Lobo Blanco se estaban poniendo impacientes por el desinterés de Mustafá en la operación. Su jefe tuvo que apaciguarlos. Finalmente, en las horas de la noche, informó que Al-Shaalan llegaría a las cinco de la mañana a París. A las 5:30 del 16 de mayo aterrizó el avión de la familia real en el aeropuerto de Le Bourget, un terminal reservado para vuelos ejecutivos, localizado a unos 12 kilómetros al norte de París. A bordo iban 15 personas. Entre ellas su hermano gemelo Saud, la esposa de éste Jawaher, y tres hijos de Saud, dos niñas y un varón. También viajaban David Read, uno de los directores del Kanz Bank, y su asistente Zoumeir Hallak. Los niños llevaban un acompañante, Yimer Saed Mohamed, de origen etíope. Según declaró Saud, el motivo del viaje

---

50. Novena respuesta suplementaria de Estados Unidos a la orden de presentación de pruebas radicada al día 19 de diciembre de 2003 por la fiscal Jacqueline M. Arango en el caso Estados Unidos vs. Doris Mangeri, Iván López, caso 02-2058 CR.

era cumplir una promesa a una de sus hijas de llevarla a Eurodisney, en Francia, como premio por haber sido paciente durante una cirugía[51].

Dos furgonetas blancas recogieron las maletas y en otros automóviles lujosos se montaron los pasajeros. Nayef y su esposa iban en un Mercedes Benz 600, Saud en un Audi con su esposa y sus niños y en otro Audi los acompañantes. El ejecutivo del Kanz Bank y su asistente no hacían parte de esta caravana. Ramón observaba la operación a unos cien metros de la salida del aeropuerto. La caravana se dirigió hacia el hotel Príncipe de Gales en París, donde ambas familias se hospedaron. Las furgonetas con las maletas nunca llegaron al hotel. En el camino tomaron un desvío seguidas por Lobo Blanco y por Ramón en dos automóviles que se comunicaban por radio. Horas después serían llevadas a una casa en las afueras de París.

"Llamé a Óscar y le repetí el mensaje: 'Viejo, ya terminé, anótelo en el libro de las cuentas por cobrar, nos vemos en Colombia'", recuerda Ramón. El Médico viajó a Caracas y de allí tomó otro vuelo a San Antonio del Táchira para recibir de su tía sus papeles legítimos.

"Por mi mente sólo pasaban ideas de cómo serían nuestros planes en el futuro, la operación había sido totalmente impecable y eso implicaba una gran carta de presentación ante el príncipe".

Guarín, el ingeniero, fue recogido por los franceses, que lo llevaron a una casa semiabandonada en Noisy-le-Sec, una comunidad de los suburbios sureños de París, donde había sido depositada la cocaína. Allí verificó la presencia de las valijas con la droga, pero al terminar de contar los paquetes plásticos descubrió que faltaban unos 50 kilos. De inmediato llamó a El Cuñado a notificar la pérdida.

La sensación de misión cumplida fue ensombrecida por la noticia de que la mercancía no había llegado completa a Europa. Los narcotraficantes colombianos sospecharon que la droga había sido robada probablemente en la escala que el príncipe hizo en Yidda, Arabia Saudita, o quizás en territorio francés. Otra novedad complicó un poco más el proceso de venta. Los Cíclopes se reunieron en la oficina de Medellín y escucharon la propuesta que tenía Iván López de vender parte de la droga a otros postores a un precio más alto. Úsuga y

---

51. Declaración en el juicio, *op. cit.*

Campuzano estuvieron de acuerdo, a pesar de que Ramón se opuso haciendo señas a espaldas de López, monerías que éste pilló en uno de los espejos de la oficina. Ya descubierto, Ramón expresó su desacuerdo abiertamente. Dijo que esos cambios de última hora siempre tienen un costo de seguridad. Ofrecer la droga a un mayor número de clientes y empezarla a "menudear" hace más conocida la mercancía y por ende más vulnerable, explicó.

El 26 de mayo, Dubreucq despachó desde París 250 kilos a un cliente en Holanda, al día siguiente cargó 150 kilos; el 28 se enviaron en un Renault Safrane 200 kilos a otro cliente en Holanda y el 29, se pusieron en un furgón blanco, con matrícula española, 260 kilos que serían entregados al español José Blanco Fernández. Horas después este cargamento fue descubierto por la Guardia Civil de España en el puesto fronterizo de La Junquera, Cataluña. Los policías arrestaron a Fernández y dos individuos más, que confesaron dónde habían recogido la mercancía y acto seguido la Policía francesa fue notificada.

La Brigada de Estupefacientes francesa concentró sus esfuerzos en una casa mal mantenida en Noisy-le-Sec, una comunidad de los suburbios sureños de París. El dispositivo de vigilancia culminó el 6 de junio, cuando varios policías allanaron la casa en la que encontraron 374 kilos de cocaína distribuidos en diferentes sitios de la decrépita residencia y 66 maletas de cubierta dura repartidas entre el ático y una habitación[52].

Allí mismo arrestaron a Guarín, quien no demoró mucho tiempo en cooperar y relató lo que sabía de la operación, incluyendo la participación de un príncipe árabe y de un avión cuyas características desconocía. Se trataba de la cantidad más importante de cocaína jamás descubierta en territorio francés, según contó el ex funcionario del Ministerio del Interior de Francia, Fabrice Monti, en su libro *La Coke Saoudienne*.

Al realizar las primeras averiguaciones de los vuelos que aterrizaron en el aeropuerto de Le Bougert el día que llegó el cargamento de cocaína, relata Monti, los investigadores franceses clasificaron como sospechoso un Gulfstream IV de matrícula HZ-AFX que aterrizó en ese

---

52. *La Coke Saoudienne: au coeur d'une affaire d'etat*, Fabrice Monti, Flammarion Enquete, 2004, pp. 76 y 77.

aeropuerto procedente de Niza la noche del 16 de mayo. El avión salió de Yidda, Arabia Saudita, e hizo una parada en Londres. Corriendo el riesgo de afectar las relaciones diplomáticas con Arabia Saudita, los policías retuvieron el avión en uno de sus vuelos a París y llevaron al aeropuerto las 66 maletas incautadas a Guarín para establecer si la bodega del avión tenía capacidad para acomodarlas.

Al verificar que el avión no tenía tal capacidad, fue liberado. La acción no debió caer muy bien en el gobierno saudita. El comandante de la aeronave, de apellido Gallina, resultó ser uno de los pilotos personales del rey Fahd, y la escala en Niza fue para recoger a la hija del soberano Latifa Bin Fahd, explicó Monti.

Revisando los registros de vuelo de París, los investigadores hallaron finalmente el avión que buscaban: un 727 de matrícula VPBNA, que llegó a Le Bougert con 14 personas a bordo, el 16 de mayo a las seis de la mañana. Sólo les faltaba cotejar las llamadas de los celulares de los hombres que recibieron la droga y los sitios desde donde se produjeron. A los pocos días concluyeron que varias de las llamadas se ubicaban en la zona y que el motivo principal de las comunicaciones era la llegada del avión con la droga.

La confiscación de la cocaína, el testimonio de Guarín y los indicios del avión proyectaban un caso sólido para la justicia francesa.

Aunque Guarín mencionó a Ramón y a Úsuga en su confesión, el gobierno francés no emitió inmediatamente una solicitud de captura internacional. Sin embargo, uno de los colaboradores de Los Cíclopes en Europa envió un fax con un recorte del diario *Le Monde* que reportaba la incautación de la droga a la oficina de Óscar Campuzano en Medellín, oficina que fue allanada en la Operación Milenio. La Policía colombiana archivó el fax sin darle mucha importancia, pero lo compartió con agentes de la DEA que sí se ocuparon de escudriñar el origen del recorte de prensa, uno de los recursos más usados por los narcotraficantes para salvar su responsabilidad cuando cae un cargamento de cocaína.

Al enterarse de la incautación de la droga en la casa de Natalia mientras esperaba, viendo televisión, a que su novia le sirviera la comida, Ramón salió de inmediato a reunirse con Úsuga y dejó servidos los platos. Con el sentido práctico y monetarista que los caracterizaba,

Los Cíclopes no se ocuparon de analizar qué había salido mal sino de evaluar pérdidas. Hasta ese momento, calcularon, se habían vendido 10 millones de dólares en cocaína, de los cuales cinco millones se le habían entregado al príncipe, y de los cinco que les correspondían a ellos, tendrían que pagar los gastos operacionales a Clemente, el banquero.

# CAPÍTULO 36

Después de sacarle el cuerpo varias veces, finalmente Carlos Ramón decidió reunirse a la carrera con Jorge, el hombre que su amiga Carmenza le quería meter por los ojos desde hacía días pero que Ramón no estaba muy interesado en escuchar porque sabía que le haría otra propuesta indecente. Lo que sospechaba lo confirmó a los pocos minutos de sentarse a hablar con el insistente empresario en el restaurante La Carreta del aeropuerto de Miami, antes de salir en un vuelo hacia Colombia a mediados de junio de 1999.

Ramón manejaba sentimientos en pugna en esos momentos en relación con el narcotráfico. Por un lado, quería prepararse mentalmente para abandonar el negocio y dedicarse a la telefonía celular y otras actividades legales, pero por el otro lo desvelaba el fracaso de la operación con el príncipe Al-Shaalan y quería recuperarse. Así que escuchó con interés, pero como si fuera una oportunidad accesoria, la propuesta de Jorge de meter por vía marítima a Estados Unidos una buena cantidad de cocaína desde Venezuela.

—Buenos días, soy Lucas —le dijo Ramón a Jorge. Era uno de sus nombres en el mundo del narcotráfico.

Los hombres tomaron asiento y Ramón preguntó sin rodeos para qué necesitaba hablar con él. Jorge explicó que era propietario de unos barcos en Miami que utilizaba para traer y llevar chatarra entre Miami y Centroamérica. En esas embarcaciones, le dijo, él podría traer "mercancía" desde Venezuela.

—Es muy sencillo —le dijo—: si usted me entrega la mercancía en Venezuela, por ejemplo, yo se la puedo recibir allá, la monto en mi

234

barco en unos huecos especiales que tiene, salgo y personalmente viajo en el barco y en cuestión de 15 días estoy en Miami; en la aduana me conocen mucho y casi no me revisan.

Ramón le preguntó entonces qué capacidad de transporte tenía y el hombre le respondió que de 500 a 1.000 unidades.

—¿Cómo me cobraría ese flete? —indagó Ramón más confiado.

—Señor, si usted quiere, sólo me adelanta una platica para los gastos del viaje y para asegurar nuestros negocios, y el resto lo cuadramos con un porcentaje y el otro porcentaje con mercancía aquí en Miami.

Jorge cobró de adelanto 400.000 dólares.

"Yo lo pensé unos minutos, y aunque la oferta era realmente tentadora pesó más en mí el reciente fracaso que habíamos tenido en París y mi deseo de demostrarle a todo mi grupo cómo era que se hacían los negocios. Al parecer, a todos se les estaba olvidando y era hora de ponerme el overol y darles una lección de profesionalismo".

Ramón aceptó la propuesta de Jorge y se comprometió a inaugurar la relación con 500 kilos y un adelanto de 250 mil dólares. La parte que le correspondería al transportista sería del 20% al finalizar la operación.

Jorge se rascó la cabeza en señal de desaprobación y dijo que le quedaba muy duro porque tenía que pagar el personal. Lo que siguió fue el consabido regateo, que terminó con Ramón insistiendo en sus condiciones y dando instrucciones a Carmenza para que coordinara los detalles con Jorge.

El hombre con quien Ramón estaba negociando era un legendario informante del Grupo 9 de la DEA y varios de los vecinos de mesa del restaurante, agentes de ese organismo. Un maletín colocado sobre una mesa cercana grabó en video todo el encuentro. Más conocido en Colombia como El Navegante, el informante fue el personaje central de un libro de no ficción que, por supuesto, Ramón nunca leyó.

Ramón regresó a Colombia lleno de energía positiva y con la intención de demostrarles a sus socios que "un negocio había que realizarlo participando en cada una de sus fases para que lograra ser exitoso". Óscar Campuzano fue el más escéptico al escuchar la historia. Le parecía que había sido un error mantener una conversación personal de esa importancia en Miami.

En agosto, las cámaras de los agentes encubiertos de la DEA grabaron a un emisario del grupo de Ramón pagando un adelanto del envío
de la droga de El Navegante en el estacionamiento del International
Mall de Miami. A los 30 días, Jorge recibió a las afueras de Maracaibo,
Venezuela, un camión proveniente de Brasil con una carga de 20 bul-
tos de verduras que camuflaba unos 20 kilos de cocaína en cada uno,
empacada en paquetes que tenían la calcomanía de un cerdito.

"La marca de los cerditos no era un azar, como cerditos íbamos al
matadero sin oponer resistencia; es más, con una sonrisa de satisfacción
que no nos cabía en la cara", recordó Ramón.

Casi todos los encuentros de la gente de Ramón en Miami con Jorge
y sus hombres quedaron registrados en video. El 24 de septiembre, Ramón y sus socios fueron acusados de narcotráfico en la corte federal de
Miami en un pliego de cargos bajo reserva para facilitar la captura.

Entre uno y otro encuentro con los enlaces de Jorge en Miami,
mientras esperaba el arribo de la droga, a Ramón se le ocurrió llamar
a Natalia a Medellín. Natalia le recriminó porque él llevaba un mes en
Miami, de fiesta en fiesta, mientras ella en Medellín lo esperaba ansiosamente. Como no estaba dispuesta a seguir enclaustrada esperándolo,
le advirtió que ese día se estaba preparando para viajar a Bogotá a
acompañar a su hermana a una rumba espectacular: la inauguración
de una nueva discoteca en la zona rosa.

A Ramón no le gustó para nada el plan de Natalia. Mientras iba
malgeniado por la avenida Le Jeune en el automóvil que manejaba su
secretaria personal, Karina, vio el letrero de "Aeropuerto" y le dijo que
lo llevara a la terminal de aerolíneas Aces.

—¿Qué vas a hacer? —le preguntó Karina.

—Voy a averiguar algo —le respondió Ramón.

Frente al mostrador de Aces preguntó si había cupo en el próximo
vuelo a Bogotá, y la empleada le respondió que sí, y estaba a tiempo.
Ramón compró el pasaje y se despidió de su amiga. A las cuatro horas
estaba comprando una rosa en un semáforo del norte de Bogotá y
minutos después tocaba en la puerta del apartamento 613 del edificio
Mónaco en el que vivía Catalina, la hermana de Natalia. La puerta
se abrió y tras ella vio la expresión de asombro de Catalina, quien se

disponía a lanzar un grito de sorpresa pero él lo asordinó poniéndole la mano en la boca.

—Shhhh —le dijo en voz baja.

—¿Dónde está? —preguntó Ramón.

—En la ducha —le respondió ella.

"El vapor de agua caliente sobre el vidrio y el champú que tenía sobre el pelo le hicieron pensar a Natalia que lo que tenía al frente era un espejismo pero no era así. Era yo de abrigo negro de cuero, hasta la rodilla, al mejor estilo de Luis Miguel, con una rosa en la mano diciendo ¡sorpresa! Acá estoy para esta fiesta".

A esa hora, la DEA y la Policía de Miami le tenían una sorpresa diferente a Ramón. Agentes de ambos organismos se presentaron en el edificio Portofino de Miami Beach con una orden de arresto en su contra. Al no encontrarlo, resolvieron mantener la operación en secreto, esperando su regreso a Miami.

# CAPÍTULO 37

La Policía sabía que Fabio Ochoa nunca había sido un narcotraficante pistolero, pero como los agentes de la DEA estaban muy interesados en la operación, la captura se hizo a lo gringo, tomando todas las precauciones. En la madrugada del 13 de octubre de 1999, dos grupos de agentes ingresaron por los costados sur y norte de la casa de Ochoa en Las Palmas, un sector al suroccidente de Medellín, ataviados con aparatos para ver en la oscuridad.

Uno de los dos escuadrones, supervisado por un avión que identificaba los movimientos dentro de la zona con un detector remoto infrarrojo, superó la barrera del portón automático de la entrada a la casa-finca, y una vez en su interior los oficiales más arrojados se metieron por una ventana y capturaron a Ochoa, que estaba durmiendo en pijama de short y camisa de manga corta.

Con ese allanamiento sin sobresaltos, se cumplía un sueño dorado de una generación de agentes antinarcóticos y fiscales de Estados Unidos, no sólo porque los Ochoa fueron el símbolo de una época en la que el narcotráfico era considerado un asunto de seguridad nacional en Washington; no sólo porque sus huellas estaban en los grandes cargamentos de toneladas de cocaína incautados en ambas costas del país; no sólo por el rabioso fracaso de la extradición a Estados Unidos desde España de su hermano Jorge Luis; sino porque Fabio, el escurridizo narcotraficante con rostro de adolescente, era considerado el autor intelectual del asesinato de uno de los informantes mejor apadrinados y más intrépidos de la guerra contra las drogas: Berriman Adler Seal, más conocido como Barry Seal.

El gordo Seal, un ex piloto de TWA, murió el 19 de febrero de 1986 acribillado en un parqueadero de Baton Rouge, Louisiana, por las balas calibre .45 de un fusil MAC 10 disparado por uno de tres sicarios colombianos enviados por los Ochoa y Pablo Escobar, según los cargos federales que se formularon. Tenía 43 años.

Para entender la importancia de Seal dentro de las huestes de colaboradores del gobierno y por consiguiente la perseverancia que caracterizó la persecución a los Ochoa por parte de Estados Unidos, hay que considerar dos aspectos poco conocidos de la vida del piloto. Uno es que Seal empezó en 1984 como informante federal en un grupo especial antinarcóticos dirigido desde Washington personalmente por el entonces vicepresidente George H.W. Bush. Se trata del South Florida Task Force, creado en junio de 1982 con agentes de la DEA, Aduanas, FBI, Administración de Impuestos, el Ejército y la Marina.

A eso hay que agregar que Seal trabajó hombro a hombro en operaciones encubiertas de envío de armas a Centroamérica con el ex oficial de la Policía L.D. Brown, quien había sido el más cercano escolta del gobernador de Arkansas y luego presidente de Estados Unidos, Bill Clinton. Brown fue contratado por la CIA por recomendación de Clinton. Se casó con la nana de Chelsea, la hija de Clinton y Hillary, y tenía acceso directo al gobernador.

La indiferencia de Clinton ante las desafiantes actividades ilegales de Seal en su propio estado ha sido motivo de especulaciones en artículos y libros de Estados Unidos, que subrayan la facilidad de desplazamiento del piloto en Arkansas en los tiempos en que disfrutaba de la bonanza de su negocio de narcotráfico. Quienes han investigado el tema no se explican por qué, siendo Clinton gobernador (1979-1981), Seal nunca fue acusado. Probar que el piloto utilizaba el pequeño aeropuerto de Mena Intermountain Regional, al occidente de ese estado, para descargar sus cargamentos de cocaína, no requería un ejército de fiscales. Y no era un problema de ignorancia del gobernador o de que sus subalternos trataran de ocultarle la realidad, según el controvertido biógrafo de Clinton, Emmett Tyrrell.

Su fiel escolta, Brown, le informó una vez a Clinton de los viajes de cocaína de Seal, y el gobernador respondió:

"Ese es un negocio de Lasater"[53].

Dan Lasater era un millonario muy cercano a Clinton y a Seal que derivó parte de su fortuna de la compraventa de bonos del estado de Arkansas. Su chofer personal era entonces el medio hermano de Bill, Roger Clinton, quien estuvo implicado en un caso de narcotráfico. Contrario a lo que muchos piensan en el sentido de que el problema de Roger era sólo de consumo de cocaína —metía 14 veces al día—, los documentos de las cortes federales de Arkansas muestran que el hermanastro del ex presidente estuvo involucrado directamente en el negocio del narcotráfico y con un socio colombiano. Un gran jurado de Fayetteville, Arkansas, acusó a Roger formalmente en agosto de 1984 de cinco cargos de distribución de cocaína y uno de conspiración para distribuir la droga junto con el colombiano residenciado en Nueva York, Maurice Rodríguez. Inicialmente Roger alegó su inocencia, pero en noviembre se declaró culpable de la conspiración y de uno de los cargos de distribución de cocaína[54].

Desafortunadamente, las crónicas de la indiferencia de Clinton frente al narcotráfico en su propio patio y las relaciones con Seal han quedado extraviadas en libros de escasa circulación y escondrijos de Internet dedicados a teorías conspirativas. La gran prensa de Estados Unidos ha mostrado un extraño desdén por el tema.

Con esas conexiones en ambos partidos estadounidenses, Seal tenía razones para ufanarse de su inmunidad y obtener provechos de la condición de ser un informante de varias entidades simultáneamente.

"Seal estaba en una importante e inusitada posición, comprometedora para el gobierno. Los informantes y contactos como Seal raramente trabajan para más de una agencia del gobierno al mismo tiempo. A través de una situación que él mismo concibió, Seal estaba trabajando para la DEA, Aduanas, el FBI, la CIA, el cartel de Medellín y posiblemente otros. Ninguno de los 'manejadores' [de Seal] parecía

---

53. *Boy Clinton: The Political Biography*, R. Emmett Tyrrell, Regnery Publishing Inc, 1996, p. 2.
54. "Sentence of Roger Clinton remains for now, judge says", *Arkansas Democrat-Gazette* (Little Rock, AR), 4 de junio de 1985.

conocer íntegramente al otro", escribieron Ted Reed y John Commings[55].

Los Ochoa no podían creer que McKenzie, a quien le decían Pajarito, el gordo bromista y buena gente que se coló en sus casas y pesebreras, fuera un sapo de la DEA y de la CIA. Como si el piloto soplón viviera en Envigado, la decisión arrogante de los todopoderosos miembros del cartel de Medellín fue matarlo. Lo mandaron matar en Louisiana en una operación burda y desafiante, que parecía diseñada para que fueran arrestados los autores materiales y el mundo supiera quiénes fueron los intelectuales. Después de acribillar a Seal en Baton Rouge, los sicarios dejaron abandonadas en el automóvil que usaron para escapar de la escena del crimen las chaquetas impermeables con el tiquete que tenía el nombre del almacén donde las habían comprado para envolver el arma homicida. Los tres se vistieron para el asesinato con pantalones verdes de cirugía que guardaron en sus maletas de regreso. Uno de ellos, Carlos Arango, alias Cumbamba, se cambió el pantalón después del crimen, pero se puso otro del mismo color.

Bernardo Vásquez, uno de los sicarios, pagó con una tarjeta American Express el alquiler del vehículo en el que se escaparon y los tres se registraron en los hoteles con sus nombres verdaderos. Un grupo de agentes federales estuvo a punto de arrestar a Cumbamba en el aeropuerto de Nueva Orleans cuando buscaba cupo para un vuelo a Miami, pero el colombiano se hizo el turista perdido y regresó al hotel para cometer otra imprudencia: irse en taxi hasta Memphis, Mississippi, una ciudad situada a 550 kilómetros, donde pensaba hacer una conexión a Miami.

En el camino, muy cerca de la ciudad de Meridian, Mississippi, el taxi quedó inservible tras atropellar un venado. Otra versión indica que Cumbamba, conmovido por el venado malherido, le pidió al taxista que se devolviera para recoger al animal, lo que llamó la atención de un patrullero que recorría la autopista. Lo cierto es que alrededor de las 2:20 de la madrugada, el patrullero se acercó al taxi y descubrió que la figura de Cumbamba, especialmente la quijada prominente, coincidía

---

55. *Comprised, Clinton, Bush and the* CIA, Ted Reed and John Commings, SPI Books, 1994, p. 108.

con la del boletín nacional de fugitivos distribuido por el FBI la tarde anterior. Finalmente, y para cerrar la comedia de torpezas, en el bolsillo del pantalón de Cumbamba el agente encontró las llaves del Cadillac que el sicario había alquilado para escapar del lugar del atentado.

Un gran jurado de Lake Charles, Louisiana, sólo necesitó 30 minutos para hallar culpables a los sicarios después de escuchar a 118 testigos, el principal de los cuales fue Max Merlmestein, otro gringo que se había infiltrado en la organización de Medellín. Merlmestein aseguró que la orden de matar a Seal fue impartida por Jorge y Fabio Ochoa, y Pablo Escobar.

De manera que aquella madrugada del 13 de octubre de 1999, cuando esperaba en el patio de su casa a ser trasladado a una estación de Policía y de allí a Bogotá, Fabio Ochoa Vásquez no era un prisionero de Colombia sino un trofeo de Estados Unidos. El fundador del cartel de Medellín, de 40 años, quedaba así bajo el control de la DEA en la Operación Milenio, una operación de la cual no existía ni un solo documento de denuncia penal en Colombia. El borrador de la acusación reposaba en una oficina del Departamento de Justicia en Washington, como guión de un espectáculo multinacional que se presentaría en las horas siguientes.

En una de las calles de Medellín por la que también transitaban los sigilosos soldados y policías de la ronda de allanamientos de la Operación Milenio, iba un borracho con un ejército de mariachis buscando a una novia despechada.

# CAPÍTULO 38

—**S**ocio, ¿se acuerda de la viejita ésta, la de la galería de muebles, la que está muy buena? —preguntó Elkin Sánchez Mena a Carlos Ramón Zapata.

—¿Cuál, socio? —le respondió Ramón, pensando que en Medellín el 80% de las mujeres están buenas.

—Socio, la viuda del sapo éste, la de la galería donde usted compra sus muebles —le explicó el sicario.

—Ah, la de la galería de Soho —recordó finalmente Ramón—. Sí, ¿qué pasa con ella?

Sánchez hablaba en forma lenta, como si siempre estuviera trabado con drogas, aunque con frecuencia lo estaba.

—Huy, socio, imagínese que por ahí hay un pinocho que la puso a valer —le advirtió Sánchez.

El anterior es un fragmento de una conversación que la buena memoria de Ramón reconstruyó al recordar la manera como se enteró, a mediados de 1999, de que los enemigos del narcotraficante arrepentido Arturo Piza, no contentos con su muerte, querían también asesinar a la viuda, Luz Estela Ossa. Poner a valer a alguien es un eufemismo macabro de un asesinato por dinero. Esa era la noticia que Sánchez, el peligroso jefe de la banda La Terraza, compartía con Ramón en una conversación desprevenida que habría podido ser de motocicletas o de fútbol, pero que se desvió hacia la más reciente tarea pendiente del jefe de sicarios.

—¿Cómo así, Negro? ¿Quién, viejo? Cuénteme —le pidió Ramón azorado, tratando de identificar a la persona que había pagado por "la vuelta".

—No, socio, no le puedo contar, lo único que le digo es que me dieron la vuelta a mí, y la va a visitar el escuadrón de la muerte.

Ramón lo interrumpió muy preocupado.

—Huy, socio, cómo se le ocurre, ¿no ve que ella anda saliendo con mi cuñado y en una de esas me deja sin cuñado?

—¿El socio suyo? —le preguntó Sánchez, refiriéndose a Juan Gabriel Úsuga.

—No, el otro, el menor, el más sano, para acabar de ajustar; a ese sí que le cae encima su escuadrón y ni cuenta se da —explicó Ramón aludiendo a Gustavo Úsuga, hermano de Juan Gabriel y de su esposa Martha.

—Huy, socio, ahí está grave porque en el momento de la vuelta, si el pinocho ese se pone de áspero, le van a estar dando tren de fusil, usted sabe.

Ramón le pidió un minuto a Sánchez para llamar a Juan Gabriel, y una vez que confirmó que su hermano Gustavo estaba saliendo con Luz Estela, Ramón le advirtió que llamara a la mujer de inmediato y le dijera que se fuera del país porque la iban a matar.

Al colgar, Ramón le dijo al sicario:

—Socio, necesito un favorcito de usted; ¿sabe qué? Le voy a pedir que le dé 24 horitas para que ella se abra, es un favor más que personal.

El socio iba a recibir 20.000 dólares por matar a la viuda. Ramón le consiguió esa suma de inmediato y convenció al sicario de que aplazara el encargo por 24 horas, ya con el dinero en su bolsillo.

—Huy, socio, usted siempre dañándome el negocito —dijo Sánchez a Ramón al aceptar la propuesta, mientras cogía el fajo de dólares.

La viuda salió ese mismo día de Colombia y quedó eternamente agradecida con Los Cíclopes. Pocos meses después encontró la gran oportunidad para retribuir el favor. Luz Estela llamó angustiada desde Estados Unidos a Úsuga y le dijo que él, su hermano Gustavo y Ramón, tenían que esconderse de inmediato. Cuando recibieron la llamada, Úsuga y Ramón estaban en la oficina del primero analizando, con pose de críticos de arte, uno de los cuadros del gran paisajista colombiano Gonzalo Ariza.

Como Luz Estela no podía dar más detalles, Los Cíclopes no entendían muy bien por qué y de quién tenían que esconderse si ellos no debían nada a la justicia. El fiasco de Europa y el príncipe no parecía avanzar hacia un punto que los pudiera comprometer.

—Viene una operación muy grande —decía la mujer desde Estados Unidos—, una redada gigantesca en varias ciudades de Colombia, y cualquiera puede caer.

Las respuestas de Úsuga seguían con un tono de escepticismo.

—Se lo juro por mis hijos que es cierto —imploró la mujer al borde del llanto.

Aunque no se lo dijo, Luz Estela se había enterado de la operación a través de Baruch Vega. A su vez, Vega lo había sabido porque se lo contó el agente David Tinsley.

"A mí me llama la gente de la DEA y me dice: 'Llame a la gente de Colombia, que mañana o pasado mañana va a haber una cosa grande allá, que se esconda todo el mundo'. Ya nosotros sabíamos, pero no sabíamos que era la Operación Milenio. En ese momento yo me encuentro con Estela y le digo 'Estelita, hay que contactar a los amigos nuestros para que se queden quietos, calladitos, eso es lo que me dijo la DEA'".

Los amigos a los que se refería Vega no eran ni Ramón ni Úsuga, a quienes no conocía, sino otros colaboradores.

Tanto insistió Luz Estela que Úsuga y Ramón resolvieron pasar el día y la noche en Venecia, un municipio al suroeste de Antioquia donde ambos tenían finca en un bonito complejo de haciendas de lujo, rodeado de lagos, piscinas, canchas de fútbol, caballerizas y galleras. La finca más grande, con capacidad para albergar a unas 60 personas, era propiedad de Úsuga y la compartía con Ramón, quien además tenía otras dos en el mismo complejo. Al paseo de emergencia también se unió Bernardo Sánchez Noreña, colaborador de la oficina.

Al llegar al lugar, los amigos mandaron ensillar mulas finas para hacer una cabalgata que terminaría en el pueblo de Venecia tomando aguardiente de bar en bar, como era costumbre. Cuando Natalia llamó a Ramón, con quien había quedado de verse, no le gustó nada escuchar al fondo el galopar de los caballos sobre el asfalto, pues ese es un sonido muy ligado a fiestas de largo alcance y con mujeres. Ramón explicó que estaba con sus amigos de siempre, pero su reputación no alcanzó para reforzar la versión, esta vez cierta, de que no había mujeres en el paseo. Natalia colgó furiosa y Ramón no tuvo forma de responder porque la modelo desconectó de inmediato el celular. En esos días la relación atravesaba por una crisis terminal. El Médico no tenía las agallas de dejar a su familia, su hija Luciana tenía sólo seis meses, y Natalia estaba cansada del tren de fugas en calidad de amante.

Después de la cabalgata, Los Cíclopes llegaron a la finca alrededor de las once de la noche con unos tragos en la cabeza. Bajo la influencia de la nostalgia etílica, Ramón decidió regresar a Medellín a darle una serenata a su novia. En la ciudad contrató a un conjunto de mariachis que lo siguió en una furgoneta hasta el apartamento de su amante en Torres de la Iglesia, barrio El Poblado, pero al llegar allí, alrededor de la una de la mañana, abrió la puerta del apartamento con el juego de llaves que tenía, y cuando los mariachis ya frotaban las trompetas para entibiarlas, descubrió encolerizado que Natalia no estaba.

Era la madrugada del miércoles 13 de octubre. Varios contingentes de la Policía y el Ejército esperaban acuartelados las órdenes de sus superiores, sin que los jefes medios supieran el alcance de la misión. La DEA de Colombia, la delegación más grande de este organismo en todo el mundo, también estaba en alerta.

Ramón salió con los músicos a buscar a Natalia en las casas de sus amigas. Por las colinas de El Poblado veía movimientos de tropas que empezaban a instalar retenes, pero no le despertó ninguna sospecha. Lo suyo era encontrar a La Melliza. Al fracasar en varios intentos que hizo de llegar a la casa de Catalina Montoya, donde creía que Natalia se había quedado a dormir, Ramón despachó a los músicos somnolientos y regresó al apartamento de su amante. Se acostó en el sofá de la sala a esperarla, pero pudo más el sueño que la rabia y cayó profundamente dormido hasta que en la madrugada, alrededor de las cinco y media, lo despertó el estruendo muy cercano de helicópteros que sobrevolaban la zona. El apartamento en el que Ramón vivía entonces, en espera de que terminara la construcción de una casa para la familia, estaba a muy poca distancia del de Natalia.

"Al mirar por la ventana, alcancé a distinguir un enjambre de soldados que penetraba a mi edificio de manera ordenada y metódica. Sin embargo, yo no estaba seguro de que fuera exactamente en mi apartamento, porque en ese edificio vivía la crema y nata del narcotráfico de Medellín".

La Operación Milenio había comenzado. Oficiales de grupos élites estaban allanando varios apartamentos del barrio. A través del teléfono avantel, Ramón llamó a Montoya, su escolta.

—Montoyita, venite ya mismo para donde la Repe.

—¿Qué pasa, señor; peleó con ella? —le respondió entredormido.

—No, me están allanando al frente, huevón; muévase.

A los pocos minutos, Montoyita tenía más noticias. Habían allanado las casas de Bernardo Sánchez, Juan Gabriel Úsuga y Óscar Campuzano, pero aparentemente la del patrón estaba intacta. Ramón le dijo a Montoya que no se presentara en el apartamento de Natalia hasta que él pudiera tener una idea clara de lo que estaba pasando. Finalmente logró establecer con su esposa que todos los apartamentos de sus socios habían sido allanados, menos el de él. Úsuga y Sánchez se habían salvado del arresto.

Ramón encendió el televisor y el noticiero mostraba una imagen que le sacó del alma un madrazo: una larga fila de detenidos cabizbajos en la que se destacaban Fabio Ochoa, quien no se cubrió ni agachó la cabeza, y Alejandro Bernal Madrigal. Natalia escuchó las noticias y salió hacia su apartamento con el seguro presentimiento de que allí estaba Ramón.

—¿Qué vamos a hacer? —le preguntó a Ramón apenas entró al apartamento.

Con la corbata en la mano y sin zapatos, Ramón le respondió que, por lo pronto, salir de allí. Fue al baño, se afeitó, se vistió de saco y corbata y salió sin escolta ni papeles en el campero Toyota de Natalia manejado por ella, rumbo a Juanito Laguna, su finca preferida en Llano Grande, a orillas de la represa La Fe.

Mientras avanzaban por la vía a Las Palmas, sin mirarla a la cara, y haciéndose el que leía una revista, Ramón le preguntó a Natalia dónde había pasado la noche.

—Pues donde Catalina Montoya, ¿dónde más? —respondió Natalia.

—Bueno, será creerte porque qué más hago —comentó Ramón, pensando que lo menos que necesitaba en ese momento era pelear con su compañera de fuga.

Al llegar a Juanito Laguna, Ramón acordó encontrarse a medianoche con Úsuga y Sánchez en la propiedad más remota de su emporio rural en Antioquia. La comunicación era triangulada. Ramón hablaba con Montoya y Montoya con Banano, el chofer de Úsuga, quien, a su vez, le pasaba el mensaje a Úsuga. Los empleados se referían a los patronos como sus papás: "Dice mi papá que le diga a su papá que se ven en la finca de las vacas frías", se escuchó en el avantel de Montoya.

Úsuga entendió de inmediato que se trataba de una propiedad en un pico del Cerro Bravo, un lugar tan frío sobre el que alguna vez Los Cíclopes habían bromeado diciendo que las vacas daban leche en cubos. Ese lugar, al que sólo se podía llegar por una carretera estrecha y escarpada, tenía además la ventaja de que desde la casa principal de la finca era posible dominar el camino de acceso, de unos siete kilómetros.

La finca donde Ramón esperaba que pasaran las horas para el encuentro con sus socios tenía una plataforma de madera frente a la represa de La Fe. Mientras Natalia en ropa interior refrescaba el cuerpo de Ramón con el chorro de agua de una manguera, le dijo una frase que terminó de desarmar su orgullo de desconfiado:

"Tú sabes que yo no quería seguir con esta vida, pero no te voy a dejar solo en este momento en el que no puedes confiar en nadie; cuenta conmigo".

Ramón llegó a la finca de las vacas frías después de una serie de precauciones, que incluyeron un concierto de silbidos ya codificados entre los escoltas de ambos Cíclopes a través del avantel y un intercambio de señales de luces de los carros que subían y los bombillos de la finca. En ese lugar pasaron la noche en vela, planeando su nueva vida de tránsfugas, Úsuga, Ramón y Sánchez junto con sus escoltas de más confianza y Martín, el amigo de Ramón.

Con el gusto que le sacaba al tema de la seguridad, Ramón se encargó de preparar tres morrales de supervivencia para él y sus compañeros de fuga. Cada uno contenía varios miles de dólares en efectivo, binoculares, linterna, celular, un pasaporte falso, una muda de ropa y tarritos de leche condensada. En la finca de las vacas frías se sintieron muy seguros hasta que al tercer día, mientras marcaban un ganado en un potrero lejano, un niño de la zona, que bajaba de una colina cercana con un atado de leña, saludó a Úsuga con su apellido.

"Buenos días, señor Úsuga", le dijo.

Úsuga y Ramón se miraron asombrados, reparando en un hecho que no tuvieron en cuenta en su cuidadosa lista de precauciones. La finca podría estar retirada, pero ambos eran personas muy conocidas en la región, no sólo por sus extensas propiedades sino por sus bulliciosas actividades públicas, como las cabalgatas, las parrandas en los bares del pueblo y las apuestas en las galleras. Al día siguiente salieron hacia la segunda estación de su fuga: una finca en el municipio de Caldas. Antes, Ramón llamó a su cocinero de confianza para preguntarle si estaba dispuesto a acompañarlos en la travesía. Nicolás no lo dudó un segundo y más tarde se unió a la romería.

Ninguno de los prófugos viajaba con su esposa. Todos iban con sus amantes. A Úsuga lo acompañaba Mónica, a Bernardo, Patricia; a Martín, Adriana, y a Ramón, que técnicamente aún no era prófugo, Natalia. Un amigo cercano les prestó dos camiones de carga llenos de verduras que usaron como pantalla para pasar los retenes fijos de peaje y los móviles del Ejército y la Policía. La caravana quedó entonces conformada por los dos camiones, dos camionetas Toyota en las que iban las tres novias de los fugitivos, los escoltas y el cocinero, y al final un automóvil modesto ocupado por Úsuga, Ramón y Sánchez.

Al momento en que el carro que lideraba la caravana avisaba de algún retén en la vía o se acercaban a un peaje donde generalmente hay vigilancia, Ramón, Úsuga y Sánchez se trepaban en la parte de atrás de los camiones y pasaban como coteros —ayudantes de camión— de las viandas hasta que más adelante volvían al automóvil.

En la finca de las vacas frías, Los Cíclopes habían recibido una noticia consoladora. Tito, el hermano de Bernardo, se presentó en la hacienda para informarles que Julio Correa, uno de los graduados del programa de Vega, quería hablar con ellos para ayudarlos. Los Cíclopes no tenían ni idea de Vega pero confiaban en Correa.

# CAPÍTULO 39

Sentado en su oficina del norte de Bogotá, Alejandro Bernal Madrigal escuchaba desorientado los términos cósmicos que usaba su astróloga de cabecera para explicarle si le convenía o no un viaje a Cuba planeado para los próximos días. Bernal quería escuchar de boca de la astróloga, Alexandra Molano, cómo saldría el "matrimonio de negocios" que quería consumar con el narcotraficante mexicano Armando Valencia, quien lo había citado en la Isla para el 26 de mayo de 1999, a fin de continuar con la alianza entre los carteles mexicanos y los de Colombia.

—Resulta que para el 27 está en 17 grados Venus conectado con su Mercurio, que son los viajes —le dijo la astróloga—. Igualmente, si miramos en Júpiter, que también es el que organiza los viajes, está en 17 grados con la Luna, y cuando se juntan también por objetivo traen abundancia a tu vida. Mercurio ya no está en tres, o sea, éstos son tránsitos[56].

—Ajá —dijo Bernal varias veces haciéndose que comprendía.

La mujer continuó con sus predicciones hasta que Bernal, que no soporta mucho tiempo sin hablar, la interrumpió y se fugó del análisis astral para invitarla al suyo, que era mucho más mundano. Con el tono nostálgico, Bernal recordó sus años junto a su querido y admirado héroe del narcotráfico, el sinaloense Amado Carrillo, alias El Señor de los Cielos. Bernal se jactaba de ser el narcotraficante colombiano más

---

56. Los diálogos usados en este capítulo corresponden a transcripciones textuales de conversaciones de Alejandro Bernal y Alexandra Molano contenidas en el casete N-31-5-42, lados 1 y 2, expediente Estados Unidos vs. Alejandro Bernal Madrigal.

cercano a Carrillo, hasta el punto de que Carrillo, según él, decía que "el único colombiano por quien pongo las manos, las nalgas en una parrilla caliente es Alejo".

Imprudente como siempre, Bernal no pudo dejar de impresionar a la astróloga con el relato de los excesos de El Señor de los Cielos a la hora de pagar sobornos a las autoridades de México.

—El último 24 de diciembre, porque murió el 4 de julio, nos juntamos el 23, el 24 de diciembre por la mañana en Cuernavaca en una casa de él y le llevé el joyero como con cinco millones de dólares en joyas… puros maletines, unos negros grandes, destapaban todo, prum. Entonces El Señor de los Cielos, mi compadre, empezaba "me gusta esto, me gusta eso, sepárame este juego, pa' mi comandante, pa' mi tía, pa' mis hijos", y se gastaba cuatro millones de dólares en media hora… para los regalos de Navidad, y eso son 15, 20 millones de dólares. Los regalos de Navidad que daba valían 15 millones de dólares.

—¡Qué! —exclama la astróloga.

—Pa' mi papa, pa' mi general, pa'l presidente, gobernador de Chiapas. Manejaba todo el país, todos los funcionarios del país, todas las zonas… A cada uno de los comandantes de las zonas, jueguito de matrimonio, jueguito de reloj en oro, Rolex, Cartier, del que haya.

—Nooo —dice Molano.

—Pa'l presidente Salinas, que era el [ininteligible].

—Sí, ¿qué le daba? —pregunta la astróloga.

—Un par de Rolls-Royce mandados hacer a la Rolls, de un millón de dólares cada uno.

—Ah, me morí…

—Dos millones de dólares se le fueron allí.

—Ay, no, no, no —dice la astróloga.

Agotadas las aventuras con Carrillo, la conversación volvió a los predios espirituales. Bernal confesó su sueño de vivir en el campo con sus caballos y simuló una situación entre él y su astróloga en ese futuro ideal que trataba de figurarse.

—Qué, ¿cuáles son tus sueños? Ven, vení, mirá, ¡ay!, que este negocio y listo, vamos a hacer este negocito; vamos a sacar una platiça y vamos a ahorrar para lo que vamos a hacer en un futuro, vamos a la universidad, que es lo que vos soñás.

Alexandra Molano quedó conmovida y en una voz muy sincera le agradeció las palabras:

—¿Sabes qué? Tú eres un hombre muy bondadoso porque te gusta compartir.

Y para quitarle solemnidad al momento, Bernal rompió el ambiente con una zoquetería.

—Oíste, te volviste mi consejera matrimonial y todo ya, doctora del corazón (suelta una carcajada). Te cuento una cosa: todo lo que te estoy contando con nadie lo hablo, soy muy, muy encerrado.

Lo de encerrado pasó a la historia mundial de la candidez. Esta y otras conversaciones íntimas con la astróloga en la oficina del narcotraficante, al norte de Bogotá, fueron grabadas por la Policía de Colombia y la DEA como parte de unas 1.500 horas de diálogos y llamadas telefónicas entre Bernal, sus socios, familiares y amigos, que se convirtieron en la base probatoria de la famosa Operación Milenio.

Los astros se equivocaron. La alianza de la Luna y Júpiter no trajo abundancia, como anunciaba Molano; trajo desconcierto y penuria. En alguna cuadratura escondida de la carta astral de Bernal debía aparecer un agujero negro que la astróloga nunca vio: un encausamiento por narcotráfico en Estados Unidos. Justo al otro lado de la pared contra la cual chocaba el espaldar de la silla ejecutiva de Bernal, una grabadora de muy mala calidad captó la sesión entre el paciente y la conocida astróloga de Bogotá. Desde marzo un micrófono instalado debajo del teléfono de Bernal, que enviaba la señal a un local adyacente, captaba el día a día de una atafagada oficina en la que se hablaba de caballos —los táparos, como los llama Bernal—, fútbol, mujeres y cocaína.

Allí se pueden escuchar las risotadas de Bernal, sus invitaciones a café y almojábanas con avena, el consabido "mi rey" y "mi reina" que usaba para dirigirse a sus interlocutores; los sorbos de la cazuela de mariscos que encargaba a domicilio a la Pescadería Jaramillo; el incesante repicar de los teléfonos fijos y celulares, las celebraciones de los goles de fútbol de la Sub 23 en Francia y, por supuesto, los viajes astrales del "Mono", como le dicen sus amigos, de la mano de Alexandra, su astróloga de cabecera.

Bernal era astrodependiente. Antes de hacer cualquier negocio, ya fuese de caballos o de cocaína, de asistir a una reunión importante o de tomar una decisión medianamente trascendental en su vida, no podía dejar de consultar a su astróloga. Y la astróloga no era cualquier cartomántica. En una de las conversaciones se precia de atender también al presidente de la república, que en esta época era Andrés Pastrana.

"Yo no puedo ver pacientes por la plata", se le escucha decir. "Me puedo quedar con el presidente, lo he escuchado, lo he tenido y puede ser el hombre que maneja el país, que maneja la política; para mí es un ser humano".

Fracasos amorosos, engaños de los que creía ser víctima, los problemas con su yerno y su hermana se escuchan en las conversaciones con la astróloga, y con una frecuencia agotadora Bernal insiste en que lo suyo es el campo, no la ciudad; los táparos, no los carros, y que se siente frustrado de no poder llevar esa vida.

Pero en otra reunión, Molano le da esperanzas de que eso puede cambiar y lo lleva a visitar su futuro en un calidoscopio de aliento poético: "Buena época ahora que golpea una esquina para que vea posible su tierra prometida, salir de su destierro interno, ser más estable, menos solitario, escaparse menos de sí mismo, porque verdaderamente necesita salir, salir de los problemas. Hay una parte de usted que necesita resucitar, aquella que ha vivido encerrada, es decir, cómo sacar lo lindo que tiene usted, que va a resucitar...".

El narcotraficante no alcanzó a resucitar espiritualmente, como ella pensaba. En la mañana del 13 de octubre, un cuerpo élite de la Policía rodeó su casa de Sindamanoy, un barrio en las afueras de Bogotá, al norte de la ciudad, como parte de la espectacular ofensiva de Milenio. Estaba enguayabado, durmiendo profundamente, luego de despedir al último invitado de la fiesta de cumpleaños del gordo Luis Fernando Rebellón. Al recuperarse de la resaca, al día siguiente, en los calabozos de la Policía de Bogotá, su nombre estaba en los principales periódicos de todo el mundo, al lado del de Fabio Ochoa.

La carta astral de Bernal en el narcotráfico pasó primero por la constelación de los Ochoa, con quienes empezó en el negocio a principios de la década de los ochenta. Bernal era íntimo de Fabio o Fabito, como le decía cuando lo quería. También trabajó para la oficina de Fernando Rister, uno de los pioneros del narcotráfico en Colombia; para la organización de Fernando Galeano, y para José Gonzalo Rodríguez Gacha, fundador del cartel de Medellín. Luego se conectó con la industria mexicana de la exportación de cocaína colombiana hacia Estados Unidos.

Hijo de una familia de clase media alta de Medellín, Bernal fue enviado de joven a Nueva York a estudiar inglés y terminó haciendo unos cursos del idioma en el Miami Dade Community College, mientras se ingeniaba un buen negocio para quedarse en este país. Tenía unos 21 años. A principios de los 80, cuando disfrutaba de su soltería en una casa de Kendall, al suroeste de Miami, montó en esta ciudad con su amigo Julio Chagüi el almacén Italbagnos, de implementos lujosos para baño y cocina, casi todos importados de Italia y Alemania[57].

Entre los clientes del almacén estaban los mayores narcotraficantes de Colombia, Pablo Escobar, Pablo Correa y Gustavo Gaviria. Bernal conoció a Amado Carrillo a través de un amigo gringo que conquistó a la hermana del poderoso narcotraficante mexicano y antes de casarse lo invitó para presentársela. En ese viaje, Bernal conoció a El Señor de los Cielos y se cayeron bien mutuamente, según recuerda Bernal, que es un paisa simpático y buen conversador, exagerado y risueño, y quien no puede hablar despacio sin teñir sus descripciones con vulgaridades sonoras.

El autor de este libro conoció a Bernal en la cárcel de La Picota en julio del 2000. En un abierto desafío a las normas de la unidad de alta seguridad de la prisión bogotana, Bernal se las había ingeniado para tomar clases de tenis con un profesor privado en el patio de dicha unidad, al aire libre. Mientras entrevistaba a Fabio Ochoa en una cafetería situada a un costado de la cancha, nos caían algunas de las bolas perdidas de los jugadores. Al terminar el partido, Bernal, un tipo grueso, de pelo rubio y ojos de color, se sentó con su rostro rojo y sudoroso en una de las mesas de la cafetería. Llevaba una toalla enrollada en el cuello y de inmediato se convirtió en el centro de atención contando chistes a todo volumen.

Entonces era un gran defensor de la inocencia de Ochoa y tal vez por ello Ochoa me lo presentó esa tarde soleada en el pabellón de La

---

57. Según los registros de sociedades de la Florida, Bernal y Chagüi aparecen como socios en una sociedad llamada Eurocucine.

Picota. A partir de ese momento encendió el motor de su narración y nada lo detuvo. Habló y habló a saltos de todo lo que se le aparecía en la memoria, interrumpiendo sólo para coordinar la logística de la cocina, uno de sus dominios en la cárcel. Bernal invitó al periodista y a varios de los internos ese día a uno de sus platos favoritos: camarones al ajillo, preparado por un preso que hacía de chef y que se presentó en la mesa vestido de blanco para explicar otros platos del menú.

Allí me contó que su almacén en Miami se convirtió en el principal proveedor de cocinas, baños y grifería de las casas que Carrillo construyó en Hermosillo, Juárez, Guadalajara y Cancún. Bernal recuerda que vendió más de un millón de dólares en estos materiales para las sedes terrenales de El Señor de los Cielos. En una de las conversaciones, Carrillo le preguntó sin rodeos si él estaba en el negocio del narcotráfico y Bernal le respondió que no, pero que conocía a todos los "duros" en Colombia porque eran sus clientes en el almacén.

"Chútemelos, chútemelos", me decía, asegura Bernal, "y yo le paso la comisioncita". "No, yo con mucho gusto le mando a todos esos clientes pero usted se defiende con ellos, yo no sé de esa huevonada", recuerda Bernal.

Con el tiempo, la comisioncita de 5% fue aceptada. Bernal se convirtió en el enlace de los narcotraficantes colombianos con la organización de Carrillo. Como se trataba de una labor de confianza, que requería cercanía e inmediatez, se fue a vivir a México, donde se ganó definitivamente la confianza del campesino analfabeto venido a narco. Uno de sus deberes discretísimos era leerle las noticias de los periódicos.

"Yo le enseñé a leer y a escribir. El compadre Amado no sabía leer ni escribir. Llegaba la prensa y decía 'léeme a ver qué dicen los periódicos, hombre'. No sabía leer. En el 83 yo le decía 'usted va a ser un monstruo, compadre'; la capacidad que tenía ese hombre, y era un indiecito. En el 83 apenas estaba empezando. Y le dije yo a Fabio: 'Este hombre va a ser el número uno del mundo'. Y dijo '¿por qué?'. Qué carisma el de ese hijueputa, qué huevas, qué hijueputa para manejar la ley, esa ley es arrodillada, el tipo tiene un poder... tú nunca lo veías gritando, nunca lo veías dando una orden de matar a alguien, un señor. Peligrosísimo al máximo, pero igual de buena gente. En lo bueno no lo había mejor. No conocía mejor hombre en mi vida que ese hombre, carismático, humano, buen marido, así tuviera 10 mujeres y 24 hijos. El mejor papá del mundo, cómo quería a todos esos muchachos, el respeto por el ser humano, por las señoras, por los hijos, el amor por esa madre, por esos hermanos, por la gente que quiere. Por ellos se hacía matar, hijueputa".

Bernal lo acompañaba en sus viajes y sus bacanales con policías federales, fiscales y funcionarios públicos, y le concedió el honor de ser el padrino de una de sus hijas, lo que obviamente le dio derecho a dirigirse a él como compadre.

"Le presenté a todos los colombianos que querían traficar con México, todos los duros de aquí, todos decían 'ayúdame con el compadre'. Yo me ganaba una comisión de 5%, no despachaba un gramo mío, nada. Monstruo, monstruo, monstruo, ese hijueputa era el presidente del país, el que mandaba en México, impresionante. Un hombre como el compadre no vuelve a salir allá".

Al quinto día del juicio contra Fabio Ochoa en Miami, en mayo de 2003, Bernal sorprendió a quienes cubríamos la audiencia al relatar, bajo juramento, una historia de Carrillo y el ex presidente de México Carlos Salinas de Gortari. Según Bernal, Carrillo le obsequió a Salinas de Gortari (1988-1994) un "Rolex de oro con diamantes y platino" de un millón de dólares. Como contraprestación, Salinas intercedió para lograr la absolución de Bernal en una corte de apelaciones de México, donde se tramitaba un proceso en el que había sido hallado culpable de narcotráfico y lavado de dinero. Bernal fue arrestado en noviembre de 1989 en México, junto con Chagüi de la Rosa.

De acuerdo con Bernal, gracias a la intervención del gobierno y a la falta de presión de la DEA, logró su libertad. A pesar de su importancia, la explosiva declaración de Bernal pasó inadvertida en México.

A regañadientes, Bernal tuvo que admitir al abogado de Ochoa, Roy Black, que Carrillo pagó a un agente de la DEA en México dos millones de dólares. No era una admisión muy cómoda para los agentes de esta entidad que estaban en la sala de audiencias. Pero a Bernal le quedaba difícil negar esa versión, pues había quedado grabada en su oficina monitoreada de Bogotá y además lo escribió en una carta a Carlos Castaño, jefe de las Autodefensas Unidas de Colombia (AUC) en noviembre de 2000. El soborno, según sus palabras en el juicio, lo recibió el agente de la DEA Richard Meyer para que desistiera de investigarlo a él en México y se marchara a Washington.

—Usted les dijo a sus socios que le pagó dos millones de dólares al agente de la DEA Richard Meyer para que detuviera la investigación y regresara a Washington, D.C.; ¿es ese un resumen objetivo de la investigación? —le preguntó Black a Bernal durante el juicio.

—Sí —respondió Bernal.

—Usted dijo que la DEA quería controlar los negocios de heroína, ¿es correcto?

—Es correcto —agregó el testigo del gobierno[58].

Meyer, quien para la época del juicio a Ochoa era vocero de la DEA en San Francisco, respondió al autor que no estaba autorizado para dar declaraciones. "Lo di por hecho", aseguró Bernal cuando Black le preguntó si era cierto o no el pago. "El comandante (mexicano) Enrique González me dijo que Amado Carrillo había pagado".

Bernal aseguró en la misma audiencia que Amado Carrillo le había comentado varias veces que "tenía en su bolsillo" a la DEA y el FBI en México. Esta vez fue la prensa estadounidense la que se perdió el show. Ningún periódico reportó en inglés la grave acusación de Bernal.

En su libro *Jaque mate*, el general Serrano relata varias anécdotas divertidas de Bernal, incluyendo aquellas de que el narcotraficante dormía en las pesebreras con sus caballos y que organizaba orgías con modelos que grababa en video mientras ellas se satisfacían con una variada colección de juguetes sexuales. Pero la obra autobiográfica omitió una situación bastante incómoda para el general que Bernal me contó en La Picota a grito herido, al describir su primer encuentro con el general en octubre de 1999.

—Primero, cuando yo llego me dice "¿qué hubo? Cómo puedo llamarlo: ¿que Juvenal, que Tony, que Alejandro?", y le digo "Es que tengo más nombres que un perro robado. Dígame Alejo o vecino.

—¿Cómo así que vecino?

—¿No se acuerda de mí, que yo vivía al frente de su casa?

---

58. Apuntes del autor, audiencia del juicio E.U. vs. Fabio Ochoa, 9 de mayo de 2003. Ver "El abogado de Ochoa acorrala a testigo", publicado al día siguiente en *El Nuevo Herald*, p. 9.

—¿Cóóómo? Sí, ahhh, usted es el de la camioneta bonita. ¿Cómo así que yo llevo detrás de usted cuatro años y usted vive al frente de mi casa? —reacciona el general.

Bernal le explica que tenía un apartamento al lado del general, en donde se quedaba en Bogotá cuando vivía en Medellín. El general continúa sorprendido, según Bernal, y le dice:

—Hombre, ¿cómo así que vos sacaste tantas toneladas de aquí sin que nos diéramos cuenta?

—Mi general, no nos hagamos los huevones que de este negocio hemos comido todos, la Policía y todo el mundo[59] —le responde Bernal.

El general Serrano ha dicho a los medios que este episodio es un invento más de Bernal.

Tras la muerte de Amado Carrillo durante una cirugía estética en 1997, los narcotraficantes mexicanos que heredaron su imperio continuaron acudiendo a los servicios de intermediación de Bernal para hacer negocios con los colombianos. Gran parte de estas reuniones se realizaron en Cuba, donde Carrillo tenía una novia y una casa. Registros de la Policía colombiana muestran que Bernal viajó a Cuba en mayo de 1999 para coordinar con el narcotraficante mexicano Armando Valencia Guillén, quien tenía seis entradas a la Isla. Bernal había ingresado a Cuba con pasaporte falso en julio de 1996 y en noviembre y diciembre de 1997.

"¿Cómo es posible que un narcotraficante de la talla de Carrillo pudiera ingresar cuando quería al país que tiene uno de los mejores servicios de inteligencia del mundo, y no ser arrestado?", le pregunté en la entrevista a Bernal, y respondió: "Se mantenía allá, el compadre [Carrillo] se mantenía allá en Cuba. Si tú quieres llegar a Cuba y quedarte viviendo allá bien tranquilo, cinco millones de dólares a Fidel. Y no te toca nadie. Pero eso no es de ahora, es de toda la vida", dijo el narcotraficante. "Cuba es un paraíso, mi rey, si usted no va a matar a nadie ni a hablar de política".

Bernal regresó a Colombia y continuó como enlace de los colombianos con México. Al mismo tiempo se dedicó a financiar las Autodefensas

---

59. Entrevista del autor con Alejandro Bernal, cárcel La Picota, 5 de julio de 2000.

Unidas de Colombia (AUC) con tal generosidad que no tuvo ningún reparo en recordárselo a Castaño en una carta de finales de 2000.

"Aunque usted no me conoce personalmente, quiero que sepa que he sido uno de los más grandes colaboradores suyos por esa causa [la del paramilitarismo], que es obligatoria para todos los colombianos".

Para que no quedara duda de su generosidad con esa causa, Bernal le recordó que de 1983 a 1996 envió "más de mil equipos entre AK, R-15 y M60". Los beneficiados fueron Fernando Galeano, Rister "y de los que están vivos, Hernando Gómez (Rasguño) y a Cuco (Ramiro Vanoy) que mis respetos porque lo considero todo un varón entre otros señores amigos"[60].

Al conocer las dimensiones del monstruo de Milenio y los cargos que le esperaban en la Corte Federal de Estados Unidos como cabecilla de la banda, la única puerta de emergencia que Bernal vio abierta fue la del doctor que alguna vez le habían dicho que solucionaba casi todos los problemas de los narcos en apuros: el doctor Baruch Vega. Bernal había escuchado hablar de Vega a través de varios amigos y había quedado impresionado con la efectividad del fotógrafo, a quien lo identificaban entonces como un abogado colombiano de Estados Unidos, lo cual no era cierto.

Al enterarse de las virtudes de Vega, Bernal se convirtió en uno de sus mejores relacionistas públicos sin conocerlo. En una de las grabaciones de su oficina, captada el 23 de marzo de 1999, se le escucha exponer con mucho ahínco las particularidades del plan Vega, citando los exitosos ejemplos de Nicolás Bergonzoli y Julio Correa, quienes ya habían negociado. El narco, explicó Bernal, tiene que entregar tres cargamentos al año a la DEA y si no los produce "los gringos vienen por usted" y si vuelve a "traquetear" no lo arrestan sino que tiene que pagar con un aumento en el número de cargamentos a seis. Si los participantes se acogen al programa pagando en lugar de entregar drogas, deberían entregar dos millones por cada uno e "identificar tres cargamentos".

---

60. Carta de Alejandro Bernal a Carlos Castaño, 23 de noviembre de 2000, 4 páginas.

A los pocos meses de relatar a sus amigos los detalles del programa, Bernal terminó pidiendo un cupo. Su esposa Blanca visitó a Vega en compañía de Orlando Sánchez Cristancho, ex rutero del cartel de Cali. Más tarde, Blanca asistió a una de las conversaciones entre narcotraficantes y agentes de la DEA que Vega organizó en Panamá. A raíz de estas conversaciones, finalmente Bernal canceló una cuota inicial de 500.000 dólares al abogado del equipo salvador, Daniel Forman, para solucionar su caso, según documentos de la Corte. Varias circunstancias estropearon el arreglo de Bernal. Una de ellas fue la protesta del grupo de la DEA de Colombia por los arreglos de los agentes de Miami con acusados de Milenio; también desanimó al narcotraficante que Forman exigía otro medio millón por su defensa. Bernal decidió nombrar entonces como abogado a Rubén Oliva, un penalista conocido en el sur de Miami porque nunca se enfrenta a un juicio, prefiere negociar penas, condiciones de arresto y colaboraciones, y en eso es un experto.

En lugar del jet ejecutivo alquilado de Vega, Bernal fue extraditado de Bogotá a Miami en un avión de la DEA, el 30 de octubre, un día en el que la casa de Venus estaba muy lejos de Marte, la conjunción de la felicidad que le había pronosticado su astróloga para un día no muy lejano. En medio de ese vaticinio, Alexandra le preguntó a su paciente "¿qué es Venus?" y Bernal le respondió con otra pregunta: "¿Amor?".

"¿Qué más?", agregó ella.

Y él respondió, como si supiera lo que venía: "El miedo".

# CAPÍTULO 40

Fabio Ochoa Vásquez está sentado frente a un televisor de la oficina de Alejandro Bernal en Bogotá. La selección Colombia Sub 23 se enfrenta a Francia en la final del torneo Esperanzas de Toulon. En un extremo del despacho de Bernal, Ochoa sigue la transmisión del partido. Se ha tomado diez tintos y varias almojábanas mientras espera que Bernal termine sus múltiples y caóticas ocupaciones para hablar sobre una deuda pendiente. Bernal le debe más de dos millones de dólares a Ochoa por un negocio en el que intervino para salvarle la vida al propio Bernal.

El negocio funcionó así: Bernal le debía un dinero a Nicolás Bergonzoli, el paramilitar amigo de Carlos Castaño. Impaciente porque no le respondía por la deuda, Bergonzoli le comentó a Ochoa que si Bernal no cumplía con el pago, "lo amarraba". Esa expresión en el mundo del narcotráfico es sinónimo de secuestro. Ochoa decidió entonces entregarle unos lotes a Bergonzoli y salvar la vida de su amigo[61]. Calculó que Bernal le pagaría luego. Pero Bernal era muy mala paga y se estaba haciendo el loco con la deuda de Ochoa, quien necesitaba el dinero porque estaba ahogado en deudas.

El partido está empatado uno a uno y amenaza con irse a penaltis.

Bernal hace cuentas con unos socios. Se escucha una calculadora.

"Un arrocito con camarones", dice uno de los asistentes, identificado como NN1.

"Yo estaba en España en el 82. La final de Italia-Alemania, en el Santiago Bernabeu", comenta Ochoa.

---

61. Entrevista con Ochoa en La Picota, *op. cit.*

"¡Ay, le pegó en el palo!, se salvó", grita otro de los hinchas del partido.

Suena la calculadora.

"Sacamos cuentas, te da 2.200 individuo, menos 1.500, 700", dice Bernal.

En un momento dado, en medio del barullo, Ochoa menciona la palabra "vuelta" para referirse a un amigo que necesita ayuda. En el lenguaje coloquial, "vuelta" significa hacer una diligencia, un favor. Pero en el dialecto de los narcos, vuelta es sinónimo de envío de droga. Los agentes de la Operación Milenio tomaron esta segunda acepción para interpretar el comentario de Ochoa. Grabado en la oficina 502 del edificio Casa Bonita del norte de Bogotá, el 16 de junio de 1999, este breve parlamento se transformó en la prueba material más fuerte contra Ochoa. Una y otra vez los jurados del juicio escucharon la grabación que los fiscales completaron con las declaraciones de su testigo estrella, Alejandro Bernal Madrigal. Bernal decidió colaborar con el gobierno en abril de 2003, un mes antes de que se iniciara el juicio, y aseguró que Ochoa participó en sus envíos de cocaína, un golpe fatal para la defensa de Ochoa.

La situación de Ochoa no podía ser más rabiosamente irónica. Frente a él, en la sala de audiencias de la Corte Federal de Miami, tomó juramento de decir la verdad en su contra un amigo a quien salvó de que Bergonzoli lo amarrara, pagando de su bolsillo una deuda pendiente. Ochoa siempre insistió en que esa deuda era la única razón por la que visitó a Bernal en su oficina. Bernal sostuvo que Ochoa tenía otros motivos: apuntarse en las vueltas de cocaína a México.

Roy Black, abogado de Ochoa, llegó a la apertura del juicio con dos batallas perdidas: una fue el rechazo por parte de un magistrado de un recurso de anulación del juicio que desenmascaró el programa de Vega. Presentado con la asesoría de Richard Strafer, uno de los mejores abogados de apelación de Estados Unidos, el memorial de 122 páginas y miles de folios de pruebas sostiene que Ochoa fue acusado como retaliación por negarse a pagar 30 millones de dólares a Baruch Vega y no participar en el programa de resocialización "para vender acuerdos fraudulentos de cooperación a traficantes colombianos".

Una memorable jurisprudencia de 1928 fue destacada en el prefacio del recurso:

"El delito es contagioso. Si el gobierno se convierte en un quebrantador de la ley, alimenta la desobediencia hacia la ley; invita a que cada individuo se transforme en la ley en sí mismo; invita a la anarquía. Declarar que en la administración de la justicia penal, el fin justifica los medios, declarar que el gobierno puede cometer delitos a fin de lograr la condena de un criminal privado, tendría terribles consecuencias[62].

El recurso no prosperó. El magistrado William Turnoff afirmó que los abogados del acusado no lograron demostrar un nexo entre la negativa del pago del supuesto soborno por parte de Ochoa y la acusación por cargos de narcotráfico. La otra batalla perdida como consecuencia de la anterior fue la prohibición expresa del juez del caso, Michael Moore, de mencionar a Vega y su programa en el juicio.

El gobierno contaba con 1.100 horas de grabaciones, miles de fotografías y cientos de videos de los visitantes a Casa Bonita. Los fiscales nunca explicaron la ausencia en el juicio de Paul Crain, principal agente de la DEA en la Operación Milenio. Un veterano y fulminante fiscal del sur de la Florida que 15 años antes había perdido la oportunidad de atrapar a Ochoa por culpa de un embajador de Estados Unidos en Caracas, se encargó de los argumentos de apertura del juicio el 7 de mayo, dándose el lujo de señalar al narcotraficante con el dedo mientras aseguraba que había regresado al mundo del narcotráfico hechizado por su propia avaricia.

De memoria, el barbudo fiscal Dick Gregorie explicó a los jurados —cuyos nombres nunca fueron revelados por razones de seguridad— los detalles de una empresa dedicada al narcotráfico, en la que Ochoa cumplió un papel de experto consejero, a veces de coordinador y otras de socio en el sistema de "apuntado".

"Esta es una historia de voracidad", advirtió Gregorie con su cara de limón. "Ochoa regresó", agregó al referirse a la reincidencia del narcotraficante después de haber cumplido una pena en Colombia.

La enérgica intervención de Gregorie en el juicio fue contrastada por una sosegada presentación de Black, quien pidió la atención del

---

62. Olmstead vs. United States, 277 U.S. 438, 485 (1928).

jurado a las contradicciones del agente de la DEA que preparó la Operación Milenio.

"Recuerden este nombre", advirtió Black, mientras escribía en mayúsculas en un papelógrafo Paul Crain. Black citó apartes de la investigación en los que Crain cambió totalmente las palabras de las conversaciones grabadas con el único objeto de incriminar a Ochoa. Black cerró sus alegatos con una frase que Ochoa desplegó en Colombia en vallas publicitarias: "Ayer me equivoqué, hoy soy inocente".

Al tercer día del juicio, Bernal se fue con todo contra Ochoa. Aseguró que Ochoa le agradeció el gesto de haber anotado su nombre como beneficiario del envío de 100 kilos de cocaína que fueron incautados en Texas y luego de 50 kilos exportados a México, por los cuales recibió 150.000 dólares.

"Fabio me dijo que lo invitara en una cosita, no necesariamente en grandes cantidades de cocaína", explicó Bernal al justificar el exiguo volumen de droga registrada a nombre de un narcotraficante como Ochoa, que solía exportar a Estados Unidos cientos de toneladas de cocaína en la década de los 80[63].

Los días que siguieron no fueron fáciles para el equipo de la Fiscalía, liderado por Ed Ryan, un fiscal muy estudioso que recibió el caso Milenio cuando la fiscal Theresa Van Vliet renunció intempestivamente. Ryan miraba constantemente el reloj de la sala de audiencia, como deseando que pasara más rápido el tiempo. Quizás el día más incómodo para la Fiscalía fue el del interrogatorio de Black a Bernal. El abogado logró que Bernal admitiera una serie de fallas bochornosas por parte del gobierno en la transcripción de las grabaciones de conversaciones en la oficina del testigo. Entre ellas aquella en la que Bernal aceptó la posibilidad de haber confundido su voz con la de Ochoa.

Varias expresiones de quienes participaban en las conversaciones en la oficina de Bernal fueron cambiadas. Miembros del jurado y del público no pudieron reprimir sus carcajadas al enterarse de que el gobierno escribió en la transcripción la expresión "flaco rectal", cuando en realidad lo que había dicho uno de los narcotraficantes era "Flaco El Torero".

---

63. Apuntes del juicio tomados por el autor, *op. cit.*

Las discrepancias eran tan protuberantes que el propio Bernal corrigió en voz alta la traducción al inglés de una palabra en uno de los parlamentos.

"¿No cree usted, señor Bernal, que estas primeras 13 páginas de grabaciones están plagadas de errores graves y en cierta forma fatales?", le preguntó Black.

Mirando los documentos, Bernal respondió: "Yo no diría que son fatales, pero sí hay varios".

En la mañana del 29 de mayo de 2003, el jurado anunció que tenía listo su fallo. El fiscal Ryan fue uno de los sorprendidos con la rapidez de la decisión, pues el panel no había deliberado más de cinco horas. Al escuchar el veredicto de culpabilidad, Ochoa se hincó sobre el piso de la sala de la corte y puso sus manos juntas en señal de oración. Fue hallado culpable de conspiración para importar drogas y confabulación para poseer con intento de distribuirlas.

El antecedente de la muerte de Barry Seal no fue motivo de discusión durante el juicio. Pero luego de que Ochoa fue hallado culpable, los fiscales citaron el tema en un esfuerzo por incrementar la sentencia condenatoria. La defensa de Ochoa había sostenido en un memorial presentado ante el juez que Seal no fue asesinado por órdenes de Ochoa sino del coronel Oliver North, el Consejo Nacional de Seguridad y la CIA, lo que podría explicar la reticencia del gobierno a tocar el tema en el juicio.

En agosto de 2003, Ochoa, de 46 años, fue condenado a 30 años de prisión. Aunque un recurso de apelación en el que se alegaba, entre otras objeciones, que hubo discriminación en la selección del jurado, no prosperó, una magistrada, de tres que componen la sala, salvó su voto asegurando que Ochoa merecía un nuevo juicio debido a la forma discriminatoria como fue escogido el jurado.

Al cierre de este libro se abrió un nuevo episodio del caso. Decepcionado por la falta de cumplimiento de las promesas del gobierno, Bernal escribió un carta desde la prisión al fiscal adjunto, Ricardo del Toro, asegurando que había mentido en el juicio en un aspecto técnico de la investigación de Milenio y que los fiscales lo sabían. Sin embargo, ratificó que Ochoa sí enviaba cocaína con él. Luego escribió otro mensaje ofreciendo disculpas al fiscal por la primera carta, dado que estaba bajo la presión de una crisis personal.

No obstante, un nuevo equipo de abogados de Ochoa radicó un recurso citando la carta que además tiene otro elemento explosivo: Bernal afirma que desde antes de la Operación Milenio, Ochoa estaba colaborando con el FBI[64].

64.   Carta de Alejandro Bernal a Ricardo del Toro, 28 de mayo de 2007.

# CAPÍTULO 41

Cuando Orlando Sánchez Cristancho recuerda la manera como la DEA lo sacó de Panamá, sonríe como si todavía no lo creyera.

"Me pusieron una escarapela en el pecho que decía DEA", explica, "y así pasé por inmigración y así me monté en el avión de Baruch Vega y así llegué a Miami"[65].

Sánchez era en ese momento el narcotraficante más deseado por el Grupo 43 de la DEA de Miami. Su amigo Román Suárez, con el coro de Baruch Vega al fondo, se había encargado de promocionarlo entre los agentes como el narcotraficante con más información en todo Colombia sobre los cabecillas del cartel del Norte del Valle, la organización que desvelaba a David Tinsley, el jefe del Grupo 43. Según Román, Sánchez vendría a llenar el vacío de información que dejó la muerte de Pacho Herrera.

Con la escarapela de la DEA en el pecho, Sánchez llegó a Miami el 8 de diciembre de 1999 en un avión ejecutivo pagado por el gobierno federal y a las pocas horas estaba frente a una legión de funcionarios de la entidad antinarcóticos que querían escuchar sus historias.

Sánchez tenía tres razones de vida o muerte para no volver a Colombia. Una: los medios de comunicación lo identificaron erróneamente como el único personaje del mundo del narcotráfico a quien los Rodríguez Orejuela le tenían miedo. Dos: el director de la Policía, Rosso José Serrano, aseguró públicamente que Sánchez estaba colaborando con la justicia de Estados Unidos. Tres: Sánchez había sido acusado de la

---

65. Entrevista con el autor, septiembre de 2007.

muerte de Elizabeth Montoya de Sarria, quien prometió entregar información sobre la financiación de la campaña presidencial de Ernesto Samper por parte del cartel de Cali.

Tres problemas enormes y complicados, que para cuando Sánchez empezara a resolverlos en Colombia posiblemente estaría muerto o en prisión. Así que el narcotraficante aceptó la mano que le tendió su amigo Suárez, para ingresar al programa de salvación teniendo como base un cuarto problema muy reciente: Sánchez fue también acusado en la Operación Milenio. Tinsley, supervisor del Grupo 43 de Miami, quedó convencido de la importancia de Sánchez. Cuando terminó de explicarle a su supervisor Vincent Mazzilli que el gobierno podría usarlo no sólo contra los acusados en Milenio sino contra oficiales corruptos de la Policía de México que Sánchez estaba dispuesto a identificar, Mazzilli también se contagió del entusiasmo y le dijo, como en las películas, levantando los dedos pulgares:

"Ve y hazlo, tráelo aquí y tráelo ahora"[66].

Tinsley, el visceral agente del Grupo 43, entendió la orden de su jefe en el sentido más amplio y dadivoso, como el de las películas, y alquiló un avión ejecutivo para llevar a Sánchez de Panamá a Miami. Pagó 23.200 dólares a través de Baruch a la empresa Aero Group Jets. Esa decisión le costó una suspensión temporal de su cargo. Tinsley fue reincorporado tras ganar una demanda administrativa contra el Departamento de Justicia en abril de 2004.

La expectativa en torno a la información que poseía Sánchez era tan grande que los grupos 43 y 9 de Miami se lo disputaban, por lo que tuvieron que llegar a un acuerdo para compartirlo.

Estados Unidos no era un territorio desconocido para Sánchez. Había vivido en este país y sus mejores caballos de paso fino pastaban en granjas de Texas y la Florida. Hijo de una familia de clase media del Valle, Sánchez empezó en el negocio del narcotráfico desde muy joven, y alrededor de los 21 años ya era un hombre rico en Colombia. Tenía fincas, casas y automóviles, y un diagnosticentro en Cali.

---

66. Declaración del agente David Tinsley, citada en la sentencia que lo absolvió de responsabilidad administrativa, caso David Tinsley vs. Department of Justice, AT-0752 04-011 6-I-I, 20 de abril de 2004.

Sus primeros roces con los narcotraficantes fueron a través de una agencia de automóviles y un hotel de su propiedad en Bogotá. Ambos negocios le permitieron ofrecer a los visitantes un paquete de estadía que incluía carros, hospedaje y mujeres, según se lo explicó a los agentes de la DEA que lo interrogaron. En 1991 se asoció con Diego Montoya, uno de los capos del cartel del Norte, y puso a su disposición fincas de su propiedad en cercanías de Medellín para que desde allí salieran los vuelos con cocaína. Los aviones partían de esta zona de Antioquia y aterrizaban en Los Mochis, estado de Sinaloa, México.

Después de un tiempo, Montoya se quedó con las pistas y sacó del negocio a Sánchez. La idea de Sánchez entonces fue acercarse a Gilberto Rodríguez Orejuela, líder del cartel de Cali, pero esa no parecía una labor fácil dado que el capo del cartel había tenido un problema grave con Jairo Sánchez, el hermano de Orlando.

Consciente de que necesitaba un buen intermediario que le endulzara el oído a Rodríguez Orejuela para que le diera una oportunidad, Sánchez finalmente accedió al exclusivo círculo de los jefes del cartel de Cali conquistando a Sara, una rubia esbelta que entonces trabajaba en una fábrica de blindaje para automóviles de Gilberto Rodríguez. Sara conoció a Gilberto cuando era vendedora de acciones del Club del Campo de Cali y tenía buenas relaciones con el capo.

En un principio, la mujer no le prestaba atención a Sánchez. Le parecía un tipo aburrido y fastidioso, pero el narco se la ganó con una de sus mejores virtudes para todo: la perseverancia. "Hubo un momento en el que ya me hacía falta que estuviera cerca molestándome", comentó Sara, quien terminó casándose con Sánchez.

La pareja tuvo una hija que fue apadrinada por la esposa de Gilberto Rodríguez en una forma muy curiosa. El mismo día en que nació, 11 de febrero de 1995, Gilberto y su esposa les enviaron a los papás un ramo de flores con una tarjeta que decía que se sentían los padrinos más felices del mundo. Aunque Sara ni Sánchez habían escogido aún los padrinos de la niña, aceptaron con gusto la apremiante postulación.

Los Rodríguez se encariñaron con Sánchez y le confiaron su representación ante la organización del poderoso narcotraficante mexicano Amado Carrillo Fuentes, El Señor de los Cielos. Entre 1992 y 1995, Sánchez coordinó con éxito el ingreso a México de cientos de toneladas de cocaína en una flota de aviones Commander, Boeing 727 y Caravelle de su propiedad y del cartel.

"Cuando los aviones entraban a México, eso parecía una revista aérea, era uno tras otro", le comentó Sánchez al autor de este libro al recordar el puente aéreo entre Colombia y las pistas clandestinas situadas en los estados mexicanos de Chihuahua y Baja California. En esa época el negocio con los mexicanos consistía en que los colombianos llevaban hasta su país la droga y ellos se encargaban de introducirla a Estados Unidos, lo cual les daba derecho a la propiedad del 40% de la mercancía.

Con el éxito de estas rutas, Sánchez multiplicó su fortuna y pudo hacer lo que se le viniera en gana, como por ejemplo comprarle a Gilberto Rodríguez la fábrica de blindaje en Cali donde trabajaba Sara, cuando era su novia. La compró para darse el gusto de despedir al jefe, un ex mayor del Ejército que la trataba muy mal. Sánchez convenció a Gilberto de que le vendiera la fábrica, y el día en que se la traspasó, le exigió a su esposa que le diera a escoger a su jefe por dónde prefería ser despedido, si por la puerta o por la ventana. Sara llegó a la oficina de la gerencia y en forma cordial, pero disfrutando al máximo de la ocurrencia de su novio, le informó al gerente que, a partir de ese momento, ella sería su jefe, dado que Sánchez había comprado la fábrica. Al comprobar lo que su atrevida subalterna le informaba, el ex oficial aceptó mansamente continuar en la fábrica pero en un cargo de menor rango.

La gran bonanza de Sánchez se produjo luego de que los hermanos Rodríguez Orejuela fueron encarcelados en 1995. Ambos le cedieron a Sánchez algunas de sus rutas más rentables. Según sus amigos, la fortuna lo convirtió en un tipo engreído, que se creía intocable. Experto en caballos de paso fino, Sánchez compró los ejemplares que se le antojaron, fincas y propiedades en todo el país, por el que se desplazaba en avión propio.

Lo interesante del caso de Sánchez es que cuando pidió ayuda a Suárez, ya había trabajado con el FBI. En efecto, Sánchez sostiene que se vinculó al organismo federal gracias a una recomendación del narcotraficante convicto Carlos Lehder, quien había logrado un acuerdo de cooperación con el gobierno. Lehder le recomendó a

Sánchez un agente del FBI a través del cual comenzó su cooperación luego de haber salido de Colombia de una persecución judicial que afrontaba por la muerte de La Monita Retrechera. De acuerdo con principios generales, el gobierno de Estados Unidos debe evitar el reclutamiento de informantes que han sido acusados de delitos de homicidio.

Montoya fue asesinada en febrero de 1996 en Bogotá, en hechos que nunca se esclarecieron, pero que desataron numerosas hipótesis, entre las cuales se insistió en que se trató de una alianza coyuntural entre diferentes grupos, tanto oficiales como ilegales, para evitar que La Monita rindiera testimonio ante la justicia.

Sánchez, quien sostiene que no tuvo nada que ver con el asesinato, le dijo al autor de este libro que estaba convencido de que "fue un crimen de Estado con el apoyo de los narcos"[67].

A finales de diciembre de 1996, Sánchez ofreció su colaboración bajo acuerdo de inmunidad que obtuvo a través de su abogado en Miami, Óscar Arroyave. Sin embargo, cuando se acercó a la DEA, los agentes le dijeron que antes de ser aprobado debía declararse culpable de alguna de sus incursiones en el narcotráfico. Sánchez había tenido problemas para ser aceptado como informante por cuanto su situación en la investigación de la muerte de La Mona Retrechera no estaba resuelta. Temiendo que le DEA le formulara cargos de narcotráfico, abandonó Estados Unidos, y en 1999 fue acusado en la Operación Milenio.

En su segundo matrimonio con el gobierno federal como informante estrella, la acusación por homicidio dejó de ser un obstáculo. Sánchez fue presentado ante la magistrada federal de West Palm Beach, Ann Vitunac, por la fiscal de la Operación Milenio, Theresa Van Vliet, el 22 de noviembre de 1999. La fiscal le doró la píldora a la magistrada cuando ésta preguntó si Sánchez estaba acusado de delitos violentos en Colombia.

La respuesta técnica debía haber sido que, en efecto, Sánchez estaba formalmente acusado de uno de los delitos más publicitados en la última década del siglo pasado en Colombia. Pero la fiscal necesitaba

---

67. Entrevista con el autor, 28 de septiembre de 2007.

los servicios del colombiano en esos momentos y prefirió darle vueltas al tema con continuas vacilaciones. En vista de la prolongada divagación de la fiscal, Vitunac insistió:

—¿Hay cargos contra el señor Sánchez por ese asesinato?

—No son realmente cargos, ellos han abierto una investigación. En realidad ellos... —respondió Van Vliet.

—¿Lo arrestaron por ello? —preguntó la magistrada

—No —respondió la fiscal[68].

Sánchez era propietario del famoso caballo reproductor Tobías, avaluado en 500 mil dólares. En una decisión con muy pocos antecedentes en Estados Unidos, un juez de Fort Lauderdale aceptó el caballo como garantía de la fianza de libertad condicional. La audiencia en la que se fijó la fianza se transformó en una distensionada conversación equina entre el juez y Patricia, la segunda esposa de Sánchez, una atractiva mujer que manejaba la agroempresa Golden Clouds en Texas.

Por uno de esos enredos típicos de la guerra contra el narcotráfico, cuando Sánchez era informante del FBI intercambiaba información con Alejandro Bernal, quien a su vez estaba bajo la lupa de DEA en el marco de la Operación Milenio. Ese juego entre Sánchez y Bernal nunca se supo cómo funcionaba. Lo cierto es que no les sirvió de mucho, pues Bernal y Sánchez terminaron acusados en la Operación Milenio. Jairo Sánchez, hermano de Orlando, también cayó en la operación.

Sánchez fue interrogado el 4 de febrero del 2000 por la DEA. En esa oportunidad, sin medir las consecuencias que tendría su testimonio, finalmente se atrevió a tocar el tema que durante mucho tiempo tuvo atravesado entre pecho y espalda: los supuestos vínculos del director de la Policía, Rosso José Serrano, con los narcotraficantes. De acuerdo con Sánchez, Danilo González, el ex policía a quien identificó como uno de los más poderosos miembros del cartel del Norte, "está en capacidad de garantizar la seguridad de la organización [el Norte del Valle] a través de sus contactos con el general José Serrano, director de la Policía Nacional"[69].

---

68. Audiencia de presentación de Orlando Sánchez Cristancho, 22 de noviembre de 2000.

69. Reporte de investigación preparado por el agente de la DEA Greg Lindskoog, 4 de febrero de 2000, p. 3.

En esos momentos, Serrano era el personaje colombiano más ensalzado por el Congreso y el ejecutivo de Estados Unidos. Lo que Sánchez no parecía saber es que entre el club de admiradores de Serrano también estaba la fiscal Van Vliet. La funcionaria, que fue directora de la Oficina Antinarcóticos del Departamento de Justicia de Estados Unidos durante el período de Janet Reno, tenía en su oficina varios ejemplares del libro escrito por el general *Jaque mate*, que obsequiaba a los visitantes como *souvenir* de una gran victoria.

Justamente, el último capítulo del libro de Serrano es un recuento de la Operación Milenio.

Ahora, esa misma fiscal se enteraba de que uno de los potenciales testigos del gobierno de Estados Unidos se atrevía a asegurar que su admirado general Serrano era un corrupto. Sánchez no aportó pruebas a los agentes de la DEA de la supuesta corrupción de Serrano. Lo mismo ocurrió con otras declaraciones que, según Van Vliet, terminaron por decepcionar al gobierno y sus agentes. Sánchez se desinflaba como el testigo estrella que sabía de todo.

El disgusto de la fiscal por la osadía del narco de denunciar a Serrano no salió a relucir en las audiencias de presentación de Sánchez, pero al narcotraficante no le quedaron dudas de que a partir de ese momento sus condiciones de testigo consentido cambiaron radicalmente. La Fiscalía presentó un recurso para revocar su fianza, argumentando que la cooperación había sido hasta entonces insuficiente en calidad y cantidad.

Las cosas se le complicaron aún más cuando el 23 de mayo el juez del caso Milenio, Michael Moore, citó a una audiencia preocupado porque había leído en la edición del domingo 21 de mayo de *The Miami Herald*, una historia intrigante que tenía que ver con un intermediario de la DEA que negociaba penas con narcotraficantes, algunos de los cuales aparecían en la Operación Milenio. Se hablaba de agentes de la DEA suspendidos en medio de una investigación de corrupción. Era la historia de Baruch Vega y sus acuerdos con narcotraficantes, escrita por el corresponsal en Colombia Tim Johnson. A Moore lo mortificaba la idea de dejar libre a un acusado como Sánchez a la luz de los hechos que revelaba el artículo.

La situación fue aprovechada por Van Vliet para concretar su petición original de revocar la fianza al acusado. La fiscal hizo pública su decepción con el testigo. Se quejó de que Sánchez no había logrado convencer a algunos fugitivos de la Operación Milenio de que se entregaran a la justicia de Estados Unidos, como lo prometió, y que su contribución a la causa de Milenio era muy pobre. Sánchez fue enviado a la cárcel y, según Vega, nunca pagó los 70.000 dólares que le prometió. Sánchez sostiene que jamás negoció con Vega ese dinero.

Sus problemas no fueron sólo con la justicia penal. En la jurisdicción de familia también tuvo su enredo. A principios de 1998, su ex esposa, Sara, contactó al autor del libro para denunciar en *El Nuevo Herald* que Sánchez, de quien se había separado, le había arrebatado en Miami a la hija de ambos, de tres años. Sara vivía en Cali con la niña y a petición de Sánchez la llevó a Miami para que diera un paseo en Disney World con su papá, quien la quería mucho.

Sara viajó con la niña el 19 de septiembre de 1997 y se la entregó al día siguiente al papá, quien partió con ella al parque en Orlando, Florida, a unas cuatro horas al norte de Miami. Al cuarto día, cuando la mamá esperaba a la niña a la entrada del hotel Biltmore, de Coral Gables, Sánchez llegó en el automóvil, pero en el momento de detenerse para entregársela, hundió el acelerador y desapareció. Pasaron tres meses y Sara no tuvo ninguna noticia de su hija. La mujer radicó una denuncia ante la Policía de Miami contra Sánchez y en su reporte agregó que el colombiano era prófugo de la justicia de su país por un caso de homicidio. La Policía empezó la búsqueda.

Un día en el que Sara descubrió que su ex esposo estaba en un restaurante italiano de Miami Beach, comiendo muy tranquilo, avisó al agente del caso, quien se presentó con otros oficiales de inmediato en el lugar y lo detuvieron. En un principio Sánchez pensó que se trataba de una redada antinarcóticos en su contra o que quizás lo estaban arrestando para luego deportarlo a Colombia por los señalamientos pendientes en el caso de La Monita Retrechera, pero al ver a su ex esposa en la puerta del restaurante, respiró aliviado. Entendió que se trataba del problema doméstico, muy secundario si se comparaba con lo que alcanzó a pensar de la operación. Sara recuperó a la niña y Sánchez continuó viviendo en Miami. Fue liberado luego de cumplir tres años de cárcel. Vive en la Florida y se dedica a negocios petroleros.

A principios del 2007 me asignaron por casualidad una silla al lado de la de Sara en un vuelo entre Caracas y Miami. Durante gran parte de las tres horas de viaje hablamos de cómo reconstruyó su vida, de los buenos recuerdos que guarda de los viejos Rodríguez Orejuela y, a propósito de las pasiones enfermizas que alienan a los narcotraficantes cuando están en la cima del poder, recordó un siniestro episodio protagonizado por uno de ellos al enterarse de que su esposa era infiel mientras él estaba en prisión.

Una operadora de un servicio de mensajes que entonces los narcotraficantes utilizaban con mucha frecuencia por cuestiones de seguridad le pasó el chisme. La operadora le dijo que había un mensaje sospechoso de un encuentro de su mujer con un hombre. El narcotraficante citó a su esposa a la celda y le hizo el reclamo enfurecido. Ella lo negó ahogada en llanto. Le dijo que él era el único hombre en su vida y que lo adoraba. La mujer sabía que le quedaban horas de vida, pero no logró convencerlo.

A la salida, uno de los sicarios del narco, que tenía instrucciones previas, mató a la mujer. Al día siguiente, el narcotraficante se enteró de que la operadora había dado una información incorrecta y que el mensaje no correspondía a su esposa. Entonces la mandó matar también. Amargado por su craso error, el narcotraficante llamó a uno de sus ayudantes y le dijo que se presentara en la funeraria donde velaban a su esposa. Una vez allí, el ayudante recibió instrucciones de poner su teléfono celular en la oreja de la difunta, a quien el narcotraficante, en medio de llantos y gritos, le imploró perdón una y otra vez.

# CAPÍTULO 42

**R**ecostado en una asoleadora, en pantaloneta de baño, frente a la piscina de una finca enclavada en un paraje selvático del norte de Antioquia, Carlos Ramón Zapata redactaba con esfero un furioso comunicado a la opinión pública, en el que declaraba la guerra al gobierno de Colombia en nombre de un nuevo grupo de extraditables dispuesto a paralizar el país con toda clase de acciones terroristas si la Policía y el Ejército persistían en la persecución de los prófugos de la Operación Milenio.

Ramón escribía y tachaba, y comenzaba de nuevo la redacción, distraído un poco por el punchis-punchis de la estridente música *trance* que escuchaban a todo volumen Natalia y Mónica, mientras se bronceaban al otro costado de la piscina con tangas minúsculas. Entre una y otra canción del monótono ritmo de discoteca, Ramón alcanzó a escuchar el sonido inconfundible de un helicóptero, un sonido que para un prófugo es equivalente al destello de una lámpara de cazador en la cara de un conejo: lo deja paralizado, al borde del infarto y listo para entregarse.

El Médico subió la cabeza lentamente hacia el cielo despejado y, a unos 40 metros de altura, se encontró con la barriga verde oliva de un helicóptero artillado del Ejército de Colombia en posición estacionaria y con las puertas abiertas. El único ojo útil del narco podía divisar los cascos de unos tres soldados con los cañones de las armas afuera. Presas del pánico, las mujeres trataron de ponerse de pie para esconderse, pero Ramón les ordenó entre dientes, como si arriba lo fueran a escuchar, que se quedaran quieticas. Ellas continuaron boca abajo, sin prestar atención al helicóptero que parecía descender imperceptiblemente.

Ramón, por su parte, simuló que continuaba escribiendo, pero esta vez unos garabatos nerviosos, indescifrables, que se desprendían de la rabiosa condena en letra imprenta que minutos antes redactaba contra el servil mecanismo de la extradición de colombianos. En medio del ruido del aparato, escuchó que desde una esquina de la casa de la finca, bajo un alerón del techo, Juan Gabriel Úsuga, envuelto en una toalla, le preguntaba en voz baja pero audible qué debían hacer. Úsuga se estaba duchando cuando escuchó el helicóptero y salió despavorido en pelota, con una muda de ropa en una mano y la toalla en la otra. Torciendo los labios hacia el lugar desde donde Úsuga le hablaba, Ramón le dijo que se fuera en una de las tres mulas que tenían ensilladas las 24 horas para esas situaciones bajo el quiosco aledaño a la casa principal y se internara en el monte, que él trataría de distraer a los militares saliendo en la camioneta Toyota de Natalia por la carretera. Después de todo, él no tenía orden de captura y Úsuga sí.

En el momento en que el helicóptero hizo su aparición, Nicolás, el chef *gay* que el grupo había llevado para mitigar las incomodidades de la fuga, iba feliz por un camino de piedra de la finca con un coctel margarita que había preparado para Ramón. Asustado por la amenaza aérea, el chef desvió su camino y se resguardó bajo un quiosco cercano a la piscina.

Desde allí le preguntó a su patrón qué hacía. Para ponerle más naturalidad a la escena, Ramón le ordenó que sirviera el coctel como si nada estuviera pasando. Sin evitar su contoneo afeminado, pero con las piernas temblorosas, Nicolás cruzó la distancia que lo separaba de Ramón con la bandeja y le sirvió la bebida. El helicóptero continuaba en línea perfectamente perpendicular a la piscina.

Ramón se atrevió de nuevo a mirar el monstruo que tenía en la cabeza y en ese momento comprendió la porfiada curiosidad de los militares a bordo: estaban dichosos mirando los culos al aire de las mujeres acostadas al borde de la piscina. Los soldados celebraron unos segundos más el espectáculo, y el helicóptero tomó altura para continuar su rumbo. Ramón corrió hacia el quiosco donde Úsuga ya upaba la mula para perderse en la selva con su morral de emergencia a cuestas.

En menos de una hora, los fugitivos empacaron el voluminoso menaje del éxodo —televisores, víveres para comidas *gourmet*, varias maletas de ropa y armas— y se dirigieron a otro escondite, esta vez en el reino infranqueable del paramilitarismo: el departamento de Córdoba. Allí los esperaba Julio Correa con una alentadora propuesta para solucionar su problema con la justicia de Estados Unidos.

La caravana llegó sin ningún inconveniente a una finca situada a dos kilómetros de Montería. La idea era reunirse con Julio Correa, el único amigo que le tenía buenas noticias. Desde que salieron de sus oficinas de Medellín a regañadientes, pensando que el aviso de Luz Estela era una falsa alarma, hasta la víspera de la reunión con Correa, habían pasado unos 12 días. Como la casa del nuevo refugio en Córdoba le inspiraba una energía negativa, Ramón prefirió pasar la noche con Natalia en la hacienda de Correa, a quien consideraba un buen amigo. Con equipaje de un día, la pareja llegó a la casa finca de Correa esa tarde, pero el ambiente se enrareció y los huéspedes desistieron de la idea de quedarse.

Al principio todo parecía normal: Correa bajó del segundo piso de la lujosa hacienda en compañía de su esposa, la modelo Natalia París, y recibió cálidamente a los visitantes, mostrándose. Ramón estaba ansioso de escuchar los detalles de la propuesta de Correa sobre los beneficios de un intrigante plan de entrega a la justicia de Estados Unidos que manejaba un tal Baruch Vega. Estaban a punto de abordar el tema cuando Correa recibió una llamada en su teléfono celular. La llamada cambió la actitud positiva de Correa.

De la emotividad, el dueño de casa pasó a la displicencia. Al colgar, Correa subió a la habitación con París y dejó esperando un largo rato a Ramón y Natalia en la sala. Finalmente, bajó de nuevo con un semblante circunspecto y tras comentar que París se sentía mal, le pidió a Ramón que regresara al día siguiente para poner a su grupo en contacto, vía telefónica, con Vega, quien estaba en Miami. Ramón se despidió pensando que se trataba de un ataque de celos de Correa, lo cual era muy común, y pasó la noche en el hotel Sinú de Montería. Meses después se enteró de boca del propio Correa que la llamada que cambió su humor ese día fue de Nicolás Bergonzoli, quien le "envenenó el oído" sugiriendo que alguna vez Ramón había intentado matar a Correa en Medellín, lo cual era falso.

Gracias a la mediación de Natalia París, recuerda Ramón, Correa ignoró "la ponzoña venenosa de Bergonzoli". Un día después, otra llamada, esta vez corta y cordial, cambió la vida de Úsuga, Sánchez y Ramón. Los tres se reunieron en la misma finca con Correa, quien seguía distante con Ramón, y luego de conversaciones banales y de ponerse al día en los chismes del mundo del narcotráfico, Correa decidió marcar el número de Miami del fotógrafo, metido a profesional y mercader de penas, Baruch Vega.

Para que se enterara directamente de la alternativa que ofrecía, Correa puso a Úsuga al teléfono. Tras el consabido "¿Cómo le va, mi señor?", Vega tranquilizó a Úsuga advirtiéndole que todo saldría bien. Le explicó generalidades del programa, aludiendo a algunos funcionarios del gobierno de Estados Unidos como si fueran socios de un mismo club. Como muestra de sus influencias, Vega comentó que había sido él quien le había avisado a Luz Estela que pusiera a sus amigos en alerta por los arrestos que se venían con la Operación Milenio, aunque no sabía que Úsuga, Campuzano y Sánchez Noreña estaban incluidos en la acusación.

En cuanto a los pasos que tenían que seguir, le dijo Vega, Correa les daría las instrucciones. Las instrucciones apuntaban a Panamá, la sede escogida para una cita colectiva, en los días siguientes, de familiares y acusados de la Operación Milenio con los agentes del Grupo 43 de la DEA. A esa reunión tendría que acudir alguien que representara al grupo de Úsuga, Campuzano y Sánchez. Todos dirigieron espontáneamente la mirada hacia Ramón, quien aceptó con una mueca de que no había otra opción. Era el único que no tenía orden de captura, al menos conocida. Pero no iría solo, advirtió.

"Les dije a Julio y a Bergonzoli: 'Ustedes se van conmigo, malparidos; ni crean que yo voy solo; si nos cogen, nos cogen a todos, vamos juntos'". Y se fueron.

# CAPÍTULO 43

Los destinos de Los Cíclopes y Baruch Vega se cruzaron finalmente en Panamá en un apretón de manos que se dieron Carlos Ramón y el fotógrafo en una habitación del hotel Miramar, el centro de convenciones de Vega, la DEA y los narcos arrepentidos. Fue como a las tres de la tarde del 1º de noviembre de 1999 y ocurrió en medio del nerviosismo de Ramón, quien sabía que el desenlace feliz del encuentro dependía, como casi todo en el mundo del narcotráfico, de la confianza ciega.

En ese momento, nadie podía garantizarle que por la puerta por la que supuestamente entraría el ángel de la redención, también podría irrumpir una caterva de agentes de la DEA para arrestarlo y obligarlo a revelar el paradero de sus amigos prófugos. Pero entró Baruch Vega y al llegar impregnó el aire de la habitación de confianza, seguridad y distensión, recuerda. Saludó con su semblante siempre sonriente y optimista. Un tipo de finos modales, vestido informalmente pero elegante, recuerda Ramón, "y lo que más me llamó la atención es que siempre tenía un sonrisa en la cara, una palabra amable en su boca. A su lado iba Román Suárez, "un personaje con rasgos típicamente cundiboyacenses, amable, siempre somnoliento y con un impresionante parecido a mi difunto padre".

"Mira, mi señor —le dijo Vega a Ramón—, yo soy colombiano igual que tú, no soy oficial del gobierno, pero trabajo con ellos desde hace mucho tiempo y hago parte de un grupo especial de la inteligencia que trabaja específicamente con narcotraficantes colombianos. Mi trabajo no es meter traquetos a la cárcel sino sacarlos, lo que pretendemos es solucionar este asunto del narcotráfico de una manera pacífica y civilizada. Ustedes están acá porque nosotros los salvamos de la Operación Milenio en agradecimiento por lo de Luz Estela, nuestra amiga, y ustedes tienen una oportunidad de solucionar sus problemas prontamente. No todo el mundo tiene esa opción".

Vega explicó que los narcotraficantes que participaban en los arreglos fueron aprobados por una comisión suprema en Washington llamada Blitz Commission, integrada por jefes de varias agencias, como la DEA, el FBI, Aduana, ATF. El proceso, agregó, tiene tres partes: la judicial, para lo cual requieren un abogado; la política, que depende de la comisión de Washington, y la operacional, que estaba manejada por los agentes de la DEA.

—El proceso consiste en que pagas un dinero que es usado por esta comisión para causas del gobierno que no pueden ser tan públicas, como es el caso del Irán-Contras, o la lucha anticomunista no muy ortodoxa en América Latina. Luego preparamos todo y vas a una corte federal, con tu abogado, para que el juez te dé una fianza, sales por la otra puerta, y entras en la tercera fase, operación con los agentes en el proceso de producir positivos u operativos en los cuales se incautan mercancías, rutas, etc. Todo coordinado previamente, o sea, no hay un solo día de cárcel y solucionas tus problemas legales y te puedes venir a vivir a Estados Unidos tranquilamente con tu familia y el capital restante. ¿Qué opinas? —preguntó Vega.

"Yo estaba en las nubes, no podía creer que este personaje, rodeado de ese halo mágico, tuviera en su poder la varita mágica que acabaría definitivamente con nuestras vidas de fugitivos", recuerda Ramón, quien respondió con una pregunta:

—¿Todo eso es posible?

—Claro que es posible —respondió Vega— .Mira estos dos ejemplos vivientes que están a tu lado —agregó, señalando a Julio Fierro y Nicolás Bergonzoli—. Ellos llevan tres años y medio en el proceso, y ¿tú los has visto en la cárcel? ¿Los has visto cómo entran a Estados Unidos como Pedro por su casa después de que Julio era el *most wanted* del FBI?

Ramón había llegado a Panamá en su avión privado. Voló desde Cartagena acompañado por Fierro y Bergonzoli, quienes iban como garantes del encuentro. Un día más tarde arribarían a Panamá los hermanos de Juan Gabriel Úsuga, Óscar Campuzano y Bernardo Sánchez.

Vega cobró a Ramón 46 millones de dólares por su intermediación en favor del grupo, o sea, 10 millones por los extraditables (Úsuga, Campuzano y Sánchez) y ocho por Gustavo Úsuga, hermano de Juan Gabriel, y por Ramón, que todavía no eran extraditables. Ramón casi se atora al escuchar el precio.

"Me paré, miré a Román Suárez y por un momento quise ser parte de su sueño para poder aislarme de esas astronómicas sumas", afirma Ramón, pero en ese momento recordó a Úsuga, de quien había aprendido a no dar señales de debilidad ante un contrincante de negocios.

A estas alturas, el equipo de resocialización de Baruch Vega y Suárez estaba conformado por los agentes Tinsley y Castillo; contaban con la colaboración de fiscales como Patricia Díaz y Theresa Van Vliet, y los abogados Joaquín Pérez y Daniel Forman.

Ramón le pidió a Vega que lo dejara pensar sobre la cifra y en ese momento Román despertó, y como si hubiera seguido la conversación mientras dormía y roncaba le preguntó si quería conocer a los agentes que se encargarían de arreglar los problemas de sus compañeros en Estados Unidos. Ramón respondió que por supuesto, que a eso había ido, pero no se esperaba que aparecieran tan pronto.

De inmediato Vega se puso de pie, abrió la puerta que comunicaba su habitación con el cuarto contiguo y de allí salieron los agentes de la DEA Larry Castillo y Robert Versis, y el policía del condado de Metro-Dade William *Bill* Gómez, quien haría de traductor. Ni Castillo ni Versis hablaban español.

Los agentes de la DEA entraron caminando con un calculado porte de *cowboys*, dueños de la situación.

"Yo estaba cagado de los nervios", recuerda Ramón, quien se presentó a los agentes dando su nombre completo.

"Sí, sé muy bien quién es usted", le respondió Castillo, y en los siguientes 30 segundos el agente recitó un breve pero acertado resumen de la vida criminal de El Médico, enfatizando su alias.

La conversación se extendió por unas dos horas. Básicamente, los agentes querían que Ramón prestara su colaboración trabajando con ellos en operaciones de lavado de dinero. Como experto en ganarse la confianza de la gente a punta de buen humor, El Médico les respondió que eso era muy fácil.

"Vamos a llenar un estadio de fútbol con esa gente", comentó, y los policías antinarcóticos celebraron con una sonrisa generosa que desinfló su soberbio talante del comienzo de la reunión.

También querían que les ayudara con el poderoso Hernando Gómez Bustamante, alias Rasguño, jefe máximo del cartel del Norte. Ramón respondió que no tendría problema, que él lo sentaría frente a ellos.

Esa noche, Baruch organizó una salida a cenar en Siete Mares, un restaurante de clase de la ciudad en el que compartieron mesa y vinos costosos los agentes de la DEA, los intermediarios y los delegados de las familias damnificadas por la avalancha del Milenio. Todos los comensales eran hombres. Alebrestado por los vinos y la ocasión, Ramón le preguntó en voz alta a Vega dónde estaban las mujeres bonitas a esas horas en Panamá, y Vega le respondió, sin vacilar, que en Josephine's, un fino centro de danzas nudistas y prostíbulo de la ciudad en el que terminaron todos rematando el día del deshielo.

Ramón recuerda que al llegar al sitio, algunas de las bailarinas llamaban cariñosas a Castillo por su nombre y parecían conocer a Vega y a Román como viejos clientes. "Ahí el nuevo era yo", dijo.

Para El Médico no dejaba de ser absurdo, paradójico, increíble, que su primer encuentro con la temida justicia de Estados Unidos culminara en un puteadero de Panamá. Del asombro pasó a la celebración porque entendió que, al fin de cuentas, éste era su bautizo en el programa de resocialización de narcotraficantes.

De hecho, a Úsuga y a Sánchez también les costó trabajo creer lo que ocurrió cuando Ramón se lo describió a su regreso a Colombia. Óscar Campuzano nunca supo de esta primera diligencia de su primo, pues en ese momento, enterado de la acusación de Milenio, atravesaba Estados Unidos en su estratégica retirada hacia McAllen, Texas, el lugar más seguro para cruzar la frontera a México. Campuzano había recibido la noticia del encausamiento mientras hacía ejercicio en un gimnasio de Miami.

La primera reunión en Panamá animó a Ramón para tomarse ciertas atribuciones. En el siguiente viaje pagó 20.000 dólares al administrador de Josephine's para cerrar el lugar para ellos solos y luego llevarse al hotel Miramar a unas 10 bailarinas, que pasaron la noche con los participantes de las pláticas. En otra ocasión viajó acompañado de amigas de Medellín, no prostitutas, que sabía que les encantarían a los agentes federales, especialmente a Castillo, con quien mejor sintonizó.

Los documentos reflejan que los investigadores internos de la DEA estaban muy interesados en el roce social de los agentes y los narcotraficantes. Al estudiar los movimientos de las tarjetas de crédito de Castillo, se enteraron de una intensa actividad del agente en Ciudad de Panamá. El 12 de noviembre de 1999, por ejemplo, Castillo pagó de su bolsillo en el restaurante La Toja de esa ciudad, 840 dólares, de los cuales 513 fueron por concepto de vinos. Ese mismo día, con la tarjeta Master Card de la DEA, cubrió un gasto de mil dólares en el mismo restaurante[70].

---

70. Reporte final de la Oficina de Responsabilidad Profesional de la DEA por corrupción, revelación no autorizada de información, transacciones financieras impropias y otros,12 de marzo de 2002.

# CAPÍTULO 44

A su regreso a Colombia, Ramón y el resto del "combo de Panamá", como se conoció entonces a los delegados de Milenio, se reunieron con Carlos Castaño para explicarle el panorama de las entregas. Castaño le pidió a Ramón que redactara una carta en la que se precisaba el procedimiento y la oferta de las AUC al gobierno de Estados Unidos. En uno de los quioscos de la finca El 51 de Castaño, Ramón redactó la carta, que fue traducida antes de entregársela a Castillo.

"Hicimos la propuesta y le dije a Larry: 'Yo puedo lograr que los capos más grandes de Colombia vengan detrás de nosotros y se entreguen, ésta es la propuesta'", relató Ramón. "Era un momento histórico para desmontar el narcotráfico en nuestro país. Pero nosotros estábamos pensando en un esquema de un programa nacional, creíamos que iban a hacer una reunión en el Pentágono, que nos iban a dar una medalla y que nos íbamos a entregar en una ceremonia de proceso de paz en el que uno entrega el arma y toda esa parafernalia. Pero Larry sólo tenía en la cabeza una cosa: coger a los del cartel del Norte del Valle. Pasábamos tres horas reunidos, vomitando toda esa mierda, y él sólo nos escuchaba con la mirada perdida, no nos paraba bolas. Pero en cambio yo decía: 'Voy a programar la reunión con Rasguño', y ahí sí, él exclamaba emocionado: '¿Sí?, eso sí ¿Cuándo? Dónde?'".

Rasguño era, pues, la palabra mágica para el Grupo 43. Ellos no querían saber nada diferente de los caminos que los llevaran a interrogar a Hernando Gómez Bustamante, el más poderoso cabecilla del cartel del Norte del Valle. En una de las reuniones en Panamá, Ramón dijo que tenía todas las posibilidades de abordar el tema con el narcotraficante. Entonces a los agentes se les ocurrió, para darle confianza a Gómez, enviarle un documento en el que aparecían los nombres de seis oficiales y ex oficiales de la cúpula de la Policía de Colombia y toda la estructura del cartel del Norte del Valle. El Grupo 43 de la DEA estaba convencido de que los oficiales colaboraban con ese cartel. Allí aparecía el nombre de Danilo González, un ex policía que meses después sería acusado en Estados Unidos de narcotráfico.

Ramón regresó a Colombia y se reunió con Rasguño en la finca Los Colores, de Montería. Allí, en frente de todo su grupo, le mostró la lista de los oficiales sospechosos como abrebocas para la conversación sobre su posible negociación con la DEA. Rasguño leyó la lista y comentó que el 80% de los que estaban allí tenían tratos con él.

"Yo le dije 'ese es el cartel del Norte del Valle, esos son los *targets* que ellos tienen'", afirmó Ramón.

Al ver que Rasguño quería quedarse con el papel, Ramón le pidió con todo respeto que se lo diera porque el compromiso con los agentes de la DEA era destruirlo delante de él. El narcotraficante devolvió el papel y Ramón le prendió fuego de inmediato. A continuación le explicó los detalles de la cordial invitación que le hacía el Grupo 43.

"Rasguño dijo 'esto está interesante, dígales que queremos hablar. Vaya, mijo, hable y hagamos una propuesta concreta'", señaló Ramón.

En compañía de su amiga Cristina Cuesta, quien se había enamorado del agente de la DEA Larry Castillo, Ramón volvió a Panamá el 6 de noviembre. En esa ocasión conoció a quien se encargaría de lo que Vega llamaba la parte judicial del programa, el abogado Dan Forman. La agenda de temas de Ramón estaba repleta: el médico llevó el libro azul, en el que se planteaba el sometimiento a la justicia de los narcotraficantes; expuso abiertamente la posibilidad de empezar el proceso de acercamiento de Rasguño, y concretó con Castillo su decisión de participar activamente, también como intermediario, en todo el proyecto de entrega de narcotraficantes.

Como muestra de su buena voluntad, confesó sus actividades al margen de la ley, incluyendo el negocio reciente con Jorge, *El Navegante*, en Miami. Ramón quería ser como Baruch y como Bergonzoli y no le costaba ningún trabajo. Ya le había medido el aceite al mecanismo para comprobar que producía las dos cosas que siempre le han gustado: plata y aventuras.

"Con Castillo acordamos que por esta vía podíamos realizar nuestro primer positivo, así que nos autorizó a continuar en las negociaciones con El Navegante", explicó Ramón.

En muy poco tiempo, Ramón pasó de ser cliente del programa de resocialización a un entusiasta promotor. La importancia que adquirió en el grupo la resumió Nicolás Bergonzoli en una conversación con Jorge Luis Ochoa en Colombia, luego de que Ochoa le preguntó por El Médico.

—¿Y Carlos Ramón?

—Carlos Ramón les quiere tocar el culo a todos —respondió Bergonzoli[71].

A su regreso a Colombia, Ramón viajó a Barbosa, un municipio cercano a Medellín, para compartir las novedades con Úsuga y Bernardo Sánchez, que estaban escondidos en una finca de la zona. Al llegar al lugar le preguntó por sus amigos al mayordomo, quien estaba podando el césped con una máquina ruidosa. El mayordomo le indicó que suponía que se encontraban en una pequeña pieza de la hacienda donde se habían hospedado, y Ramón se dirigió hacia allá, pero sólo encontró la ropa en la cama, los maletines de emergencia y las llaves del carro. Después de revisar exhaustivamente la hacienda con la ayuda de los escoltas, quedó muy preocupado pensando que a sus amigos se los habían llevado sin que nadie se diera cuenta. "Una operación perfecta", se dijo.

Pero al pasar frente al cuarto del filtro de la piscina, escuchó unos ruidos que le causaron curiosidad. Entonces abrió la puerta del pequeño depósito y allí encontró a Úsuga y Sánchez, aterrorizados en un rincón, tratando de resguardarse tras los tubos de limpieza de la piscina.

—¿Qué están haciendo ahí, par de huevones? —preguntó Ramón.

Sánchez le respondió que bajara la voz y le explicó casi en susurros:

—¿No estás escuchando que el helicóptero está encima de nosotros hace rato?

---

71. Conversación de Jorge Luis Ochoa, Nicolás Bergonzoli..., *op. cit.*, p. 8.

Ramón explotó en una larga carcajada, se tiró al piso sin poder parar de reírse hasta que por fin tomó aire y les explicó que el helicóptero estaba podando el pasto. Los dos refugiados se unieron a la celebración, y los tres terminaron tirados en el piso, cogiéndose el estómago para controlar el ataque de risa.

La divulgación del evangelio de Vega que hicieron en Colombia sus apóstoles Correa, Bergonzoli y Ramón, en orden de antigüedad, dio frutos muy rápidamente. En el tercer viaje, recuerda Ramón, el hotel Marriott de Ciudad de Panamá "estaba invadido de narcos colombianos, sus abogados, sus representantes, sus intermediarios y también de agentes americanos que, por turnos, atendían grupo por grupo".

Aunque se trataba de mantener bajo la mayor discreción la febril peregrinación a Panamá, tenía muy preocupados a los agentes de la DEA de Colombia. Chris Feistl, uno de los supervisores de la oficina de la DEA en Bogotá, ya estaba enterado de las andanzas de Vega y le pidió a uno de sus agentes, Paul Craine, que viajara a Panamá y exigiera a Larry Castillo que pusiera punto final a las conversaciones con los acusados de Milenio.

Craine llegó a Panamá el 7 de diciembre. A las ocho de la mañana del día siguiente llamó a la habitación de Castillo y quedó sorprendido de que una mujer respondiera y le informara que el agente no estaba disponible. Ese día Ramón y Vega estaban conversando tranquilos en una de las habitaciones del hotel cuando se presentó Román Suárez, visiblemente nervioso, y comentó que deberían reunirse de urgencia con Castillo porque un grupo de la DEA de Colombia se había aparecido intempestivamente en Panamá para acabar con la fiesta.

Ramón, Suárez y Vega se reunieron con Castillo en su habitación y cuando los hombres estaban especulando sobre las intenciones del grupo de la DEA de Bogotá en Panamá, escucharon que alguien golpeó la puerta.

—¿Quién es? —preguntó Castillo.

—Paul Craine —respondió la voz tras la puerta.

Esta es la versión que ofreció Ramón de lo que ocurrió entonces:

"Larry abrió el clóset y con el dedo índice sobre los labios, ordenándome silencio, me metió dentro del clóset y cerró la puerta frente a mí".

Desde el clóset, Ramón escuchó que Craine le preguntó a Castillo si era cierto que algunos de los fugitivos de la Operación Milenio estaban reuniéndose con ellos en el hotel. Castillo explicó que los acusados no se encontraban personalmente sino que habían enviado a representantes para convenir su entrega. Entonces Craine pidió que lo dejara hablar con los intermediarios y se mostró muy interesado en saber si entre los huéspedes se encontraba Orlando Sánchez Cristancho, uno de los acusados de Milenio, que tenía lista la maleta para salir de Panamá a Miami.

Ramón sostiene que Castillo le respondió que Sánchez había sido enviado a Estados Unidos.

"Esto también era falso. Sánchez estaba en el mismo hotel, y tres horas después Baruch, Román y Castillo harían un viaje relámpago a Orlando, en un avión privado desde Panamá, para su entrega voluntaria en Miami".

En los documentos de la investigación interna de la DEA, está probado que Craine viajó a Panamá, pero allí no salió a relucir el episodio de Ramón en el clóset. Vega sostiene que no vio nada parecido. Román le comentó al autor que El Médico sí se escondió en el clóset.

En su visita no anunciada, Craine se reunió con Vega. El fotógrafo le explicó el procedimiento que el Grupo 43 de la DEA, los abogados y los intermediarios venían utilizando para entregar narcotraficantes a la justicia de Estados Unidos. Según la investigación interna, en esa oportunidad Vega omitió que los mediadores recibían honorarios por la gestión. Craine les dejó en claro a Vega y a Castillo que por órdenes de la fiscal Theresa Van Vliet, el esquema no debería ser usado con acusados de Milenio y que suspendieran cualquier acuerdo.

El campanazo de advertencia de la DEA de Colombia no tuvo ningún efecto inmediato. Las conversaciones con Ramón, quien representaba a prófugos de Milenio, continuaron; Sánchez Cristancho fue llevado a Miami, y Rasguño, quien también era objetivo de la segunda etapa de Milenio, siguió en conversaciones con ellos. Es más, Ramón viajó como si nada a Fort Lauderdale en compañía de Vega y Castillo a bordo del avión alquilado. "Me invitaron a Miami con ellos como muestra de que realmente todo iba sobre ruedas".

La primera cita con Rasguño fue incumplida por los agentes de la DEA y puso en riesgo el acuerdo. Originalmente se convino que la reunión se haría en un apartamento de Bogotá en el que Ramón debería estar presente. Tres días con sus noches pasó en ese lugar Ramón, en compañía de Rasguño y su lugarteniente Eduardo Martínez, alias Mamaburra, esperando a los agentes, que no aparecieron. Al tercero, cuando el narcotraficante del cartel de Norte había perdido la paciencia y se despidió decepcionado sospechando que aquello podría ser una trampa de la DEA para arrestarlo, Ramón dejó un mensaje en el buzón del teléfono de Castillo insultándolo por la falta de seriedad.

"Llamé emputado y les dije 'irresponsables, hijueputas, ¿cómo es que después de cobrarnos 42 millones de dólares le salen a Ras con esta babosada? Lo primero que él va a pensar es que yo lo estoy entrampando. ¿Ustedes quieren que me maten las próximas siete generaciones de mi familia o qué?'".

A los pocos días, Ramón se enteró de que Castillo decidió cancelar la cita porque si se presentaba en Colombia, debía reportar la entrevista con Rasguño a sus colegas de la DEA en Bogotá, y como estaban las cosas no parecía muy factible que se lo permitieran.

Además de insistir con Rasguño, Ramón cumplió en Medellín la misión de transmitir a Fabio Ochoa, a través de su hermano Jorge Luis, un mensaje del gobierno de Estados Unidos. El mensaje consistía en que "si aceptaba la extradición y convencía al grupo [de Milenio] que estaba en Bogotá de irse voluntariamente a Estados Unidos, bajo cooperación, el gobierno le ofrecía menos de cinco años en una prisión americana", según palabras del propio Ramón.

De paso, El Médico aprovechó la reunión para negociar con los Ochoa un avión Gran Caravan que sería usado para hacer "positivos" transportando drogas a Panamá. Conscientes de que quedaría en la grabación, hecha por ellos mismos, los Ochoa expresaron su interés en la venta de la aeronave.

Más desconfiado que antes, Rasguño decidió enviar a Mamaburra como emisario suyo a las conversaciones con el gobierno de Estados Unidos. Martínez ya había probado el veneno de la justicia americana. Fue condenado en abril de 1991 en Atlanta, Georgia, a seis años y medio de prisión tras declararse culpable de haber lavado más de

1.200 millones de dólares de dividendos del narcotráfico entre 1987 y febrero de 1989, en lo que se consideró la operación de blanqueo más grande en la historia de Estados Unidos.

Martínez fue extraditado de Colombia en 1989 bajo el mote de "ministro de finanzas" del cartel de Medellín, acuñado por las autoridades gringas. Su arresto fue uno de los golpes más duros de la Operación Polar Cap. A raíz de esta operación, las filiales en Panamá y Cali del Banco de Occidente fueron acusadas de lavar millones de dólares del narcotráfico. Ante la perspectiva de un juicio que podría dañar la imagen del conglomerado financiero e indirectamente de su mayor accionista, Luis Carlos Sarmiento Angulo, uno de los hombres más ricos de Colombia, los abogados del banco recomendaron llegar a un acuerdo con el gobierno de Estados Unidos. El banco pagó una multa de cinco millones de dólares, la más alta hasta entonces en la historia de Estados Unidos en materia de lavado de dinero[72].

El encuentro de Martínez con la DEA se hizo al más alto nivel en Miami, aunque su llegada a la ciudad fue toda una comedia de improvisaciones. Martínez viajó de Colombia a Panamá en el avión privado de Ramón en compañía de su cuñado, Alberto Tulena, y Ramón. En la misma plataforma del aeropuerto de Tocumen, en Panamá, donde se estacionó el avión, hicieron el trasbordo al de Vega, que los llevaría a Miami. Todo parecía muy bien calculado hasta que el grupo cayó en cuenta de un detalle fundamental: Martínez y el cuñado no tenían visa estadounidense. "No problem", dijo Vega, como casi siempre comentaba cuando surgía cualquier inconveniente.

Vega contaba con que alguno de los agentes de la DEA en el aeropuerto de Fort Lauderdale, el preferido de sus operaciones, se ocuparía del problema y tramitaría el ingreso al país del narcotraficante convicto y su cuñado, como si aquello fuera un procedimiento de rutina.

Al mando de los pilotos Gregory Smith y Hunter Cantwell, el avión despegó de la pista de Panamá en la noche del 21 de diciembre con Martínez, Vega, Ramón, Tulena y Román Suárez a bordo. Casi a medianoche aterrizó en Nassau, capital de Bahamas, donde a los visitantes se les exige

---

72. "Colombian Pleads Guilty to Money Laundering for Cartel", *Chicago Tribune*, 16 de abril de 1991, p. 4A.

visa estadounidense. Al presentarse ante el funcionario de inmigración, Vega explicó que planeaba pasar unas horas con sus amigos en la isla jugando en los casinos para regresar con todos a Panamá en la madrugada. La verdad es que el plan era salir al día siguiente hacia Estados Unidos. El funcionario le respondió que, aunque se trataba de una visita muy corta, todos los visitantes requerían visa. A sabiendas de que a esas horas de la noche el aeropuerto no ofrecía servicio de combustible, Vega lo pidió ingenuamente como condición para regresar a Panamá.

Al funcionario no le quedó otra salida que expedir un permiso de 24 horas para los indocumentados con el compromiso de que abandonarían el país temprano en la mañana. Al día siguiente, en lugar de Panamá, el avión salió rumbo a Bimini, la pequeña isla bahameña que sólo dista de Miami 80 kilómetros y en donde no sería necesario presentar visa para viajar a Estados Unidos. Con lo que no contaba Vega era que los pilotos del avión se negaran a aterrizar con los indocumentados en territorio estadounidense.

Ante el nuevo obstáculo, se acordó de que Ramón, Martínez y Tulena tendrían que esperar en Bimini la llegada de Román Suárez en su bote deportivo y en plan de pesca y paseo turístico. Allí esperaron tres días, y al cuarto, cuando ya pensaban que se habían olvidado de ellos, un niño se acercó al restaurante donde los aburridos colombianos veían pasar las horas y les dijo que había llegado un yate a recogerlos. Era Román Suárez, acompañado de familiares y amigos, que habían llegado en un bote de 25 pies posando de turistas.

"Parecíamos unos balseros de primera clase a su llegada a Miami", recuerda Ramón. Cuatro horas después, el paseo familiar llegó al muelle de Bayside, un centro comercial situado en el corazón de Miami. Ramón, Martínez y el cuñado se camuflaron entre los amigos de Román para desembarcar en las narices de un bote del Servicio de Guardacostas que vigilaba el tráfico marino del muelle. Caminaron entre la multitud y finalmente tomaron un taxi que los llevó a Miami Beach. Cuando pasaban el puente de McArthur, que conecta la ciudad con las playas, Ramón respiró profundo, miró a su alrededor aún intranquilo y luego de confirmar que nadie los seguía, les dijo sonriente: "Bienvenidos a Miami".

Al día siguiente, Martínez se reunió con Castillo en las oficinas principales de HIDTA en Miami, una entidad multidisciplinaria de lucha contra el narcotráfico y escuchó, esta vez directamente de Castillo, la propuesta que tenían para su jefe Rasguño. Allí se coordinó el encuentro con el narcotraficante.

Sin visa pero feliz de haber concretado el trascendental encuentro con la DEA, Martínez viajó a Disney World. Días después celebró el final del siglo con un gran grupo de parientes y amigos de Ramón —en total sumaban unos 70— a bordo del yate Camelot, rentado para la ocasión en Miami. La pista de baile de la embarcación fue prácticamente tomada por los colombianos, que vieron llegar el nuevo año admirando los espectaculares fuegos artificiales desde la bahía de Bayside entre abrazos, champaña, uvas, promesas de amistad, deseos de prosperidad y otros ritos eufóricos del último día del siglo XX.

El 2 de enero, Ramón citó a Castillo a la oficina de su abogado Dan Forman para comentarle un tema que le daba vueltas en la cabeza. El Médico le preguntó a Castillo si él sabía que Baruch estaba recibiendo dinero por su intermediación.

"Últimamente oigo muchas cosas alrededor de ese tema y te quiero aclarar algo", le dijo Castillo, según palabras de Ramón; "ningún agente del gobierno recibe dinero, ningún juez, ningún fiscal, este proceso es totalmente legal y si tú quieres regalar tu dinero a Baruch, es tu problema, yo no lo puedo arrestar por eso, pero acá nadie diferente de él está pidiendo dinero".

Es un tema que no ha tenido fin. Vega sostiene que tanto Castillo como Tinsley sabían perfectamente que él cobraba dinero por su trabajo y nunca lo objetaron. Todo eso era parte del esquema fraudulento que Baruch debía montar para atraer a los narcotraficantes a las puertas de una negociación con el gobierno norteamericano.

Castillo le pidió Ramón que de este punto en adelante hiciera todo lo posible por apartar a Baruch de los acuerdos.

"Yo no quiero problemas por la plata que él recibe", le dijo.

Pero Ramón sabía que era muy tarde. A esa hora un enviado suyo le estaba entregando a Suárez, en una bodega cercana al aeropuerto internacional de Miami, un millón de dólares más, como parte de la negociación con Rasguño. De ese millón, Suárez le dio a Ramón 200 mil dólares para el montaje de operaciones encubiertas, o como se conocía en el lenguaje de los arreglos, para "hacer positivos".

# CAPÍTULO 45

**A**ntes de lo que se esperaban los agentes de la DEA, Hernando Gómez Bustamante, alias Rasguño, volvió a dar señales de acercamiento. Eduardo Martínez, su representante, llamó de urgencia a Ramón desde Colombia y le dijo que el patrón viajaría a Panamá para cumplir con la cita. La única condición: que ni Julio Fierro ni Bergonzoli se enteraran de la reunión. Rasguño desconfiaba especialmente de Bergonzoli, por sus antecedentes de haber sido un "reinsertado" de todos los carteles y siempre acomodarse al lado del bando ganador, según informó Ramón a sus supervisores.

La noticia del viaje de Rasguño alegró mucho a Castillo cuando Ramón llamó a dársela. El agente respondió que saldría cuanto antes a Panamá, no sin antes advertirle que prefería que Vega no participara en este viaje. Ramón le respondió que lo ponía en una situación muy difícil porque se sentía traicionando a Vega y además porque no quería cargar solo con la responsabilidad de una cumbre de esas características. Aunque aceptó por esta vez, el agente insistió en que no deseaba que Vega continuara participando en las reuniones.

Al día siguiente, Castillo y Ramón volaron a Panamá en compañía de Bill Gómez, Vega y Ramón Suárez, previa notificación a la DEA de Panamá de la visita de Rasguño. En medio de un intenso anillo de seguridad de la DEA, encabezado por el agente Art Ventura, el narcotraficante llegó en su avión privado al aeropuerto de Tocumen, en compañía de su hermano y Martínez.

En una suite del hotel Marriott de Ciudad de Panamá, Ramón se dio el gusto de presentar al narcotraficante más poderoso entonces de

Colombia al agente Castillo y a Vega. De la conversación de ocho horas entre agentes de la DEA y Rasguño, que continuó al día siguiente con la misma duración, se sabe muy poco. No hay un solo documento judicial que refleje lo que allí se habló. Vega ni Ramón estuvieron presentes.

Sin duda que lo más explosivo que trascendió de esa reunión quedó consignado en la página dos de la investigación interna de la Oficina de Responsabilidad Profesional de la DEA. Los investigadores dejaron constancia de que Rasguño aseguró en esta ocasión que el agente de la DEA, Javier Peña, asignado a la oficina de ese organismo en Colombia, "estaba en la nómina" de los narcotraficantes y recibía dinero a través del ex policía colombiano Danilo González[73]. Los investigadores se enteraron de esta información por medio de Román Suárez. Cuando fue cuestionado por esta acusación, Peña dijo que jamás había recibido dinero de González.

En cuanto a las demás declaraciones de Rasguño, sólo se supo una anécdota que dejó a los agentes de la DEA un tanto incómodos por su error de cálculo. En un momento dado Castillo le preguntó a Rasguño cuántos kilos de cocaína exportaba al año, y el narcotraficante, tratando de no parecer arrogante, le respondió que lo disculpara pero que desde hace muchos años él había dejado de contar sus exportaciones en kilos. La contabilidad, dijo, la llevaba en toneladas. Y como prueba de su capacidad de producción le propuso al agente que dejaría de enviar cocaína a Nueva York durante los seis meses siguientes a esa reunión, y que le garantizaba que los precios de la droga aumentarían ostensiblemente, pues estaba seguro de que tenía el control del mercado en esa ciudad. Román Suárez le comentó al autor de este libro que Rasguño impuso la veda del polvo, y tres meses después los precios de la cocaína en Nueva York subieron en forma perceptible por la escasez que se presentó.

En uno de los recesos, Rasguño le contó a Vega que siendo un niño, su idea era poder reunir dinero para comprar un revólver y poderse defender de otra familia que los iba a matar a todos ellos, hasta que

---

73. Reporte final de la Oficina de Responsabilidad Profesional de la DEA por corrupción, revelación no autorizada de información, transacciones financieras impropias y otros, 12 de marzo de 2002.

se compró su propio revólver. "Entonces la vida lo llevó a volverse narcotraficante a los 16 años".

Al terminar la maratónica sesión del primer día, Rasguño se sentó a comer en el restaurante del hotel con Ramón y Martínez, y allí admitió que se sentía como quien hubiera salido de un confesionario, sosegado y tranquilo.

La cuenta de cobro por la catarsis no se hizo esperar.

"Al finalizar la cena", relató Ramón en su manuscrito, "subimos a la habitación de Ras y allí llegó Vega para tocar el escabroso tema del dinero. Lo primero que escuché fue que Vega le dijo 'señor, usted sabe que por el nivel suyo la negociación es diferente y es un gran esfuerzo el que hay que hacer para que lo aprueben, así que en Washington opinan que el costo suyo es de 50 millones de dólares'".

Rasguño soltó una carcajada por la astronómica tarifa y le dijo que si le parecía muy poco su aporte como líder de una organización que, a partir de su entrega, se integraría en masa al programa.

"Llame a su gente en Washington y dígales que se pongan razonables o yo empaco y me voy", le dijo Rasguño a Vega.

Vega hizo dos llamadas en la habitación siguiente y regresó con una cuenta de honorarios más baja: 20 millones de dólares.

"Vea, Vega, yo no doy más de 10 millones. Daré cuatro, en la mitad del proceso otro tanto y dos millones el día de presentarme en la Corte; eso es todo: tómelo o déjelo".

Vega salió y regresó con cara de alegría anunciando que había sido aceptada la oferta. En una entrevista años después, el fotógrafo agregó un detalle de esa conversación que le parece muy importante: según él, Rasguño aceptó pagar los 10 millones de dólares con la condición de que ni un solo dólar fuera a parar como soborno a los bolsillos de funcionarios federales, como se le había hecho creer en el marco del esquema de Vega.

Rasguño pagó un millón de dólares por adelantado y no logró matricularse en el programa, pues su nombre aparecía en un segundo capítulo de la Operación Milenio. No sería el primer fracaso del narcotraficante en su esfuerzo, a veces vacilante, por entregarse a la justicia estadounidense. Al año siguiente se reunió en Cartagena con la fiscal del caso Milenio, Theresa Van Vliet, y con su nuevo abogado, Jay Hogan, uno de los más prestigiosos del sur de la Florida, para coordinar una nueva entrega. Después de pagar una fortuna a su abogado, Rasguño estuvo tentado de concretar la entrega, pero pudo más su temor a perder por siempre la libertad y no llegó a ningún acuerdo.

El viernes 13 de enero, Rasguño regresó a Colombia en el avión privado en el que había llegado a Panamá. Ese mismo día, Ramón se dirigió al aeropuerto con los agentes de la DEA para tomar un avión de American Airlines a Miami. En el aeropuerto se enteró de que el vuelo de las 3 p.m. estaba retrasado cuatro horas, así que llamó a Martha, su esposa, a Miami para avisarle de la demora. Ella le respondió con una noticia que lo dejó boquiabierto: habían arrestado a Jorge Alberto Ortega, Carmenza Londoño, María Mercedes Cerón, Jairo Tolosa, Jonathan Cardona y otra gente de su grupo operativo de negocios lícitos e ilícitos en Miami. Los agentes de la DEA encargados de la operación dejaron tarjetas. Se trataba de Dennis Hocker y Tom Burns, del Grupo 9 de la DEA en Miami.

Ramón les comentó la terrible noticia a Castillo y Baruch, que mataban el tiempo en la cafetería del muelle internacional del aeropuerto. Castillo llamó a Miami pero ya era tarde, las 4 p.m. de un viernes, comienzo de puente de Martin Luther King. No había nada que hacer. Tendrían que esperar hasta el martes. En ese momento, Ramón sintió que Castillo marcaba una distancia fría e implacable con él. Le recomendó que no viajara a Miami con ellos porque lo arrestarían y Ramón, que se sentía que estaba más del lado de la ley que del delito, no entendía por qué Castillo no podría intervenir en su favor al llegar al aeropuerto. Al fin y al cabo, era el policía con el cual él estaba organizando la mayor entrega masiva de narcotraficantes en la historia de la lucha antinarcóticos de Estados Unidos. Castillo le explicó que su caso posiblemente pertenecía a otro grupo de la DEA y él no podría interferir. Ramón lo interpeló drásticamente: "¿O sea que esta mierda que nosotros estamos haciendo aquí no la sabe nadie en Miami?... ¿Esto es un secreto o es que no es la misma DEA con la que yo estoy arriesgando mi pellejo en esta operación?".

"Eran muchas preguntas sin respuesta", recuerda Ramón. "Castillo continuaba en un silencio penoso y tenso".

Fue un día de varios golpes para Ramón. Si bien lo alegró el haber sido el facilitador del mejor contacto que había hecho la DEA desde la muerte de Pacho Herrera, la noticia de que su gente en Miami había sido arrestada por un cargamento de 500 kilogramos, incautado en esa ciudad, en medio de una operación encubierta en su contra cuatro meses atrás, lo dejaba abatido. Y para acabar de complicar las cosas, Natalia le había dicho por teléfono, horas antes, que estaba en plan de reconciliación con un ex novio en Cartagena. Ramón le había prestado las camionetas Toyota para el viaje, el apartamento para su estadía y el yate para su diversión, para que pasara unos días en esa ciudad mientras él lograba que le aprobaran la visa a ella para que viajara a Miami.

Ante semejante noticia, Ramón se quedó en Panamá en compañía de sus amigos Juan Gabriel Úsuga y Bernardo Sánchez, que habían viajado para enterarse de primera mano de los acuerdos con la DEA y descansar del cerco cada vez más estrecho de la Policía de Colombia.

En vista de que Ramón debía permanecer en Panamá, donde tendría que pasar el aniversario de su matrimonio —15 de enero—, Vega se lució con un generoso gesto que sorprendió a la pareja en crisis. Contrató un Learjet que llevó a Martha de Miami a Panamá. Con rosas y champaña, Ramón la recibió en el hotel, pero ella estaba cansada y se quedó dormida en la habitación. La relación estaba en su límite de desgaste.

"De ese matrimonio ya no quedaba nada", dice Ramón. "Y para rematar, en mi mente sólo rondaba la idea de cómo había perdido a Natalia por conservar ese matrimonio de papel. Ese fin de semana fue eterno para los dos".

Ramón no podía admitir que Natalia fuese feliz sin él y tras un largo dilema resolvió llamar y preguntárselo. "Sólo quiero hacerte una pregunta —le dijo—: ¿eres feliz con tu novio?", y ella respondió que eso no importaba. "Me iré acostumbrando, es una gran persona y sobre todo me valora y respeta mucho, me da el lugar que yo merezco".

Esa respuesta lo terminó de derrumbar. Ramón estaba en un callejón sin salida. No podía viajar a Miami porque lo esperaba un arresto seguro ni podía regresar a Colombia a decirle a Natalia que estaba dispuesto a divorciarse para recuperar su amor porque allí lo quería matar la gente de Danilo González, según versión de Nicolás Bergonzoli. En Colombia, según Bergonzoli, ya rodaba el chisme callejero de que Ramón era un sapo a sueldo de la DEA. "Son daniladas", le dijo, aludiendo a Danilo González, el Montesinos de la Policía. Además, el narcotraficante Leonidas Vargas había puesto un precio por la cabeza de Ramón.

Aconsejado por Úsuga, que ya no soportaba más su estado de depresión, Ramón se arriesgó a regresar a Colombia para arreglar su vida con Natalia. Para Úsuga la situación era muy incómoda, pues la engañada del paseo era su hermana Martha. Con el presentimiento muy cercano a la realidad de que sus enemigos tenían infiltrado el DAS para que reportaran su ingreso al país, Ramón emprendió su viaje de regreso a Colombia. El Médico llegó a Bogotá al aeropuerto internacional Eldorado y antes de integrarse a la fila frente a los cubículos de inmigración, que son controlados por el DAS, se acercó haciéndose el despistado a un policía que estaba parado en un lugar equidistante entre inmigración y la entrada a la zona de reclamo del equipaje y le preguntó por los vuelos de conexión a Medellín. El policía le indicó la dirección y Ramón continuó caminando, con cara de perdido, hacia el área de equipaje, esperando escuchar el grito de cualquiera de los funcionarios del DAS para que regresara a hacer el trámite de inmigración, pero nadie lo pilló. De la zona de equipaje salió caminando hacia el mostrador de Avianca, donde se enteró de que no había un solo puesto disponible en los vuelos a Medellín. Se acercó a una pareja de estudiantes y les compró el cupo por 200 dólares.

Al llegar al apartamento de Natalia en Medellín, no la encontró; la llamó desde allí a su celular y ella respondió que estaba en una comida a la que la había invitado la mamá de Daniel, su novio.

"Si no vienes en 15 minutos a hablar conmigo, te juro que en 20 estoy tocando esa puerta y vas a tener que hablar conmigo allá, frente a ellos", le dijo Ramón. "¿Qué prefieres?".

Natalia le respondió que no podía dejar la reunión así no más, y él insistió en que se presentaría en la casa. A los 15 minutos, Natalia llegó al apartamento manejando el carro de Daniel y sin preámbulos, Ramón le dijo que había viajado desde Panamá para decirle cara a cara que "no soy feliz si no es a tu lado, así que está definido: me divorcio y me voy contigo para donde sea". Era algo que Natalia quería escuchar desde hacía tiempo.

Dos horas después y con los efectos de una botella de vino Santa Rita Medalla Real en la cabeza, la pareja se reconcilió. A la mañana siguiente, Natalia llamó a su novio y le dijo que volvía con Ramón.

# CAPÍTULO 46

A bordo del avión ejecutivo de la DEA, el agente de Inmigración y Aduanas de Estados Unidos, Steve Hayward, le preguntó al narcotraficante Gilberto Rodríguez Orejuela si prefería comerse un sándwich o una hamburguesa de El Corral, la conocida cadena de comidas rápidas de Bogotá. El avión había salido de esa ciudad en la tarde del 3 de diciembre de 2004. Rodríguez escogió el sandwich y después de un par de mordiscos escuchó que Hayward le dijo:

—El emparedado que se está comiendo fue preparado por las mismas manos que lo mandaron a usted a la cárcel.

Sorprendido, Rodríguez preguntó si Edward Kacerosky iba a bordo del vuelo.

—Sí, señor —le respondió Wilson—, está a su lado —y señaló a un hombre de piel blanca, mediana estatura, unos 50 años, pelo rubio, de ojos azules, sentado en el puesto contiguo y que, en efecto, había preparado los sándwiches antes de abordar en la Base Aérea de Guantánamo, Cuba, donde el vuelo hizo una escala técnica.

Esa noche, a 30 mil metros sobre el nivel del mar Caribe, Kacerosky, el agente especial del Servicio de Inmigración y Aduanas, se presentó personalmente al hombre que persiguió sin descanso durante 13 años.

—De manera que usted es el gran sabueso... — le dijo Rodríguez en un tono cínico.

Por un caprichoso prejuicio que su esposa colombiana le inculcó, a Kacerosky le molesta la expresión sabueso. Está bajo la impresión de que es una palabra despectiva que sólo se aplica a los perros de caza.

Así que cuando el narcotraficante la pronunció, Kacerosky le respondió en español que estaba muy equivocado si pensaba que él era un simple perrito que corría detrás de un hueso.

—No, no, señor —le dijo Rodríguez sin renunciar a su cinismo—. Usted es todo un Sherlock Holmes.

—No sea besaculos —le respondió Kacerosky, quien aprendió español en la canchas de baloncesto del Bronx, en Nueva York.

Para llegar a este momento de victoria, que fue el preámbulo de su retiro del cargo, Kacerosky no sólo tuvo que arrestar a decenas de narcotraficantes colaboradores del cartel, incautar millones de dólares en propiedades y cuentas bancarias y reclutar un ejército de informantes. Debió además librar una batalla interna, de la cual se sabe muy poco, con agentes de la DEA que obstaculizaron sus esfuerzos, motivados algunas veces por la frustración inconfesable que les producía que un funcionario de un organismo como el Servicio de Aduanas, cuya prioridad no es la guerra contra el narcotráfico, se quedara con el trofeo más preciado de esa guerra, como fue poner tras las rejas a los líderes del poderoso cartel de Cali.

"Es un gran trabajador, pero es un individuo que no tiene la más mínima consideración de los protocolos entre las agencias", le comentó al autor un ex agente de la DEA al referirse al agente de Aduanas.

Kacerosky podrá despertar odios y envidias dentro del frustrado mundo federal de la guerra contra el narcotráfico por esos y otros motivos, como su personalidad aparentemente soberbia y su pose de sabelotodo; lo que nadie le puede negar es que, a diferencia de muchos agentes de la nueva generación y de varios de la vieja guardia que pasan más tiempo en el gimnasio que en la calle, no trabajan una sola hora extra ni un día de descanso, como si el narcotráfico tuviera horarios de oficina, el veterano agente se entregó, casi a niveles obsesivos, sacrificando días libres y vida familiar, a destruir laboriosamente la organización más poderosa y mejor estructurada de la historia del narcotráfico. El cartel de Cali era su vida.

Durante una entrevista que sostuvo el autor en una pequeña oficina que se le asignó al agente en la Fiscalía federal de Miami, Kacerosky mostró varios álbumes de pruebas judiciales llenos de fotografías de decenas de miembros de la organización. Al abrir una página al azar, en busca de un empleado de los Rodríguez, se distrajo con otros y contó la historia de cada uno citando de memoria el nombre, el apellido, el alias, la función en la organización, cómo fue atrapado o en qué lugar del mundo se encuentra prófugo, sin escatimar fechas ni anécdotas. A diferencia del odio explícito a Colombia que transpiran muchos agentes antinarcóticos de Estados Unidos, Kacerosky es un admirador de la gente del país. Su esposa es colombiana, su comida preferida es el sancocho y guarda una osada esperanza de que las nuevas generaciones de los hijos de los narcotraficantes comprendan que ese negocio es un suicidio gradual y colectivo. Fue la razón principal que lo llevó a convencer a los fiscales de Estados Unidos de que se abstuvieran de llevar a juicio a los hijos y familiares de los Rodríguez Orejuela. Es una muestra de que todo el mundo, incluyendo Colombia, tiene una segunda oportunidad", me dijo.

Un alarde de arrogancia de Miguel Rodríguez Orejuela, hermano de Gilberto, aceleró la carrera de Kacerosky por poner tras las rejas a los cabecillas del cartel. A principios del 2001, en un gimnasio del norte de Bogotá, el abogado de los Rodríguez, Gerardo Candamil, le pasó al agente federal un teléfono celular diciéndole que Miguel estaba en la línea y quería hablar con él. Kacerosky pensó que era una broma.

Al escuchar las primeras palabras, Kacerosky confirmó que era Miguel.

"Bienvenido a Colombia", le dijo el narcotraficante en un tono entre irónico y cordial, recuerda el agente. Miguel lo felicitó por el trabajo que estaba haciendo en el país con un grupo élite de la Dirección de Policía Judicial (DIJIN) para desmantelar la estructura financiera de las Fuerzas Armadas Revolucionarias de Colombia (FARC), lo cual no sólo era cierto sino un secreto. Finalmente se despidió y le dijo que cualquier cosa que se le ofreciera, no dudara en llamarlo. Kacerosky quedó mudo de la rabia.

"No puedo negarlo, esa llamada me enfureció. Fue un reto para mí, una provocación", comentó Kacerosky. "El mensaje era darme a entender que 'Mire, estoy aquí, donde yo mando, sé en dónde está usted, con quién trabaja y no importa que yo esté preso'".

La temporada de Kacerosky en Colombia a finales de los 2000 fue agobiante para él. En el punto más crítico de la tensión con la DEA, la embajada prácticamente lo declaró persona no grata y debió dejar el país para volver a su cargo en la división de Miami. Fuentes de la embajada sostuvieron entonces que Kacerosky estaba desconociendo las normas internas de las relaciones entre los organismos federales y recibió llamadas de atención del propio embajador. El agente nunca quiso hablar sobre el tema con el autor de este libro por respeto a la confidencialidad que le exigía la agencia.

Pero los problemas con su gobierno pasaron a un segundo plano al enterarse de que Baruch Vega enlodó su nombre sin su autorización en una reunión con los Rodríguez Orejuela en la cárcel La Picota. Una fuente cercana a Kacerosky le comentó que Vega, en su afán por ganar nuevos clientes de las grandes ligas, tuvo la insolencia de comentar a los hermanos Rodríguez Orejuela que Kacerosky era un funcionario corrupto, a quien había que pagarle una buena cantidad de dinero en sobornos para lograr un arreglo favorable. Parte de ese dinero iba a manos de la fiscal del caso Milenio, Theresa Van Vliet. Según esa versión, Vega se habría ofrecido como intermediario para que los Rodríguez pudieran tener acceso a Kacerosky. Al enterarse de la historia, Kacerosky se enfureció y pidió una reunión urgente con Chris Feistl, agente de la DEA en Bogotá, en la que protestó enérgicamente por la infamia de Vega y advirtió de las consecuencias desastrosas que podría tener para su búsqueda de nuevas pruebas contra los cabecillas de Cali[74].

Días después escribió un memorando de unas 15 páginas dirigido a la fiscal Van Vliet, en el que detallaba las actividades cuestionables y sin controles del Grupo 43 y de su intermediario estrella, Baruch Vega. Ese memorando, que nunca salió a la luz pública, marcó el principio del fin del programa de Vega y el Grupo 43. A la protesta de Kacerosky se unió luego la del director de la DEA en Bogotá, Leo Arreguin, quien escribió otro extenso memorial el 20 enero de 2000 quejándose de que Vega "podría estar creando graves problemas y daños a la Operación Milenio"[75] . De acuerdo con Arreguin, la fiscal Van Vliet le comentó

---

74. Algunos de los detalles de las supuestas conversaciones de Vega con los narcotraficantes comprometiendo a Kacerosky y a la fiscal Van Vliet salieron a relucir en una declaración de la fiscal en la Corte Federal de Miami.

75. Memorando de Leo Arreguin a William Ledwith, jefe de operaciones internacionales, 20 de enero de 2000.

que si las actividades de Vega se llegaran a conocer, esto crearía "una situación vergonzosa para la DEA y el Departamento de Justicia". Vega, agrega el agente, estaba aprovechándose de su condición de fuente confidencial de la DEA para obtener dinero de narcotraficantes muy importantes a través de la utilización de un ardid de corrupción en el que el fotógrafo les hacía creer a los narcos que estaba asociado con agentes corruptos de la DEA y fiscales, quienes, al recibir el dinero, procederían a conceder sentencias extremadamente suaves. Arreguin calificó de grave el que Vega hubiera hecho contactos con Rasguño, considerado uno de los objetivos primordiales de la Operación Milenio, sin ninguna autorización de la DEA de Bogotá[76].

La queja de Kacerosky desató una tempestad dentro de la DEA, el FBI y la Fiscalía del sur de Miami. Además de la investigación disciplinaria de rigor de las dos agencias, el memorando dio lugar a una pesquisa criminal del FBI. De esa manera el gran proyecto de la operación Cali-Man, el sueño del agente David Tinsley de doblegar las organizaciones del narcotráfico sin disparar un solo tiro, se derrumbaba en cámara lenta. Ya no era un simple asunto disciplinario. Los ladridos de la justicia penal empezaban a rodear a Baruch Vega y Román Suárez.

Aunque Kacerosky sostuvo al autor que no existía ningún motivo de discordia con Tinsley, en los pasillos del búnker de la DEA, al noroeste de Miami, se sabía de la enconada rivalidad entre ambos agentes por el choque continuo de sus fronteras. Uno de esos choques se produjo a mediados de 1999, según Vega, cuando el Grupo 43 se enteró de que Kacerosky estaba en conversaciones con Wilber Varela, alias Jabón, el temible lugarteniente del cartel del Norte del Valle que encabezaba la lista de los más buscados por Tinsley y sus tesos. Varela era la pesadilla del Grupo 43. En las cuentas del grupo, el presunto narcotraficante figuraba como un habilidoso asesino y cobrador de deudas de la droga, responsable de la muerte de competidores y enemigos del cartel del Norte, así como de sospechosos de ser sapos de la DEA.

Las conversaciones entre Kacerosky y Varela en realidad sí ocurrieron, aunque no existía previamente una relación entre el agente y el

---

76. Reporte final de la Oficina de Responsabilidad Profesional de la DEA, 12 de marzo de 2002.

colombiano. Kacerosky coordinó una reunión de Varela en Miami con fiscales federales y agentes que estaban ansiosos de escuchar lo que el mafioso del Valle sabía de las nuevas narcoandanzas de los hermanos Rodríguez Orejuela mientras estaban presos en una cárcel de Bogotá. Esta reunión, según le comentó Kacerosky al autor, no fue iniciativa suya sino de la fiscal Van Vliet, quien estaba empeñada en presionar al gobierno del entonces presidente Ernesto Samper para que se viera obligado a extraditar a los narcotraficantes que financiaron su campaña.

Bajo un acuerdo de inmunidad, Varela se reunió con Van Vliet, otros fiscales y agentes, incluyendo personal de alto nivel de la DEA, lo que pone en duda la versión de Vega de que un grupo de este organismo se hubiese opuesto a la reunión. No se conoce oficialmente lo que se habló en el encuentro, pero el Grupo 43 supo que Varela dejó escuchar a los funcionarios varios casetes de conversaciones que implicaban a los Rodríguez Orejuela en actividades de narcotráfico posteriores a la reactivación de la extradición. A pesar de la gravedad de lo que se escuchaba en las cintas, el exquisito concierto incriminatorio contra los Rodríguez resultó un fracaso en términos prácticos. Varela se disgustó porque los fiscales y agentes desconocieron olímpicamente la condición que había exigido como requisito para asistir al encuentro, esto es, que su intervención se concentraría en los Rodríguez Orejuela. Pero algunos funcionarios se desviaron del tema central acordado y lo interrogaron sobre las actividades de otras organizaciones. Varela guardó los casetes en la misma caja en que los llevó, y regresó a Colombia. Kacerosky lo acompañó al aeropuerto.

Otra versión conocida por el autor apunta a que Varela fue presentado a Kacerosky por personas que habían sido amenazadas de muerte por los Rodríguez Orejuela y que vieron en esa jugada la posibilidad de librarse de los narcotraficantes por la vía de la extradición.

A Vega le cayó mal Kacerosky desde que lo conoció en febrero de 1999 durante otra reunión, esta vez entre fiscales del sur de la Florida y Sandra Santacruz, la hija del máster financiero y cabecilla del cartel de Cali, José Santacruz Londoño. Sandra, quien fue presentada ante los fiscales por Vega, explicó en esa reunión que estaba dispuesta a entregar unos cien millones de dólares del patrimonio ilícito del narcotraficante para que fueran confiscados a cambio de que el gobierno de Estados

Unidos dejara tranquila a la familia y le reconociera una mínima parte de esa fortuna para vivir modestamente.

En la reunión participaron los fiscales de la oficina de Miami, Dick Gregorie —caso general Noriega— y Ed Ryan —operaciones Piedra Angular y Milenio—. Estaban también Enrique Mancera, el abogado de Pacho Herrera en Colombia, Vega y Kacerosky.

"En esa reunión Kacerosky trató muy duro a Sandra, tanto que ella se puso a llorar y le dijo '¿y usted por qué me trata tan mal si yo vine a una cosa amistosa?'. Gregorie le pidió a Kacerosky que saliera con él al pasillo del edificio y al regresar el agente se disculpó. Inmediatamente después llevé a Sandra a la DEA y se reunió con Tinsley y Castillo", recordó Vega.

Kacerosky explicó al autor que su reacción no fue agresiva pero sí categórica, pues la hija de Santacruz estaba ofreciendo un dinero que el gobierno de Estados Unidos ya había confiscado en Suiza.

Según Vega, Kacerosky lo buscó días después para que trabajaran juntos en el caso de Pacho Herrera, pero los jefes del fotógrafo en la DEA le advirtieron que no podía trabajar simultáneamente con dos entidades. Vega se quedó con el Grupo 43 de la DEA y desde entonces nadie le quita de la cabeza que allí surgió el odio del agente de Aduanas contra él, Tinsley y Castillo. Kacerosky sostuvo que jamás le ofreció a Vega trabajar con él.

Al momento de la irrupción del memo de Kacerosky, la contabilidad del programa no podía lucir mejor:

—Héctor Londoño: acusado en Milenio. Su esposa, María Helena, le entregó a Bergonzoli 100.000 dólares después de reunirse con Vega en Panamá y 100.000 al abogado Forman.

—Carlos Ramón Zapata y compañía: pagaron a Vega, Román y Forman siete millones de dólares, cuota inicial de 46 millones que cobraron por el paquete que lo favorecía a él y a familiares de Úsuga.

—Spencer Springettee: acusado en un caso de 1998, entregó un adelanto de 75.000 dólares de seis millones que le cobraron.

—Jorge Orrego: esposo de la narcotraficante condenada Ivonne Scaff, se comprometió a entregar en efectivo y propiedades un total de seis millones de dólares. Según Ramón, alcanzó a entregar un millón en efectivo a Bergonzoli.

También de acuerdo con Ramón, las hermanas de Alfredo Tascón, acusado en Milenio, le entregaron a Bergonzoli un millón de dólares en efectivo en su finca de Rionegro, Antioquia.

# CAPÍTULO 47

Interrumpida su vertiginosa carrera de intermediario del programa de resocialización por cuenta del inesperado encausamiento por narcotráfico de la Fiscalía de Miami, Carlos Ramón Zapata empezó a prepararse mentalmente en Colombia para viajar a Estados Unidos, declararse culpable y demostrar a todos los demás aspirantes que el programa sí funcionaba.

Ramón había comentado varias veces que los narcos son como el ganado, que por donde se meta el primero por ahí lo siguen los demás. Con la asesoría de su abogado Daniel Forman y como cabeza de recua, viajó a Panamá a principios de febrero de 2000 con un pasaporte falso en compañía de Naty, La Melliza, que llevaba uno prestado.

Antes se despidió de Hernando Gómez Bustamante, alias Rasguño, quien le dio la bendición para el viaje en su finca El Vergel, de Cartago, con una advertencia que confirmó su teoría de las vacas y los narcos:

"Mijo, hágale: si usted sale tal como lo hablamos, al otro día voy y después mis amiguitos del norte".

Sus socios Juan Gabriel Úsuga y Bernardo Sánchez lo acompañaron a un almuerzo de despedida en el salón de conferencias del hotel Holiday Inn de Panamá, al que también asistieron Forman y su secretaria traductora, quienes habían aterrizado en Tocumen ese mismo día en un avión ejecutivo pagado por Baruch Vega.

Ramón confiaba entonces ciegamente en la promesa que le había hecho el agente de la DEA, Larry Castillo, de que sería liberado bajo fianza una semana después de entregarse en Miami a fin de trabajar en varias operaciones con la entidad antinarcóticos, lo que le serviría para reducir su pena. Una vez fijada la sentencia, se presentaría en una prisión y purgaría la condena. Que tendría que ir a una cárcel, nadie lo discutía, pero la pena sería la mínima, y a partir del cumplimiento de la misma sería un hombre libre.

Esa era la situación prometida, pero algunos comentarios vacilantes de Forman durante el almuerzo pusieron a dudar a Ramón. Forman dijo que no podía garantizar que la fiscal concediera la fianza. Ramón tomó el teléfono y llamó a Castillo, quien le dio su palabra de que estaría libre después de seis días.

"Aún hoy sigo confiando en la palabra de Larry Castillo... tengo muy claro que fue el mejor agente de la DEA que he conocido. Alguien que no me vio como un delincuente o una fuente de trabajo, alguien que me vio como ser humano, como hombre, como parte de una familia y de un grupo con el cual compartía un ideal común".

Tan comprensible que en la llamada siguiente, el agente aceptó otra condición de Ramón: que a su llegada no fuese arrestado de inmediato sino que se le permitiera disfrutar con Naty y unos amigos de una cena en un restaurante de moda en Miami Beach.

Ramón se despidió de Úsuga y de Sánchez, quienes hasta ese punto no creían que las cosas iban a salir como El Médico las soñaba. A las nueve de la noche del 9 de febrero, el avión ejecutivo aterrizó en el aeropuerto de Fort Lauderdale. Al pasar por inmigración, Naty mostró el pasaporte que le había prestado una amiga muy parecida a ella, pues no había logrado la visa en la embajada gringa. Una agente de inmigración titubeó al ver la fotografía y le pasó el documento a un supervisor para que diera su opinión.

"El oficial miró el pasaporte y miró a Naty, pero se fijó más en las nalgas que en la cara y luego respondió con voz cansada: 'Las mujeres cambian mucho en las fotos, déjela seguir que con seguridad es ella'", recordó Ramón.

A la salida los esperaba Castillo, sonriente y de buen ánimo, dispuesto a cumplir con su promesa. En su automóvil, el agente llevó a Ramón y su novia a China Grill, un restaurante que estaba entonces en furor en Miami Beach y donde los esperaban Vega, Julio Fierro, Gustavo Úsuga, el hermano de Juan Gabriel y su novia Luz Estela, la amiga que llamó a Los Cíclopes el día antes de los arrestos de la Operación Milenio para implorarles que se escondieran.

Como para calmar el nerviosismo de la situación, los comensales pidieron un vino Robert Mondavi de excelente cosecha, el preferido de Vega. En menos de dos horas, Ramón debía entregarse al Grupo 9 de la DEA.

"Naty no me soltaba la mano debajo de la mesa y no dejaba de mirarme con esa cara de tristeza con la que ella sólo sabe mirar cuando siente que lo inevitable se nos está viniendo encima".

Cuando estaban picando las entradas, Castillo le notificó a Ramón que había llegado la hora poniendo su dedo índice sobre el reloj.

"Me paré, me despedí de todos y nuevamente como siempre nos pasa a Naty y a mí, nuestro abrazo de despedida fue acompañado de dos lagrimones que se resbalaban por nuestras mejillas y el no te preocupes que todo saldrá bien".

Castillo lo acompañó hasta la entrada del búnker de la DEA en el noroeste de Miami, donde lo estaban esperando dos agentes del Grupo 9. Allí Ramón habló sin tapujos de su negociación con El Navegante para traer droga desde Venezuela a Estados Unidos, una causa por la que todos sus compañeros de prontuario ya habían sido arrestados en enero.

"Fui reseñado por primera vez en mi vida. Foto de frente, de lado, gracias a Dios había previsto eso y llevaba mi mejor traje de Ermenegildo Zegna y mi mejor corbata de Versace; era un momento trascendental y nunca hay una segunda oportunidad para dejar una buena primera impresión".

Uno de los agentes lo llevó hasta la entrada del Centro de Detención Federal de Miami, una mole de cemento de una docena de pisos, en donde el destino de cientos de hombres y mujeres colombianos ha quedado lapidado por una acusación de narcotráfico. Desde la más humilde mula de drogas pillada por su temblor al bajar de un avión en el aeropuerto de Miami hasta los arrogantes jefes del cartel de Cali, han llegado a esta primera estación de cautiverio situada en el centro de Miami, un edificio con un ligero toque de arquitectura nazi.

"Acá sí te tengo que esposar", le dijo Denis, uno de los agentes. Por primera vez en su vida, Ramón sintió la humillación de las esposas y así fue entregado a los funcionarios de la Oficina Federal de Prisiones que le hicieron quitar el Ermenegildo, la Versace y los calzoncillos de Calvin Klein, hasta quedar en pelota para someterlo a una revisión de dedos, pelo y esfínteres.

Vestido con un overol verde tres tallas más grande que él y unos calzoncillos bolsudos, Ramón llegó a medianoche al calabozo en cuyo piso dormían un nigeriano y el cubano Lázaro Hernández con las pantuflas y un rollo de papel higiénico como almohada bajo sus cabezas.

"'Qué decadencia', pensé dentro de mí, tirados en el piso como marranos. Eran las 2:30 a.m. La dignidad me duró hasta las 4 a.m., momento en el cual, guiado por el cansancio y el sueño, fui a buscar otro rollo de papel higiénico y terminé tirado en el piso con la misma almohada de mis compañeros de desventura. Aún en ese momento conservaba el aroma de mi loción, ese aroma que en la prisión llaman 'olor a calle'".

El 10 de febrero de 2000 Ramón fue llevado al edificio de la Corte Federal de Miami, en el centro de la ciudad, y presentado ante el juez de su caso. Estados Unidos vs. Carlos Ramón Zapata, anunció la secretaria de la Corte. "Eso es mucha gente contra uno", bromeó Ramón mentalmente.

Durante la audiencia el fiscal explicó que, de ser hallado culpable, el acusado podría ser condenado a cadena perpetua. Aunque sabía que era una formalidad, Ramón tragó saliva al lado de su abogado. Luego fue llevado a la prisión.

Al regresar al centro de detención, se encontró con sus empleados y compañeros de causa criminal que le reclamaron por lo que había ocurrido. No entendían cómo era posible que hubieran terminado todos en la cárcel si su patrón trabajaba para la DEA, y lo único que atinó a responder es que se trataba de algo muy complicado, pero que todo se solucionaría muy pronto.

Ramón escribía cartas desde la prisión un día para Natalia, su amante, y otro para Martha, su esposa. Las dos estaban en Miami en espera de su libertad. Los días pasaron y el sentimiento de certeza inicial de que Castillo, Vega y compañía irían a rescatarlo, se fue disipando frente a la crudeza de la realidad. Nunca llegaron. Ramón recibía visitas de toda clase de funcionarios federales que querían información, menos de los agentes del Grupo 43. Cuando preguntaba qué pasaba, le respondían que se habían presentado algunos inconvenientes. Una madrugada, cuando llevaba como 20 días en la prisión desesperado porque las cosas no habían salido como lo esperaba, los guardias lo despertaron para que atendiera a unos agentes del FBI. A las cuatro horas estaba reunido con ellos.

"Necesitan hablar contigo y quiero que seas muy honesto con ellos", le advirtió el abogado Forman, que estaba presente.

El tema de conversación: Baruch Vega. Al principio, Ramón se sintió tranquilo. Había convenido con Vega que ante un posible interrogatorio sobre los acuerdos del programa de resocialización, debería responder que él había pagado un millón de dólares por concepto de gastos de movilización, hoteles y otros, lo cual cubría las contribuciones de todo su grupo. De esa manera resumió la situación ante el agente del FBI.

—¿Está seguro? —insistió el agente.

—Sí, claro; ¿por qué?

—Usted sabe que su fiscal le quiere dar una fianza porque confía en usted. Pero ella necesita autorización de su inmediato superior, la fiscal Mary King, que está aquí presente; así que usted debe ser totalmente honesto para poder recibir esa fianza. ¿Le quedó claro?

—Sí, claro, no hay problema —respondió Ramón.

—¿Seguro?

—Sí.

—OK, escuche esto —dijo el funcionario al oprimir el botón de *play* de una grabadora.

# CAPÍTULO 48

**O**primido el botón de *play*, la cinta comenzó a rodar y Carlos Ramón quedó estupefacto al reconocer su voz y las circunstancias en las que había ocurrido lo que estaba escuchando. Se trataba de una conversación con Jorge Luis y con Juan David Ochoa en Medellín el 3 de diciembre de 1999.

El Médico había sido enviado por Baruch Vega para que intentara convencer a los Ochoa de que Fabio se uniera al programa.

Las fiscales le dejaron escuchar sólo una parte, suficiente como para ponerlo en una vergonzosa contradicción con lo que acababa de relatar, pero después se conocería la conversación en toda su extensión, lo que no dejó duda de que Ramón era uno de los mejores promotores del programa.

"Yo sé que el precio de mi arreglo es éste, y es el precio por las cagadas que yo hice", afirma Ramón. "Gracias a Dios, el precio que me están cobrando es inferior a lo que me gané en el negocio. Y lo pago. Listo. Y me importa un culo el resto. Que se la gane Vega o se la gane el otro, ah no, no sé. ¿Qué Vega... manipule la información o no la manipule, yo pienso que sí. Sí, hombre, el hijueputa me presionó con mi señora, con todo el mundo, me la manipuló"[77].

Más adelante agrega: "Tengo las de perder. Yo no me pongo a averiguar más allá de lo que no me interesa. ¿Luego que hablar de

---

77. Prueba número 28 del recurso para solicitar la nulidad del encausamiento, la supresión de evidencias y otros en el caso de USA vs. Fabio Ochoa Vásquez, #99-6153, United States District Court Southern District of Florida.

alguien? No tengo que hablar de nadie. Mi confesión fue tomada en una cita tomando vino, sin grabadora, ni firmas, ni nada".

En ese punto, Ramón confiesa que acordó pagar 42 millones de dólares aunque Baruch Vega le había pedido 56 millones. Y explica la opinión que tiene de Vega:

"Yo lo único que sé es que ese hijo de puta maneja toda la vuelta como le da la hijueputa gana. Si usted pelea con Baruch no hace un culo, así de sencillo. Baruch le voltea todo ese país en 10 minutos o se lo pone a favor suyo. Ese hijo de puta hay que tenerlo de amigo. Ahí no hay más, hasta que usted oye el martillazo [del juez] después de usted oír el martillazo, que le dijeron que se fuera, olvídese de Baruch y el tan hijueputa enseguida está en un caso distinto".

Avanzada la conversación, Juan David parece que se olvidara de que la grabadora está funcionando, aunque él sabe que el aparato está en el bolsillo de su hermano, y termina diciendo lo que piensa con una pasmosa ingenuidad. Expresa su respaldo a Ramón cuando éste comenta que Fabio "dio papaya", o sea, que le sirvió el caso en bandeja al gobierno de Estados Unidos al reunirse con los narcotraficantes que visitaban la oficina de Bernal.

—Está claro —dice Ramón—. Es que lo de Fabio... Fabio dio papaya, dio papaya.

—Dio papaya —confirmó Juan David.

—¿Ya me entiendes? —agrega Ramón.

—Claro, amistades peligrosas —reafirma Juan David.

Finalmente, Ramón suelta el perentorio mensaje que llevaba para Fabio:

—Yo no le veo más solución —opina—. Yo en esto, Jorge, ni me estoy ganando un peso, ni me estoy ganando un favor, ni me estoy ganando un punto ni nada. Yo con lo mío, del cartel de Cali, del Norte, con eso tengo para pagar y me sobra. Mis positivos, mis positivos pa'eso. Y con esto tengo y me sobra. Lo de ustedes, mano, es una cosa fraternal.

Al terminarse de escuchar la cinta de la grabación ese día en las oficinas de la Fiscalía, Ramón quería desaparecer. Ante semejante evidencia, no tuvo otra salida que admitir su participación en el extraño programa que había descrito a los Ochoa con tanta erudición y energía.

Fue entonces cuando la fiscal Mary King le informó que estaba en curso una investigación por el caso de los arreglos ilegales de Baruch y compañía, y que debía "considerar" la posibilidad de colaborar con el gobierno. Aunque King no lo dijo, las alternativas de Ramón no eran muchas. Su sugerencia llevaba implícito el mensaje de colaboras o te vas a la cárcel con los cargos que ya tienes, más los de Vega. A los pocos días, Ramón estaba al servicio del gobierno, dispuesto a desenmascarar el programa. El objetivo principal de la pesquisa: su amigo, el encantador de serpientes, Baruch Vega

Pero ¿cómo llegaron las comprometedoras grabaciones de los apóstoles de la resocialización a manos de los fiscales federales de Miami?

A los pocos días del arresto de Fabio Ochoa, su hermano Jorge Luis decidió grabar a todo el que llamara a su casa y con más veras si hablaba de Baruch Vega y sus arreglos. Un sofisticado equipo de grabación que compró en Canadá registraba las conversaciones de un teléfono fijo, y cuando se trataba de visitas personales, Jorge Luis se ponía una minigrabadora en el bolsillo de su camisa y les jalaba la lengua a los visitantes en medio de su agitada vida doméstica en El Hormiguero, su casa en Medellín o en una de sus fincas cercanas a la ciudad.

A pesar de las continuas interrupciones de los Ochoa a los interlocutores, allí quedaron plasmados los esfuerzos inútiles que hicieron varios emisarios para que Fabio negociara con el gobierno de Estados Unidos. Entre ellos Nicolás Bergonzoli; Joaquín Pérez, abogado inicial de Fabio; Graciela Vizcaya, una abogada colombiana que vivía en Miami, y Jorge Orrego, esposo de Ivonne Scaff, narcotraficante colombiana extraditada.

Contratado por Fabio en el tiempo en el que el narcotraficante luchaba como una fiera contra su extradición en Colombia, Pérez se presentó en Medellín en enero de 2000 y como muestra de sus grandes influencias, antes de comenzar el diálogo sobre el futuro de Fabio, les entregó a los Ochoa una tarjeta de presentación de la fiscal de Milenio, Theresa Van Vliet, que tenía la leyenda escrita a mano: "Jorge, no dude en llamarme" ("George, feel free to call me")[78].

---

78. Recurso de anulación, *op. cit.*, p. 111.

Excepto por un par de infidencias, Pérez habló con Jorge Luis y su esposa María Lía como si supiera que lo estaban grabando, pues cuando la conversación llegaba a un punto espinoso, se las ingeniaba para intentar quedar bien. Sus intervenciones parecen como el paso en puntillas de una bailarina de ballet clásico sobre una plataforma llena de huevos que no debe romper.

"Fabio no tiene ningún chance en ninguna corte de Estados Unidos, particularmente por el nombre y la publicidad que tiene", se le escucha sentenciar a Pérez en una reunión en la casa de los Ochoa el 22 de enero de 2000. "O sea que lo único, lo único… realísticamente, el único arreglo que él tendría, sería llegar a alguna clase de entendimiento con los Estados Unidos"[79].

Más adelante aclara:

—Y no quiero hacerle ninguna, ninguna promesa, hasta que yo sepa exactamente en qué terreno estoy caminando.

—¿Entonces qué rol juega aquí Baruch? —pregunta José Luis.

—Conexiones —responde Pérez.

—Ahhh —dice Jorge Luis.

—Las conexiones dentro de la DEA —completa la frase Pérez.

En este punto, Pérez trata de agregar algo más pero los Ochoa lo interrumpen, como es común en algunas de las grabaciones secretas en las que participa la familia. Finalmente, Jorge Luis logra conducir a Pérez al tema de Baruch Vega y los 30 millones de dólares que pidió, a través de intermediarios, para arreglar la situación de Fabio. Pérez no cae en la trampa, aunque trastabilla.

—Él habló conmigo acerca de…déjame decirte lo siguiente, porque… Yo hablé con él al respecto de eso. Eh… y yo le dije que, que eso con dinero y con esa cantidad no es factible —dice Pérez.

—No —exclama Jorge Luis—. ¿De dónde vamos a sacar?

—Déjeme explicarle —afirma Pérez. O sea que después de haber hecho mis indagaciones acerca de qué es factible y qué no… olvídese de… aunque tenga los 30 millones…

—Ah, sí, no y es que no —interrumpe Jorge Luis.

---

79. Prueba 32, *op. cit.*

—Básicamente, la solución tiene que ser más una combinación jurídica y política. Conexiones políticas y conexiones… esas dos cosas. Él [Vega] no me indicó especialmente… ni porque hablamos más fue en términos de lo que yo pensaba que debemos hablar, es de qué manera ustedes pueden ayudar directa o indirectamente al gobierno americano para tratar de llegar a una clase de arreglo —agregó Pérez.

En un esfuerzo por mostrar las alturas de sus conexiones, el abogado se refirió por su nombre a la entonces fiscal general Janet Reno, como si fuera una amiga personal:

—Si tuviera que ir a Washington para hablar con Janet acerca de esta situación… —dice.

Y para no dejar dudas de que está en la jugada, mete un chisme de Van Vliet, buena amiga de Reno.

—Cuando a Janet la promovieron para fiscal general, ella se llevó a Theresa en esa posición [encargada de la división de antinarcóticos del Departamento de Justicia]. También hay rumores que dicen que Janet… es homosexual.

—Anjá —se le escucha decir a Jorge Luis.

—… y que Theresa también lo es y había ese parentesco.

En un comienzo los Ochoa no sabían con certeza qué uso les darían a las grabaciones tomadas durante tres meses, pero estaban bajo la impresión no sólo de que podrían ser usadas para ganar puntos con la Fiscalía federal, sino que indiscutiblemente constituían un material probatorio fuerte para plantear la defensa de Fabio en el juicio.

Luego de terminar su relación con Joaquín Pérez, los Ochoa nombraron como defensor a José Quiñón, un respetado y muy conocido abogado cubanoamericano de la ciudad, cuyo nombre se escuchó en Colombia desde cuando defendió al narcotraficante Carlos Lehder en una Corte Federal de Jacksonville, Florida, en 1988. Quiñón, de la escuela de combate en juicio, reacio a negociaciones de culpabilidad, decidió comentar la existencia de las grabaciones con Richard Scruggs, un veterano fiscal que dirigía entonces la Oficina Anticorrupción de la Fiscalía Federal.

Para Quiñón, las grabaciones probaban que Vega había intentado extorsionar a la familia Ochoa cobrándole 30 millones de dólares por arreglar el caso de Fabio. Con los casetes en la mano, los Ochoa podían sentarse a negociar un asunto muy importante para la defensa y es que la Fiscalía de Miami les permitiera contratar a expertos independientes para que transcribieran los cientos de horas de grabación que la Policía colombiana y la DEA tomaron durante la Operación Milenio. A juzgar por unos transcritos que habían conocido extraoficialmente, a los Ochoa no les cabía la menor duda de que el trabajo de la DEA en la identificación de las voces y la traslación de las palabras era un desastre. Cuando el nuevo abogado de Fabio llegó a las oficinas de Scruggs a comentar sobre las conversaciones que los Ochoa obtuvieron de los enviados de Vega, el fiscal ya conocía las aventuras del fotógrafo.

En su poder estaban los memoriales que habían escrito tanto el agente de Aduanas, Ed Kacerosky, como el jefe de la DEA en Bogotá, Leo Arreguin, y las quejas de la fiscal Van Vliet. Scruggs parecía determinado a llevar hasta sus últimas consecuencias la pesquisa, y más ahora que tenía nuevas pruebas escritas y sonoras, pero pudo más una oferta de trabajo de la firma de investigaciones privadas Kroll Associates, que lo contrató como director de su sucursal en Miami. Lo mismo ocurrió con Bill Pearson, el fiscal del caso de Vega, quien se vinculó a una firma de abogados de la ciudad. De suerte que para el mes de marzo los dos funcionarios más entusiastas de la investigación contra Vega habían abandonado la causa, dejándola a medias.

Esta coincidencia alborotó las especulaciones entre abogados de Miami de que el FBI había puesto la palanca de retro a la investigación. Después de un tiempo, Scruggs dejó la dirección de Kroll para vincularse a la Fiscalía Estatal de Miami, un cargo en el que si bien se ha destacado por el procesamiento de casos importantes de corrupción local, no tiene la categoría de su posición en la Fiscalía federal.

La investigación de Vega fue asumida entonces por Mary King, la hija del juez federal Jame L. King.

# CAPÍTULO 49

Olía a vino y a sudor. Las botellas de Cabernet se desocupaban como si fueran de agua. Modelos, fotógrafos, estilistas y utileros celebraban el final de una larga jornada de producción fotográfica. Si todo resultaba como hasta ahora, las fotografías tomadas por Baruch Vega a la supermodelo Yamile Díaz en las playas de Tulún, México, serían publicadas en la portada de la revista *Elle*.

El lugar de la celebración era el *penthouse* cinco del edificio Decoplage de Miami Beach, situado en el número 100 de Lincoln Road, propiedad de Vega. La sala, el comedor y el estudio del penthouse quedaron invadidos con equipos fotográficos, reflectores y pantallas, descargados al azar. Los chistes se celebraban con un entusiasmo duplicado por la euforia del último día de trabajo. Modelos, estilistas y productores se preparaban para salir a comer a Joia, un restaurante italiano de la playa. El reloj de la cercana torre del Barnett Bank marcaba las 8 de la noche. Era el 21 de marzo del año 2000.

A esa hora alguien tocó a la puerta. A Vega le extrañó que el visitante que golpeó tímidamente no hubiera sido anunciado por los porteros. En el edificio imperaba una orden difícil de incumplir, que prohíbe a los extraños subir sin ser autorizados por el inquilino. Al abrir, Vega se encontró con Carlos Ramón Zapata, y después de su consabido saludo bogotano, sorprendido de que se apareciera sin avisarle, le preguntó cordialmente cómo había logrado subir sin autorización. A Ramón se le ocurrió mentir alardeando que era conocido de los porteros. En su rostro había una sombra de nerviosismo.

Acosado por justificar su visita, y consciente de que importunaba la celebración, Ramón fue directo al punto y le dijo a Vega que quería hablar de las cuentas pendientes. El grupo de Los Cíclopes le debía varios millones de dólares a Vega como parte del paquete de arreglos. Vega le propuso a Ramón que lo acompañara con el grupo a cenar y entre tanto hablarían del asunto, pero el visitante se disculpó diciendo que no podía demorarse porque tenía una cita con una amiga esa noche. Entonces el fotógrafo se disculpó con sus amigos y modelos y les dijo que salieran sin él al restaurante, que llegaría más tarde.

Ramón le explicó a Vega que necesitaba los números de sus cuentas bancarias para transferir de inmediato el saldo que su grupo le debía por su intermediación. La razón de la urgencia obedecía a que el dinero estaba en Europa a nombre del financista José María Clemente en bonos que se vencían en las siguientes 24 horas, y si no hacía el giro a otra cuenta serían reinvertidos en forma automática y sólo podrían ser redimidos seis meses más tarde. Vega le dijo que no se preocupara, que procediera con los trámites con paciencia al día siguiente, pero Ramón le hizo ver que ambos estaban en plan de fiesta y posiblemente el día sería muy corto no sólo porque se levantarían tarde sino por la diferencia de horario con Europa.

Baruch le dio los números de dos cuentas a Ramón a nombre de Vega Productions, con instrucciones de que repartiera la transferencia en ambas cuentas, "para no cargarlas tanto". Ramón tomó nota en voz alta de cada número que le dictaba Vega de las cuentas y se los hizo repetir: 003061168043, 003669004664 y 910000024265241. Unos 10 minutos después, recibió una llamada en su celular.

"OK, dame dos minuticos, corazón, que ya me estoy despidiendo de mi amigo", respondió Ramón, quien aprovechó que Vega estaba recogiendo copas y botellas de vino desocupadas para despedirse rápidamente con la excusa de que una amiga lo estaba esperando en el *valet parking*.

La "amiga" a quien Ramón llamaba corazón era el agente de la FBI Rod Naramore, quien junto con otros compañeros celebraron en ese momento el éxito de la operación dentro de una furgoneta con sofisticados equipos electrónicos que captaron toda la conversación entre Vega y Ramón, y lo más importante, los números de las cuentas. La furgoneta estaba estacionada en el parqueadero del edificio de Vega. Esa noche, el cuerpo del nervioso Ramón iba enredado como un árbol de Navidad, con cables y un micrófono secreto. Durante la breve conversación telefónica, Naramore le dio la orden a Ramón de abandonar de inmediato el apartamento porque continuaba la segunda parte de la operación.

A la salida del *penthouse* de Vega, Ramón se tropezó con el primer equipo de agentes del FBI que practicó el allanamiento. Iban vestidos con el cinematográfico uniforme de asalto y armados hasta los dientes. En el vestíbulo del edificio, otro piquete de agentes montaba guardia. Con la información de las cuentas bancarias en manos del gobierno, quedaba marcado el aparatoso final del programa de resocialización del narcotraficante colombiano. Ramón no se sentía mal, creía que había desenmascarado un gran fraude del cual él y muchos otros fueron víctimas, pero también lo atacaba repentinamente el remordimiento de haber traicionado al hombre que lo salvó de morir de viejo en una cárcel de Estados Unidos. Su único consuelo dependía de la resolución de un dilema. Si Vega era quien decía ser, sus jefes de la comisión Blitz en Washington lo sacarían de ese embrollo en 10 minutos; si no lo hacían, pues era de verdad un timador.

Al terminar la operación, Ramón se dirigió a un apartamento en el Ronnie Plaza al que se había mudado en Miami Beach luego de que el suyo en Portofino se lo entregó a Vega como parte del pago de los 42 millones de honorarios de intermediación. Se sirvió un whisky y se sentó en la sala frente a un ventanal, desde donde podía divisar los movimientos del *penthouse* de Vega; armado con binoculares, desde allí vio el destello de los flashes de las cámaras de los agentes que hurgaban hasta el último rincón del apartamento, y vio a Vega caminar de un lado a otro, moviendo las manos hacia todas las direcciones, poniéndoselas en el pecho seguramente para explicar lo que hizo o dejó de hacer, luchando como un gato acorralado contra el destino.

—¿Un vino? —le preguntó Vega al fiscal que lo visitó esa noche, Bill Pearson.

—No, gracias; agua —contestó.

Al principio, Vega estaba tranquilo. Cada vez que algún funcionario federal quería saber cómo funcionaba su enigmático programa, debía

dedicar horas enteras a explicarlo. Alguna vez lo debió hacer conectado a los cables de un detector de mentiras. Ocurrió cuando el piloto
narcotraficante Iván Traverzo lo acusó de haberle avisado al narcotraficante Hernán Prada de que el gobierno estaba a punto de radicar una
acusación en su contra en Nueva York en 1990. Consciente de que ese
era el incómodo precio que debía pagar por un procedimiento que no
estaba descrito en los manuales, se resignó una vez más y aceptó el
ritual. Vega explicó en detalle la forma y el trámite que utilizó durante
muchos años para penetrar las redes de narcotraficantes.

Explicó además las cantidades de dinero que cobraba y la razón
por la cual lo hacía: "Porque yo no era un oficial del gobierno sino un
civil que estaba en libertad de cobrar o un dólar o un millón de dólares
por mis servicios".

Al principio, los funcionarios querían saber el papel que cumplió
como intermediario frente a los acusados en la Operación Milenio. Vega
narró como una novela la operación y la manera en que trató de persuadir
a algunos de los acusados de que se entregaran a la justicia norteamericana. Al terminar esta primera parte, los funcionarios rechazaron de
nuevo un ofrecimiento de una tanda de vino. Sólo querían agua.

Los agentes no pudieron ocultar que las respuestas a la segunda
parte del interrogatorio eran realmente las que más les interesaban.

¿Cuánto dinero ha recibido usted por las mediaciones hechas a
narcotraficantes?, le preguntaron. ¿Los funcionarios con quienes usted
trabajaba recibían dinero? ¿Eran corruptos? ¿Cómo recibía usted los
pagos? ¿Dónde hacía los depósitos? ¿Y las transferencias bancarias?
Vega les aseguró que David Tinsley y Larry Castillo tenían pleno conocimiento del dinero que cobraba por su intermediación y que ellos
no recibían ni un dólar de esos pagos.

"No me consta", les dijo, "ni tengo la más mínima idea de si los
agentes cobraron dinero por su cuenta".

Alrededor de la una de la mañana, Vega comprendió que esta vez
el curso de presentación no seguiría la rutina de los anteriores. Pearson
pidió permiso para revisar el apartamento.

"Adelante", le dijo Vega, "no tengo nada que esconder".

Para evitar sorpresas, Vega les advirtió que tenía guardados alrededor de 400.000 dólares en efectivo en una maleta, suma que corres-

pondía a un pago recibido en Nueva York por una de sus gestiones de intermediación. No sólo la DEA sino el FBI tenían conocimiento de ese pago, advirtió. Al hacer la pesquisa, los agentes encontraron decenas de documentos de sus viajes a Panamá, recibos de pasajes, el contrato de alquiler del avión Hawker, correspondencia entre el abogado Daniel Forman y un acusado en la Operación Milenio de apellido Gallego, 453.982 dólares en efectivo y 56.253 en *money orders*.

En la madrugada y con un tono de voz muy compasivo, Pearson anunció a Vega que tendrían que arrestarlo.

"Quedé absorto. Me sentía engañado y así se lo dije, pues yo estaba bajo el pleno entendimiento de que la reunión era para rendir un reporte de las operaciones clandestinas en que yo había estado participando en nombre del gobierno norteamericano. En ningún momento me imaginé que ellos habían llegado con la intención de arrestarme, pues no me habían prevenido sobre mis derechos constitucionales, y lo que yo creía que era una reunión de información, de ayuda al gobierno, se había convertido en un interrogatorio en mi contra, sin yo haber tenido acceso a ningún tipo de asesoría legal".

De nada sirvieron las protestas. Uno de los agentes le pidió a Vega que juntara las muñecas, y sobre ellas pasó unas esposas de plástico. Vega pidió que lo cubrieran con un saco para no quedar expuesto a la mirada de los vecinos curiosos del edificio a su paso por el corredor y el vestíbulo. Ellos lo aceptaron. Cuando el agente le abrochó las tiras de plástico color naranja sobre las muñecas, Vega sintió la infame presión que produce perder la libertad en las manos.

"En ese momento me di cuenta de que allí también se cerraba un ciclo larguísimo de mi vida, una aventura de más de 20 años".

En una de las poltronas de la sala del edificio cercano, Ramón se había quedado profundamente dormido con los binoculares en la mano.

# CAPÍTULO 50

En la mañana del miércoles 11 de julio de 2002, un agente de la DEA marcó el número telefónico de la casa de Doris Mangeri Salazar en el apacible barrio de Coral Gables de Miami, y preguntó por ella. Mangeri se identificó, pero el agente colgó con el pretexto de que tenía el número equivocado. A esa hora, la casa de la corredora de bienes raíces estaba rodeada por agentes federales. Con una orden de arresto y allanamiento en la mano, el agente Anthony Angeli y un colega suyo de apellido Harper se presentaron a los pocos minutos frente a la entrada principal de la casa de un solo piso. Uno de ellos tocó la puerta y una voz de mujer, aparentemente la de Amparo, hermana de Doris, respondió en español: "¿Qué se les ofrece?". Los agentes se identificaron y explicaron el motivo de su visita mientras ponían sus credenciales frente al ojo de pescado del portón. Pasaron unos treinta segundos y finalmente un criada de Mangeri abrió la puerta. Angeli preguntó por Mangeri. Ambas mujeres respondieron que no estaba[80].

"Yo sé que Doris está acá", les dijo Angeli en inglés, mientras otros oficiales entraron a la casa para practicar el allanamiento. "No hablo inglés", dijo la muchacha del servicio. La hermana de Doris sí hablaba inglés y se encargó de comunicarse con los agentes que ingresaron a la casa.

---

80. Transcripción de la audiencia de detención en el caso de US vs. Doris Mangeri *et al.*, 02-20548, United States District Court, Southern District of Florida, 19 de julio de 2002.

Uno de ellos entró al baño a inspeccionar y encontró allí a Doris. La DEA sostuvo que Mangeri estaba tratando de esconderse en un *walking closet*. Su abogado lo negó rotundamente. Aseguró que minutos antes ella se había dado una ducha y fue sorprendida por un agente armado "apuntando su pistola a la cabeza de su hijo de 11 años". Cuando Angeli vio por primera vez a Mangeri, estaba completamente vestida, llevaba a su hijo de la mano y le faltaba un zapato.

Así, en esa inofensiva posición, y ante la mirada de pánico de su hijo, Mangeri fue arrestada bajo cargos de narcotráfico, un final terrible para el destino de una mujer que lo tenía todo: un trabajo exitoso en el próspero negocio de bienes raíces de Miami; cuatro hijos cariñosos, aplicados y trabajadores; una casa bonita y espaciosa de un millón de dólares, y una vida colmada de viajes por todo el mundo al lado del hombre que más quiso, el príncipe multimillonario que cuidaba a sus hijos como si fuera el padre.

La derrota de Mangeri fue una victoria de Los Cíclopes. Con esa captura, Juan Gabriel Úsuga y Carlos Ramón Zapata ganaron un buen trecho en su camino hacia la puerta de la libertad del Federal Correctional Institute de Miami. Bajo un acuerdo de inmunidad, el testimonio de ambos sirvió a la fiscal del sur de la Florida, Jacqueline Arango, para emprender la investigación que culminó con el encausamiento de Mangeri, el príncipe Nayef Al-Shaalan, el banquero español José María Clemente e Iván López Vanegas, el socio de Los Cíclopes.

Al comprobar que los mapas del futuro que Ramón había trazado al entregarse a los gringos no habían tenido desvíos preocupantes, Úsuga se rindió ante las autoridades federales el 31 de marzo de 2000. Viajó desde República Dominicana, donde tenía su hacienda de lujo, dispuesto a confesar sus pecados y a denunciar los de otros. No tuvo problema en anunciárselo a Carlos Castaño, el jefe de las AUC, que estaba empeñado en el iluso plan de llenar las cárceles gringas con los narcos que lo mantenían.

Theresa Van Vliet, la fiscal que manejaba el caso Milenio, salió muy amablemente a recibir a Úsuga al aeropuerto de Fort Lauderdale, al norte de Miami, a las cinco de la tarde. El ingeniero colombiano tenía la clave del éxito de un caso que se perfilaba como un sonoro triunfo judicial, quizás el mejor en la vida profesional de otra fiscal: Jacqueline

Arango. Durante horas, Úsuga se sentó con ella y el agente Angeli, un taciturno oficial de la DEA con título de abogado, y relató la saga increíble que compartió con el príncipe, su amante, el banquero español y sus socios en los últimos años.

La Fiscalía contaba además con los testimonios de Óscar Campuzano y Bernardo Sánchez Noreña, quienes también se habían entregado. Con esa colaboración, Úsuga esperaba un acuerdo beneficioso con el gobierno. Entre tanto, tendría que esperar en el Instituto Federal de Corrección de baja seguridad de Coleman, a unos 80 kilómetros al noroeste de Orlando, Florida.

Cuando el 11 de septiembre de 2001, Úsuga terminó de ver en la sala de esparcimiento de esa prisión el demoledor espectáculo de la destrucción de las Torres Gemelas, lo asaltó un pensamiento que se vio forzado a compartir esa noche con Campuzano, su compañero de prisión. Úsuga se preguntaba si la participación de Al-Shaalan en la operación de la cocaína no tendría como objetivo final financiar un ataque a Estados Unidos. Mientras veía pasar una y otra vez las imágenes de los aviones incrustándose en los edificios de Manhattan, en su cabeza resonaban las palabras del príncipe comentándole que Dios lo había autorizado para vender drogas. Recordó sus críticas a Estados Unidos y lo escuchó recitando suras del Corán en medio del desierto que hablaban del permiso de su Dios para matar por una causa noble.

Días después, la duda se convirtió en obsesión al enterarse de que la mayoría de los participantes en los ataques eran de Arabia Saudita y decidió contratar a un historiador en Colombia para indagar sobre el origen de la familia Al-Shaalan y el papel que ha cumplido en el complicado y a menudo sórdido ajedrez de la monarquía saudita.

Basándose en el estudio, Úsuga escribió un memorando titulado a su estilo "Concepto hipotético sobre la realidad que nos ocupa referente al príncipe Nayef Bin Sultan Bin Fawwas Al-Shaalan, de Arabia Saudita".

Los Al-Shaalan, dice el escrito, son una familia "que no tuvo la suerte de ser designada como regentes de ninguno de los países recién creados, pero que conservó estructura como tribu, retuvo algún poder y jamás cedió la opción de tener algún control. En consecuencia, la monarquía reinante ha hecho concesiones para evitar ulteriores enfrentamientos, y estas concesiones y privilegios han consistido en adjudicarles controladamente rentas y proyectos del Estado, así como poder político a través del manejo y control de algunos ministerios".

Úsuga recuerda que en sus conversaciones con Al-Shaalan, el príncipe relató que su padre había sido asesinado. Al-Shaalan participaba activamente en el sector de la infraestructura vial de su país y tenía inversiones en el sector agropecuario.

"Él parecía, y eso indicaban sus continuas citas religiosos del Corán, que poseía cierta luminosidad, irradiada directamente de Dios y que en él coincidían todos los tópicos concernientes a la sabiduría. Es factible que su misión en esta esfera material fuese la de usurpar el poder del territorio —Arabia Saudita en principio— en el que su familia o tribu ha estado relegada a la sombra de la actual familia reinante, los Abdul-Aziz, considerados por él en completa decadencia y descomposición total. Sólo requería los recursos financieros mínimos necesarios para hacerse al poder, pero éstos no podrían venir de la corona... Por eso era necesario acudir a otra fuente de dinero que manejara volúmenes interesantes y que fueran de rápida consecución, como los del narcotráfico"[81].

Una vez obtenida esta meta, agrega la hipótesis de Úsuga, los Al-Shaalan estaban en capacidad de "proyectar revoluciones de mayor trascendencia internacional y que pudiesen ir en contraposición a intereses de sociedades occidentales como la de América del Norte".

En principio, Úsuga planteó su hipótesis a la fiscal del caso Van Vliet, y aunque la funcionaria comentó que le parecía una cosa muy delicada, no le prestó mucha atención porque en esos momentos su cabeza estaba otra parte. Van Vliet había decidido dejar el sector público y dedicarse a la práctica privada, abandonando el caso más importante de su vida, la Operación Milenio.

Tras la salida de Van Vliet, Úsuga acudió a la fiscal Arango, quien se mostró más interesada. Arango se quedó con un memorando que escribió Úsuga. No se sabe si fue una simple casualidad, pero a las po-

---

81. "Concepto hipotético sobre la realidad que nos ocupa referente al príncipe Nayef Bin Sultan Bin Fawwas Al-Shaalan, de Arabia Saudita", estudio sin fecha, obtenido por el autor.

cas semanas de que Úsuga introdujo el elemento terrorista al proceso, Arango logró un ascenso importante en su carrera al ser nombrada directora del South Florida Joint Terrorism Task Force, un grupo de trabajo contra el terrorismo bajo la coordinación de la Fiscalía.

El gobierno de Estados Unidos nunca reconoció que exploraba ese aspecto del terrorismo en el caso del príncipe, pero la prensa española aseguró que el tema fue tratado por agentes de la DEA en una reunión con José María Clemente en una isla del Caribe en la que intentaron convencerlo de que se pusiera de su lado.

Pese a las reservas iniciales, Clemente terminó siendo buen amigo del príncipe. Cuando el financista fue detenido en vísperas de su boda en Barcelona el 11 de diciembre de 2002 por las acusaciones de la confabulación con los narcotraficantes colombianos, Al-Shaalan se había comprometido a asistir a la fiesta con la condición de que no se sirviera licor. Antes del arresto, la DEA intentó reclutar a Clemente, según las fuentes de los periodistas de *El Mundo*, Manolo Cerdán y Antonio Rubio.

"Clemente denunció que unos agentes de la DEA norteamericana se habían entrevistado con él en una isla del Caribe para que les facilitara información sobre la financiación de grupos integristas islámicos a cambio de inmunidad", escribieron los reconocidos reporteros. "Los estadounidenses explicaron a Clemente que habían detectado transferencias del príncipe saudí a grupos terroristas. El financiero catalán se negó a colaborar y se recluyó en Barcelona hasta su detención"[82].

Posiblemente Clemente se refería a un encuentro que sostuvo con Úsuga en República Dominicana, cuando el narcotraficante estaba bajo el control del gobierno de Estados Unidos y se le permitió que acudiera a un encuentro con el financista para tratar de convencerlo de que se entregara y probablemente negociara con el gobierno.

Úsuga viajó con cuatro agentes de la DEA, pero no permitió que se grabara la conversación ni que ninguno de ellos estuviera presente. Pensaba que Clemente no era ningún tonto y que se daría cuenta de inmediato de cualquier movimiento sospechoso. De paso, el narco-

---

82. "Buscan vínculos de príncipe saudí con el terrorismo", por Gerardo Reyes, *El Nuevo Herald*, 12 de mayo de 2003, p. 1.

traficante se sentiría mucho más libre para hablar de negocios con su representante en Europa. De hecho, analizaron las deudas pendientes, que ascendían a unos 10 millones de dólares.

Úsuga contó después a los agentes que Clemente se había negado a cooperar con la justicia de Estados Unidos. Habría dicho, según Úsuga, que los agentes de la DEA eran unos "bebés" al lado de sus abogados en Nueva York, a quienes se refirió como "los papás de esos bebés", que le ayudarían a arreglar todos los problemas pendientes.

Mientras hablaban en la villa de Úsuga en La Romana, los agentes de la DEA jugaban golf o paseaban por el encantador balneario. En la noche, Clemente propuso visitar un prostíbulo muy fino que funciona en La Romana. Úsuga aceptó, pero suspendió el programa cuando la mujer con la que pensaba salir del lugar pidió que la llevaran a comprar marihuana. El narcotraficante no estaba dispuesto a correr el riesgo de ser pillado en el proceso de compra de la hierba.

Úsuga y Clemente se despidieron con el compromiso de este último de hacer lo posible por devolver el dinero que le debía. Según alega el gobierno de Estados Unidos, al ver que no podía responder por las deudas, Clemente envió a Úsuga dos valiosas obras de arte, el *Atraco de la diligencia*, de Francisco de Goya (1793), con un valor de ocho millones de dólares, y el *Busto de una joven mujer* (1924), de Tsuguharo Foujita, avaluado en dos millones de dólares. Con los cuadros, Clemente le hizo llegar a Úsuga, a través de una tercera persona, los documentos relacionados con la propiedad y autenticidad de las obras para facilitar su venta. En marzo de 2002, un juez federal de Miami abrió un proceso civil de confiscación y ordenó la incautación de los cuadros por cuanto habían sido adquiridos con dinero del narcotráfico, según la confesión de Úsuga y Ramón. El proceso sigue pendiente.

Ramón asegura que si la isla del Caribe a la que se refiere la nota de *El Mundo* es República Dominicana, Úsuga le comentó que en ese encuentro no estuvieron presentes los agentes ni se habló del tema del terrorismo.

Douglas Williams, abogado de Mangeri, también se dio por enterado del giro terrorista que se le pretendía dar al caso. En su español aprendido a fuerza de atender clientes latinos, Williams respondió al autor por escrito lo que pensaba de la estrategia del gobierno: "Una

Fiscalía desesperada va a decir cualquier cosa que le convenga para sostener y fortalecer una posición y un caso más y más débil. Hoy en día, ¿qué tiene más capacidad para captar la imaginación y atención del pueblo que un alegato de terrorismo?"[83]. Cualquier avance en la connotación terrorista del caso, sin embargo, no parecía muy conveniente para el gobierno de Estados Unidos. Las buenas relaciones de Bush con la casa saudí facilitaron la ocurrencia de un hecho sin precedentes. En estado de frustración y rabia, una fuente de la DEA le comentó al autor que, días antes de que se diera a conocer el encausamiento contra Al-Shaalan, una comisión de la DEA en Washington se presentó en la embajada de Arabia Saudita y avisó al entonces embajador Bandar, gran amigo del presidente Bush, que Nayef Al-Shaalan sería acusado de narcotráfico.

La embajada nunca quiso hablar sobre el príncipe. El autor elevó una petición por escrito a la DEA en Washington solicitando detalles sobre la visita de la comisión de la DEA, y aunque la entidad no admitió explícitamente que la visita ocurrió, no hay en la respuesta una sola frase que la niegue.

Al final de sus arreglos con el gobierno por cooperación, Úsuga fue condenado a 34 meses de prisión por un cargo de lavado de dinero que se desprendió de la Operación Milenio y que trató de desmentir, argumentando que la persona a la que se referían era un homónimo. Posteriormente obtuvo algunas reducciones de la pena y terminó cumpliendo 18 meses. Vive en Estados Unidos bajo el régimen de libertad vigilada.

Clemente fue puesto a órdenes del famoso juez de España Baltasar Garzón. Agentes de la Comisaría General de Policía Judicial desplazados a Barcelona lo arrestaron y días después rindió declaración ante el teniente fiscal antidroga Javier Zaragoza, en presencia de un juez y un fiscal de Suiza, país en el que también se abrió una causa. El proceso en Suiza está a cargo del juez Paul Perraudin. Clemente fue liberado bajo fianza.

Después de su colaboración con los casos de Vega y Mangeri, Ramón fue enviado a prisión para purgar una condena de seis años, de

---

83. Mensaje electrónico de Williams del 4 de abril de 2003.

los cuales cumplió cinco y dos días. El 13 de julio de 2001, una hora antes de comparecer a la audiencia en la que sería sentenciado, se casó con Naty, La Melliza, frente a un notario de Miami.

Los anteriores meses habían sido un despeñadero emocional para Ramón: su secretario y amigo de toda la vida, Martín, fue asesinado; el cadáver de su jefe de escoltas, Montoyita, quien fue torturado y ahorcado, lo dejaron en el baúl de un carro frente a la casa de la mamá del guardaespalda; Elkin Sánchez Mcna, El Socio, el hombre de los trabajos sucios, fue acribillado en una finca junto con otros miembros de su pandilla en una operación ordenada por Carlos Castaño; dos sobrinos de Ramón fueron secuestrados, pero lograron escaparse; su situación económica era terrible y la relación con Juan Gabriel Úsuga quedó reducida a un libro de cuentas y reclamos que terminó por separarlos.

El distanciamiento llegó hasta el punto de que un día, en medio de una situación económica insostenible, Ramón se quedó sin dinero para hacer mercado y le pidió a Úsuga que le prestara mil dólares para comprar algunos víveres en un supermercado de Miami. Úsuga aceptó, pero con la condición de que él iría al supermercado para cerciorarse del gasto.

Los Cíclopes liquidaron la sociedad que los unió luego de tres días de sumas y restas que hizo Úsuga a su antojo, según Ramón. El autor de este libro supo que Úsuga distribuyó los bienes deliberadamente a favor de su hermana Martha, ex esposa de Ramón, para evitar que ella se quedara en la calle con las dos niñas.

"Mi indignación era tal que por mi cabeza pasaron los más oscuros pensamientos, pero todos implicaban el sufrimiento de las personas que en un pasado cercano fueron mi familia", escribió Ramón. "Así que mordiéndome la lengua y llenando de rencor mi corazón contra Juan, terminó una relación de casi 10 años".

Cuatro meses después de ser sentenciado, Ramón debió presentarse de nuevo en la prisión, pero antes se despidió de la libertad a su manera: le concedió una entrevista para televisión al periodista Julio Sánchez Cristo desde un café internet de Miami Beach con el rostro distorsionado. Habló de su vida, de sus aventuras, de sus errores, y al final le envió una mensaje a su nueva esposa, pidiéndole que lo esperara "a la salida del túnel". Ramón se presentó resignado en la cárcel el 14 de noviembre para empezar un ciclo de mudanzas por el sistema penitenciario de Estados Unidos, marcado, al comienzo, por la pesadumbre de la separación de Naty.

"Si algo aprendí en la cárcel es que el tiempo de prisión, cuando se está enamorado, es doble, es un canazo adicional", recuerda

Cuando la ausencia destruyó la relación, Ramón enamoró por teléfono a una colombiana atractiva que le enviaba fotografías coquetas a su celda en cualquier rincón de Estados Unidos. La Mona, como la llamaba, lo visitó en todas las cárceles del país a donde fue trasladado durante los tres años y siempre estaba atenta a sus llamadas y a todos los caprichos, las pataletas y chocheras que atacan a un hombre sin libertad.

En los ocho meses que Ramón estuvo en la celda de aislamiento en el piso 12 del Centro Federal de Detención del *downtown* de Miami, porque se temía que sería envenenado, todos los días entre semana, al salir de clase de inglés, La Mona se paraba en el andén frente al edificio nuevo de la Corte Federal para que Ramón la viera desde la pequeña ventana de la celda de un metro de alto por unos 15 centímetros de ancho.

Cuando Ramón estaba dormido o distraído, algunos de los compañeros de piso de la prisión le avisaban a gritos "Llegó La Mona, Ramón, La Mona" y el prisionero número 603004 se asomaba feliz por la ventana de vidrio ahumado con una media blanca con la que escribía letra por letra algún mensaje de amor para su amiga, acompañado por una mímica angustiosa prestada a las pandillas callejeras. El día de cumpleaños La Mona se presentó con un letrero de "Te amo, feliz cumpleaños", con el que se tomó una foto que Ramón conserva en sus álbumes desordenados.

La Mona se cansó de esperar a Ramón y regresó a Colombia dos meses antes de que le concedieran la libertad.

# CAPÍTULO 51

En nueve cajas empacaron los agentes toda una vida de recuerdos y de papeles financieros y comerciales de Mangeri. Los cientos de fotografías que se tomó con Al-Shaalan en sus viajes por el mundo pasaron de ser pruebas privadas de su amor a evidencias públicas de su presunta culpabilidad. Mangeri tenía cinco pasaportes, tres de los cuales estaban vigentes: dos colombianos y uno estadounidense. La cantidad de pasaportes y el supuesto intento de esconderse en el clóset de su casa fueron argumentos citados por la Fiscalía para impedir que la acusada recibiera libertad condicional. El juez del caso, José Martínez, acogió la petición del gobierno.

Douglas Williams, el abogado de Mangeri, un prolífico autor de extensos recursos escritos en un lenguaje atrevido para los cánones de la literatura legal de Estados Unidos, abrió varios frentes de batalla en su estrategia de defensa. Por un lado, se dedicó a desacreditar a Úsuga y a Ramón por sus vínculos con el grupo terrorista de las AUC, y por el otro, insistió en que la Fiscalía entregase los documentos que contenían los arreglos de Úsuga, Ramón, Sánchez y Campuzano con el gobierno de Estados Unidos, pero no lo logró.

"Nosotros no sabemos, por ejemplo, qué fue lo que hizo el señor Úsuga para haber salido de la cárcel después de 22 meses, cuando debía estar disfrutando una sentencia de por vida. ¿Entregó la localización de las armas de destrucción masiva? ¿Logró el arreglo para la futura entrega de su aliado y narcoterrorista Carlos Castaño, el llamado líder de los paramilitares colombianos?"[84].

---

84. Caso 02-CR-20548, documento radicado el 5 de febrero de 2003, pp. 15 a 19.

En otro frente de ataque, que también fue infructuoso, Williams hizo todo lo que estaba a su alcance para colar el tema de Baruch Vega en el proceso.

"Nadie contó con que un máster del engaño llamado Baruch Vega, un jugador al margen del mundo de las drogas de Colombia y lavador de dinero, se las ingenió para convencer a encumbrados narcotraficantes colombianos, así como a los acusados de Milenio, que él tenía la franquicia informal pero absoluta del Departamento de Justicia, de Estado y del Tesoro para 'negociar' condiciones de entrega y acuerdos de culpabilidad con los más visibles y requeridos [narcotraficantes]", escribió Williams.

A estas alturas, Vega era una papa caliente para el gobierno. El juez Martínez, un ex oficial de la DEA, no quería ser el primero en abrir el dique para que pasara el bochornoso torrente del programa de Vega, y prohibió el tema.

Mientras Williams esperaba respuestas a sus recursos y la iniciación del juicio se dilataba mes tras mes, Iván López fue arrestado en Colombia en febrero de 2003 y extraditado a Estados Unidos. Los Cíclopes estaban convencidos de que López se integraría al equipo del gobierno para declarar contra Mangeri y eventualmente contra Clemente y Al-Shaalan, pero el ex socio decidió ir a juicio, asesorado por Alan R. Soven, un abogado que había representado a la madre de López, Amparo Vanegas, para recuperar dos apartamentos de Brickell Key que fueron incautados por lavado de dinero. El caso lo ganó el gobierno.

Con poca fanfarria de la prensa local, el juicio comenzó el 7 de marzo de 2005 en la Corte Federal de Miami y se extendió durante ocho semanas. Úsuga, Ramón, Campuzano y Sánchez Noreña acusaron a Mangeri y a López de participar como cómplices activos en el envío del cargamento de droga a Europa, ante un jurado impasible, y con frecuencia somnoliento, que el juez Martínez trataba de mantener alerta con sus chistes recurrentes. Pese a las limitaciones impuestas en cuanto al tema de Vega, Williams fue duro con los testigos de cargos y logró poner en jaque a la Fiscalía al lograr que, después de varias peticiones suyas, el gobierno finalmente reconociera que sus dos principales testigos, Úsuga y Ramón, estaban otra vez metidos en problemas de narcotráfico.

En efecto, la Fiscalía admitió a regañadientes que además de Los Cíclopes, Óscar Campuzano y Sánchez Noreña estaban bajo investigación por denuncias de haber dirigido el envío de un cargamento de cocaína a Portugal desde Venezuela, mientras estaban en prisión en Estados Unidos, un señalamiento grave que podría poner en peligro todo el juicio. Era el fantasma de La Gorda.

Basándose en fuentes no identificadas el gobierno sostuvo que la cocaína, unos 1.500 kilos, habría sido enviada en isotanques a Lisboa a través de una ruta conocida como La Gorda. De acuerdo con las investigaciones preliminares, las utilidades del primer cargamento, que habría llegado sin problemas a Portugal en junio de 2000, serían usadas por los narcotraficantes para pagar los gastos legales en Miami. Pero luego los acusados demostraron que los honorarios de Dan Forman ya habían sido pagados. Paradójicamente, los cuatro narcos en problemas habían recibido atenuantes a sus penas por haber denunciado un cargamento de droga que fue incautado el 23 de agosto de ese mismo año en Portugal a través de la misma ruta.

Con excepción de Úsuga, a quien le tomó más tiempo demostrar su inocencia después de un carcelazo inesperado en Nueva York, los demás testigos lograron quitarse el problema de encima en forma más rápida al no hallarse pruebas en su contra.

Durante el juicio, Martínez, el juez de origen dominicano con un ligero parecido al actor Danny DeVito, no ocultó su impaciencia con Williams, especialmente cuando el abogado, con un tono de superioridad intelectual, se explayaba en disertaciones legales o se dirigía con comentarios sarcásticos a las dos fiscales del caso, Jacqueline Arango y Kimberly A. Selmore, siempre protegidas paternalmente por el juez. La misma suerte corrió ante los ojos de Martínez el abogado de López, Soven, un hombre distraído, sonriente y reverencial, que extraviaba con frecuencia los documentos de apoyo de sus interrogatorios.

Williams puso en contradicción a Ramón en cuanto a la identificación del avión en el que fue enviada la droga. El testigo había afirmado en un manuscrito sobre su vida que fue aportado como prueba al juicio, que el avión que observó ese día, estacionado en la pista del aeropuerto de Caracas, era un Jumbo cuando en realidad se trataba de un Boeing 727-100. Ramón explicó al autor que cuando escribió sus memorias, en la soledad de su celda de aislamiento, no reparó en los detalles y se había quedado con la idea de que entre sus socios siempre se habló del "Jumbo del príncipe" y así se quedó grabado en su memoria.

Con la presentación de Keith Monroe, el ex jefe de tripulación de las Fuerzas Armadas de Estados Unidos, quien fue el ingeniero de vuelo del avión del príncipe en el trayecto de Caracas a Arabia Saudita, Williams sembró otra duda. Monroe declaró que como responsable de los aspectos técnicos del abordaje en el aeropuerto de Maiquetía, Venezuela, podía asegurar que en la bodega del avión no se cargaron más de 20 unidades de equipaje. Para el experto resultaba técnicamente imposible que la bodega tuviese capacidad para más de 95 maletines, por lo que había sido reducida para instalar un tanque adicional de combustible a fin de aumentar la autonomía de vuelo[85].

Como testigo de contrainterrogatorio, la Fiscalía presentó al experto en aviación Charles Leonard, quien afirmó que uno de los tanques auxiliares del avión había sido removido en 1990, lo que permitiría a la aeronave despegar con esa carga, según documentos de la Administración Federal de Aviación de Estados Unidos (FAA) consultados por él. Sin embargo, admitió que no estaba al tanto de las modificaciones del avión después de 1992.

El juicio ofreció además una oportunidad para escuchar la versión del príncipe acusado como si estuviera presente en la sala de audiencias. La comparecencia del simpático y folclórico Saud, hermano gemelo de Nayef, alegró la tarde y despertó la curiosidad, al menos turística, de los amodorrados miembros del jurado cuando describió costumbres y lugares exóticos de su país.

En cuanto al motivo de las reuniones con los narcotraficantes colombianos, Saud aseguró que se trataba de empresarios con quienes se planeaba formar una sociedad de producción de envases de plástico para distribuir en todo el mundo. En ese contexto, él y su hermano actuaban como intermediarios del proyecto industrial con un costo de mil millones de dólares, que sería financiado por un banco oficial de Arabia Saudita sin cobrar intereses. La empresa de los colombianos suministraría envases de plástico de agua mineral de consumo doméstico

---

85. Notas del autor tomadas durante la cobertura del juicio.

a las multinacionales Crown de Estados Unidos y Nestlé de Europa. "Jamás se habló de drogas, ni siquiera por la imaginación nos pasó", dijo Saud.

El pequeño pedazo de papel que el príncipe Al-Shaalan le entregó a Ramón en el hotel Intercontinental de Caracas con el nombre y el número del teléfono de Mustafá, el ayudante del príncipe, fue blanco de ataques de Saud. La inscripción a mano decía "Mustafá". Saud declaró que su hermano no habría escrito Mustafá con "f" sino con "ph" y con "o", como es el nombre original, o sea Mostapha, pero el argumento no tuvo mayor efecto entre el jurado, quizás porque allí no se estaba juzgando al príncipe sino a su amante.

Al finalizar su declaración, Saud se acercó a Mangeri y le dio un beso en la mano de despedida. La salida de Saud del edificio de la Corte fue muy apresurada. En medio de una entrevista con el autor en uno de los pasillos de la Corte, un hijo de Mangeri lo interrumpió con rostro preocupado para que abordara de inmediato una limosina que lo esperaba en la esquina noroeste del edificio. Aparentemente, la Fiscalía estaba buscando al príncipe para tomar sus huellas digitales con fines que no se dieron a conocer.

Nayef se defendió a través de la prensa de su país. En una entrevista con *Ashrq Al-Awsat*, el periódico árabe internacional, en agosto de 2002, el príncipe ofreció una versión de su inocencia en la que atribuyó la acusación a una persecución del gobierno de Estados Unidos, combinada con una conspiración internacional en su contra. Según Nayef en 1998, cuando se encontraba promoviendo un proyecto petroquímico para producir material BIT en lugar de PVC, que se ha probado que produce cáncer, invitó a varias compañías europeas y estadounidenses a invertir o financiar el proyecto.

"Como parte de ello, llamé a una dama americana empresaria (Mangeri) que trabaja en el negocio de bienes raíces en Miami, quien previamente había mediado en asuntos inmobiliarios nuestros en Miami. Le pregunté que si conocía a alguna persona en el medio industrial que pudiera financiar el proyecto. Ella me dijo después que el esposo de una amiga suya (Iván López) conocía a un hombre que trabajaba en el sector industrial en Colombia, que podría estar interesado en financiar el proyecto".

Nayef sostuvo que se reunió con el colombiano (Úsuga) por primera vez en Marbella y luego lo invitó a Arabia Saudita, a donde llegó con un empresario español (Clemente) y un individuo americano que nos presentó a todos (no explica a quién se refiere). Allí estaba también Mangeri, reconoció Al-Shaalan. En esa oportunidad, asegura, Al-Shaalan le pidió a Úsuga "certificados, documentación legal, declaraciones bancarias que garantizaran su estatus legal". Úsuga lo invitó a Aruba para continuar las negociaciones y allí el príncipe le preguntó de nuevo por los documentos, pero el colombiano se disculpó porque no los tenía.

"Entonces cancelé las negociaciones y regresé. Fue la última vez que lo vi", afirmó Al-Shaalan.

Un año después se enteró, a través de la prensa, de que el colombiano negociaba con drogas entre Colombia y Estados Unidos y que algunos de los socios del narco habían sido acusados y arrestados. "Le agradecí a Dios por no haber hecho negocios con ese hombre", comentó Al-Shaalan.

"Pero ¿usted cree que alguien lo tenía en la mira?", le preguntó el periodista, y Al-Shaalan respondió que tenía ese presentimiento desde que inauguró el banco en Suiza.

"Pero no me importó. No le tengo miedo a la gente que me espía porque sólo le temo a Dios. Quienquiera que me esté monitoreando sólo verá cosas buenas" y se enorgulleció de que las autoridades suizas certificaron que las operaciones de su banco eran legales. "Es porque somos la única institución árabe en Occidente que nunca ha sido investigada durante lo que ellos llaman la guerra contra el terrorismo".

En cuanto a su viaje a Venezuela, lo justificó diciendo que era parte de su visión estratégica del proyecto y que tenía como fin reunirse con algunos funcionarios.

Al-Shaalan contó que regresó directamente a Arabia Saudita.

Al enterarse de que había sido acusado, Al-Shaalan quedó asombrado.

"Estuve atónito y abismado durante algunos días, y después empecé a pensar en las tres declaraciones oficiales distintas y las contradicciones en tres días consecutivos. Entonces descansé, pensando que los cargos eran inventados y completamente falsos. Lo que me preocupaba era que alguien insistía en perjudicarme de cualquier manera. Entonces decidí hacer tres cosas: chequear e investigar las circunstancias del caso, pedir a las autoridades sauditas hacer una investigación oficial y contratar un abogado que le hiciera seguimiento". Fue entonces cuando supo que el caso llevaba tres años y medio, que ocurrió en Francia cuando las autoridades de ese país arrestaron a una banda con droga.

En cuanto a la explicación del avión con cocaína, Al-Shaalan ofreció una sorpresiva versión:

"Ellos [aparentemente refiriéndose a los investigadores franceses] dijeron que un avión israelí introdujo las drogas, y de un momento a otro impusieron un bloqueo [de información] sobre ese avión israelí, entrevistaron a varios individuos árabes y revisaron el avión con resultados negativos".

Al-Shaalan dijo que contrató un abogado en Estados Unidos, cuyo nombre no reveló, pero que le informó que el caso era un desastre y que todo olía a "conspiración".

La conclusión de Al-Shaalan: "Hermano, la acción está en Francia sin caso, y el caso en Estados Unidos no tiene acción. La acción ocurrió hace tres años y medio en Francia, el caso está ahora en Estados Unidos. La acción en Francia es la 'acción real', el caso en Estados Unidos es el 'caso de conspiración'. El caso fue un gran acontecimiento mediático. Las circunstancias del caso son pequeñas, los testigos son criminales condenados, los acusados son gente honesta que nunca cometieron ni una contravención. Esas son las circunstancias y dejo la conclusión a los lectores".

No sólo las declaraciones de Al-Shaalan sino otros hechos llevaron al gobierno de Estados Unidos a preguntarse quién pagaba realmente los honorarios de Williams para la defensa de Mangeri. ¿Lo hacía la agente de bienes raíces o su amante, el príncipe? Esa pregunta rondó al gobierno hasta que los fiscales no tuvieron ningún reparo en citar a Williams a declarar ante un Gran Jurado. Los resultados de esa investigación no se conocen.

A raíz de la citación, el abogado de Williams, Michael Tarre, afirmó que una de las razones del gobierno para descalificar a su colega podría ser que el abogado denunció ante la Corte un intento de dos individuos condenados por la justicia federal —aunque no los nombraba, posiblemente se refería a Ramón y Úsuga— de convencer a Mangeri para que involucrara al príncipe árabe en un complot terrorista. Según una grabación telefónica, citada por Tarre en un memorando, uno de los testigos del gobierno, a quien identifica como "T", se comunicó con Mangeri en la cárcel y le dijo que ella podría beneficiarse ampliamente y ayudar al gobierno "si inyectaba en el caso un cargo de terrorismo atribuible a Al-Shaalan".

El 3 de mayo de 2005, después de unas ocho horas de deliberaciones, el jurado halló culpables a Mangeri y López. Tomada de la mano de Williams, Mangeri movió varias veces su cabeza en señal de indignación por el veredicto. López se reclinó sobre la mesa de la defensa metiendo la cabeza entre los brazos y así permaneció por un largo tiempo. Un comentario, entre sollozos, de "no puede ser" que dejó escapar una de las hijas adolescentes de López, rompió el silencio de la sala. Tres hijos de Mangeri escucharon compungidos el fallo.

"Estoy profundamente decepcionado y tan sorprendido como el resto de la gente que estaba en esa Corte y oyó toda la evidencia de ambos lados", comentó Williams. La relación del abogado con su cliente culminó en malos términos por razones que no se han divulgado. Mangeri fue condenada a 24 años y cuatro meses de prisión y López a 23 años y tres meses.

"Nunca en la vida uno se imagina que ese flujo esencial de amor alguna vez será interrumpido cuando todavía está ahí", escribió al juez Pablo Rendón, el hijo mayor de Mangeri, pidiéndole clemencia con su madre. "Como hijo mayor de una mujer que quedó viuda siendo adolescente con dos menores, estoy viviendo una gran tristeza en mi vida".

La condena no fue reducida. La Corte impuso a Mangeri una multa de 25.000 dólares, para lo cual pidió una postergación. Al ver que pasaba el tiempo y no cumplía con el pago, la Fiscalía radicó un memorial en el que no justificó la demora, argumentando que Mangeri es una mujer rica y le sacó a relucir los valores de su patrimonio. La residencia de Coral Gables vale 971.745 dólares, una inversión inmobiliaria en Brickell de 90.570, otra en Coral Gables de 74.935 y 100.000 en joyas.

Desde algún lugar del mundo, Al-Shaalan estaba en capacidad de seguir día a día, palabra por palabra, las incidencias del juicio, gracias al sistema de transcripción simultánea de los estenógrafos de la Corte que le permitían a Williams tener al instante, en el computador portátil que llevaba a la sala de audiencias, las declaraciones de los testigos y las intervenciones del juez, los abogados y la Fiscalía. De allí, a un computador en cualquier parte del mundo, solo había dos tecleos de distancia.

En una sorpresiva e histórica decisión, el 26 de julio de 2007 el Décimo Primer Circuito de Apelaciones de Estados Unidos anuló el juicio contra Mangeri y López al acoger los argumentos de los abogados demandantes Richard Strafer y Scott Srebnick, que alegaron que la justicia de este país no tenía jurisdicción sobre el caso. Con ese fallo, el juicio de dos meses en el que el gobierno invirtió una gran cantidad de dinero, tiempo y recursos, cayó hecho trizas. La Fiscalía guardó silencio. No quiso comentar la decisión. La Corte de Apelaciones estableció que si bien los acusados se reunieron en Miami varias veces para cuadrar los detalles del cargamento, la conspiración estaba dirigida a introducir la droga en Francia y no en Estados Unidos.

La decisión, que no ha sido apelada, benefició no sólo a Mangeri y a Iván López sino a Al-Shaalan y a Clemente. Al-Shaalan fue absuelto por una corte de su país, pero condenado por un tribunal de Francia en junio de 2007 junto con Úsuga, Ramón y otros participantes en la operación en Europa. Clemente está libre bajo fianza en España.

Aunque el tribunal de Miami no tenía jurisdicción para enjuiciar a los acusados, la Corte fue clara al advertir que los hechos de los cuales fueron acusados están probados. El fallo hará historia en la jurisprudencia de Estados Unidos pues de ahora en adelante los jueces, antes de comenzar un juicio, tendrán que ser más selectivos y presionar a la Fiscalía para que justifique la jurisdicción. En la cárcel de Cómbita, varios de los extraditables acusados del envío de cocaína a México o Europa celebraron el fallo y algunos de ellos lo llevan debajo del brazo, según le comentó un abogado al autor.

El dictamen de la Corte de Apelaciones fue también un mensaje al gobierno de Estados Unidos, como lo dijo un abogado colombiano, de que la autoproclamada misión de gendarme del mundo de aquel país tiene sus límites y que este gobierno no puede estar echando mano a quien quiera para procesarlo ante su justicia, sin respetar los mapas de la ley.

# CAPÍTULO 52

Baruch Vega llevaba en un tobillo un grillete electrónico que reportaba su localización a los radares de la Policía y que activaría una alarma en alguna oficina de la ciudad si se atrevía a pasar un límite de 160 kilómetros alrededor de su apartamento de Miami Beach. Cuando el autor le hizo una broma diciéndole que el mismo dispositivo fácilmente podría tener un micrófono secreto del FBI, gritó "¡Ojalá!", acercando su rostro al aparato como para que lo escucharan. Vega quería denunciar a los cuatro vientos lo que consideraba una gran injusticia cometida por un gobierno para el que había trabajado y expuesto su vida durante más de 20 años.

Vega fue liberado bajo fianza el 12 de mayo de 2001, después de cumplir unos 50 días de detención. Aunque ya conocía las dimensiones y la gravedad de la acusación, no terminaba de asimilar la gran ironía de que el FBI, donde fraguó con su amigo Bob Levinson el famoso ardid desde 1985, ahora aparecía como la vanguardia de la inquisición del gobierno para cortar las cabezas de los ejecutores del método.

El agente principiante del FBI, John C. Jones, firmó la denuncia por lavado de dinero y obstrucción a la justicia el 22 de marzo del 2000, asegurando que Vega y Román Suárez se habían embolsillado ilegalmente cien millones de dólares en nombre de la justicia de Estados Unidos. La acusación y el arresto dejaron a Vega en la calle. Los contratos de fotografía de modelaje señalados en su calendario fueron casi todos cancelados; su apartamento en Miami Beach fue embargado por falta de pago y la Fiscalía ordenó la incautación de 1.449.000 dólares depositados en tres cuentas de Nations Bank de Miami.

Su celular, que sonaba todo el día, enmudeció. Fiscales, abogados, narcos en apuros y amigos no querían cruzar una palabra con el fotógrafo. A pesar de la importancia del arresto, la Oficina de Comunicaciones de la Fiscalía de Miami no expidió un solo comunicado de prensa. En otras circunstancias, un caso de esta envergadura habría sido motivo de un gran despliegue publicitario.

El autor de este libro encontró la querella criminal del FBI contra Vega y Suárez en un archivo de acusaciones de la Corte Federal a finales de marzo, a raíz de que el diario *El Tiempo* de Colombia denunció los primeros indicios de los arreglos cuestionables de Vega. La acusación era un guión de intriga, espionaje y traición, escrito en el lenguaje burocrático de FBI. La denuncia estaba basada en dos informantes confidenciales.

El día de junio que me concedió su primera entrevista —nunca antes había hablado para los medios— me quedó claro que el gobierno no la tendría fácil al entablar una denuncia de esas características sin conocer a su enemigo. Cuando llegué al *penthouse* de Vega en Miami Beach, esperaba encontrarme con un hombre vapuleado y temeroso, que cuidaría cada palabra y que exigiría no usar grabadora ni libreta de notas. No fue así. Me encontré con un hombre de 53 años envalentonado, sin ninguna señal aparente de depresión ni decaimiento, dispuesto a dar la batalla contra el gobierno en cualquier escenario para dejar en claro que los funcionarios federales que lo rodearon en todas las operaciones sabían de su fábula persuasiva para encantar narcos y de los "honorarios" que solía cobrar.

"Yo reportaba todo, hasta el último centavo que me pagaban", dijo Vega. Desde ese momento me advirtió que iría hasta el final para limpiar su nombre. A su sentir, el gobierno de Estados Unidos tenía más que perder en un eventual juicio en su contra.

Con el permiso de Vega, el autor puso a funcionar la grabadora, sin saber que en algún lugar del apartamento el fotógrafo tenía andando la suya desde el principio de la conversación. Mientras se tomaba varias copas de vino de una de las últimas botellas de etiqueta fina que le quedaron de los tiempos de la bonanza, Vega habló sin parar. Estuve más de cuatro horas escuchándolo en la sala del apartamento contar su vida de fotógrafo profesional de modelos, pasando las páginas de revistas satinadas con mujeres exóticas semidesnudas fotografiadas por él; habló de sus enredos de "metido profesional", como se definió desde entonces, de sus aventuras junto a los grandes capos del narcotráfico en los últimos 20 años. Al salir del apartamento de Vega, quedé con la sensación de haber estado en una sala de cine. Si no tuviera en mi mano la acusación del FBI, en la que confirmaba que Vega había trabajado para una sopa de letras del mundo federal (FBI, CIA, DEA, IRS), el escepticismo me habría llevado a pensar que había perdido mi tiempo con un mitómano. Pero en los años siguientes, la verdad salió a trancazos, en forma de documentos, confesiones y coincidencias. Esos hallazgos animaron a Vega a cumplir con su amenaza de afrontar el juicio y citar a cuanto fiscal y agente federal trabajó con él en 114 casos de narcotraficantes que se entregaron a la justicia. ¡114 casos! La cifra fue admitida por el gobierno de Estados Unidos en la audiencia en la que finalmente se resolvió la situación legal de Vega.

La Fiscalía federal pidió nueve extensiones para presentar cargos definitivos contra Vega y Román, y finalmente se abstuvo de hacerlo. De llevarlo a juicio, los fiscales y agentes federales habrían tenido que declarar, bajo juramento, que ignoraban que Vega cobraba por su intermediación en dinero o en especie y se verían abocados a admitir que un colombiano, que nunca se nacionalizó estadounidense, se les hubiera colado en el rancho para convertirse en el eslabón ineludible entre el gobierno de Estados Unidos y los narcotraficantes. "Nuestro hombre en la DEA", como dirían los narcos.

De la denuncia criminal original contra Vega y Suárez no quedó en firme ninguna sindicación, un epílogo judicial pocas veces visto en operaciones del FBI. El 14 de noviembre de 2001, el jefe de la Sección de Integridad Pública del Departamento de Justicia de Estados Unidos, anuló la denuncia contra Vega. Cuatro años después de haber sido arrestado, el fotógrafo fue sentenciado a cuatro meses de prisión por un cargo que completó el cuadro de ironías: no declarar a tiempo sus impuestos por el dinero que recibió de los narcotraficantes en el año 1998 y los honorarios de producción fotográfica. El juez reconoció los 50 días que estuvo en la cárcel inicialmente y concedió otros beneficios de cooperación que lo eximieron de volver tras las rejas.

"Hoy lo que usted ve aquí, señor juez, son las ruinas de un hombre que, en un punto, fue el individuo más grande, relevante e importante en facilitar la entrega de quienes se rindieron [114 narcotraficantes]... los beneficios obtenidos por Estados Unidos durante estos años han sido enormes, pero parece que nadie ha pagado un precio sino el señor Vega", afirmó el abogado de Vega, Nelson Rodríguez, en la audiencia de sentencia el 25 de marzo de 2005.

El juez le preguntó a Vega si quería hablar.

Vega, quien durante años había soñado con esta oportunidad, pasó al estrado y descargó en inglés gran parte de su rabia acumulada contra una sola persona: Edward Kacerosky, el agente de Aduanas que denunció sus presuntas actividades ilegales en un memorando explosivo.

"Fui arrestado por un reporte falso que entregó el agente de Aduanas Ed Kacerosky", afirmó Vega.

Sin presentar más pruebas que su convincente voz, Vega hizo acusaciones delicadas que apuntaban a que el agente había filtrado nombres de colaboradores de la DEA en Colombia que fueron asesinados. Kacerosky no respondió a los ataques. A las pocas horas de las audiencia, Zach Mann, vocero de la Oficina de Inmigración y Aduanas (ICE), las rechazó categóricamente.

"Es la típica respuesta de una persona que quiere culpar a otros de sus faltas", dijo Mann.

Aunque ésta era la primera vez que Vega hacía ese señalamiento en una Corte, no era la primera que lo presentaba en público. En varias entrevistas, Vega ha acusado a Kacerosky de una supuesta complicidad con el cartel del Norte (Los Diablos), especialmente con Wilber Varela, alias Jabón, y de proteger presuntas actividades ilícitas del ex narcotraficante y empresario aeronáutico de Colombia, Guillo Ángel, entre otros señalamientos. De esto último tampoco ha presentado pruebas.

"Lo sostendré hasta que me muera", le dijo al autor.

Después de retirarse del gobierno y dedicarse a negocios privados, Kacerosky concedió una entrevista al autor para responder a los señalamientos de Vega. El nombre del fotógrafo le hace perder los estribos al ex agente. Kacerosky considera que Vega es un "mitómano" que "miente y se cree sus mentiras". Desde el día en que lo conoció le pareció un tipo "jactancioso" y "charlatán". Recuerda el ex agente que a los pocos minutos de empezar a hablar con Vega, éste alardeó que trabajaba con la CIA.

"Si hay alguien serio que trabaje con la CIA, no se lo dice a una persona que acaba de conocer", comentó Kacerosky.

Vega no tiene una sola evidencia contundente de la complicidad de Kacerosky con el cartel de los Diablos. Sus argumentos son circunstanciales y se basan en una suma de factores que no necesariamente permiten llegar al resultado que él obtiene.

En cuanto a la conducta de los agentes que trabajaban con Vega, la Oficina de Investigaciones Profesionales de la DEA (OPR) no ahorró esfuerzos para conocer sus acciones y omisiones. No menos de 50 personas fueron interrogadas para esta auditoría. Funcionarios de esa agencia y el FBI, abogados colombianos y estadounidenses, narcotraficantes convictos, amigas de los narcos, pilotos, y por supuesto los principales protagonistas, Vega y Suárez, respondieron a los interrogatorios.

El 29 de marzo, los investigadores allanaron las oficinas de Tinsley y Castillo en HIDTA (High Intensity Drug Trafficking Area). Se llevaron tres computadores portátiles, dos de escritorio, y numerosos documentos, entre los cuales encontraron un memorando que probaba que Tinsley había sido notificado por Kacerosky oficialmente desde el 23 de noviembre de 1999 de que Vega estaba ofreciendo arreglos a los narcotraficantes a cambio de dinero. Según el mismo documento, Tinsley se reunió con Vega para hablar del tema y el 15 de diciembre de ese año Castillo le ordenó a Vega que no hiciera ningún contacto con fugitivos de la Operación Milenio.

A juzgar por los documentos incautados, Castillo es un agente metódico que anota casi todas sus labores y percepciones en un diario. Parte de ese diario también cayó en poder de la OPR en un disco de computador con la fecha marzo 13 de 2000 escrita en su parte exterior. Bajo el título "Castaño and Carlos Ramón", el CD contenía una minuciosa cronología de eventos desde octubre de 1997 hasta marzo de 2000. Allí se describían las actividades del agente con Vega, Ramón, Orlando Sánchez Cristancho y Carlos Castaño.

Interrogado por los investigadores de la DEA, Suárez confesó que entre él y Vega habían pagado varias prostitutas en Panamá que se acostaron con los agentes Castillo, Kevin Pedersen, Robert Versis, Art

Ventura, y con el policía del condado de Miami Dade, Bill Gómez, que servía de intérprete. Los agentes, sin embargo, no sabían que se trataba de un servicio subvencionado por Vega, según el reporte de la investigación.

Mientras se realizaba la pesquisa, Tinsley y Castillo fueron suspendidos sin pago. Al final, la OPR recomendó el despido de Tinsley por haber contratado sin autorización del jefe de la oficina en Miami el avión que transportó al narcotraficante Orlando Sánchez Cristancho de Panamá a Fort Lauderdale para su entrega —la DEA pagó 23.200 dólares por el vuelo— y por haber mentido a los investigadores al responder sobre este cargo. Tinsley se sometió a un detector de mentiras en el que salió bien librado y apeló la decisión ante un tribunal administrativo.

Contó además con el apoyo de uno de sus supervisores, Sandalio González, quien aseguró que el jefe de la oficina en Miami, Vincent Mazzilli, sí había dado la autorización para hacer lo que el agente tuviera al alcance, con tal de que se lograra la rendición de Sánchez Cristancho. En abril de 2004, un tribunal administrativo de Atlanta exoneró de toda responsabilidad a Tinsley y ordenó el reintegro a su empleo. Castillo fue reintegrado y continúa trabajando en la DEA de Miami.

El agente del FBI Bob Levinson, quien se retiró de esa entidad, desapareció en Kish Island, Irán, en marzo de 2007, cuando efectuaba una investigación no revelada para su firma privada. Su familia lo busca desesperadamente.

# CAPÍTULO 53

Cuando Baruch Vega pensaba que ya estaba fuera de circulación, y que nadie, aparte de sus deudores de cuentas domésticas, lo molestaría, cuando creía que a sus 57 años, decepcionado y solitario, tenía fuerzas para empezar de nuevo su vida haciendo estudios fotográficos, así fuese a modelos principiantes, y se empeñaba en aprovechar el exceso de tiempo libre para escribir sus memorias, la DEA le avisó que había un plan para matarlo en Estados Unidos. Su abogado Nelson Rodríguez lo llamó para informarle que agentes de ese organismo en Bogotá se habían enterado de que habían puesto un precio por su cabeza.

En esos días del otoño de 2003, Baruch vivía en casa de un hermano al norte de la Florida, porque no tenía dinero para pagar el alquiler de un apartamento. Cuando viajaba a Miami, dormía en su minivan Town and Country, la única propiedad privada que le quedaba. Rodríguez le explicó que la DEA sospechaba que el ex coronel Danilo González Gil estaba detrás del plan del asesinato. Sin pensar en la seguridad, Vega tomó su camioneta y manejó 18 horas hasta Washington para pedir protección al Departamento de Justicia. Los funcionarios de esa dependencia le sugirieron que denunciara ante la Fiscalía a quienes lo habían amenazado.

Cuando se disponía a hacerlo recibió una llamada desde Bogotá del periodista colombiano Jorge Lesmes, quien le dijo que un individuo que se llamaba Danilo González había contactado a *El Espectador* en busca del teléfono de Vega. El periodista, que trabajaba para *El Espectador*, quería la autorización de Vega para darle el teléfono al ex policía. Con su irrenunciable actitud de que todo lo hablado es mejor que lo supuesto, Vega dio su teléfono celular y recibió en febrero una llamada de Danilo que grabó íntegramente y que aún conserva bajo el más absoluto secreto.

Armado con el argumento de que la DEA le había confirmado el plan del asesinato, el fotógrafo confrontó al ex policía, pero éste lo negó. Al final la conversación, que había comenzado con la frase "usted me quiere matar" y la respuesta de "no, no soy yo", culminó en términos amistosos, y con la "inmensa posibilidad", como diría Vega, de que Danilo González, el gran enlace de los mundos del crimen y la legalidad en Colombia, empezara a cooperar con el gobierno de Estados Unidos.

"Yo sé de sus problemas en Estados Unidos", recuerda Vega que le dijo a Danilo, dándose por enterado de un encausamiento secreto que preparaba el gobierno de este país. "¿Por qué no me ayuda usted allá en Colombia y yo le ayudo aquí?".

Danilo aceptó. Una vez más, el encantador de serpientes sedaba en su canasto a una cobra letal. Vega se contactó con Greg Tortella, el fiscal de impuestos (US Department of Taxation, Tax Division) y le puso la grabación de su conversación con Danilo.

Tortella habló con Robert Spelke, de la Oficina Antinarcóticos del Departamento de Justicia, que recomendó que Danilo González nombrara a un abogado para empezar su proceso de cooperación. En el paquete no sólo vendría González. Por esa misma vía, Rasguño lo intentaría de nuevo. Por sugerencia de un abogado amigo suyo, Vega recomendó la firma Dickestein, Shapiro, Morin & Oshinsky, de Washington, en la que trabajaba el ex senador de Maryland, Joseph Tydings. Los abogados de la oficina se mostraron muy interesados.

En representación de Danilo y Rasguño fue enviado a Estados Unidos el abogado Gerardo Candamil, con quien el gobierno acordó una reunión en Aruba. Vega no supo a ciencia cierta qué ocurrió en el encuentro en la isla antillana, ya que el gobierno de Estados Unidos le pidió que suspendiera su intermediación tan pronto como los narcos y abogados hicieran el primer contacto, pero se enteraron de que por lo menos asistieron Danilo y un ex director general de la DEA cuyo nombre no recuerda. También supo, esto de boca de Danilo, que uno de los temas que más le interesaron a Estados Unidos, fue la posible colaboración del ex coronel y su red de contactos en la búsqueda y rescate de tres estadounidenses secuestrados por la guerrilla de las FARC en febrero de 2003. Según Vega, González pagó a sus abogados en Estados Unidos unos 250.000 dólares. En una entrevista con el diario *El Tiempo*, el ex senador Tydings confirmó la reunión en Aruba. El abogado relató al diario que les informó a los narcotraficantes que, por política, su oficina no atendía casos conectados con la mafia.

"No obstante, les recomendó ampliamente a su colega John F. Pierce para que se hiciera cargo del asunto". Tras cuatro días de conversaciones, se dio por terminada la cumbre en Aruba y, a la postre, Pierce se hizo cargo del asunto.

Cuando en Miami se supo la noticia de que Vega estaba otra vez activo propiciando acuerdos de Estados Unidos con narcotraficantes, los abogados de la ciudad no podían creerlo. Se preguntaban dónde estaba la dignidad de un gobierno que mientras continuaba denigrando de Vega en la Corte Federal de la ciudad, a pesar de que los cargos habían sido retirados, en Washington le abrían de nuevo las puertas.

Un incidente embarazoso sacó a flote las raíces que alcanzó a echar esta nueva emisión del programa de resocialización, ahora en manos de intermediarios gringos. En octubre de 2003, un grupo de agentes de inteligencia de la Policía colombiana que seguía el rastro de Rasguño allanó las habitaciones 429, 437 y 827 del hotel Intercontinental de Cali. Al ingresar en la habitación 827, en lugar de Hernando Gómez se encontraron con el narcotraficante Juan Carlos Ramírez Abadía, alias Chupeta, que estaba reunido con la abogada estadounidense Lee Stapleton Milford y Candamil. Aunque Ramírez había cumplido una condena en Colombia, tenía el temor de que la justicia estadounidense estuviera preparando una acusación en su contra.

La rubia y elegante mujer de 49 años fue detenida y luego liberada sin ningún cargo. Los agentes pensaban que se trataba de una abogada gringa común y corriente. Lo mismo supusieron los medios de comunicación de Colombia, que no le dieron mayor importancia al asunto. Pero la gringa, aturdida por la penosa situación, no era cualquier abogada. Stapleton fue la directora de la División Antinarcóticos del Departamento de Justicia en 1996, la trinchera burocrática más alta del gobierno de Estados Unidos en la guerra contra el narcotráfico. Otra circunstancia hacía más incómodo el fiasco de su detención. Stapleton es la esposa de James Milford, quien fue director encargado de la DEA para todo Estados Unidos a mediados de los años 90. Paradójicamente, fue Milford el que explicó en 1997 al Congreso de Estados Unidos quién era Chupeta, el hombre con quien su esposa estaba reunida cuando se produjo el allanamiento en el hotel de Cali. En un informe congresional de julio, Milford explicó a los congresistas que Chupeta era uno de los hombres claves del narcotráfico en Colombia.

"Se cree que Chupeta se entregó, en parte, por miedo sobre su seguridad personal y para buscar una sentencia reducida", explicó entonces Milford a una subcomisión del Congreso.

Milford advirtió que, según reportes de la DEA y la Policía Nacional de Colombia, "Chupeta continúa dirigiendo sus operaciones de drogas desde la prisión"[86].

Ahora, seis años después, su esposa aparecía encargada de las tribulaciones del narco multimillonario, a quien las autoridades de Colombia le calcularon ingresos de unos 70 millones de dólares al mes en 2007[87]. Stapleton, quien al momento del allanamiento trabajaba para la firma de abogados Baker and McKenzie, no tenía ningún impedimento legal para representar a un narcotraficante a quien combatió, pero este cambio brusco de bando no es algo que los agentes antinarcóticos ven con buenos ojos. Como le dijo al autor del libro un funcionario del Departamento de Justicia al conocer los reportes sobre la reunión de Stapleton con Chupeta: "Cuando uno ha combatido con un fuerte convencimiento un problema como el narcotráfico, lo único que puede explicar ese cambio tan radical es el dinero, no la justicia". Stapleton no respondió las llamadas del autor antes de publicar el artículo en los periódicos *El Nuevo Herald* y *The Miami Herald* en noviembre.

Chupeta fue capturado en Brasil en agosto de 2007. En un computador suyo las autoridades colombianos encontraron una mina de información sobre su puntillosa contabilidad, no sólo de sus ingresos sino de los homicidios de sus enemigos. "De acuerdo con la informa-

---

86. James Milford, Deputy Administrator Drug Enforcement Administration before The House International Relations Committee, Subcommittee on the Western Hemisphere, July 16, 1997.
87. "El computador de Chupeta", revista *Semana*, 30 de septiembre de 2007.

ción que uno de sus dos contadores le envió a Chupeta, entre el 11 de febrero de 2004 y el 30 de marzo de 2006, se pagaron 3.113 millones de pesos por asesinar a 82 personas"[88].

Los acuerdos con Danilo González tuvieron un desenlace fatal. Una vez más, alguien se adelantó al recital. El ex policía sabía demasiado de las urdimbres del narcotráfico y el paramilitarismo y sus ramificaciones siniestras entre políticos, policías y militares. El ex coronel de 50 años fue asesinado el jueves 25 de marzo de 2004 por un sicario cuando se dirigía con Candamil a la oficina de éste en la calle 72, al norte de Bogotá.

"Era un hombre corajudo, pero de una personalidad muy débil a la hora de decidir a qué mundo pertenecía", comentó el general Óscar Naranjo, director de la Policía Nacional de Colombia, compañero de curso y de operaciones de González en una entrevista con el periodista británico David Adams, del *St. Petersburg Times*, Florida[89].

Tres días antes de su muerte, el narcotraficante Víctor Patiño Fómeque, preso en una cárcel de Miami, había enviado una carta al presidente de Colombia, Álvaro Uribe Vélez, señalando a González como "jefe de un cartel del narcotráfico en la Policía Nacional".

La más reciente revelación sobre la privilegiada posición de Danilo entre los mundos que lo hacían vacilar, el del crimen y el Estado de derecho, fue lanzada por el líder de las Autodefensas Unidas de Colombia, Salvatore Mancuso, al afirmar que González fue el principal contacto entre las AUC y los organismos de seguridad. Pero no se trataba de una intermediación filantrópica. Mancuso relató en marzo de 2007 que pagó unos 25.000 dólares a González por haber intercedido para permitir su fuga de una cárcel.

"González alcanzó un éxito incomparable en el submundo del narcotráfico, en gran parte trabajando en forma a secreta y varias veces en colaboración cercana con agentes de Estados Unidos", señala Adams en el perfil que escribió del ex policía. "Pero la guerra de las drogas finalmente se quedó con lo mejor de él".

---

88. *Ibid.*

89. "Danilo's war", por David Adams, *St. Petersburg Times*, 3 de enero de 2005.

González, el más joven de una familia de ocho, era hijo de un concejal de izquierda de Buga, una población al norte del Valle del Cauca, que fue asesinado en una disputa de tierras. En un momento de su juventud, contaron sus hermanas al periodista británico, González pensó en tomar el camino revolucionario, como varios de sus amigos que se enrolaron en la guerrilla izquierdista, pero aparentemente prefirió postergar su sueño hasta cuando aprendiera a manejar las armas. Ese podría haber sido el motivo de su ingreso a la Policía, donde se graduó como el primero de su clase. Danilo reveló sus capacidades de penetrar las organizaciones delictivas durante la campaña de Los Pepes.

"Colaboraba con nosotros en forma muy cercana", dijo Joe Toft, quien dirigía las oficinas de la DEA en Colombia durante la guerra contra Escobar. "Era uno de los mejores, definitivamente".

Asesinado Danilo, Rasguño comprendió que el próximo muerto sería él. Cruzar el aro de fuego de Colombia hacia Estados Unidos era un salto suicida. Entonces se dedicó a pagar escondites muy costosos en Brasil, Argentina, Venezuela y México huyendo de la ley, las recompensas y los enemigos. Estaba en la lista de los diez hombres más buscados de la DEA y por información que condujera a su captura se ofrecía una recompensa de cinco millones de dólares; afrontaba cargos en un encausamiento abierto en mayo de 2004 por un gran jurado de la Corte del Distrito Sur de Nueva York y era el más buscado por otros que querían que se llevara sus secretos a la tumba, tan comprometedores o más que los que se llevó Danilo. Por ello se movilizaba en medio de impresionantes medidas de seguridad.

No obstante, como ha ocurrido en muchos otros casos, esta clase de precauciones desaparecen cuando son mas fuertes las impostergables urgencias sexuales. Rasguño, a quien sus hermanas lo escucharon varias veces aconsejar a otros narcotraficantes sobre no descuidar su seguridad por atender a las mujeres, cayó en la misma trampa.

Fue detenido en el aeropuerto internacional de La Habana el 2 de julio de 2004, tras el arribo en un vuelo de Aeropostal a la Isla, donde planeaba pasar unos días de descanso con algunas amigas, luego con su novia oficial y, al final de la jornada de placer, someterse a un examen de la columna vertebral. Rasguño, de 46 años, sufre de una hernia lumbar. Agentes de Inmigración y Extranjería de Cuba notaron que el pasajero se puso muy nervioso al ser interrogado sobre su origen. Gómez portaba un pasaporte mexicano con el nombre de Arturo Sánchez Covarrubias, pero no recordó el nombre del presidente de México cuando uno de los guardias se lo preguntó. También vaciló al explicar el origen de su acento.

Rasguño fue arrestado y acusado de falsedad en documento. Los cubanos no sabían que tenían en su poder a uno de los narcotraficantes más buscados por el FBI y la DEA. Lo entendieron al recibir respuesta de Colombia. A partir de ese punto, las conversaciones entre ambos gobiernos se complicaron. El de Cuba no estaba dispuesto a entregar a Rasguño porque sabía que sería extraditado a Estados Unidos y no quería hacer ese favor a los yanquis, y en Colombia, a algunos funcionarios no les convenía la presencia del narcotraficante en el país. Los familiares de Gómez preguntaban al gobierno de Colombia por las medidas que tomaría en el caso, y nadie respondía.

Recluido en una celda de la sede de seguridad del Estado en Villa Marista, La Habana, en condiciones que le ocasionaron una profunda depresión, Rasguño dio la orden a sus familiares de mover cielo y tierra, costase lo que costase, para aliviar su situación en la cárcel o, en el mejor de los casos, para que fuese enviado de regreso a Colombia. Rasguño tenía pesadillas de sed en las que perseguía una Coca-Cola fría, comentó su actual esposa al autor y en dos ocasiones intentó suicidarse. Una de ellas con el filo cortante de la llave rota de un grifo del lavamanos.

En su esfuerzo por aliviar su situación, los familiares y ayudantes del narcotraficante tocaron varias puertas. Intentaron que Adam Chávez, el hermano del presidente Hugo Chávez, quien entonces era embajador de Venezuela en La Habana, hablase con Fidel Castro, pero el embajador se negó. Fue entonces cuando se les ocurrió acercarse al astro del fútbol Diego Armando Maradona, quien mantiene estrechos lazos de amistad con el dictador desde que el jugador se sometió en 2000 a un tratamiento contra la drogadicción en el Centro de Salud Mental de Cuba. "Para mí el comandante es un Dios", exclamó Maradona tras entrevistar al líder cubano en un popular programa de la televisión en Argentina en octubre de 2006. "Nadie tiene su cabeza, nadie tiene su pensamiento, nadie tiene su humanidad".

Algunos de los intermediarios que quedaban libres de la organización de Rasguño se encargaron de la tarea de buscar al jugador. Maradona visitó Medellín en julio del 2005 por invitación de su amigo, el futbolista colombiano Mauricio *Chicho* Serna, según la página oficial en Internet del famoso goleador argentino, pero la versión de Rasguño es que lo hizo para recibir un dinero de su parte a fin de persuadir a Castro de que lo enviara a Colombia." Fue otro intento perdido", comentó al autor Sorángel Sánchez, hermana de Rasguño. Según ella, Maradona recibió, a manera de adelanto, 50.000 dólares y nunca más supo de él. El acuerdo original consistía en que si se concretaba el favor, la gente de Rasguño le entregaría dos millones de dólares.

"Hernando ha mandado a decir que quiere que se sepa que Maradona no le cumplió, que le pagó 50.000 dólares y no hizo nada", comentó Sorángel. "Él está muy disgustado con eso porque hay mucha gente que le ha sacado plata y no ha hecho nada".

Un informante del gobierno de Estados Unidos, familiarizado con las conversaciones con Maradona, explicó al autor que los contactos se hicieron en Medellín, durante la visita del futbolista a la ciudad colombiana en julio del 2005. "La gente de Hernando le organizó varios paseos a fincas con prostitutas y todo", dijo.

La visita de Maradona a Medellín para proponerle su intermediación se hizo a través de un cercano colaborador de Gómez, conocido con el apodo de Perraloca, quien organizó una fiesta en el restaurante Agnus Bragnus de Las Palmas, en Medellín. Además del dinero del adelanto, que fue entregado en efectivo, Maradona fue instalado en una finca cercana a Medellín, de propiedad de un tal alias Danielito, donde estuvo un par de días, "muy bien atendido por modelos".

Los hombres de Gómez esperaron para ver qué ocurría con la intervención de Maradona ante Castro, pero el futbolista no volvió a dar señales, dijo el informante. El autor intentó varias veces hablar con Maradona. Finalmente consiguió una entrevista con Gabriel Buono, un amigo muy cercano del argentino, quien lo acompañó al viaje a Colombia. "Es todo una estupidez", dijo Buono; "no sabemos cuál es el motivo y a qué quieren llegar los que supuestamente están hablando, pero no nos preocupamos".

De acuerdo con una entrevista concedida a la revista *Semana* por Rasguño, éste también buscó acercamientos con el premio Nobel de literatura, Gabriel García Márquez. Sobre este último aspecto no se conocieron detalles. Según le comentaron los familiares de Rasguño al autor, el narcotraficante obtuvo ciertos privilegios en su celda en la sede de Villa Marista. Contaba con una pequeña nevera, un aparato de DVD, y tenía derecho a recibir comida preparada en la casa que se les permitió alquilar a sus familiares en esa ciudad por un canon altísimo.

Rasguño cumplió de sobra con la pena del delito de falsedad del que se le acusó, pero en diciembre de 2006, basándose en documentos de Estados Unidos, Colombia y Panamá, y sobre todo en informaciones obtenidas en Internet, una fiscal cubana pidió en su contra cadena perpetua por cargos de narcotráfico y falsedad. Al gobierno de la Isla lo tenía sin cuidado que su proceso dependía de pruebas prestadas y justamente a su enemigo histórico, Estados Unidos, para llevar a juicio a Rasguño. Muestra de la debilidad —y comicidad— del caso es que uno de los testigos claves del juicio sería un funcionario que explicaría la manera como el gobierno cubano obtuvo la información sobre el acusado en Internet. En un intempestivo cambio de posición, Cuba revirtió su intención de llevar a juicio a Gómez y autorizó su deportación hacia Colombia en febrero. De Colombia, Gómez fue extraditado a Estados Unidos en julio de 2007.

# CAPÍTULO 54

Carlos Ramón Zapata y Baruch Vega se distanciaron durante años. El uno sabía en qué andaba el otro, pero no se hablaban. A principios de 2007, volvieron a encontrarse e hicieron un inventario franco de sus vidas. Sin rencores de por medio, se distribuyeron las injusticias que cometió cada uno con el otro y compartieron los recuerdos de los días de Panamá, cuando ambos se creían los síndicos de un milagro: erradicar el narcotráfico de Colombia con la patente de corso de la DEA. El epílogo fue muy distinto de sus sueños. Baruch quedó rezagado en su profesión de fotógrafo, quebrado y solitario. Y Ramón, separado de sus hijas, empezó a reconstruir su vida invirtiendo en el próspero negocio de bienes raíces en Miami. No le ha ido mal. Vive en un vistoso edificio de la zona de Brickell, en donde también reside Vega.

Con la bahía de Biscayne al fondo, un atardecer de un día del verano de 2007, ambos se sentaron en balcón del apartamento de Ramón a recordar una vez más el día en el que El Médico llegó nervioso al *penthouse* de Vega en Miami Beach y grabó la conversación entre ellos con un micrófono que llevaba pegado al ombligo. Ambos celebraron la emboscada y Vega se reprochó que no le hubiera parecido extraño que, conociendo como conocía a los narcotraficantes, sabiendo que ninguno de ellos se presentaba a pagar por su propia iniciativa, hubiera aceptado tan fácilmente que el motivo de la visita de Ramón fuese cancelar las deudas pendientes.

"Qué vaina, Baruchito", comentó Ramón, y mientras El Médico pasaba a otros temas, manoteando, gritando, contando como siempre historias de su vida entre puteada y puteada, la sonrisa de Vega, iluminada por el sol del atardecer, se fue desdibujando lentamente hasta que quedó ensimismado, y a su lado pudo sentir cómo su máquina natural de fotografías de la memoria iba pasando los retratos vertiginosos de los días en que las serpientes encantadas bailaban a su alrededor.

# EPÍLOGO

A finales de septiembre de 2007, Baruch Vega presentó una demanda en Washington en la que exige que el gobierno de Estados Unidos le reconozca el pago de unos 28 millones de dólares por los honorarios que le corresponden como intermediario por haber facilitado la entrega de 114 narcotraficantes, cuyos dineros y propiedades fueron confiscados por el gobierno de este país. La demanda no ha sido respondida.

# Planeta

**España**
Av. Diagonal, 662-664
08034 Barcelona (España)
Tel. (34) 93 492 80 36
Fax (34) 93 496 70 58
Mail: info@planetaint.com
www.planeta.es

P.º Recoletos, 4, 3.ª planta
28001 Madrid (España)
Tel. (34) 91 423 03 00
Fax (34) 91 423 03 25
Mail: info@planetaint.com
www.planeta.es

**Argentina**
Av. Independencia, 1668
C1100 ABQ Buenos Aires
(Argentina)
Tel. (5411) 4124 91 00
Fax (5411) 4124 91 90
Mail: info@eplaneta.com.ar
www.editorialplaneta.com.ar

**Brasil**
Av. Francisco Matarazzo,
1500, 3.º andar, Conj. 32
Edificio New York
05001-100 São Paulo (Brasil)
Tel. (5511) 3087 88 88
Fax (5511) 3087 88 90

**Chile**
Av. 11 de Septiembre, 2353, piso 16
Torre San Ramón, Providencia
Santiago (Chile)
Tel. Gerencia (562) 652 29 43
Fax (562) 652 29 12
Mail: info@planeta.cl
www.editorialplaneta.cl

**Colombia**
Calle 73, 7-60, pisos 7 al 11
Bogotá, D.C. (Colombia)
Tel. (571) 607 99 97
Fax (571) 607 99 76
Mail: info@planeta.com.co
www.editorialplaneta.com.co

**Ecuador**
Whymper, N27-166, y A. Orellana,
Quito (Ecuador)
Tel. (5932) 290 89 99
Fax (5932) 250 72 34
Mail: planeta@access.net.ec
www.editorialplaneta.com.ec

**Estados Unidos y Centroamérica**
2057 NW 87th Avenue
33172 Miami, Florida (USA)
Tel. (1305) 470 0016
Fax (1305) 470 62 67
Mail: infosales@planetapublishing.com
www.planeta.es

**México**
Av. Insurgentes Sur, 1898, piso 11
Torre Siglum, Colonia Florida, CP-01030
Delegación Álvaro Obregón
México, D.F. (México)
Tel. (52) 55 53 22 36 10
Fax (52) 55 53 22 36 36
Mail: info@planeta.com.mx
www.editorialplaneta.com.mx
www.planeta.com.mx

**Perú**
Av. Santa Cruz, 244
San Isidro, Lima (Perú)
Tel. (511) 440 98 98

**Portugal**
Publicações Dom Quixote
Rua Ivone Silva, 6, 2.º
1050-124 Lisboa (Portugal)
Tel. (351) 21 120 90 00
Fax (351) 21 120 90 39
Mail: editorial@dquixote.pt
www.dquixote.pt

**Uruguay**
Cuareim, 1647
11100 Montevideo (Uruguay)
Tel. (5982) 901 40 26
Fax (5982) 902 25 50
Mail: info@planeta.com.uy
www.editorialplaneta.com.uy

**Venezuela**
Calle Madrid, entre New York y Trinidad
Quinta Toscanella
Las Mercedes, Caracas (Venezuela)
Tel. (58212) 991 33 38
Fax (58212) 991 37 92
Mail: info@planeta.com.ve
www.editorialplaneta.com.ve

Grupo 🌐 Planeta    Planeta es un sello editorial del Grupo Planeta    www.planeta.es